Martin Luther

Heinz Zahrnt

Martin Luther

in seiner Zeit – für unsere Zeit

Bildredaktion von Hans Dollinger

Süddeutscher Verlag

Schutzumschlag: Design Team, München, unter Verwendung eines Luther-Portraits von Lucas Cranach d. Ä. (siehe Seite 171) sowie, auf der Rückseite, einer Aufnahme des Luther-Zimmers auf der Wartburg (beide Photos: Bildarchiv Jürgens, Köln).
Die Karten auf den Seiten 248 und 249 zeichnete Christl Aumann.

ISBN 3-7991-6158-9

Druck: Passavia Druckerei GmbH, Passau
Bindearbeit: Conzella, München

Inhalt

Ich weiß nicht, ob ich überall den richtigen Verstand getroffen habe. Man muß keines Menschen Auslegung verwerfen, wenn sie nur führt zur Frömmigkeit. Jener fehlt in einigen und du in mehreren Stücken, ich sehe einiges, was Augustin nicht eingesehen hat, und weiß doch, daß Künftige mehr sehen werden, als ich sah. Unser Leben ist nur ein Anfang und ein Wachsen. Es gibt gewisse Grade und Stufen auch in unserem Verstehen.

Martin Luther

Einleitung

Martin Luther. In seiner Zeit – für unsere Zeit: Der Titel des Buches spiegelt den zweifachen Zugang zur Geschichte wider, der im Grunde nur *einer* ist. Als das geschichtliche Wesen, das er ist, besitzt der Mensch eine natürliche historische Neugier, gleichsam einen »geschichtlichen Sinn« (sensus historicus): Er möchte erfahren, wie es einst gewesen ist – wie geworden ist, was heute ist. Zugleich aber will er erkennen, was die erzählte Vergangenheit ihm »besagt«, was das Überlieferte ihn heute noch »angeht«. Dieses Verlangen nach persönlichem Dabeisein durch die Vergegenwärtigung des Vergangenen ist um so dringlicher, je mehr der Gegenstand, um den es geht, die eigene Person betrifft. Nichts anderes aber in der Welt betrifft einen Menschen so »persönlich« wie jene Wirklichkeit, für die, ob begriffen oder unbegriffen, zuletzt doch immer unbegreifbar, der Begriff »Gott« steht. Und Martin Luther ist es in seinem ganzen Leben um nichts so sehr gegangen, ja überhaupt um nichts anderes gegangen als allein um Gott.

Aber gerade das, was für Luther lebenslang das Wichtigste und Gewisseste, das Allerselbstverständlichste und Unbestrittenste war, wovon er nur in der Weise »entschiedener Behauptung« zu reden vermochte, erscheint vielen Zeitgenossen heute, vielleicht sogar schon den meisten, unwichtig und ungewiß, höchst bestreitbar, wenn nicht gar längst unwiederbringlich erledigt. Nicht daß Luther so fest an den Teufel, sondern daß er so gewiß an Gott geglaubt hat, bereitet uns heute die größere Beschwer. Sein Teufelsglaube mag als Tribut an den mittelalterlichen Zeitgeist noch dahingehen – überdies erscheint uns angesichts unserer eigenen Zeit die Rede vom Teufel nicht mehr gar so unrealistisch. Aber daß für einen Mann seine Beziehung zu Gott den Vorrang vor allem anderen einnimmt, daß er darum aus der Welt geht, um zunächst Jahre in der Stille an den Fundamenten seines Lebens zu arbeiten und zu graben, statt sich zuerst einen Beruf zu suchen, in ihm nach Fortkommen, Karriere und Ansehen zu streben und gewiß auch sich zu bewähren und in der Öffentlichkeit Verantwortung zu übernehmen, das dünkt uns merkwürdig fremd, schier unverständlich – trotz unseres gelegentlichen persönlichen Fragens nach dem Sinn des Lebens und unseres historischen Wissens um das Gesetz von »Rückzug und Wiederkehr«. Für Luther war das Fundament wichtiger als der Bau – und das Fundament lag für ihn im Himmel, nicht auf der Erde.

Damit rückt Luther uns historisch in die Ferne. Aber gerade darauf beruht bis auf den heutigen Tag seine historische Wirkung. Die einsamen, ganz und gar persönlichen Seelenkämpfe des unbekannten Augustinermönchs in seiner Zelle, eines »kleinen Klosterbruders«, wie Kaiser Karl V. ihn geringschätzig genannt hat, haben in einer einzigartigen Weise »Geschichte gemacht«. Sie haben nicht nur die Kirche erneuert, sie haben das Gesicht der Welt verwandelt.

Gewiß, die Zeitumstände – Politik, Gesellschaft, Wirtschaft, Wissenschaft, Recht, Kultur – haben dabei mitgewirkt. In Luther faßt sich, indem er sie am eigenen Leibe konzentriert erlebt, seine Zeit zusammen: das ausgehende Mittelalter mit seinen tiefen Ängsten und dumpfen Ahnungen wie wachen Wünschen und wirren Hoffnungen. Luthers Gestalt bildet ein Schulbeispiel für jenen Zusammenfall von Person und Zeit, den Leopold von Ranke den »weltgeschichtlichen Moment« genannt hat. Aber Luther war mehr als nur ein Repräsentant seiner Zeit. Aus seiner Zeit allein läßt er sich nicht erklären, sondern zuletzt nur aus dem, was die Mitte seines Lebens ausgemacht hat: aus der unbedingten Bindung seines Gewissens an Gott und sein Wort. »Er fühlt der Zeiten ungeheuren Bruch/Und fest umklammert er sein Bibelbuch.« (Conrad Ferdinand Meyer)

Die Religion ging Luther über alles. Politik, Gesellschaft, Wirtschaft, Wissenschaft und Kultur – dies alles erschien ihm nebensächlich im Vergleich zu der einzigen Hauptsache, der Beziehung des Menschen zu Gott. Ich scheue mich nicht, Luther ein »religiöses Genie« zu nennen, auch wenn dieser Ausdruck heute theologisch immer noch verpönt ist und Luther selbst ihn, hätte er ihn gekannt, für sich sicher abgelehnt hätte. Aber gerade das scheint mir ein Kennzeichen aller religiösen Genies zu sein, daß sie es selbst nicht sein wollen. Sie weisen immer von sich weg auf Gott hin: »Herr, du hast mich überredet, und ich habe mich überreden lassen. Du bist mir zu stark geworden und hast gewonnen.« (Jeremia 20,7) An Luther hat sich, was selten genug vorkommt, die Verheißung erfüllt, daß Gott sich die Starken zum Raube holen wolle.

Weil Luther, »rein historisch« betrachtet, ohne seinen Glauben an Gott und an Gottes Offenbarung in Jesus Christus nicht zu verstehen ist, gibt es ihm gegenüber auch keine Neutralität. Wer sich mit ihm befaßt, sieht sich zur Stellungnahme herausgefordert. Er muß sich nicht nur mit Luther und dessen Lebenswerk, sondern auch mit sich selbst und seinem eigenen Leben auseinandersetzen. Denn es geht bei Luther in jedem Fall um die Grundsituation des Menschen in der Welt. Mag es in unserer Zeit auch fraglich geworden sein, was »Gott« noch damit zu tun hat, die Frage nach dem Grund unseres Lebens in der Welt bleibt gestellt: worauf ein Mensch steht und wovon er zu leben gedenkt.

Von allen Reformatoren samt Vorreformatoren ist Martin Luther mir der liebste — aber ich liebe ihn nicht. Es geht mir mit Luther so, wie der junge Karl Barth einmal von den großen Gottesmännern der Bibel, von den Patriarchen, Propheten und Aposteln, geschrieben hat:

»Sie alle sind so gebrochene, menschlich so unbefriedigende Gestalten, das gerade Gegenteil von Heroen, unabgeschlossen ihre Lebensgeschichte, unabgerundet ihr Lebenswerk, mehr als problematisch ihr Seelenzustand und ihr praktischer Erfolg. Bei mehr als einem von diesen Gottesmännern hat man, wenn man es aufrichtig sagen will, den Eindruck, daß er persönlich ein ganz unerträglicher Kauz gewesen sein muß.« Die totale Hingabe an Gott scheint nicht immer auch menschlich sympathisch zu machen. Und das veranlaßt, auch Luther gegenüber, gleichzeitig zu Respekt und Distanz.

Die Zeiten, in denen die Lutheraner den »Reformator« als Glaubens- und Nationalhelden gefeiert und das Reformationsfest entsprechend wie einen »Heldengedenktag« begangen haben, sind hoffentlich ein für allemal vorüber. Wir sollen Luther weder als Kirchenvater, als »ewigen Deutschen«, als Vorkämpfer für moderne Geistesfreiheit oder als Schöpfer der deutschen Schriftsprache verehren, noch ihn als Erzketzer, Glaubensspalter oder Fürstenknecht verachten lassen. Was wir brauchen, ist ein Luther ohne Legende. Den richtigen Umgang mit seiner Person und Lehre hat Luther selbst gewiesen.

Im Jahre 1522, also auf dem Höhepunkt der Reformation, schreibt Luther auf der Wartburg: »Ich bitt, man wollt meines Namens geschweigen und sich nit lutherisch, sondern Christen heißen. Was ist Luther? Ist doch die Lehre nit mein. So bin ich auch für niemand gekreuzigt. Wie käme denn ich armer, stinkender Madensack dazu, daß man die Kinder Christi sollt mit meinem heillosen Namen nennen? Nit also, lieben Freund, laßt uns tilgen die parteiischen Namen und Christen heißen, des Lehre wir haben. Ich bin und will keines Meister sein. Ich habe mit der Gemeinde die einige, gemeine Lehre Christi, der allein unser Meister ist.«

Indem wir uns danach richten, geben wir Luther zugleich den ihm gebührenden Platz innerhalb der christlichen Ökumene. Luther gehört nicht nur den Lutheranern, auch nicht nur den Protestanten, sondern der ganzen Christenheit, wie Augustin oder Thomas von Aquino, aber auch Papst Alexander VI. nicht nur der katholischen Kirche zuzurechnen beziehungsweise anzulasten sind. Insofern versteht sich »Martin Luther. In seiner Zeit – für unsere Zeit«, obwohl von einem überzeugten Protestanten geschrieben, als ein ökumenisches Buch.

Allerheiligen 1982 Heinz Zahrnt

I.
Am Vorabend der Reformation

Wer vom »Vorabend« spricht, rechnet – in Furcht oder Hoffnung – damit, daß es ein Morgen gibt. Er befindet sich im Übergang und vermag nicht genau zu sagen, ob das Zwielicht, in dem er steht, noch das schwindende Licht des vergehenden Abends oder schon das kommende des anbrechenden Morgens ist. Solche »Übergangszeiten« gibt es auch in der Geschichte, und es liegt gleichfalls in ihrem Wesen begründet, daß sich ihr Anfang und Ende chronologisch nur schwer bestimmen lassen, weil sie sich im Vorher oder Nachher verlaufen. Aber gerade diese Schwierigkeit der Abgrenzung nach hinten und vorn beweist die Kontinuität der Geschichte. Goethe hat solchen Geschichtsperioden die Überschrift gegeben »welterschütternder Übergang«.
Wenn diese Bezeichnung auf eine Epoche der Geschichte zutrifft, dann ist es das ausgehende Mittelalter, grob gerechnet, die Zeit spätestens vom Ende des 14. Jahrhunderts bis tief noch in das 16. hinein. Es ist die Zeit Martin Luthers. Als Motto könnte man über diese Zeit das Wort eines zeitgenössischen Chronisten stellen: »Ich verstehe die Welt nicht mehr; es gehet ein ander Welt herfür.« Das ist der Ausdruck eines umfassenden *Krisengefühls.*

Welterschütternder Übergang

Fragt man nach dem Grund dieses allgemeinen Krisenbewußtseins, so trifft man überall auf dieselbe Erklärung: Die universale Ordnung des Mittelalters, jene »auf Gott hin geordnete Welt«, die vom Thron Gottes bis zu den tiefsten Örtern der Erde und von dort wieder hinauf bis in den Himmel reichte und in der jeder seinen festen »Stand« hatte, schien gestört. An ihre Stelle war eine ebenso universale *Unordnung* getreten.
In dieser Feststellung stimmen – fast bis in den Wortlaut – alle überein, die über die veränderte Zeit nachdenken. »Die Welt hat sich verkehret«, lautet der pessimistische Grundton, der sich durch die Schrift des sogenannten »Oberrheiners« zieht. »Nichts steht in rechter Ordnung«, faßt die »Reformation Kaiser Sigmunds« ihr Urteil über die Zeit zusammen; es ist kein »Lidmas« da, das heißt kein Maßstab und kein ordnendes Prinzip. Das ganze Buch ist eine einzige heftige Klage über die verlorengegangene Ordnung und ein Ruf nach ihrer Wiederherstellung; es bezeichnet sich selbst als ein »Ordnungsbuch«. Am deutlichsten werden die Dinge bei Nikolaus von Kues. Wenn er den rings um ihn stattfindenden Verfall beschreibt, so kehren bei ihm immer dieselben Ausdrücke wieder: »Abweichung«, »verkehrte Ordnung«, »allgemeine Zerstörung«, »totale Entartung«; oder er sagt: die Welt »verkommt«, »schwindet«, »nimmt ab«, »geht nieder«.
In allen diesen Worten drückt sich ein und dasselbe Urteil aus: Die Ordnung hat sich in ein Chaos verwandelt. Und das erfüllt die Menschen mit Unruhe, Unsicherheit, Unzufriedenheit und vor allem mit *Angst.* Es ist eine namenlose Angst, die sich ihre wechselnden Objekte sucht und sich bald an diesem, bald an jenem festmacht.
Die Krise hatte alle Lebensbereiche erfaßt, nicht nur die Kirche, sondern ebenso die Staaten und Stände, Wirtschaft, Wissenschaft und Kunst, Sitte, Recht und Brauchtum.
Da war das *Reich.* Während man ringsum über den Staat und die Ausübung seiner Macht Neues und Anderes zu denken begann, schleppte sich in der Mitte Europas das halb weltliche, halb geistliche Gebilde des »Heiligen Römischen Reiches deutscher Nation« fort, schwer an der Bürde seiner vergangenen Herrlichkeit tragend. Zwar versuchten die Humanisten seine einstige Größe neu zu beleben; sie träumten von der Wiederherstellung einer christlichen Universalmonarchie unter einem deutschen Kaiser – aber die Wirklichkeit sah anders aus.
Die Wirklichkeit sah so aus, daß das Reich seinen Bestand nur noch mit Mühe zu behaupten vermochte, daß es an seinen äußeren Grenzen bereits abzubröckeln begann, in seinem Innern aber allmählich einer Auflösung aller Ordnung zutrieb.
»Unser Reich ist krank, blöd und schwach«, klagt die »Reformation Kaiser Sigmunds« und ebenso, fast wörtlich, Gregor von Heimburg in einer Rede vor dem kaiserlichen Hofgericht: »In unseren Händen ist das Reich geschwächt worden und vernichtet. Unsere Nation, zerrissen und zerschlagen, findet zu keiner Stunde Ruhe, überall ertönt Kriegslärm, nirgends ist Sicherheit, jedermann lebt vom Raube.« Diese allgemein empfundene Unsicherheit bedeutete nicht nur ein partielles, zufälliges Versagen des Reiches, sondern stellte es als ganzes in Frage. Denn Recht und Frieden in der Welt zu wahren, hatte von jeher als die entscheidende Aufgabe des Kaisers gegolten und aller derer, die ihm im Reiche nachgeordnet waren. Wenn Recht und Friede nun aber nicht mehr gewahrt wurden, sondern statt dessen allenthalben Unfriede und Rechtlosigkeit herrschten, dann hieß dies, daß das Reich seine Funktion als Ordnungsmacht nicht mehr erfüllte, und dann bedeutete dies für die Menschen damals das Ende aller Sicherheit.
Die politische Schwäche Deutschlands am Ende des Mittelalters lag nicht zuletzt in der Verfassung des Reiches begründet, diesem unklaren Mittelding zwischen einer kaiserlichen Monarchie und einer fürstlichen Föderation. Wer sollte der Träger der Macht sein: der Kaiser oder die Stände? Um diese Frage ging ein unaufhörlicher Streit. Der Kaiser wollte sich nicht damit begnügen, nur ein Vorsitzender oder Präsident der Stände

zu sein; die Fürsten aber wehrten sich gegen die »viehische Servitut« und wollten ihre »Libertät« bewahren. Und so glich die deutsche Landkarte in ihrer Buntheit einem Flickenteppich. Die Reichsmatrikel von 1495 nannte mehr als 350 weltliche und geistliche Territorialstaaten, Grafschaften, Reichsritterschaften, Abteien, reichsfreie Städte und so weiter.

Was das Reich daher dringend brauchte, war eine gründliche Umgestaltung seiner Verfassung mit dem Ziel einer stärkeren Zentralisierung der Kräfte, einer neuen Verdichtung der politischen Substanz. Und so beschäftigte sich Reichstag um Reichstag während der ganzen Regierung Maximilians und bis in die ersten Jahre Karls V., manchmal fast Jahr um Jahr, mit dem Problem der Reichsreform. Aber was immer man beschloß – ob »ewiger Landfriede«, Reichskammergericht, »gemeiner Pfennig« oder ständiges Reichsregiment –, jedesmal begann man verheißungsvoll mit großem Schwung, geriet aber ebenso rasch auch wieder ins Stocken: alles in allem nur ein Herumdoktern an den Symptomen, aber nicht die fällige gründliche Reform.

Auf die Dauer gehörte die politische Zukunft im Reich den emporstrebenden *Territorialstaaten,* wenigstens den mächtigeren unter ihnen. Sie boten ein schwaches Abbild der im Westen entstandenen großen Nationalstaaten und damit zugleich einen Ausblick auf die künftige moderne Staatenwelt. Gleich jenen suchten die deutschen Territorialfürsten die mannigfach zersplitterten, sich überschneidenden Herrschaftsrechte in ihrer Hand zu vereinen – mit fester Residenz, einheitlicherem Gerichtswesen, gestraffter Finanzverwaltung und einem nicht mehr mit Klerikern, sondern mit Juristen besetzten Beamtenapparat. Als »Gottes Amtleute« fühlten sie sich gleichermaßen für das leibliche Wohl wie für das Seelenheil ihrer Untertanen verantwortlich und dehnten ihre Macht dementsprechend auch über die Kirche aus. Das entscheidende Motiv ihrer Politik war das unablässige Streben nach Erweiterung und Befestigung der eigenen Macht. Aber eben diese politische Eigensucht der Territorialfürsten sollte dem Fortgang der Reformation zugute kommen. Verstrickt in seine außenpolitischen Kämpfe und dadurch für lange Jahre ferngehalten vom Reich, mußte der Kaiser mit den Fürsten paktieren und ihnen in Sachen der Religion immer wieder freie Hand lassen.

Neben den Territorialfürsten waren die *Bürger* die Gewinner, die Ritter und Bauern die Verlierer. Das öffentliche Leben nahm eine Wendung zum Bürgerlichen hin. Dieser Aufstieg des Bürgertums vollzog sich auf dem Hintergrund des Frühkapitalismus und der neuen Macht des Geldes. In einer Welt aber, deren Sinn vornehmlich auf das Rational-Praktische, ja Finanzielle gerichtet war, hatte der *Ritterstand* keinen logischen Platz mehr. Durch die modernen Söldnerheere aus dem Felde geschlagen, flüchteten die Ritter sich in Raub und Fehde und gingen zugrunde, es sei denn, sie ließen ihre Nachkommen wie die Bürgersöhne studieren.

Die geringsten Chancen hatten damals die *Bauern.* Sie waren so gut wie ausgeschlossen vom öffentlichen Leben der Nation und verfielen darum einer wachsenden Vereinsamung und Verkümmerung. Aber gerade diese rechtliche und soziale Zurücksetzung reizte mächtig zur Predigt von der Gleichheit aller: Alle Menschen sind Brüder von Adam her, und alle hat Christus durch sein teures Blut erkauft, den Bauern so gut wie den Edelmann und den Kaiser. Wie aber ist es dann möglich, daß es Leibeigene gibt, ja daß die einen arbeiten und die anderen müßiggehen? Solche Ungleichheit ist wider göttliches und menschliches Recht! Und so predigt man den sozialen Umsturz und hofft auf den Tag des großen Ausgleichs, von dem nicht immer ganz deutlich ist, ob er noch in diese Zeit fällt oder schon zum neuen zukünftigen Reich Gottes gehört. Das waren unklare, wirre sozial-revolutionäre Ideen, teilweise eingebettet in eine phantastische Apokalyptik. Aber diese Ideen wirkten. Als auf dem Mainzer Reichstag 1517 eine Kriegshilfe für Kaiser Maximilian ausgeschrieben werden sollte, wagte man dies nicht, aus Furcht, »der gemeine Bauersmann möchte dadurch in seinem wütenden Gemüt noch mehr gereizt werden«.

»Wir sind wie Schafe ohne Hirten, geschoren, nicht geweidet« – das ist der Eindruck der Zeitgenossen am Vorabend der Reformation angesichts der Versuche, mit den großen Veränderungen der Welt, den »geschwinden Läufen« der Zeit, wie man sagte, fertig zu werden. Es ist der Ausdruck eines allgemeinen Mißtrauens und des Gefühls einer allseitigen Führerlosigkeit. Das vorherrschende Merkmal der Lage ist im Inneren wie Äußeren eine Unausgeglichenheit der Kräfte, ein fast chaotisches Durcheinander. Und so ist Rebellion das Gebot der Stunde und der gegebene Zustand. Es ist eine anarchische Zeit. Jeder ist gegen jeden: die Territorialherren gegen den Kaiser, die Städte gegen die Fürsten und Bischöfe, die Ritter gegen die Pfeffersäcke, die Plebejer gegen die Patrizier, die Bauern gegen den Adel, alle miteinander aber gegen die Pfaffen und die römische Tyrannei.

So entstand eine allgemeine Gärung, die auf eine gewaltsame Lösung der Dinge zutrieb. Der »Oberrheiner« dekretierte:»Das Volk macht ein' Kaiser, und der Kaiser macht nit das Volk.« Verstärkt wurde diese Gärung noch durch die immer wieder auflebende Sehnsucht nach dem »Friedenskaiser«, der kommen würde, um, wie sein Name »Friedrich« besagt, Frieden und Recht in der Welt wiederherzustellen, damit der gemeine Mann wieder atmen und leben könne. Und so begann man, diese oder jene Rettergestalt in Aussicht, sich zu »Bünden« zusammenzuschließen.

Aber je dunkler und unverständlicher den Menschen die Welt wurde, je mehr sie ihnen aus den Fugen und in Unordnung zu geraten schien, desto leidenschaftlicher bestürmten sie den Himmel.

»Jedermann wollt gen Himmel«

Das ausgehende Mittelalter ist weder nur eine Zeit der religiösen Blüte gewesen, auf die dann der Frost der Reformation gefallen wäre, noch nur eine Zeit der religiösen Dürre, auf die sich dann der Tau der Reformation gesenkt hätte. In jedem Fall ist es eine *religiös* besonders intensive, eine »fromme« Zeit gewesen. Der von seiner Kirche heiliggesprochene Klemens Maria Hofbauer sagt zu Beginn des 19. Jahrhunderts: »Die Spaltung kam, weil die Deutschen das Bedürfnis hatten und haben, fromm zu sein.«

So fromm wie um 1500 ist Deutschland wohl nie vorher oder nachher gewesen. Agrippa von Nettesheim, der viel herumgekommen war, charakterisiert die Unterschiede zwischen den einzelnen europäischen Nationen einmal so: Die Italiener zeichnen sich in der Literatur aus, die Spanier in der Seefahrt, die Franzosen in der Zivilisation und die Deutschen in der Religion und den mechanischen Künsten.

Es herrschte eine leidenschaftlich erregte, bis ins Krankhafte gesteigerte Frömmigkeit. In dieser exaltierten Frömmigkeit spiegelten sich die Ängste, Schrecken und Ahnungen wider, die auf dem Herzensgrund der Menschen lagen. Was sie so leidenschaftlich zu Gott trieb, war das Verlangen nach allseitiger Sicherung inmitten des allgemeinen Krisenbewußtseins. Mit mächtiger, unstillbarer Gewalt brach das Heilsverlangen durch:»Jedermann wollt' gen Himmel.« Wohl zu keiner anderen Zeit haben so viele Menschen die Posaune des Jüngsten Gerichts zu vernehmen geglaubt wie damals.

Die Volksfrömmigkeit bewegte sich in den Kategorien der spätscholastischen Theologie: Sünde, Strafe, gute Werke, Buße, Sakramente, Priestertum und Kirche. Im Mittelpunkt stand immer wieder die Frage: Wie kann der Mensch vor Gott Verdienste erwerben, um so die ewige Seligkeit zu gewinnen? Das entscheidende Motiv war die Sorge um das Seelenheil, die wichtigsten Mittel Buße und gute Werke. Es war eine geschäftige, betriebsame Frömmigkeit; die Werkheiligkeit nahm ein unerhörtes Ausmaß und erschreckende Formen an.

Das Verlangen nach allseitiger Sicherung des Lebens, im Diesseits wie im Jenseits, führte zu einer massenhaften Steigerung der kirchlichen Devotion, zu einer *Multiplizierung der Frömmigkeit.* Alles nahm damals an Zahl zu: Kirchen, Kapellen, Altäre, Stiftungen, Messen, Reliquien, Bruderschaften, Priester und Heilige. Entsprechend hoch lag die Zahl der Geistlichen. Die Gesamtzahl der Priester und Ordensleute im damaligen Deutschland hat man auf 1,4 Millionen geschätzt. Das bedeutete, daß reichlich zehn Prozent der Bevölkerung geistlichen Standes waren.

Ein sprechendes Beispiel für die Multiplizierung der Frömmigkeit waren die Bruderschaften. Sie bildeten eine Art geistlicher Lebensversicherung, bei der die von dem Einzelnen geleisteten frommen Werke allen Mitgliedern zugute kamen. Bis zu welcher Höhe die Häufung geistlicher Schätze gehen konnte, zeigt das Register der Kölner Bruderschaft »St. Ursulas Schifflein«. Danach hatte diese Bruderschaft 6454 Messen, 3550 ganze Psalter, 200000 Rosenkränze, 200000 Te Deum laudamus und 63000 mal je 10000 Vaterunser nebst Ave Maria gespeichert. Wer die Mitgliedschaft in der Bruderschaft erwerben wollte, mußte das Vaterunser und Ave Maria 11000mal oder auch ein Jahr lang täglich 32mal beten. Natürlich suchte jeder möglichst vielen solcher Bruderschaften anzugehören, um auf diese Weise an möglichst vielen geistlichen Gnaden teilzuhaben und dadurch für die Ewigkeit gesichert zu sein. Auch Kaiser Karl V. suchte sich sein Seelenheil durch 30000 Messen zu sichern. Ähnliche Zahlen wiesen die Reliquiensammlungen mit den dazugehörigen Ablässen auf.

Wenn man sich diesen frommen Zahlenrausch, diese Massierung des religiösen Lebens, die Überladung des Glaubens mit frommen Werken und Leistungen vor Augen hält, stellt sich die Frage, ob dies nun einen Verfall oder eine Blüte der christlichen Religion bedeutete. Die ins Maßlose gesteigerte Quantität schlug in keine neue Qualität um, so daß man Leopold von Ranke wird recht geben müssen, wenn er schreibt:»Ich weiß nicht, ob ein vernünftiger, durch keine Vorspiegelungen der Phantasie verführter Mann ernsthaft wünschen kann, daß dies Wesen sich so unerschüttert und unverändert in unserem Europa verewigt hätte... Es war notwendig, den unter der tausendfältigen Verhüllung zufälliger Formen verborgenen Kern der Religion wieder einmal rein zutage zu schaffen. Sollte das Evangelium aller Welt verkündigt werden, so mußte es erst wieder in seiner ganzen ungetrübten Lauterkeit erscheinen.«

Kritik an der Kirche

Hand in Hand mit der leidenschaftlich gesteigerten Frömmigkeit ging eine ebenso heftige *Kritik an der Kirche*, als Folge des ungestillten Heilsverlangens und Zeichen des vermehrten religiös-kirchlichen Eifers: Die von Amts wegen die Hirten und Hüter der Christenheit sein sollten, wurden als ihre Widersacher und Zerstörer empfunden.

Von der »babylonischen Gefangenschaft« der Kirche in Avignon (1309–77) über das große abendländische Schisma (1378–1415) bis zu den Renaissancepäpsten zieht sich eine Linie des konsequenten *Verfalls*. »In diesen Zeiten«, schreibt ein Augsburger Chronist, »nahmen viele Übel in der Kirche Gottes überhand, am meisten in Deutschland und in unseren Gegenden.«

Einzelheiten brauchen hier nicht geschildert zu werden, sie sind bekannt. Wer an den Zustand der Kirche am Vorabend der Reformation denkt, bei dem stellt sich sofort eine Reihe von Bildern ein, all die vielen äußeren Schäden und Mißstände in der spätmittelalterlichen Kirche, von denen man einst gemeint hat, sie seien vornehmlich die Ursache der Reformation gewesen: die sittliche Verwahrlosung des Klerus; der Verfall der Zucht in den Klöstern; der Ablaßhandel; der Pfründenschacher; die Ämterhäufung auf der einen Seite und die Entstehung eines geistlichen Proletariats auf der anderen; der Reichtum und Grundbesitz der Kirche; das üppige, genußreiche Dasein der hohen adligen Prälaten, der sogenannten »Gottesjunker«; die Verwirrung in der Rechtsprechung durch die geistliche Jurisdiktion; der Mißbrauch von Kirchenstrafen zu weltlichen Zwecken; das völlig verweltlichte Leben der Päpste in Rom; das ausgeklügelte Finanzsystem der Kurie, die die ganze Kirche als eine einzige große Pfründe betrachtete und immer neue Wege und Schliche ersann, um Geld aus ihr zu ziehen – und was dergleichen mehr war.

Man hat darüber gestritten, ob dies überlieferte Bild von dem Zustand der Kirche vor der Reformation nicht zu düster gezeichnet sei, und an Hand lokaler Quellen nachzuweisen versucht, daß die Verhältnisse objektiv gar nicht so schlimm gewesen seien, sondern daß schon die Zeitgenossen hier übertrieben hätten. Aber eine objektive Statistik besagt hier wenig. Ausschlaggebend für die Beurteilung der Situation ist nicht die Frage, ob die Kirche mehr oder minder verderbt war, sondern ob sie als verderbt empfunden wurde. Und eben dies war der Fall. Die Verderbnis der Kirche lebte in dem festen Bewußtsein aller: »Wir sehen eine Kirche, die noch nie so tief gesunken ist wie heute« (Nikolaus von Kues).

Schlimmer als die moralische Verderbnis der Kirche war ihre *geistliche Auszehrung*. Das Christliche, das, was die Kirche zur Kirche macht, rückte mehr und mehr aus dem Zentrum an die Peripherie. Überall zeigte sich dieselbe Tendenz: Sachfremde, ungeistliche Gesichtspunkte gewannen in der Kirche überhand und beherrschten ihr Leben. Die »temporalia«, die zeitlichen Dinge – Macht, Rechtsprechung, Benefizienwesen, Organisation und Verwaltung – schoben sich in den Vordergrund. Und wo die geistlichen Herren ihre alten Machtansprüche bestritten sahen, scheuten sie sich nicht, sie mit Gewalt, mit Bann und Interdikt, durchzusetzen. Es konnte geschehen, daß die Kirchenstrafen dazu herhalten mußten, ausstehende Gelder einzutreiben und wirtschaftliche Interessen des Klerus durchzusetzen, und handelte es sich auch nur um die beim Transport aufgehaltenen Weinfässer eines Bonner Dechanten.

Während man sein ganzes Interesse dem finanziellen Haushalt der Kirche zuwandte, geriet ihr geistlicher Haushalt gleichzeitig in Unordnung. Die Einnahmen und Ausgaben deckten sich nicht mehr. Unentwegt wurde das geistliche Kapital, das frühere Generationen angesammelt hatten, verbraucht, fast verschleudert, ohne daß neues gebildet wurde. Die Polarität zwischen geistlicher Intensität und weltlicher Extensität war empfindlich gestört.

So vollzog sich am Ende des Mittelalters in der Kirche ein unaufhaltsamer Prozeß der religiösen Schwächung. Mehr und mehr wurde ihre christliche Substanz aufgezehrt. Darin bestand ihre eigentliche Krankheit, nicht in den äußeren Schäden und Mißständen.

Von der Theologie war hier keine Heilung zu erwarten, wenigstens nicht in ihrem damaligen Zustand. Denn sie hatte an der allgemeinen Auszehrung teil. Je mehr die eigene Schöpferkraft versagte, desto enger schloß man sich an die erwählten Schulhäupter und Vorbilder der Vergangenheit an. Und so stöhnte die Theologie unter der Last der Überlieferung, sie erstickte fast an ihrer Überladung. Immer mehr komplizierte sich der theologische Begriffsapparat, immer raffinierter wurden die Definitionen und Distinktionen, immer phantastischer die Begriffsakrobatik bei den akademischen Disputationen. Unter sophistischen Haarspaltereien häufte man angebliche Tiefgründigkeiten. Alles in allem herrschte ein braver, routinemäßiger Schulbetrieb, fleißig, handwerklich sauber und treu, aber langweilig, ohne Schwung und Phantasie, ohne Rücksicht auf die wirklich lohnenden Fragen und ohne Mut zum eigenen Denken und deshalb auch ohne Wirkung auf das Leben.

Reformen – aber keine Reformation

Nach welcher Richtung immer man das Leben der Deutschen am Ausgang des Mittelalters durchforscht – überall stößt man gleichzeitig mit der beunruhigenden Erkenntnis, daß die Ordnung der Welt durch und durch gestört sei, auf die ebenso leidenschaftliche Überzeugung, daß sie einer gründlichen Erneuerung bedürfe. *»Reformation«* heißt daher die große Hoffnung der Menschen am Ausgang des Mittelalters. Johann Lichtenberger prophezeit: »Es wird eine neue Reformation, ein neu Gesetz, ein neues Reich und ein neuer Wandel geschehen, beide, unter den Geistlichen und unter dem gemeinen Volke.« In »tausend Naturlauten« bricht das ungestüme Verlangen nach einer Erneuerung aller Ordnung hervor – es ist die positive Seite des apokalyptischen Krisengefühls der Zeit, die Ahnung eines neues Anfangs mitten im Untergang.

Alles mußte durch diese Reformation hindurch, vornehmlich aber die Kirche, denn in ihr hatte alles Leben seine Mitte. Und so sehen wir seit dem Ende des 14. Jahrhunderts eine große Reformbewegung im Gange. Ihre Losung lautete »Reformation der Kirche an Haupt und Gliedern«.

Dabei muß man am Vorabend der Reformation zwischen *zwei Strömungen kirchlicher Opposition und Kritik* unterscheiden. Die eine richtete sich vornehmlich gegen die äußeren Schäden und Mißstände der Kirche, gegen die mannigfachen Erscheinungen ihres Verfalls; die andere hingegen entsprang einer größeren religiösen Tiefe und verlangte, fast gleichgültig gegenüber der äußeren Gestalt der Kirche, nach einer Verinnerlichung der Religion durch die persönliche, unmittelbare Erfahrung Gottes.

Die *äußere* Kritik an der Kirche war laut, lärmend und volkstümlich und bediente sich der publizistischen Mittel der Zeit. Sie blieb weithin an der Oberfläche haften und reichte nicht wirklich an die Wurzel des Schadens heran. Ihr Ziel war die Wiederherstellung des früheren Zustandes in seiner Reinheit; sie lebte in der Vorstellung, daß, wenn die Schäden und Mißstände beseitigt und in

Ordnung gebracht wären, die Erneuerung der Kirche geschafft sei.
Bei dieser breiten populären Opposition gegen die Kirche spielte das reizbarer gewordene Nationalgefühl eine Rolle. Auf sein Konto geht ein gut Teil der »Gravamina«, der Beschwerden, die man auf den Reichstagen gegen die römische Kurie und ihre Finanzwirtschaft erhob. »Früher entrichtete der Christ seine Abgaben an das Oberhaupt der Kirche, jetzt zahlte der Deutsche dem welschen Papste Tribut.« (R. Stadelmann). Man kann sich fragen, ob ein Mann wie Ulrich von Hutten die römische Kurie so gehaßt und angegriffen hätte, wie er es getan hat, wenn der Papst nicht in Rom, sondern in Deutschland, etwa in Bamberg, Mainz oder Köln residiert hätte.
Auch ein gewisses rational-bürgerliches Element spielte in diese öffentliche Kritik hinein. Es ist das erstarkende Selbstbewußtsein des Bürgers, das sich darin zu Wort meldet. Sein fleißiger und nüchterner Geschäftssinn durchschaute die mancherlei Betrügereien und unehrlichen Praktiken des Ablaß- und Reliquienhandels und wehrte sich gegen das aristokratisch-exklusive Dasein der hohen Prälaten; sein gesunder Menschenverstand und praktischer Lebenssinn verlangten nach einer eingängigen, verständlichen Form der christlichen Lehre, nach Werken der Barmherzigkeit anstelle eines überladenen Kirchenwesens. An seinen Mitmenschen tätige Liebe zu üben, erschien nützlicher und besser, als nach Rom, Jerusalem oder Santiago de Compostela zu wallfahren.
Die kirchliche Reformbewegung war von Anfang an mit der *Konzilsidee* verknüpft. Es hat im 15. Jahrhundert drei große Kirchenversammlungen gegeben, die sich speziell um eine Reform der Kirche bemüht haben: die »Reformkonzilien« von Pisa (1409), Konstanz (1414–18) und Basel (1431–49). Bei ihrem Versuch einer Reformation der Kirche an Haupt und Gliedern hatten sie es freilich mehr auf das Haupt als auf die Glieder abgesehen. Es ging ihnen vor allem darum, die monarchische Stellung des Papstes einzuschränken. Damit aber war die konziliare Reformbewegung von Anfang an vornehmlich im Negativen begründet. Es mangelte ihr an religiös-theologischer Stoßkraft, und daran ist sie gescheitert. Alsbald setzte eine Gegenbewegung ein, in deren Verlauf es dem Papst gelang, seine alten Rechte zurückzuerobern und die päpstliche Zentralgewalt noch mehr zu steigern. Am Ende steht die Bulle »Execrabilis« Pius' II. (1460), in der jede Appellation an ein Konzil als Rebellion verdächtigt und mit dem Bann bedroht wird. So war der Konziliarismus schließlich selbst als Ketzerei verurteilt. Der Gedanke aber, daß die Reform der Kirche nur von einem allgemeinen Konzil geleistet werden könne, welches auch dem Papst übergeordnet sei, blieb bestehen. Ohne diese Idee ist die Geschichte der Reformation nicht denkbar.
Parallel zu den Reformkonzilien gab es noch eine ganze Reihe anderer kirchlicher Reformbestrebungen. Die bedeutendste war die Reformbewegung innerhalb der Mönchsorden. Sie richtete sich darauf, durch eine strengere Beobachtung der Ordensregeln die alte Zucht und Ordnung in den Klöstern wiederherzustellen, oft auch die Klöster wirtschaftlich zu sanieren. Die Klosterreform begann mit großem Schwung und machte rasche Fortschritte. Aber selten hielten sich die Reformen über die zweite Hälfte des 15. Jahrhunderts hinaus. Nach wenigen Jahrzehnten hören wir schon wieder von allen Seiten bittere Klagen über Anzeichen einer neuen Veräußerlichung und Verwahrlosung auch in den reformierten Klöstern.
Wenn sich so viele Mönche und Nonnen gegen die Reform wehrten, so geschah dies bei den meisten von ihnen ganz gewiß aus sittlicher Laxheit. Bei einigen mag jedoch auch das unbewußte Gefühl mitgespielt haben, daß das alte asketische Ideal nicht mehr mit dem gewandelten Leben zusammenstimmte. So waren es hier und da vielleicht gerade die wertvollsten und vitalsten Männer und Frauen in den Klöstern, die sich an ihrem Beruf wundrieben und dann freilich auch in schwere sittliche Katastrophen stürzten.
Alle Versuche, das Leben der Kirche zu reinigen und zu erneuern, wären nicht möglich gewesen ohne die aktive Beteiligung von Laieninstanzen, das heißt ohne die tatkräftige Mithilfe der Landesherren und Stadtregierungen. Die kirchlichen Reformen waren weithin eine Sache der weltlichen Obrigkeit. So entstand eine staatliche beziehungsweise städtische Kirchenhoheit, deren Einfluß sich nicht nur auf die äußeren Angelegenheiten der Kirche beschränkte, sondern auch in den geistlichen Bereich hineinragte: erste Ansätze eines zusammenhängenden Landeskirchentums und damit eine wichtige Voraussetzung für die Durchführung der Reformation.
Luther selbst konnte sich zu den äußeren Schäden und Mißständen in der Kirche und zu den Versuchen, sie zu bessern, fast gleichgültig äußern – hier lag sein Interesse nicht: »Ich hätte mit den Papisten wenig zu tun, wenn sie nur recht lehreten; ihr böses Leben würde nicht großen Schaden tun.« Das weist hinüber in die andere Richtung kirchlicher Opposition und Kritik am Vorabend der Reformation, die einer größeren religiösen Tiefe entsprang und in der, oft gar nicht bewußt, etwas Anderes, Neues zum Durchbruch kam. Hier lag die eigentliche Herausforderung der Zeit an die Kirche.

Neues Gesamtverständnis des Christentums

Fast ein ganzes Jahrtausend kirchlich-religiöser Erziehung lag damals hinter dem Abendland und mehr als ein halbes Jahrtausend hinter dem deutschen Volke – eine großartige Leistung der mittelalterlichen Kirche. Wie großartig diese Leistung war, zeigt die Tatsache, daß die Erziehung ihr Ziel erreicht hatte: die Menschen begannen sich mündig zu fühlen. Eben dieser *Übergang von der Unmündigkeit zur Reife* war es, der sich am Ausgang des Mittelalters anbahnte. Was sich in ihm zu

Wort meldete, war nicht mehr nur die Kritik an einzelnen Erscheinungen des bestehenden kirchlichen Systems, sondern eine neue Erfassung des Verhältnisses des Menschen zu Gott und zur Welt. Es ging um nicht mehr und nicht weniger als um ein neues *Gesamtverständnis des Christentums.*

Dabei lag das Neue mehr in einer subjektiven Haltung als in einem objektiven Gehalt. Aber eben daß diese Frömmigkeit sich trotz eines unveränderten Glaubensinhalts als neu empfand, war bezeichnend für sie. Darin sprach sich das Bewußtsein der beginnenden religiösen Mündigkeit aus. Ihre praktische Verwirklichung fand die »neue Frömmigkeit, wie sie sich bezeichnenderweise nannte, in den Kreisen der »Brüder vom gemeinsamen Leben«, aber sie reichte weit über diese hinaus.

Das entscheidende Kennzeichen war der Wunsch nach *persönlicher Aneignung des Heils.* Man wollte Gott im eigenen Herzen erfahren, wollte ihm persönlich begegnen, wollte seiner Nähe und Gnade unmittelbar gewiß werden, nicht nur im Zusammenhang eines objektiven Systems, im Rahmen der Kirche als rechtlich-regimentaler Heilsanstalt, sondern auch ohne fremde priesterliche Vermittlung, jenseits des kultisch-hierarchischen Instanzenzuges und sakramentalen Gnadenapparates der Kirche. Die Kirche wurde nicht abgelehnt oder gar bekämpft, sondern übersprungen. Die Konzentration auf die Gesinnung hatte wie von selbst eine Gleichgültigkeit gegenüber der kirchlichen Institution zur Folge. Im doppelten Sinne des Wortes »ließ man sie stehen«.

Einen bildhaften Ausdruck hat der Wunsch der Laien nach religiöser Mündigkeit und privater Vertiefung in Dürers Stich des »Hieronymus im Gehäus« gefunden. Da sehen wir den Heiligen in einem bürgerlichen Wohnraum sitzen und still für sich die Bibel lesen: Hier verkehrt der Mensch unmittelbar mit Gott, ohne die äußere Institution der Kirche und ohne Bindung an die priesterliche Vermittlung und den Vollzug bestimmter kultisch-sakraler Handlungen.

Aus dem Wunsch nach persönlicher Aneignung des Heils ergab sich von selbst das Verlangen nach ursprünglicher, unmittelbar einleuchtender Erkenntnis der Wahrheit Gottes und nach einem praktisch-werktätigen, der Welt zugewandten Christenglauben. Und dies wiederum hatte eine Verwischung des Gegensatzes zwischen Theologen und Laien zur Folge. In den Kreisen der mystisch-erbaulichen Laienfrömmigkeit betonte man gern, daß gerade der schlichte Mann und die einfältige Frau Gott näher seien und mehr von ihm vernähmen als der Priester oder der gelehrte Theologe:

> »Die Wahrheit ist uns dabei Schein,
> denn manches arme Schwesterlein
> und andre arme Geister
> können mehr als alle Lesemeister
> von deiner großen Gnade sagen,
> weil sie es in dem Herzen tragen.«

Ja, in einem Exkurs der Annalen des Hildesheimer Brüderhauses heißt es bereits ungescheut: »Hier tritt unbesorgt hinzu, du Diener, du Levit, du Priester dieser geistlichen Vereinigung, magst du auch ein Laie sein; denn jeder, der durch Christi Namen geheiligt ist, ist ein Priester, aber nicht jeder Priester ist ein Heiliger.« Das ist nicht mehr weit entfernt vom »allgemeinen Priestertum«.

Die *subjektivistische Tendenz* der spätmittelalterlichen Laienfrömmigkeit ist vom Subjektivismus der Aufklärung weit entfernt. Der Subjektivismus der Aufklärung bedeutet die Auflösung der Bindung des Menschen an Gott; da gibt der Mensch sich selbst das Gesetz. Die subjektivistische Tendenz, die die Frömmigkeit des 15. und 16. Jahrhunderts prägt, ist das genaue Gegenteil davon. Daß der Mensch das Gesetz jetzt nicht mehr von einer fremden Instanz, etwa der Kirche, empfangen will, heißt nicht, daß er es sich selbst geben, sondern daß er es von Gott unmittelbar empfangen möchte. Es bedeutet eine eigene, persönliche und gerade damit innigere Bindung an Gott.

Die Gedanken der neuen Laienfrömmigkeit blieben nicht auf das Praktisch-Religiöse beschränkt, sie drangen auch in die Theologie ein. Es sind hier vor allem drei Männer zu nennen: Wessel Gansfort, Johann von Wesel und Johann Pupper von Goch. Man hat sie als »Reformtheologen« bezeichnet.

Charakteristisch für alle drei ist die Unterscheidung zwischen der allgemeinen Kirche als äußerlich verfaßter, sichtbarer Gemeinschaft und der wahren Kirche als einem unsichtbaren, geistigen Bund. Dabei ist ihnen die äußere Gestalt der Kirche gleichgültig; konstitutiv ist für die Kirche allein die innere, unmittelbare Gemeinschaft der einzelnen mit Gott. Wessel Gansfort schreibt: »An Gott glauben wir, nicht an die katholische Kirche, nicht an das lateinische Konzil, nicht an den Papst.« Und von Johann von Wesel wird sogar das Wort überliefert: »Ich verachte den Papst, die Kirche und die Konzilien. Ich liebe Christus. Das Wort Christi wohnt in uns überreichlich.«

Die Kirche wird zu einer rein empirisch-historischen Größe, und die kirchliche Hierarchie bis hinauf zum Papst trägt fast nur noch den Charakter eines »Notinstituts«. Ihre Aufgabe ist, dafür zu sorgen, daß die Christen in Ruhe und Frieden zusammenleben. Die hierarchische Ordnung beruht auf einem gegenseitigen Vertrag zwischen den kirchlichen Oberen und den Gläubigen. Verletzen die kirchlichen Oberen diesen Vertrag, so brauchen ihn auch die Gläubigen nicht zu halten. Ja, sie haben sogar die Pflicht, den Oberen zu widerstehen, wenn diese etwas Falsches glauben oder etwas gebieten, was nicht mit dem Evangelium übereinstimmt; denn selbst der Papst kann irren, und schon viele Päpste haben »pestilenzialisch geirrt«.

Die Schlüsselgewalt ist mit der Gotteskindschaft gegeben, und so hat jeder fromme Christ Vollmacht, Sünden zu binden und zu lösen, auch ein Laie und eine Frau.

Wo bleibt da noch die besondere Stellung des Priesters oder gar die hierarchische Ordnung?
Überblickt man die Gedankenwelt der »Reformtheologen« im ganzen, so stellen sie ein revolutionäres Element innerhalb der traditionellen Schultheologie am Vorabend der Reformation dar. Freilich hielten sie sich in der Stille, in den zurückgezogen lebenden Kreisen ihrer Anhänger. Nur Johann von Wesel war kühn genug, öffentlich hervorzutreten. Aber er geriet dafür auch in Konflikt mit der Inquisition und konnte sich nur durch Widerruf und Fußball vor dem Feuertod retten.
So bildete die religiöse Reife und Mündigkeit der abendländischen Völker, insonderheit der Deutschen, die entscheidende Herausforderung, die der Kirche am Ausgang des Mittelalters gestellt war. Sie mußte zur Schicksalsfrage für die Kirche werden, wenn sich beide Strömungen kirchlicher Opposition und Kritik – die äußere, die auf Reformen drängte, und die innere, die vor allem nach persönlicher Aneignung des Heils verlangte – öffentlich miteinander verbanden.

Zurück zu den Anfängen!

In einem Vorlauf geschah die Verbindung beider Strömungen kirchlicher Opposition bei den »*Vorreformatoren*«, dem Engländer John Wiclif und dem Tschechen Jan Hus. Ihre Losung lautete: Zurück zum ursprünglichen, reinen Gotteswort der Bibel, zum einfachen apostolischen Leben der Urgemeinde! Norm und Maßstab für die Gestalt der Kirche hat allein das Gesetz Gottes zu sein, und dieses findet sich nirgendwo anders als in der Bibel offenbart. Alles, was nicht im göttlichen Gesetz der Bibel steht, sondern erst später in die Kirche eingedrungen ist, muß deshalb ausgeschieden werden. Und so greifen Wiclif und Hus unmittelbar auf die Bibel als die alleinige Grundlage christlichen Glaubens und Lebens zurück und erstreben die Reform der Kirche durch eine möglichst reine Wiederholung des Urchristentums.
Solche »Urkirchenromantik« hat es in der Kirchengeschichte häufig gegeben. Die meisten Ketzerbewegungen waren immer auch Bibelbewegungen – für die etablierte Kirche gefährliche Erinnerungen an ihre eigenen Anfänge. Aber eine rein historisierend-imitierende Wiederholung des Urchristentums durch bloßen formalen Rückgriff auf die Bibel bewirkt noch keine Reformation der Kirche. Vielmehr kommt es darauf an, wie man die Bibel versteht und in der gewandelten Zeit neu zur Sprache bringt. Wiclif und Hus haben die Bibel vornehmlich als das Gesetz Gottes verstanden, das es wörtlich zu wiederholen und genau zu befolgen gilt. Bei ihnen tritt an die Stelle des päpstlichen Gesetzes nur das biblische. Darum haben sie mit ihrer radikalen Kritik an der Papstkirche zwar einen mächtigen Einfluß auf ihre Zeit ausgeübt, aber keine neue Gesamtauffassung des Christentums bewirkt.
Auch die *Humanisten* wollten zurück zu den Ursprüngen, zu den reinen Quellen des Anfangs, zum Einfachen und Klaren, und damit durch den Wust der kirchlichen Überlieferung hindurch zum ursprünglichen, reinen Bibelwort. Aber ihr Weg dorthin sah anders aus als der Wiclifs und Hus'. Sie erhofften sich eine Erneuerung des Christentums, ja eine Verjüngung der Welt durch die Wiedergeburt der »bonae literae«, der klassischen Studien.
Der Humanismus hatte seinen Ursprung in der Renaissance Italiens, und man kann die italienische Renaissance, trotz aller Vielfalt ihrer Erscheinungsformen, insgesamt gar nicht besser charakterisieren als mit dem Ausdruck »Humanismus«. Denn eben dies war es, was sich seit dem 14. Jahrhundert in Italien zunehmend begab: Der Mensch entdeckte sich selbst, und damit wurde die freie Entfaltung aller in ihm schlummernden Kräfte und mit ihr die eigenmächtige Gestaltung der Welt zum allseitigen Lebensideal. Bei dieser »Wiedergeburt« des Menschen und der gleichzeitigen Wiederentdeckung der Weltlichkeit der Welt spielte die neue Rückwendung zur römischen und griechischen Antike zwar eine entscheidende Rolle, aber es war zugleich auch ein neues, unbefangenes Eintauchen in den eigenen Lebensgrund, in die Natur so gut wie in die Geschichte. Die Verknüpfung von Antike und Christentum wurde deshalb auch nicht als etwas Konträres, sondern als eine organische Einheit empfunden.
Nördlich der Alpen, in Deutschland, war der Humanismus anders gefärbt als in Italien, stärker religiös, eben darum aber auch kritisch gegen die Kirche und Theologie und deshalb alles in allem populärer. Er fand seine Anhänger überall, an den Lateinschulen und Universitäten, im Klerus und im Patriziat, bei Mönchen wie bei Prälaten, unter den armen vagabundierenden Poeten ebenso wie bei den bedeutenden Gelehrten. Zwischen ihnen allen bestand ein Zusammenhang durch einen eifrigen Briefwechsel und eine Fülle von Flugschriften. Begünstigt durch die neue Buchdruckerkunst, breitete sich der humanistische Geist fast wie ein Rausch aus. Ein neues Zeitalter schien anzubrechen. Ulrich von Hutten jubelte:»O Jahrhundert! Die Wissenschaften blühen, die Geister regen sich, es ist ein Lust zu leben!«
»Zurück zu den Quellen!« hieß: Zurück zu dem ursprünglichen, reinen Wortlaut der Bibel, und also Kenntnis der drei alten Sprachen, Griechisch, Latein und Hebräisch. »Zurück zu den Quellen!« hieß: Zurück zu Jesus und den Kirchenvätern, aber auch zu den antiken Schriftstellern und zur Stoa. »Zurück zu den Quellen!« hieß schließlich: Zurück zur eigenen deutschen Vergangenheit, zu Arminius und seinen Nachfolgern, den Kaisern. Alles zusammengenommen bedeutete dies: Kritik an der Gestalt der Kirche, Spott über die theologische Scholastik, Kampf gegen die römische Kurie und gegen alles »welsche Wesen« überhaupt. Kirchenreform und Nationalgefühl gingen im deutschen Humanismus ein Bündnis ein – das sollte sich für den Fortgang der Reformation als wichtig erweisen, nicht jedoch für ihren Ursprung, höchstens für ihre Vorbereitung.
Insgesamt kann als Urteil über den Humanismus gelten,

was Luther 1523 an Ökolampad über Erasmus geschrieben hat:»Er hat getan, wozu er geordnet war, die Sprachen eingeführt und wieder zu den heiligen Studien zurückgerufen. Vielleicht wird er wie Mose in den Feldern Moab sterben, denn zu den besseren Studien, die der Gottseligkeit dienen, führt er uns nicht weiter.«

Warten auf Gott

Überblickt man die Entwicklung am Vorabend der Reformation, so scheint ein Gesetz der Steigerung in ihr zu herrschen. Aber es findet kein immer größeres Hellwerden statt, es »nahet sich nicht gen den Tag«. Vielmehr werden gerade umgekehrt die Schatten länger, die Farben dunkler, die Stimmung düsterer – man scheint an ein Ende gelangt zu sein.

Von der Kirche wurde das Suchen und Fragen der Zeit, das neue drängende Warten auf Gott nicht aufgenommen und erfüllt. Im Gegenteil, die Entwicklung der Kirche ging in die entgegengesetzte Richtung. Statt der wachsenden religiösen Reife und Mündigkeit der Laien Raum zu geben und sich deren Verlangen nach einer neuen Stellung des Menschen im Heilsprozeß und dementsprechend einer neuen, freieren Mitarbeit in der Kirche zu öffnen, nahm gerade umgekehrt ihre Klerikalisierung immer mehr zu, und damit alle jene Züge, die der »subjektivistischen Tendenz« entgegenstanden: das Institutionell-Regimentale, das Kultisch-Hierarchische, das Priesterlich-Sakramentale, Recht, Macht, Disziplin, Politik, Verwaltung, Fiskalismus – kurzum das ganze objektiv-kirchliche System, das die neue verinnerlichte Frömmigkeit gerade als ein Hindernis empfand und daher zu überwinden trachtete.

Ihren sichtbaren, beinahe symbolischen Ausdruck fand die neue Selbstbehauptung und Verfestigung, ja Verhärtung der Kirche in dem 5. ökumenischen Laterankonzil, das unmittelbar am Vorabend der Reformation, von 1512–1517, tagte. Es war eine reine Klerikersynode, nur ganz wenige Laien nahmen noch an ihr teil. Die Macht des päpstlich-hierarchischen Systems wurde hier wieder in ihrem ganzen Umfang und mit allen ihren Ansprüchen verkündet, so, als ob es nie eine konziliare Reformbewegung gegeben hätte und als ob in den Völkern und Menschen nicht schon längst ganz andere Wünsche, Stimmungen und Gedanken lebendig gewesen wären. Ausdrücklich wurde die Bulle »Unam sanctam« Bonifaz' VIII., die letzte und schroffste mittelalterliche Kundgebung päpstlicher Macht und Gewalt, von Leo X. auf dem Konzil erneuert und bestätigt.

Angesichts des offensichtlichen Mißlingens aller Reformversuche drohte sich eine Stimmung der Skepsis und Resignation auszubreiten, ob es denn überhaupt noch gelingen würde, eine Reformation der Kirche herbeizuführen. Stimmen wurden laut, zumal in den geistig führenden Kreisen, die auf keine Reformation mehr hofften und müde und resigniert zur Bescheidung rieten. So sagte Geiler von Kaisersberg: »Du sprichst: Mag man nicht eine gemeine Reformation machen? Ich spreche: Nein, es ist auch keine Hoffnung, daß es besser werde um die Christenheit. Darum so stoß ein jeglicher sein Haupt in einen Winkel, in ein Loch, und sehe, daß er Gottes Gebot halte und tue, was recht sei, damit er selig werde.« Als der Hamburger Kanonikus Albert Krantz kurz vor seinem Tode von Luthers Auftreten erfuhr, da sagte er: »Du hast zwar recht, guter Bruder, aber du wirst nichts ausrichten. Geh lieber in deine Zelle und sprich: Herr, erbarme Dich!« Am Ende steht Sebastian Franck mit seiner vollkommen resignierenden Feststellung: »Darum nur stillgeschwiegen wär' jetzt am sichersten, denn es ist jetzt Schweigens Zeit.«

Wenn wirklich etwas Anderes, Neues kommen sollte, das das Streben der Zeit nach religiöser Reife und Mündigkeit erfüllte, dann mußte der, der es heraufführte, auf der einen Seite ganz und gar ein Kind seiner Zeit sein. Er mußte den ganzen furchtbaren Ernst der Krise des ausgehenden Mittelalters, seine Unruhe und Erwartung, seine leidenschaftliche Frömmigkeit, seine Sehnsucht nach Erlösung, sein Streben nach Mündigkeit, sein Verlangen nach Vergeistigung und Vertiefung des Heils in seinem eigenen Innern erlebt haben wie nur irgend einer. Zum andern aber mußte er zugleich durch alles, was ihn umstellte, durch alles Alte und Vertraute, durch alle Überlieferung und jegliches Herkommen, durch die ganze Überladung und Überfremdung des Kirchenwesens hindurchstoßen und auf den Ursprung allen christlichen Glaubens zurückgehen und wieder so auf die Bibel hören, als hörte er zum erstenmal auf sie. Eben dies ist durch Martin Luther in der Reformation geschehen.

Das Jahrhundert vor der Reformation ist in ein tiefes Zwielicht getaucht: Zwielicht des hereinbrechenden Abends oder eines anbrechenden neuen Morgens? Es ist eine Zeit der Unentschiedenheit, der Schwebe zwischen Altem und Neuem. Dabei sind Altes und Neues, Vergangenes und Zukünftiges oft so eng miteinander verschlungen, daß sich beides nicht immer voneinander scheiden läßt. Bezeichnend für die herrschende Stimmung der Zeit, für ihre manchmal bis zur Unerträglichkeit gesteigerte Spannung, ist die Vieldeutigkeit des Wortes »Melancholie«. Es bezeichnet auf Dürers Kupferstich nicht mehr nur Schwermut, träge Dumpfheit und Depression, sondern zugleich ernsthaftes Nachdenken, Phantasie und Genialität. Dabei droht der Geist der Zeit jedoch immer wieder ins Dunkel hinüberzugleiten.

»Die Melancholie«, Kupferstich von Albrecht Dürer aus dem Jahre 1514.

Zur gleichen Zeit, in der das Gefühl herrschte, daß die Welt alt geworden ist und die Geschichte vielleicht sogar ihrem Ende entgegengeht, wird die »Neue Welt« entdeckt und leitet eine neue Epoche in der Geschichte ein. In die trübe Erkenntnis, daß es nichts Neues mehr unter der Sonne gibt, mischt sich das helle Bewußtsein eines neuen Anfangs. Symbolisch für diesen frischen Aufbruch ist das fast vergnügliche Bild von der Ausfahrt eines ozeantüchtigen Schiffes. Es beginnt die Zeit der Entdeckungen und Eroberungen, der ersten Kolonisation – 1492 entdeckt Kolumbus »Amerika«.

»Weltgeschichte«, bislang nur theoretisch als Begriff gedacht, füllt sich durch die Entdeckungen und Eroberungen jetzt mit konkretem Inhalt: Auf den gezeichneten Landkarten tritt es auch sichtbar ins Blickfeld. Die Kirche aber herrscht weiterhin – auch über beide Halbkugeln der Erde. Des zum Zeichen zieht ein päpstlicher Schiedsspruch, quer durch die Weltmeere hindurch, eine imaginäre Demarkationslinie zwischen dem spanischen und dem portugiesischen Herrschaftsbereich. Auf dem 5. Laterankonzil (1512–1517) war zum erstenmal auch ein Bischof von St. Domingo als Vertreter des neuentdeckten Amerika zugegen, und eine portugiesische Gesandtschaft überbrachte dem Papst, nach der Eroberung Malakkas, einen weißen Elefanten und zwei Leoparden als Zeichen der Huldigung des neuerschlossenen Orients.

Links: »Die Neue Welt«, gezeichnet von Juan de la Cosa im Jahre 1500 (Ausschnitt). Cosa war mit Kolumbus 1493/4 nach Amerika gesegelt (Madrid, Museo Naval).
Oben links: Vollgetakeltes Seeschiff aus der Zeit der Entdecker, halb vor dem Wind segelnd (Holzschnitt aus Bernhard von Breydenbach, *Peregrinationes in terram sanctam.* 1486).

Mochten die Menschen auch am Himmel wie auf Erden neue Welten entdecken – am Ende aller Weltgeschichte stand dennoch nach wie vor das Weltgericht. Im Jahre 1493 veröffentlichte Hartmann Schedel in Nürnberg seine Weltgeschichte, die die Geschichte der Menschheit von Adam bis zu dem Humanisten Konrad Celtis erzählt. Sie endet mit der Schilderung des Jüngsten Gerichts. Ein Holzschnitt stellt Christus, auf dem Regenbogen thronend, als Weltenrichter dar.

Unten: »Christus als Weltenrichter, auf einem Regenbogen thronend«, Holzschnitt aus der *Weltchronik* von Hartmann Schedel, gedruckt von Koberger in Nürnberg, 1493, mit Holzschnitten von M. Wolgemut und W. Pleydenwurff.

Die naturwissenschaftliche Voraussetzung für die im Mittelalter geglaubte universale göttliche Weltordnung bildete das aus der Antike stammende ptolemäische Weltbild, das die Erde in das Zentrum der Schöpfung stellte. Jetzt durchstieß der Mensch das Himmelsgewölbe, das sich über ihn spannte. Der Thorner Domherr Nikolaus Kopernikus entdeckte auf Grund seiner Berechnungen der Umlaufbahnen der Himmelskörper, daß nicht die Sonne die Erde, sondern die Erde die Sonne umkreist, also nicht die Erde den Mittelpunkt der Schöpfung bildet. Das bedeutete mehr als nur eine neue naturwissenschaftliche Erkenntnis; daraus folgte eine neue Weltordnung. In demselben Augenblick, in dem infolge der Entdeckung des Kopernikus die Erde aus dem Mittelpunkt des Universums rückte, wurde der Mensch zum universalen Bezugspunkt der Welt. Das mag Luther geahnt haben, wenn er über die Entdeckung des Kopernikus kurzweg urteilt: »So geht es jetzt, wer da will klug sein, der muß was Eigenes machen. Der Narr will die ganze Kunst Astronomiae umkehren. Aber wie die Heilige Schrift anzeigt, so hieß Josua die Sonne stillstehen und nicht das Erdreich.«

Oben: »Ein Forscher des Mittelalters erzählt, daß er den Punkt gefunden hat, wo Himmel und Erde sich berühren«, so nannte Camille Flammarion seinen Holzstich in *L'atmosphère météorologique populaire,* Paris, 1888.

Während der ganzen Reformationszeit standen sich dieselben Herrscher, bald als Gegner, bald als Partner, gegenüber: Außer Kaiser Karl V. (1519–1556) und seinem Bruder Ferdinand I. (deutscher König 1531–1564 und römischer Kaiser 1556–1564) Franz I., König von Frankreich (1515–1547), Heinrich VIII., König von England (1509–1547) und der türkische Großsultan Suleiman II., der Prächtige (1520–1566).

Im Westen Europas bildeten sich England, Frankreich und Spanien als neue Nationalstaaten mit zentraler monarchischer Gewalt heraus, während in seiner Mitte das »Heilige Römische Reich deutscher Nation« als ein halb weltliches, halb geistliches Gebilde fast wie ein Relikt wirkte, dazu an seiner Südostflanke in seinem Bestand noch ständig bedroht von den mächtig vordringenden Türken.

Von links oben nach rechts unten:
Kaiser Karl V. auf einer Medaille von Hans Reinhart (Cabinet des Médailles, Paris);
Kaiser Ferdinand I., nach einem Kupferstich von Barthel Beham, 1531; König Heinrich VIII. von England, nach einem Kupferstich von Cornelis Matsys, 1541;
Suleiman II. der Große, der Prächtige, nach einem Holzschnitt von Melchior Lorch.

Kaiser Maximilian I. (1493–1519) wurde der »letzte Ritter« genannt, und dieser Beiname charakterisiert ihn in der Tat aufs trefflichste. Es ist etwas Romantisches an seiner Gestalt, das die Zeitgenossen kräftig anzog und sie ihn preisen ließ wie kaum je einen anderen Herrscher, aber eben damit auch etwas Abenteuerliches, das durch keine entsprechende Wirklichkeit gedeckt war, und zwar sowohl in seiner Hofhaltung durch kein Geld als auch in seinem politischen und militärischen Handeln durch keine Macht und Stetigkeit. Nach innen wie nach außen hatte der Kaiser hochfahrende, ja ideale Pläne, von denen sich jedoch kaum einer verwirklichte. Was von der Regierung Maximilians noch am beständigsten blieb, war seine Heiratspolitik. Durch sie legte er die Grundlage zur Weltmacht seines Enkels Karl.

Rechts: Von Hans Burgkmair d. Ä. (1473–1531) stammt dieser kolorierte Holzschnitt des Reiterbildes von Kaiser Maximilian I., entstanden im Jahre 1508.

Karl V. (1519–1556) vereinigte in seiner Hand das größte dynastische Erbe, das je ein Herrscher im Abendland besessen hat: die österreichischen Stammlande, Spanien, Neapel, Sizilien, Burgund, die Niederlande und dazu die neuen amerikanischen Besitzungen – in der Tat ein »Reich, in dem die Sonne nicht unterging«. Aber eben diese Universalherrschaft versetzte Karl auch in ein zwiespältiges Verhältnis zu seinem kaiserlichen Amt. Nach seiner Wahl wurde er als das »edle junge Blut aus deutschem Stamme« begrüßt, aber dem Blute nach war er Burgunder und Spanier. Überzeugt von seiner hohen Herrscherwürde, verfolgte er sein Leben lang, zugleich mit Energie und Zaudern, das Ziel einer einheitlichen christlichen Weltmonarchie, ohne es jedoch am Ende zu erreichen. Als Kaiser wollte er nicht nur einer der Herren, sondern der *eine* Herr des Reiches sein und, neben dem Papst, das weltliche Haupt der *einen* Christenheit. Durch Abstammung und Erziehung ein gläubiger Christ und treuer Sohn der Kirche, nahm er es ernst mit dem bei seiner Krönung geleisteten Schwur, die Kirche mit all ihren Besitzungen und Rechten zu verteidigen. Und so wurde er – nicht die Päpste in Rom – zum größten Gegenspieler Luthers.

Auf dem Ausschnitt (rechts) eines Freskos im Palazzo Farnese zu Caprarola bei Rom, das Taddeo Zuccari um 1560 malte, erkennen wir neben König Franz I. von Frankreich Kaiser Karl V. (mit schwarzem Barrett).

FRANCISCVS · GALLIARVM · REX · CAROLVM · V · AVGVSTVM
COMPRIMENDAE · DEFECTIONIS · CAVSA IN · BELGAS PROFICISCENTEM
ET · ALEXANDRVM · FARNESIVM · CARDINALEM · MAGNIS
DE · REBVS · LEGATVM LVTETIAE · PARISIORVM
AMPLISSIMO · APPARATV · SVSCIPIT · ANNO SALVTIS · ∞DXL

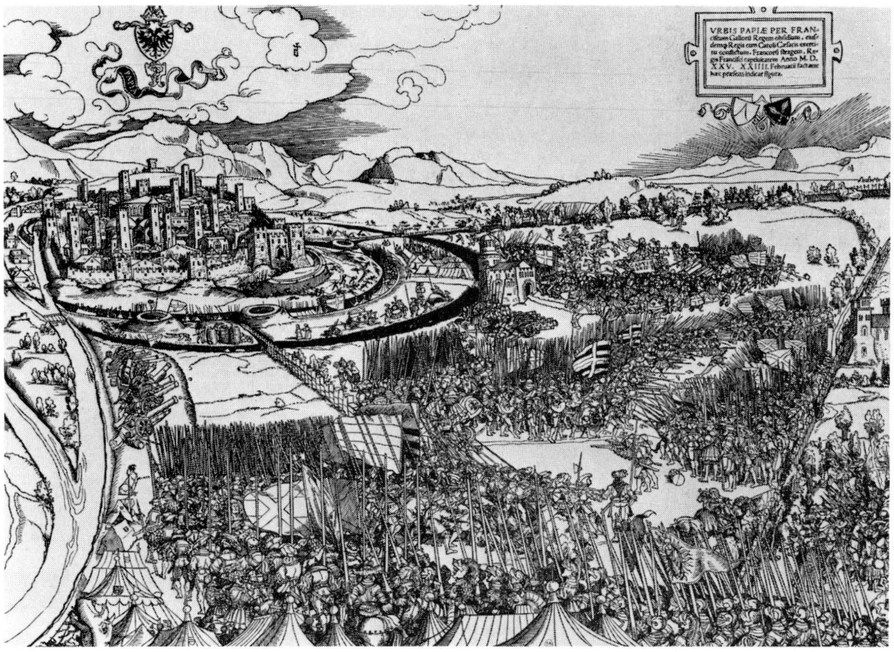

Der ständige Kampf der großen europäischen Mächte ging vornehmlich um den Besitz Italiens. Karl V. brauchte dieses Gebiet dringend als Brücke zwischen seinen verschiedenen, nicht zusammenhängenden und daher leicht verwundbaren Besitzungen. Aber eben dadurch sah Franz I. von Frankreich sich von der spanisch-habsburgischen Weltmacht lebensgefährlich umklammert.
Nicht viel anders erging es den römischen Päpsten. Auch sie befürchteten die Einkreisung ihres Patrimoniums durch die Übermacht des Kaisers und nahmen deshalb an allen politischen und militärischen Händeln kräftig teil. Zwischen Karl V. und Franz I. eher treulos als diplomatisch klug taktierend, neigten die Päpste meist mehr dem französischen König zu und scheuten selbst ein Bündnis mit den Türken, den »Ungläubigen«, nicht.
Ein halbes Jahrhundert währten die Kämpfe zwischen den großen europäischen Mächten, in einem ständigen Hin und Her der Kombinationen von Siegen und Niederlagen, von Bündnissen und Treubrüchen, von Verhandlungen und Verrat – ein unvorstellbares Bild ungezügelter und auch noch ungekonnter Machtpolitik. Ein Beispiel dafür bietet die Schlacht von Pavia (1525). In ihr gelingt es dem kaiserlichen Heer, die französische Armee vernichtend zu schlagen und Franz I. selbst gefangen zu nehmen – für Karl V. eine einmalige Gelegenheit. Karl jedoch verpaßt die Gunst der Stunde, zunächst durch sein Zögern, sodann durch übertriebene Friedensforderungen. Franz I. aber bricht sofort wieder den schließlich geschlossenen Frieden, tritt dem inzwischen gebildeten neuen Bündnissystem gegen den Kaiser bei – und so gehen die Feldzüge in Europa noch 20 Jahre weiter während derer sich die Reformation in Deutschland ausbreiten kann.

Oben: Zeitgenössische Darstellung der Schlacht von Pavia, 1525: im Hintergrund die Stadt, von den Franzosen belagert, mit kreisförmigen Gräben und Befestigungen um die Stadt; im Vordergrund die kaiserliche Infanterie; oben rechts im Bild wird inmitten eines wilden Getümmels Franz I. gefangengenommen (Holzschnitt von Jörg Breu d. Ä., 1475–1537).

Mitte: Kaiserliche Infanterie (Arkebusier), Ausschnitt aus einem Relief am Grabmal Franz I. in Saint-Denis.

Insgesamt neun Päpste haben zu Luthers Lebzeiten in Rom regiert. Die meisten von ihnen waren alles andere – Fürsten, Politiker, Krieger, Kunstmäzene –, nur keine Nachfolger Petri. Durch den Kirchenstaat in die europäischen Machtkämpfe verstrickt, gewann für die römische Kurie die Politik den Primat vor der Religion, und statt als Oberhaupt der ganzen Christenheit Frieden unter den Völkern zu stiften, wurde der Papst als italienischer Territorialfürst zum Störenfried. Hinzu kam, daß bedingt durch den Vorrag der jeweiligen familienpolitischen Interessen, ein ständiger Wechsel stattfand, weshalb keine feste Tradition und verläßliche Kontinuität entstehen konnte.

Die neun Päpste auf Münzbildern (von links nach rechts): Sixtus IV. (1471–1484), Innozenz VIII. (1484–1492), Alexander VI. (1492–1503), Pius III. (1503), Julius II. (1503–1513), Leo X. (1513–1521), Hadrian V. (1522–1523), Klemens VII. (1523–1534), Paul III. (1534–1549).

Die Kriege – und Krieg war eigentlich immer – wurden nicht von den Völkern, sondern von gemieteten Söldnern, den »Landsknechten«, geführt. Der Krieg war ihr Handwerk. Sie dienten jedem Herrn, der ihnen guten Sold und reiche Beute versprach. Am liebsten war ihnen: »Hundert Jahre Krieg, aber keinen Tag Schlacht!« Seitdem die Schweizer Bauernheere die Truppen Österreichs und Burgunds geschlagen hatten, galten zunächst die »Schweizer« als die besten Söldner. Aber bald standen ihnen die Deutschen nicht mehr nach. Bewaffnet waren die Landsknechte mit einem langen Spieß, einem kurzen Schwert oder mit der Hakenbüchse. Dazu kamen die neuerfundenen Geschütze. In Schlachtreihe oder zum Geviert formiert, stießen die Landsknechte die gepanzerten Ritter mit ihren langen Lanzen vom Pferd oder brachen mit den neuen Geschützen ihre Burgen.

Oben: Drei Landsknechte aus dem 16. Jahrhundert, nach Holzschnitten von Peter Flötner (1485–1546).
Unten: Szene aus der Schlacht bei Marignano 1515; gezeichnet nach einem Relief am Grabmal Franz' I. in Saint-Denis.

Durch die Macht der aufstrebenden Landesfürsten einerseits und die überlegene Kriegskunst der neuen Infanterie und Artillerie andererseits in Bedrängnis geraten, verloren die Ritter ihre seit dem frühen Mittelalter überlieferte Funktion, als Panzerreiter den Kern des kaiserlichen bzw. landesfürstlichen Heerbanns zu bilden. Eine Symbolgestalt für den Niedergang des Ritterstandes ist Franz von Sickingen, auch er eine Art »letzter Ritter« wie Kaiser Maximilian, nur von kleinerem Format. Von seiner Ebernburg bei Kreuznach aus verdingte er sich bald diesem, bald jenem als Kondottiere und verfolgte sogar hochfliegende politische Pläne.

arlicher bericht: wie von den drey
Chůrfürsten vnd Fürsten/Namlich Tryer/Pfaltz/
nd Hessen/weylandt Frantz von Sickingen vberzo-
ı. Auch was sich im selbigen mit eroberūg seiner vnd
derer Schlösser/vnnd sunst von tag zů tag begeben/
durch den Erenhalt verzeychet.
Anno M. D. xxiij.

Zuletzt entfesselte er den Aufstand der Reichsritterschaft an Mittel- und Oberrhein (1522/23), sagte dem Erzbistum Trier Fehde an, wurde als Landfriedensbrecher in die Acht erklärt und starb schließlich, schwer verwundet, tapfer unter den Trümmern seiner Feste Landstuhl.

Oben: Titelseite einer Druckschrift vom Jahre 1523 über den Krieg gegen Franz von Sickingen.

Zu den Zentren des wirtschaftlichen und kulturellen, teilweise auch des politischen Lebens wurden die Städte, zumal die freien Reichsstädte. Ihr Aufstieg wäre nicht möglich gewesen ohne den Übergang von der älteren Naturalwirtschaft zur neuen Geldwirtschaft. Mit der neuen, unheimlichen, bis dahin so nicht geahnten Macht des Geldes tritt der Frühkapitalismus auf den Plan und richtet große Veränderungen an. Die Zeitgenossen erkannten nicht die Zwangsläufigkeit der Entwicklung und standen erschrocken und fassungslos vor dem, was sich vor ihren Augen tat. Noch Luther fragt halb staunend, halb erzürnt: »Wie ist's möglich, daß es sollt göttlich und recht zugehn, daß bei einem Menschen sollten auf einen Haufen so große königliche Güter gebracht werden? Ich weiß die Rechnung nit, wie man mit hundert Gulden mag des Jahres erwerben zwanzig, ja ein Gulden den andern!«

Oben: Augsburg im Jahre 1560. Holzschnitt von der Belehnung des Reichsmarschalls durch Kaiser Ferdinand I. auf dem Marktplatz.

Mit dem wirtschaftlichen Aufstieg der Städte beginnt das Bürgertum seinen künftigen Platz in der Gesellschaft einzunehmen. Ihres neuen Selbstwertes auch politisch bewußt, regieren die Bürger nicht nur in ihren größer und reicher werdenden Städten, sondern dringen auch in die Ratsstuben der Fürsten ein, werden Räte, ja Kanzler. Sie erwerben Grund und Boden und lassen sich, wie früher die Adligen und Geistlichen, porträtieren. Dies alles geschieht freilich nicht reibungslos, nicht ohne Konflikte zwischen Patriziern und Zünften und dazu einem entstehenden städtischen Proletariat.
Die mittelalterliche Wirtschaftsordnung war in das christliche Liebesgebot gefaßt. Sie ruhte auf den drei Säulen: auskömmliche Nahrung – gerechter Preis – Zinsverbot. Mit dem Aufkommen der Geldwirtschaft wandelten sich nicht nur der Inhalt und Stil, sondern vor allem auch das Ziel alles Wirtschaftens. Geld ist Macht, Geld regiert die Welt – das ist die neue Erkenntnis, die man gewinnt. Und so begannen die entstehenden Großbanken und Handelshäuser auch sehr bald in der Politik eine Rolle zu spielen. Der aufkommende Fürstenstaat brauchte ständig Geld, und die Fugger, Welser, Paumgartner, Tucher oder wie immer sie hießen, liehen es ihm und erhielten dafür Monopole. Damals fing es an, daß sich Politik und Kapital, Staat und Wirtschaft in die Hände spielten. Ein neuer Typ von Wirtschaftlern kam auf: kühne und kühl rechnende Geldmänner, die mit gewaltigem Kapital, gewagten Einsätzen, aber auch rücksichtslosen Methoden arbeiteten. Der Erwerb schien für sie zum Selbstzweck geworden zu sein. Als ein Freund Jakob Fugger riet, sich zur Ruhe zu setzen, da antwortete ihm dieser, »er habe viel einen andern Sinn, er wolle gewinnen, dieweil er könne«. Von den sieben Todsünden wurde die Habsucht jetzt zum Hauptlaster, wie zuvor, in der Zeit des Ritters, die Hoffart. Der Erfolg blieb nicht aus. Das Vermögen der Fugger stieg bis 1546 zum Höchststand von 4 ¾ Millionen Goldgulden (etwa 300 Millionen Goldmark) – das Zehnfache des Betrages, den das Bankhaus der Medici in Florenz 1450 erreicht hatte. Dafür haßte man die »Pfeffersäcke« aus vollem Herzen und machte sie für alle Übel in der Welt verantwortlich.

Links: Holzbüste Jakob Fuggers (1459–1525), gefertigt von Adolf Daucher, früher in der Fuggerkapelle in Augsburg, um 1518.
Unten: Ausschnitt aus einem Gemälde, darstellend einen Augsburger Geschlechtertanz im Tanzhaus am Weinmarkt, um 1500.

Die Bauern bildeten zahlenmäßig den weitaus größten, sozial aber den schwächsten Stand. Dabei war ihre wirtschaftliche Not gar nicht einmal so groß; was sie vor allem bedrückte, war ihre politische und soziale Zurücksetzung, die zunehmende Abhängigkeit durch strengere Eintreibung der Abgaben und Ausdehnung der Herrschaftsrechte über Wasser, Wald, Weide und Jagd. Wenn vom »armen Mann« die Rede ist, dann sind damals in erster Linie die Bauern gemeint. Der »Arme« aber ist gerade der, der Gott am nächsten steht, und der Ackerbau das Gott wohlgefälligste Werk: Sind es nicht die Bauern, die durch ihren Schweiß die Menschheit ernähren, und pflanzen sie nicht das Korn, das sich auf dem Altar in Gott verwandelt? Solche Verherrlichung, ja fast religiöse Verklärung bedeutet mehr als nur ein Lob des Bauernstandes; es rüttelt bereits gefährlich an den bestehenden Verhältnissen. Und so hörte seit der Mitte des 15. Jahrhunderts die Unruhe unter den Bauern nicht mehr auf. Bald hier, bald dort flammte, vor allem im Süden und Südwesten des Reiches, ein Aufstand nach dem andern auf.

Unten: »Ein Bauer schlägt den Knecht des Herrenvogts« ist der Titel dieses Holzschnittes des Petrarca-Meisters, der nach einer Notiz des 16. Jahrhunderts im Amerbach-Kabinett identisch mit dem Zeichner Hans Weiditz d.J. (um 1495–um 1536) sein soll.

Wie das Zur-Ruhe-Kommen der Völkerwanderung einst den Beginn des Mittelalters angezeigt hatte, so kündete eine neue Ruhelosigkeit jetzt sein Ende an. Die metaphysische Unruhe der Zeit wirkte sich in einer physischen Unrast aus; sie ging gleichsam bis in die Beine hinein. Wallfahrten hatte es schon immer gegeben, gegen Ende des Mittelalters aber wurden sie beinahe zu einer Epidemie. Neue Wallfahrtsziele wurden plötzlich, fast über Nacht, berühmt und zogen die Menschen, bis zu Zehntausenden, mit magischer Gewalt an: die schöne Maria von Regensburg, das heilige Blut von Wilsnack, der Pfeifer von Niklashausen. Plötzlich brechen sie auf, wie unter einem Zwang; unterwegs schließen sich ihnen immer neue Scharen an; jeder geht, wie er gerade ist, barfuß, barhaupt, im Hemd oder Kittel, manche noch ihr Arbeitsgerät in der Hand. Dieser Wallfahrtstrieb war Ausdruck eines ungestillten geistlichen Hungers, ein vielfältiger, sehnsuchtsvoller Schrei nach Erlösung.

Oben: Der Holzschnitt ›Die Pilgerfahrt zur Kirche der »Schönen Maria‹ in Regensburg« stammt von Michael Ostendorfer (um 1490–1559) aus dem Jahr 1523.

Unheimlicher noch als die Wallfahrten wirkten die Geißlerzüge, die vor allem durch die große Pest von 1348/49 ausgelöst wurden, aber auch später immer wieder aufflackerten. Sie zogen durch das Land und schlugen ihre Leiber und sangen dazu ihre eintönigen, dumpfen Weisen vom jähen Tod, von der Menschen Sünde und von Gottes Zorn:

»Nun hebet auf die euren Händ,
daß Gott das große Sterben wend.
Nun recket auf die euren Arm,
und daß sich Gott über uns erbarm . . .
Jesus, durch deine Wunden rot
behüt uns vor dem jähen Tod.«

Die Kirche mißtraute diesen Geißlerfahrten und verbot sie. Aber sie brachte sie damit nicht zum Stehen. Was vermag auch schon eine päpstliche Bulle, wenn das Herz eines Menschen in Unruhe und Angst gekommen ist?

Oben: Die Zeichnung aus der Bischofschronik des Lorenz Fries zeigt den Pfeiferhänsle von Niklashausen, wie er den Wallfahrern predigt.
Rechts: Flagellanten treten als religiöse Fanatiker auf, nach einer Miniatur aus einem Manuskript des 15. Jahrhunderts.

Es herrschte Endzeitstimmung. Und wie immer in Zeiten apokalyptischer Erwartung vertiefte man sich in die überlieferten alten Offenbarungen, hörte auf die umlaufenden neuen Prophezeiungen und suchte nach Zeichen am Himmel. Es ist eine »saturnfürchtige« Zeit. Die Astrologen errechnen aus den Sternen vornehmlich Unheil, Krieg und Untergang. Albrecht Dürer träumt eines Nachts von Wassermassen, die vom Himmel auf die Erde herabstürzen, und malt am nächsten Morgen ein Bild davon. Der thüringische Franziskaner Johannes Hilten sagt 1485 den Sturz des Papsttums für das Jahr 1514 oder 1516 voraus, und Rom soll 1524 vernichtet werden!

Oben: Albrecht Dürers »Traumgesicht«, Pinselzeichnung, 1525.

Die religiöse Erregung der Zeit steigerte noch den allzeit vorhandenen Aberglauben des Volkes. Es war ein wundersüchtiges Geschlecht, und je monströser die Wunder waren, desto größeren Eindruck machten sie. Die schlimmste Form des Aberglaubens aber bildete der Hexenwahn, in früheren Jahrhunderten von der Kirche verworfen, von Thomas von Aquino als erstem theologisch gerechtfertigt und schließlich von den Kölner Dominikanern und Inquisitoren Heinrich Institoris und Jakob Sprenger, mit päpstlicher Zustimmung, im

Keine andere Zeit hat mit solcher Eindringlichkeit jedermann unablässig den Gedanken an den Tod eingeprägt. Das zeigen anschaulich die zahlreichen »Totentänze«. Gespielt, gemalt, in Holz geschnitten und als Bilderbogen gedruckt, finden sie überall rasche Verbreitung. Ursprünglich ein Reigen der Toten mit den Lebenden, wird der Totentanz ein Tanz des Todes mit den Menschen, die er einzeln, paarweise oder in Scharen entführt. Alle Menschen sind vor dem Tode gleich, alle müssen vor ihm Revue passieren: Papst, Kaiser, Ritter, Bauern, Herren, Knechte, Bettler. So verbindet sich mit den Totentänzen eine demokratische Tendenz; sie sind zugleich eine soziale Satire in den gesellschaftlichen Gärungen und Umschichtungen der Zeit.

Rechts: »Der Tod und das Mädchen«, Allegorie um 1520 von Hans Schwarz.

»Hexenhammer« zwecks ordentlicher Durchführung der Hexenprozesse kodifiziert. Daß fast ausschließlich nur Frauen verdächtigt wurden, weist auf die Geistes- und Seelenverfassung ihrer geistlichen Richter hin und macht diese ihrerseits verdächtig.

Links: »Hexen«, 1510, Holzschnitt von Hans Baldung Grien.

Eine Art »Totentanz« bietet auch die Darstellung der mittelalterlichen Strafen: Da wird geschlagen, gefoltert, gestochen, verstümmelt, enthauptet, ertränkt, gerädert, gehenkt, gevierteilt, verbrannt... Im Ausdenken von Strafen und Hinrichtungsmethoden sind die Menschen allzeit erfinderisch gewesen. Aber daß man die Dinge – zur Abschreckung oder aus Lust? – so vielfältig, drastisch und genau abbildet, ist doch ein besonderes Zeichen der damaligen Zeit.

Oben: Darstellung von mittelalterlichen Strafen auf einem Holzschnitt aus dem *Laienspiegel,* 1509.

Die Menschen leben in den krassesten Extremen: auf der einen Seite bange Todesfurcht, tiefer Bußernst, leidenschaftliche Sorge um das Seelenheil und gespannte Erwartung des Jüngsten Tages — und dann wieder aus Todesfurcht, Untergangsstimmung, Unsicherheit und Lebensangst heraus Flucht in die Freuden des Daseins, solange man noch Zeit hat. Und so tanzt man im Ballhaus, derweil ringsum in den Häusern und Straßen die Pest wütet; die Musik der Zimbeln muß den Klang der Totenglocke übertönen.

Links: Ein »Totentanz« aus einem Druck von 1486, auf dem die Totenmänner einen Bischof und einen Adligen ergreifen.
Links: Darstellung von Völlerei und Vergnügungen im Frauenhaus nach einem anonymen Holzschnitt eines Augsburger Meisters des 16. Jahrhunderts.

Die Erweckungsprediger finden überall großen Zulauf. Ein Augenzeuge berichtet über den Andrang zu den Predigten Geert Grootes: »Die Kirchen und Friedhöfe waren oft nicht imstande, die Menge zu fassen; er hielt, vom Eifer für die Bekehrung ergriffen, an einem Tage oftmals mehrere Predigten an dieselben Zuhörer, öfter bis zu zwei Stunden lang.« Aber diese Volksprediger mahnten nicht nur ihre Zuhörer kräftig und derb zu Umkehr und Besserung, sondern geißelten ebenso heftig und drastisch die Unsittlichkeit und Verweltlichung des Klerus. Der volkstümlichste unter ihnen war Geiler von Kaisersberg. Er klagt, daß »die Christenheit zerstört ist von oben bis unten aus, von dem Papst bis auf den Sigrist, von dem Kaiser bis auf den Hirten«: »Nicht mehr der Heilige Geist setzte die kirchlichen Oberen ein, sondern der Teufel, und zwar um Geld und Gunst und durch Bestechung der Kardinäle.« Sebastian Brant dichtet in seinem »Narrenschiff« über die Kirche: »Sant Peters Schifflein geht im Schwank/Ich sorg gar sehr den Untergang.«

Oben: Johann Geiler von Kaisersberg, nach einem Holzschnitt von Hans Wächtelin auf der Titelseite der *Postill Kaisersberg* vom Jahre 1522. Mitte: Eine Seite aus Sebastian Brants *Narrenschiff* aus dem Jahre 1494 unter dem Titel »Vom Abgang des Glaubens«.

Oben: Den Gang von Jan Hus zum Scheiterhaufen zeigt diese Darstellung aus der Handschrift über das Konstanzer Konzil, die Ulrich Pichenthal, »ain Burger von Constentz zu denselben Zitten gar eigentlich schreiben und malen lassen hat«.

Die allgemeine Antwort auf den Zustand der Kirche im ausgehenden Mittelalter hieß »Reform«. Es gab eine Fülle von Reformvorschlägen und -bewegungen. Die beiden profiliertesten »Vorreformatoren« waren der Engländer John Wiclif und der Tscheche Jan Hus. Dabei war Wiclif (gest. 1384) der bei weitem originalere und radikalere. Sein Reformprogramm gründete sich auf einen strengen Biblizismus: Allein die Bibel soll als »Gottes Gesetz« für Glauben und Leben der Kirche bestimmend sein. Darum übersetzte Wiclif die Vulgata ins Englische und sandte – nach dem Vorbild von Matthäus 10 – Wanderprediger, die sogenannten »Loll(h)arden«, aus. In seinen Negationen nimmt Wiclif schon fast alle späteren Forderungen Luthers vorweg. Er verdächtigt nicht nur den Papst als Antichrist und verwirft jede Hierarchie, sondern dazu auch eine lange Reihe wesenlicher Glaubenselemente und Einrichtungen der Kirche, wie Ablässe, Heiligenverehrung, Reliquien, Zölibat, Mönchtum, Transsubstantiation, Fegefeuer, Ohrenbeichte, Firmung und letzte Ölung.

Tschechische Studenten brachten Wiclifs Reformideen von Oxford nach Prag. Dort wurde Jan Hus zu ihrem begeisterten Prediger und steckte damit bald ganz Böhmen an. Auf dem Konzil zu Konstanz wurde er, unter Bruch des ihm vom Kaiser zugesicherten freien Geleits, 1415 nach harter Haft und qualvollen Verhören zum Tode verurteilt und auf dem Scheiterhaufen verbrannt. Sein Feuertod wurde zu einem Fanal. Er versetzte ganz Böhmen in einen zugleich religiösen, nationalen und sozialen Aufruhr. Es folgten die grausamen Hussitenkriege bis weit nach Deutschland hinein (1419–36). Auch nach ihrer Beendigung durch eine Art konfessionellen Kompromiß blieb die ständige Angst vor einer möglichen Wiederholung der hussitischen Ketzerei und ihrer blutigen Folgen – für Luther gefährliche Erinnerungen!

Die neue Laienfrömmigkeit fand ihren architektonischen Ausdruck in einem veränderten kirchlichen Baustil. Seit etwa 1350 trat überall in Deutschland an die Stelle des bis dahin vorherrschenden Basilikatyps mit der engen Stellung der Pfeiler die Hallenkirche. In der romanischen oder gotischen Basilika konnte der Blick nur in Richtung des Mittelschiffs ungehindert auf Kanzel und Altar gehen; zudem war in den Bischofs- und Klosterkirchen der Blick zum Hochaltar noch durch den Lettner behindert – als ob der Gottesdienst nur eine Angelegenheit des Klerus darstellte. Die Hallenkirchen hingegen waren »Laienkirchen«. Jeder Gottesdienstbesucher konnte von seinem Platz aus sehen und hören, was am Altar und auf der Kanzel vor sich ging, und wenn er um sich schaute, umfaßte sein Blick den ganzen Kirchenraum mit der versammelten Gemeinde. Dieser veränderte kirchliche Baustil drückte einen inneren religiösen Gesinnungswechsel aus: Man begnügte sich nicht mehr mit der bloßen passiven Anwesenheit im Gotteshaus, sondern wollte als Gemeinde aktiv am Gottesdienst beteiligt sein.

Oben: Mittelschiff mit Lettner der Elisabeth-Kirche in Marburg a.d. Lahn.
Rechts: Blick in das Kirchenschiff ohne Lettner von der St. Lorenz-Kirche in Nürnberg.

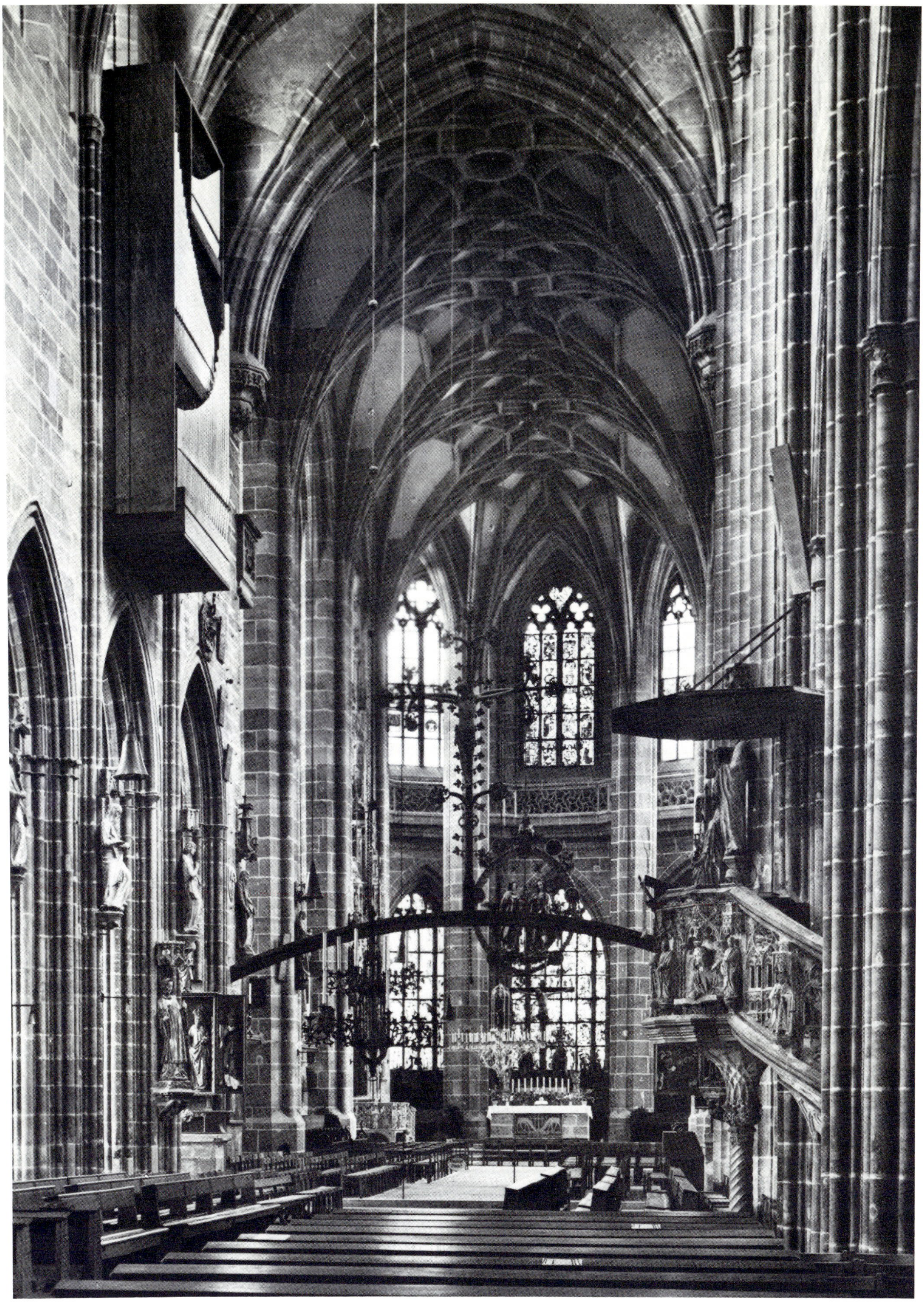

Wie tief der Bruch der Zeiten ging, zeigt diese Gegenüberstellung zweier »Menschenbilder«: Beide Male ein Mann und eine Frau, beide Male aufeinander bezogen – aber welch ein Unterschied! Maria und Johannes in weite, faltenreiche Gewänder gehüllt, von leidenschaftlichem Schmerz bewegt, fast ekstatisch, aber trotz ihres Umschlungenseins nicht nur auf sich selbst, sondern gleichzeitig nach »oben«, auf Gott gerichtet – Adam und Eva dagegen nackt, jeder in sich selbst ruhend, aber trotz des räumlichen Abstands zwischen ihnen ganz ineinander versunken, einer im anderen das Leben und die volle Genüge findend.

Links: Ausschnitt aus dem Mittelteil des »Isenheimer Altars« mit Maria und dem Apostel Johannes, gemalt um 1515 von Matthias Grünewald (um 1470–1528).
Oben: »Adam und Eva«, geschnitzt um 1518 in Buchsbaum von Hans Weiditz d. Ä., der von 1497 bis 1514 in Freiburg i. Brsg. nachweisbar ist.

Als das Bild vom Abbruch der alten Peterskirche in Rom entstand, ahnte noch niemand, welche Folgen der geplante Neubau für die Christenheit haben sollte. Und so wird dies Bild zu einem Symbol für den umfassenden Umbruch, der sich im Abendland anbahnte. Es handelte sich dabei nicht nur um den Abbruch des Altgewordenen und Verderbten, sondern um ein Neu- und Anderswerden vom Grunde her, durch Umgestaltung und Verwandlung aus der Wurzel: um eine Wiedergeburt. »Renaissance« meint eine Gesamtverjüngung der Welt.

»Die alte Peterskirche im Abbruch«, eine Zeichnung des Niederländers Marten van Heemskerck.

Das Abendland bildet seinem Ursprung nach eine Verbindung von Christentum und Antike. Eben dieser doppelten Wurzel wurde sich die Renaissance bewußt, indem sie – in einer Art Nachholbedarf – die Bedeutung des griechischen und römischen Erbes für die Bildung des Menschen und die Gestaltung der Welt neu entdeckte. Durch diese Neuentdeckung drohte dem Christlichen die Gefahr einer Relativierung durch das Heidnische. Es entstand die Stimmung eines universalen Theismus, der alles, was sich als Monotheismus und Moral anbot, ob Sokrates oder Jesus, Paulus oder Plato, unbedenklich mit dem Christentum gleichsetzte. Dabei vermied man den offenen Konflikt mit der Kirche, indem man ihre Autorität duldete und sich bei aller dogmatischen Freiheit und moralischen Frivolität kirchlich korrekt verhielt, sich auch gern ihre Pfründe gefallen ließ.

Ausschnitt aus dem Fresko »Die Schule von Athen« von Raffael (1483–1520) im Musei Vaticani, Stanza della Segnatura, 1508–1511.

Turnier im Damasushof des Vatikans und im Hintergrund die im Bau befindliche Peterskirche – anschaulicher läßt sich die Verweltlichung des Papsttums in der Renaissance kaum darstellen. Die Päpste lebten wie weltliche Fürsten – und die Christenheit mußte dafür zahlen. (Kupferstich von Jacob Bink).

Als der schlimmste unter den »Renaissancepäpsten« galt der Borgia Alexander VI. (1492–1503). Durch seine Sittenlosigkeit und Machtgier erweckte er bei seinen Zeitgenossen den Verdacht, eher vom Teufel als der Stellvertreter Christi zu sein. Immerhin trachtete er danach, aus dem Kirchenstaat für seine Familie ein weltliches Fürstentum zu schaffen.

Rechts: Anonyme Karikatur, auf der Papst Alexander VI. als Teufel dargestellt ist, um 1500.

Ego ſum Papa.

Gegen die heidnische Verweltlichung der Kirche und des Lebens insgesamt trat in Florenz als machtvoller apokalyptischer Bußprediger und Prophet der Dominikaner Girolamo Savonarola auf. Er errichtete eine religiöse Demokratie mit einer strengen asketischen Lebensordnung. Doch schon nach drei Jahren endete das Unternehmen in einer Katastrophe. Das Volk erhob sich gegen den Mönch und lieferte ihn der Inquisition aus. Von Papst Alexander VI. bereits vorher exkommuniziert, wurde Savonarola nach qualvollen Folterungen zusammen mit seinen Anhängern 1498 gehenkt und verbrannt.

Es erschien den Zeitgenossen wie eine Erfüllung der Gerichtspredigt Savonarolas, als die spanisch-deutschen Truppen Karls V. 1527 Rom eroberten und die Stadt plünderten. Der »Sacco di Roma« bezeichnet symbolhaft das Ende der Renaissance in Italien. Eine Umkehr begann sich auch in der Kurie vorzubereiten:»Wenn diese schrecklichen Strafen uns wieder den Weg öffnen zu besseren Sitten und Gesetzen, dann ist vielleicht unser Unglück doch nicht das größte gewesen«, äußerte Sadolet, einer der späteren Reformkardinäle.

Oben links: Darstellung vom Feuertod von Savonarola und seiner Anhänger in Florenz im Jahre 1498. Oben rechts: Zeitgenössischer Porträt-Holzschnitt von Girolamo Savonarola.

Das Haupt des Humanismus nicht nur in Deutschland, sondern in ganz Europa, gleichsam der Fürst der europäischen Gelehrtenrepublik, war Erasmus von Rotterdam (1466–1536), verehrt von weltlichen und geistlichen Herren, selbst vom Kaiser und Papst. Es ist nicht leicht, Erasmus zu fassen. Wilhelm Dilthey schreibt über ihn:»Er war wie ein Dämon mit hundert Angesichtern von ganz verschiedenem Ausdruck und Mienenspiel.« Aber so schillernd die Erscheinung des Erasmus auch war – als seine entscheidende Lebensaufgabe hat er die Wiederherstellung des Christentums in seiner ursprünglichen Einfachheit und Reinheit betrachtet. Er hoffte dies dadurch zu erreichen, daß er die Texte des Neuen Testaments und der Kirchenväter reinigte und neu herausgab und so zu den klaren Quellen des Anfangs zurückführte. Aber was sich bei solchem Rückgang auf die Quellen ergab, war eine Reduktion des Christentums vornehmlich auf dessen moralischen Gehalt. Das erasmische Ideal – seine »Philosophie Christi« – bildete das einfache, praktische Evangelium der Bergpredigt, verbunden mit der Lebensweisheit der Antike. Joseph Lortz nennt Erasmus einen »Reformator durch gutes Zureden«. Er war ein neutraler Betrachter, kein parteiischer Gestalter der Welt, alles in allem ein typischer »Intellektueller« mit seinen Stärken und Schwächen. Als Thomas More in England den Märtyrertod erlitt, schrieb Erasmus in einem Brief dazu:»Hätte sich doch Morus nur nie mit dieser gefährlichen Angelegenheit eingelassen und die theologischen Dinge den Theologen überlassen!« Mit Recht fügt Huizinga hinzu:»Als ob More für etwas anderes gestorben wäre als einfach für sein Gewissen.«

Oben: Von Albrecht Dürer stammt diese 1520 entstandene Kohlezeichnung von Erasmus von Rotterdam (Paris, Louvre).

In Deutschland traten die Humanisten zum ersten Mal als Partei in dem Streit um Johann Reuchlin (1455–1522) auf. Weitgereist und hochgebildet, war Reuchlin eine Art Verbindungsmann zwischen dem italienischen und dem deutschen Humanismus, vor allem aber der erste große deutsche Gräzist und Hebraist. Als der getaufte Jude Johann Pfefferkorn, ein Fanatiker wie viele Konvertiten, bei Kaiser Maximilian ein Mandat zur Vernichtung des hebräischen Schrifttums erwirkt hatte, verfaßte Reuchlin ein Gutachten dagegen und lud sich damit die Kölner Inquisiton (Jakob von Hochstraten) auf den Hals. Der Prozeß ging hin und her durch viele Jahre und endete schließlich sogar mit Reuchlins Verurteilung. In der Öffentlichkeit aber war Reuchlin der Sieger geblieben. Durch die fingierten »Dunkelmännerbriefe« hatten die Humanisten Hohn und Spott über die Inquisition, die Scholastik, das Mönchtum und die römische Kurie gegossen, über ihre Dummheit, Streitsucht, Geilheit und Heuchelei, und sie damit der Lächerlichkeit preisgegeben. Und so sehen wir Reuchlin gleich einem römischen Triumphator auf einem Kampfwagen in seine Vaterstadt Pforzheim einziehen, geleitet und gefeiert von seinen humanistischen Freunden, unter der Beute seine ungebildeten Gegner.

Oben: »Der Triumph Reuchlins«, Holzschnitt aus »Eleutherii Byzeni [Ulrich von Hutten], Triumphus Doctoris Reuchlin«, vermutlich in Hagenau 1518 erschienen.

An den Dunkelmännerbriefen hatte sich, mit besonders ausführlicher und scharfer Feder, auch Ulrich von Hutten (1488–1523) beteiligt. Er war der volkstümlichste unter den deutschen Humanisten, zugleich aber auch die schillerndste Gestalt: fahrender Ritter und kritischer Publizist, gekrönter Dichter und politischer Dilettant, fast ein Don Quichote. Bei Hutten gewinnt der Humanismus eine stark nationale Note. Nicht nur lateinisch, sondern auch in deutscher Sprache schreibend, führt er einen ungezügelten, haßerfüllten Kampf gegen die römische Kurie, überhaupt gegen alles »welsche Wesen« und sucht eine Art Los-von-Rom-Bewegung in Gang zu bringen. Seine Losung lautete »Wir müssen durchbrechen!« – aber eben der Durchbruch ist ihm trotz allen Mutes nicht gelungen. Er endet, 35-jährig, als geächteter und kranker Mann in dem ihm von Zwingli gewährten Asyl auf der Insel Ufenau im Züricher See. Am ergreifendsten hat Hutten sich selbst charakterisiert:»Ich hab's gewagt mit Sinnen / und trag des noch kein Reu/ mag ich nit dran gewinnen, / noch muß man spüren Treu.«

Weder die Flugschriften zur kirchlichen Reform noch die Erbauungsliteratur der neuen Laienfrömmigkeit oder die Textausgaben der Humanisten wären möglich gewesen, wenn Johann Gutenberg in Mainz nicht die beweglichen Lettern und damit den Buchdruck erfunden hätte. Die bald überall aufgestellten neuen Druckerpressen boten die technische Voraussetzung dafür, daß sich eine »öffentliche Meinung« herausbilden konnte. Und so kann Luther in seinen Tischreden sagen:»Der Buchdruck ist Gottes letzte und höchste Gabe, durch die er der ganzen Welt die wahre Religion bekannt machen will.« In der Tat, ohne den Buchdruck wäre die rasche Ausbreitung der Reformation kaum denkbar gewesen.

Rechts: Jost Amman (1539–1591), Holzschneider und Kupferstecher, hat 1568 in seiner »Beschreibung aller Stände« mit Reimen von Hans Sachs auch das neue Buchgewerbe vorgestellt, darunter auch den Buchdrucker.

Ulrich von Hutten (1488–1523), der fränkische Reichsritter, nach einem Holzschnitt von Erhard Schön.

Paracelsus hat eigens eine Schrift verfaßt, um sich wegen seines vielen »Landfahrens« zu verteidigen. Darin sagt er von sich:»Wie kann ich wider das sein oder das gewaltigen, das mir zu gewaltigen unmöglich ist?« Was Paracelsus hinaustreibt, ist sein Hunger nach Erkenntnis: Er will den Dingen auf den Grund und der Welt hinter ihr Geheimnis kommen. Das aber erfährt einer, zumal wenn er ein Arzt ist, nicht in der Gelehrtenstube und aus den dickleibigen Wälzern der Scholastik. Dazu muß er hinaus, dazu muß er im Buch der Natur lesen, muß Menschen begegnen und sie ausfragen. »Ist doch auch die Königin von Saba vom End' des Meers kommen [Salomon] allein darum, daß sie seine Weisheit höret!«

Oben links: Der Arzt und Philosoph Ph. A. Paracelsus (Theophrastus Bombastus von Hohenheim) wandte sich gegen die Quacksalber seiner Zeit (1493–1541); der Kupferstich von Meister AH stammt aus dem Jahr 1540.

Die bedeutendste geistige Gestalt auf der Schwelle zwischen dem Mittelalter und der Reformationszeit war der Kardinal Nikolaus von Kues. Man hat ihn einen »Apostel der Neuzeit« genannt. Getrieben von einer unendlichen Leidenschaft für die Wahrheit, stellt er der Scholastik und ihren theologischen »Summen« seine Konzeption der »docta ignorantia«, der wissenden Unwissenheit, entgegen: Es gibt keine reine, absolute Gotteserkenntnis, sondern immer nur verschiedene Ansichten von Gott, je nach dem Standort und Wesen des Betrachters. Wer Gott erkennen will, wie er wirklich ist, muß deshalb alle Namen, Bilder und Begriffe hinter sich lassen. Aber da wird es dem »Kusaner« selbst schwindlig, und er sucht Halt an der Autorität der Kirche, an der inspirierten Schrift und dem päpstlichen Lehramt. Und so unternimmt er 1451/52, ausgestattet mit besonderen päpstlichen Vollmachten, auf einem Maulesel reitend eine große Visitationsreise durch Deutschland – mit dem Ziel, das Leben der Kirche überall zu reformieren und es wieder fester mit dem Stuhle Petri zu verbinden.

Oben rechts: Relief-Bildnis von Nikolaus von Kues (1401–1464) von seinem Grabmal in San Pietro in Vincoli in Rom.

II.
Durchbruch zur reformatorischen Erkenntnis

Martin Luther hat sein Leben in Eisleben begonnen und beendet. Er ist dort am 10. November 1483 geboren und am 18. Februar 1546 gestorben. Beide Male war sein Aufenthalt nur von kurzer Dauer, fast zufällig. Bei seiner Geburt hatten seine Eltern, auf der Suche nach einem besseren Auskommen, in Eisleben nur Zwischenstation gemacht und waren schon im folgenden Frühjahr nach Mansfeld übergesiedelt. Vor seinem Tod aber war Luther nur nach Eisleben gekommen, um einen Erbstreit zwischen den Grafen von Mansfeld schlichten zu helfen, diesmal hochgefeiert und ehrenvoll eingeholt von über hundert Reitern.

Ein sozialer Aufsteiger

In den dazwischenliegenden 62 Jahren hatte Luther es also zu etwas gebracht – wie sein Vater es sich gewünscht, so jedoch nicht gedacht hatte. Er hatte nicht fleißig die Rechte studiert und war kein gutsituierter Beamter geworden, sondern hatte leidenschaftlich nach der Rechtfertigung des Menschen vor Gott gefragt und dadurch einen festen Grund für sein eigenes Leben gefunden und gleichzeitig eine gründliche Änderung der Welt bewirkt.

Luther hat selbst später darüber gesagt:»Daß ich Baccalaureus und Magister wurde, dann das braune Barett ablegte, andern überließ und Mönch wurde, damit freilich Schande einlegte, was meinen Vater bitter verdroß –, und daß ich dann trotzdem dem Papst in die Haare geriet und er mir wieder, daß ich eine entlaufene Nonne zum Weibe nahm –, wer hat das in den Sternen gelesen? Wer hätte mir das vorausgesagt?«

Heute würden wir Luther als sozialen Aufsteiger bezeichnen – der erste »Akademiker« in seiner Familie. Er selbst hat gern betont, daß er einem alten Bauerngeschlecht entstamme und eines Bauern Sohn sei, aber genaugenommen ist er bereits ein Bürgersohn gewesen und hat sein ganzes Leben in städtischer Umgebung zugebracht. Weit stärker als seine Herkunft hat ihn sein Beruf geprägt: das Kloster, die Universität und die Kirche.

Luthers *Vater*, als älterer Sohn nach geltendem Recht nicht erbberechtigt, hat vom väterlichen Erbzinshof abziehen müssen und ist in den Kupferbergbau gegangen, das damals modernste Gewerbe. Durch Fleiß und Sparsamkeit hat er sich im Mansfeldischen vom einfachen, armen Hauer allmählich zum Kleinunternehmer emporgearbeitet und ist dabei, nicht ohne Rückschläge, zu mäßigem Wohlstand gelangt. Immerhin erschien er zur Primiz seines Sohnes mit zwanzig Reitern in Erfurt und stiftete zwanzig Gulden für die Klosterküche. Bei seinem Tod hinterließ er 1250 Goldgulden, was etwa dem Wert von zwei kleineren Bauernhöfen entsprach.

Dieser mühevolle wirtschaftliche und soziale Aufstieg des Vaters hat die Atmosphäre in Martin Luthers Elternhaus geprägt. Es ging in ihm rechtschaffen, bescheiden und sparsam zu. Zwar herrschte keine Armut, aber ein nüchterner Erwerbssinn. Immerhin galt es insgesamt neun Kinder durchzubringen. Dafür mußten Mann und Frau schon hart arbeiten, zumal wenn man vorankommen wollte.

Die Erziehung war streng, »bis zur Verschüchterung«, wie Luther sich erinnert. Er wurde von seiner Mutter einmal um einer einzigen Nuß willen geprügelt, »bis Blut floß«, und von seinem Vater ein andermal so sehr, daß er »vor ihm floh und ihm bange war«. Aber dies waren nur die üblichen Erziehungsmethoden der Zeit, im Hause der Luthers nicht strenger als anderswo. Ihre Maxime lautete: Wer sein Kind lieb hat, der züchtigt es – wie Gott es mit den Menschen tut.

Dennoch hat die These, daß Luthers lebenslanges Ringen mit Gott in seiner Vaterbeziehung begründet gewesen sei, er also nur seine Angst vor dem leiblichen Vater auf Gott übertragen habe, keinen zureichenden biographischen Grund. Es war eben allgemein eine patriarchalische Zeit, in der der »Vater« herrschte – im Himmel wie auf Erden. Da konnten der irdische und der himmlische Vater wohl aneinanderrücken, ohne jedoch deckungsgleich zu werden. Wahrscheinlich haben es später manche Pastorensöhne schwerer gehabt als Martin Luther, ihren leiblichen Vater auf der Kanzel und den von diesem verkündigten himmlischen Vater auseinanderzuhalten.

Als Luther infolge seines Mönchsgelübdes in Konflikt mit seinem Vater geriet, da hat er sich bewußt gegen den Vater, für Gott entschieden und gerade dadurch seine Identität gefunden.

In Luthers Elternhaus herrschte eine durchschnittliche Religiosität. Man hielt sich zur Kirche, wie wir heute sagen würden, aber man war nicht besonders fromm. Eher noch fürchtete man sich unter den Bergleuten vor allerlei heidnischem Spuk, vor bösen Geistern, Kobolden, Hexen, besonders aber vor dem Teufel. Dieser heidnische Aberglaube verband sich mit einer aufs Praktische gerichteten Lebenshaltung. Beides sollte Luther sein Leben lang beibehalten, die Angst vor dem Teufel und die Vorliebe für praktische Spruchweisheit.

Dem tüchtigen, aufstrebenden Sinn des Vaters entsprach es, daß er für eine gute Ausbildung seines ältesten Sohnes Martin Sorge trug – er sollte später im Leben einmal eine gute Stellung erreichen. Schon früh, mit sieben oder gar schon fünf Jahren, hat Luther die *Schule* besucht, zunächst sieben Jahre daheim in Mansfeld, sodann ein Jahr in Magdeburg und schließlich drei bis vier Jahre in Eisenach. Der mittelalterliche Schulbetrieb war streng bis grausam. Der Wissensstoff wurde vor allem durch Auswendiglernen eingepaukt – und dies mit vielen Prügeln. Luther erinnerte sich später daran als an »Hölle und Fegfeuer«, mit »viel Zittern, Angst und Jammer«. Was er der

Schule vor allem verdankte, war das Erlernen eines flüssig gesprochenen Lateins – für ein Studium damals die unerläßliche Voraussetzung. Alles in allem blieb, was die Schule Luther mitgab, im Horizont der mittelalterlichen Bildung.

Mindestens so wichtig wurde während seiner Schulzeit für Luthers Entwicklung, was er außerhalb der Schule lernte: die erste Begegnung mit einer warmherzigen, lebendigen Frömmigkeit. In Magdeburg waren es die »Nullbrüder«, das heißt die »Brüder vom gemeinsamen Leben«, deren verinnerlichte, auf die religiöse Praxis gerichtete Laienfrömmigkeit ihn beeinflußte. Zudem beeindruckte ihn dort, freilich eher in die gegenteilige Richtung weisend, die ausgemergelte Gestalt des Fürsten von Anhalt, der als Barfüßermönch mit dem Bettelsack auf dem Rücken durch die Straßen ging: »Wer ihn ansah, der schmatzte vor Andacht und mußte sich seines (eigenen) Standes schämen.«

In Eisenach fand Luther Unterkunft und Freitisch bei den miteinander verwandten Patrizierfamilien Schalbe und Cotta, die dem jungen Scholaren vermittelten, was er in seinem Elternhaus nur wenig empfangen hatte: häusliche Wärme, heitere Geselligkeit und vor allem eine lebendige Frömmigkeit. Zudem nahm sich der freundliche Stiftsvikar Johannes Braun seiner an, der eine Art Schülerbibelkreis um sich scharte.

Alles in allem hat Luther eine normale Kindheit und Schulzeit verlebt, in der nichts auf Außerordentliches hindeutet, weder auf besonders große Ängste noch auf religiöse Übertreibungen, schon gar nichts auf Krankhaftes. Er mag sensibel gewesen sein, aber er war normal, überdies gut vorbereitet auf das vom Vater für ihn vorgesehene Studium.

Im Frühjahr 1501 bezog Luther die *Universität Erfurt* und absolvierte, nach damaliger akademischer Ordnung, zunächst das drei- bis vierjährige Studium an der artistischen Fakultät. Hier wurden die sieben sogenannten »freien Künste« gelehrt. Es war eine Art Grund- oder Generalstudium, dessen Pensum nicht weit über das hinausging, was später an guten Gymnasien gelehrt wurde. Der Unterricht bestand inhaltlich in der Weitergabe traditioneller Theorien, methodisch vornehmlich im Auswendiglernen und Disputieren. Dabei galt Aristoteles als die maßgebliche, überragende Autorität.

Luther hat die Examina in der artistischen Fakultät innerhalb der kürzesten Fristen abgelegt. Ende September 1502 wurde er Baccalaureus, im Januar 1505 Magister. Seitdem redete der Vater seinen Sohn nicht mehr mit »Du«, sondern mit »Ihr« an.

Der Ertrag des Studiums in der artistischen Fakultät bestand für Luther in einem Zwiefachen: Er hat methodisch streng logisch denken und argumentieren gelernt und er hat sich das Allgemeinwissen seiner Zeit angeeignet. An der Universität Erfurt herrschte damals die philosophische Richtung des Nominalismus, und zwar in der von Wilhelm von Ockham entwickelten Gestalt. Das bedeutete die Betonung der formalen Begriffe vor den konkreten Inhalten und damit zugleich eine praxisferne Übertreibung der abstrakten Begrifflichkeit, manchmal bis zu leerer Gedankenspielerei. Auch wenn Luther später den scholastischen Lehrbetrieb im allgemeinen und die Autorität des »ranzigen« Aristoteles im besonderen scharf kritisiert hat, so verdankt er dem artistischen Studium in Erfurt doch die philosophische und wissenschaftliche Grundlage seines Denkens.

Luther ist Zeit seines Lebens philosophisch und theologisch vom Nominalismus bestimmt geblieben und hat sich auch selbst ausdrücklich als *»aus der Schule Ockhams«* kommend bekannt. Das bedeutete aber zugleich eine scharfe Trennung zwischen Glaube und Vernunft. Während Thomas von Aquino den Glauben an die übernatürliche göttliche Offenbarung und die Erkenntnis der natürlichen menschlichen Vernunft in einem universalen System unauflöslich zu vereinen versucht hatte, hat Wilhelm von Ockham beides streng voneinander geschieden: Mit Hilfe seiner natürlichen Vernunft vermag der Mensch von Gott nichts zu erkennen und somit nicht zum Glauben zu gelangen. Was den Glauben an Gott und seine Offenbarung betrifft, ist der Mensch ganz und gar auf die Autorität der Kirche angewiesen und ihr zum Gehorsam verpflichtet. Das aber führt gefährlich in die Nähe einer doppelten Wahrheit: Während der Glaube sich seine Inhalte allein von der Kirche vorgeben zu lassen hat, kann die Vernunft indes die Welt für sich wissenschaftlich erforschen.

Für Luther sollte das Verhältnis zwischen Glaube und Vernunft zum entscheidenden Problem seiner Gotteserkenntnis und theologischen Existenz werden – und damit nicht nur zum springenden Punkt, sondern zur sprengenden Kraft bei der Auflösung des römisch-katholischen Kirchensystems.

Neben dem Studium der spätmittelalterlichen Scholastik kam Luther in Erfurt in erste Berührung mit dem *Humanismus*. Die Universität Erfurt zeigte sich gegenüber der neuen geistigen Strömung offen und bot neben den aristotelisch-scholastischen Pflichtkollegs freiwillige Vorlesungen über die antiken Klassiker an. Seine Kenntnis der klassischen Schriftsteller scheint Luther zum Teil von dort bezogen zu haben. Luther ist niemals ein »Humanist« im Sinne des Parteinamens gewesen. Aber er hat sich vom Humanismus das formale Rüstzeug vor allem für sein Bibelstudium an die Hand geben lassen. Und immerhin hat er von seinen Büchern nur den Virgil und Plautus ins Kloster mitgenommen.

Schließlich hat Luther in Erfurt nicht nur fleißig studiert, sondern mit seinen Kommilitonen auch vergnügte Stunden verbracht. Er schlug selbst die Laute und stand bei seinen Freunden in Erinnerung als ein »hurtiger und fröhlicher, junger Gesell«.

So ließ sich scheinbar alles aufs beste an. Der junge Magister artium begann im Sommersemester 1505 mit dem Studium der Rechte, sein Vater hatte auch schon eine gute Heiratspartie für ihn in Aussicht, die Welt schien dem künftigen Juristen offen zu stehen – da trat jenes

Widerfahrnis dazwischen, das Luther dazu trieb, die Welt zu verlassen und ins Kloster zu gehen, um Gott den »großen Gehorsam« zu leisten.

Lebenswende

Wenige Wochen nach Beginn seines Jurastudiums befand Luther sich nach einem Besuch im Elternhaus auf dem Rückweg von Mansfeld nach Erfurt. Da geriet er kurz vor der Stadt in der Nähe des Dorfes Stotternheim in ein schweres Gewitter. Ein Blitz schlug dicht neben ihm ein, schleuderte ihn vielleicht sogar zu Boden. Zu Tode erschrocken, tat Luther da das Gelübde: »Hilf du, heilige Anna, ich will ein Mönch werden!« Das bedeutete den jähen Abbruch des eingeschlagenen Lebensweges. Es war der 2. Juli 1505.

Der *Bruch* geschah zwar plötzlich, aber innerlich nicht unvorbereitet. Es gibt eine Reihe von Anzeichen dafür, daß der junge Magister sich in einer Lebenskrise befand – sie weisen fast alle in die Richtung einer jähen Begegnung mit dem Tod. Luther selbst hatte sich Ostern 1503 oder 1504 auf einer Reise nach Hause an der Schlagader des Oberschenkels so schwer mit dem Degen verletzt, daß er zu verbluten drohte; damals hatte er in seiner Todesnot Maria angerufen, freilich keinerlei Gelübde getan. Sodann hatte 1505 in Erfurt die Pest zwei Kommilitonen Luthers dahingerafft, und überdies waren zwei Professoren der juristischen Fakultät kurz nacheinander gestorben. Angesichts von so viel Todesnähe kann einen schon die Angst vor dem eigenen plötzlichen Ende überfallen und mit ihr die Frage, wie man dann sein Leben vor Gott verantworten wolle. »Verzweiflung macht den Mönch«, lautete ein zeitgenössisches Sprichwort.

Aber jene Ereignisse hätten Luther kaum so tief beeindruckt, wenn nicht in seiner Veranlagung eine »Disposition« zu seiner folgenreichen Bekehrung vorhanden gewesen wäre. Martin Luther war ein schwermütiger Mensch und litt an Depressionen. An ihm bewahrheitet sich das Wort Jean Pauls: »Die Schwermut wird durch einen Widerschein des Unendlichen erzeugt.« Das Rechtsstudium scheint Luther enttäuscht und trotz aller beruflichen Aussichten seine Erwartung ans Leben nicht erfüllt zu haben – warum sonst war er mitten im Semester heimgereist? Vielleicht war es auch kein Zufall, daß er ausgerechnet nach seinem Magisterexamen in der Erfurter Universitätsbibliothek zum erstenmal auf eine vollständige Bibel stieß, freilich nur für einen Augenblick in ihr lesen konnte. Auch nach seinem Eintritt ins Kloster verlangte es ihn sogleich nach der Bibellektüre. Mag sein, daß sich diese Erlebnisse für ihn zu der Erinnerung verwoben haben: »Als ich in Erfurt ein junger Magister war, wo ich durch die Anfechtung der Traurigkeiten immer traurig einherging, widmete ich mich darum sehr der Lektüre der Bibel.«

Ohne alle Umschweife und schockierend altertümlich ausgedrückt, war Luthers Motiv für seinen *Klostereintritt* ganz einfach dies: Er wollte in den Himmel und nicht in die Hölle kommen – und das Kloster galt nun einmal als der sicherste Weg in den Himmel. Luther selbst sagte später: »Wegen meinem Heil gelobte ich.« Das erscheint uns Heutigen nicht nur weltfern, sondern geradezu um Welten fern – seit dem weltanschaulichen Verlust einer jenseitigen Welt. Aber für Luthers Zeit kleidete sich eben in diese Gestalt die Sinnfrage. Und daß jemand in eine Lebenskrise gerät und dann nach dem tragenden Grund und bleibenden Ziel allen Lebens in der Welt fragt, soll auch gerade heute noch oder wieder vorkommen. Daß am Leben sein nicht auch schon wahrhaft leben heißt, ist eine fundamentale Erfahrung der Menschen zu allen Zeiten – es bildet die »Grunderfahrung« jeglicher Religion.

Luthers Vater war mit dem Klostereintritt seines Sohnes ganz und gar nicht einverstanden. Zum Zeichen seines Mißfallens redete er ihn statt mit »Ihr« wieder mit »Du« an. Auch die Mutter wollte nichts davon wissen. Erst als zwei Söhne kurz nacheinander an der Pest starben, ließ der Vater sich zur Zustimmung bewegen: »Es gehe hin, Gott gebe, daß es wohl gerate.« Aber noch zwei Jahre später, als Luther dem Vater bei der Feier seiner Primiz noch einmal seine Entscheidung für den Mönchsstand zu erklären suchte und dabei an sein Erlebnis im Gewitter bei Stotternheim erinnerte, fuhr ihm dieser im Beisein der Patres und der anderen Gäste dazwischen: »Und wenn es nun ein Gespenst gewesen wäre?« Als der Sohn sich dennoch weiter verteidigte, erinnerte sein Vater ihn schroff an das vierte Gebot, ob er nie gehört habe, daß man Vater und Mutter ehren solle.

In seiner Schrift »Von den Mönchsgelübden« (1521), in der er alle derartigen Gelübde und somit auch das eigene, weil nicht in der Bibel begründet, verwarf, hat Luther seiner Auseinandersetzung mit dem Vater einen endgültigen versöhnlichen Abschluß gegeben, indem er in dem Widmungsbrief an ihn seinen Klostereintritt als göttliche Fügung deutete: »Möchtest du nicht lieber hundert Söhne verloren als dieses Gute nicht erlebt haben?... Der, der mich herausgezogen hat, hat ein größeres Recht auf mich denn du... Er selbst ist mein unmittelbarer Bischof, Abt, Prior, Herr, Vater und Lehrer. Einen anderen kenne ich nicht mehr. So hoffe ich, er habe dir einen Sohn genommen, damit er durch mich vielen anderen bei ihren Söhnen zu raten beginne.«

Indem Luther allein Gott das Verfügungsrecht über sich zuerkennt, hat er sich von seinem Vater befreit und ihn dennoch nicht verloren. Als er während seines Aufenthalts auf der Veste Coburg 1530 die Nachricht vom Tode seines Vaters erhielt, sagte er leise: »Wohlan, mein Vater ist auch tot«, griff nach seinem Psalter, ging in seine Stube, um sich auszuweinen, und ward den Tag über nicht mehr gesehen.

Unter den sechs Erfurter Männerklöstern hat Luther das der Augustinereremiten gewählt, in erster Linie wegen seiner »Rauheit«, wohl aber auch wegen der dort gepflegten Wissenschaft. Genau vierzehn Tage nach seinem Gelübde, am Abend des 16. Juli, lud er seine Freunde zu einer Abschiedsfeier ein: »Heute seht ihr

mich und nimmermehr!« Am nächsten Tage trat er ins Kloster. Insgesamt hat Luther neunzehn Jahre die Mönchskutte getragen.
Bei der Profeß hörte der Novize aus dem Munde des Priors vor der Ablegung der ewigen Gelübde die Worte: »Wenn du das [die Regel] hältst, verspreche ich dir das ewige Leben.« Eben das wollte Luther: das ewige Leben, oder vielleicht bescheidener, nicht die ewige Verdammnis. Darum ist er ins Kloster gegangen. Daran war nichts Außerordentliches. Es war innerhalb der mittelalterlichen Ordnung nur der außerordentliche Weg derer, die Gott, über das Gebotene hinaus, mit der vollkommenen Hingabe ihrer selbst zu dienen trachteten, um den ewigen Frieden zu finden. »Ich dachte nicht daran, daß ich je das Kloster wieder verlassen würde. Ich war der Welt rein abgestorben, bis daß es Gott Zeit dünkte.«

Mit Gott im Kampf um Gott

Es dauerte mehr als zehn Jahre, bis daß es Gott Zeit dünkte. Aber diese über zehn Jahre des Rückzugs Luthers ins Kloster bis zu seiner Wiederkehr in die Welt waren nicht eine Zeit beschaulicher Muße, sondern eines angestrengten seelischen Kampfes. Luther kämpfte um Gott: daß Gott ihm gut sein möge, kein Gott gegen ihn, sondern ein Gott für ihn. Im vollen Einverständnis mit der Kirche und ihrer Praxis und ohne jeden Nebengedanken an irgendeine kirchliche Reform oder auch nur Kritik an der Kirche ging es Luther allein um Gottes Wahrheit und sein persönliches Heil: daß Gott Gott ist und der Mensch Mensch und daß Gott dennoch den Menschen vor seinem Angesicht gelten lassen möge.
Die Jahre im Kloster waren für Luther wie eine Kelter. Dadurch, daß er ganz und gar auf sich selbst zurückgeworfen und zusammengepreßt wurde, sammelte sich in ihm die Kraft für sein künftiges Lebenswerk. Er ist im Kloster durch den inneren Untergang seiner selbst gegangen und hat dadurch den Todesmut auch zum äußeren Untergang auf dem Scheiterhaufen gewonnen. Indem er für sich selbst um Gott rang, ist er ungewollt zum Reformator der Kirche geworden. Daß Gott ihn nicht zum Märtyrer werden ließ, hat ihn oft bedrückt.
Alle *Anfechtungen* Luthers entsprangen der einen Frage: Wie kriege ich einen gnädigen Gott? Seine Erwartung, im Kloster darauf eine Antwort und damit den ersehnten Frieden zu finden, hat sich nicht erfüllt. Er hat alle Gnadenmittel, die die mittelalterliche Kirche dem suchenden Sünder anbot, ausgeschöpft und alle Wege, die sie ihm zur Besserung wies, ausgeschritten. Aber er ist dadurch nur immer tiefer in Verzweiflung geraten. In seinem maßlosen Eifer um Gott schien die kirchliche Praxis es ihm zu leicht zu machen, und eben darum hat er es sich so schwer gemacht. Ganz gewiß hat es für Luther im Kloster nicht ständig nur Zeiten des Dunkels gegeben, sondern zwischendurch auch Pausen, Augenblicke des Atemholens, gar der Hochstimmung. In seinem Ringen um Gott ging es auf und ab – am Ende aber stand die bedingungslose Kapitulation.
Religiöse Erfahrung und theologische Reflexion lassen sich in Luthers Seelenkämpfen nicht auseinanderhalten. Luther ist ein eindrucksvolles Beispiel für die Wahrheit des Satzes, daß »das Herz es ist, das den Theologen macht«. Luthers Herz aber flatterte, und die in Erfurt gelehrte ockhamistische Theologie war nicht dazu angetan, dies unruhige Herz zu beruhigen. Denn der Ockhamismus litt an einem tiefen Widerspruch, der gerade Luther in seinem Fragen nach Gottes Gnade schwer zu schaffen machen mußte. Auf der einen Seite betont er die absolute Freiheit des Willens Gottes bis hin zur völligen Willkür, und dies schon seit Gründung der Welt: Schon von Ewigkeit her hat Gott die einen zur Seligkeit und die anderen zur Verdammnis vorbestimmt. Auf der anderen Seite aber spricht derselbe Ockhamismus den Menschen gleichzeitig auf seine Willensfreiheit an, indem er ihm nicht nur zumutet, sondern auch zutraut, die Gebote Gottes kraft eigenen Willens zu erfüllen und darin Gott zu lieben. Der Versuch, die Spannung zwischen diesen beiden sich widersprechenden Aussagen zu überwinden, bestand in der Zusage: Wenn der Mensch tut, was in seinen Kräften steht, dann wird Gott seinerseits ihm seine Gnade zuteil werden lassen durch ihre Eingießung mittels des vom Priester gespendeten Sakraments. Das war der »geordnete Weg« des Ockhamismus.
Aber was als Trost und Zuspruch gedacht war, wurde für Luther ein Stachel zu unaufhörlicher Unruhe und Angst. Denn sofort mußte für ihn daraus die Frage entstehen: Wann habe ich denn meinerseits genug getan, so daß Gott seinerseits bereit ist, mir seine Gnade zu schenken? Woran merke ich, ob ich im Stande der Gnade bin? Und wie kann ein Mensch überhaupt angesichts der Heiligkeit Gottes je genug getan haben? Und so geriet Luther in ein Leisten-Müssen ohne Ende: »Wahr ist's, ein frommer Mönch bin ich gewesen und habe meinen Orden so streng gehalten, daß ich sagen darf: Ist je ein Mönch in den Himmel kommen durch Möncherei, so wollt' ich auch hineinkommen sein. Das werden mir bezeugen alle meine Klostergesellen, die mich gekannt haben, denn ich hätte mich, wo es länger gewähret hätte, zu Tod gemartert mit Wachen, Beten, Lesen und anderer Arbeit.«
Wachen, Beten, Lesen, dazu Fasten, Kasteien, Beichten, Messe feiern – alles erhielt für Luther den Charakter einer frommen Leistung, eines verdienstlichen Werks. Bis zur Erschöpfung ist er den »geordneten Weg« gegangen. Seinen Vorgesetzten erschien er so fromm, daß sie ihn einen »zweiten Paulus« nannten und als Vorbild hinstellten. Luther selbst aber hatte niemals das Gefühl, genug getan zu haben und deshalb der Gnade Gottes würdig und seines Heils gewiß sein zu dürfen. Wenn er zweifelte, dann nur an sich selbst – und dies bis zur Verzweiflung.
Das Sakrament der *Beichte* versagte bei Luther und wurde für ihn zu einer Sackgasse. Voraussetzung für den Zuspruch der Vergebung war, daß einer alle seine Sün-

den bekannte und sie aufrichtig bereute – aber wer weiß denn schon, ob er sich in der Beichte auch aller seiner Verfehlungen erinnert hat und sie herzlich genug bereut? Und so konnte es geschehen, daß Luther, kaum von der Beichte zurück, umkehrte und aufs neue zum Beichtstuhl eilte. Er beichtete häufig, oft täglich, bis zu sechs Stunden, so daß sein Beichtvater es manchmal leid war und einmal ausrief: »Mann, Gott ist nicht zornig mit dir. Du bist zornig mit Gott. Weißt du nicht, daß Gott dir geboten hat zu hoffen?« Doch Luther vermochte sich zu Gott kein Herz zu fassen.

Das bedeutsamste aller Gnadenmittel und darum den Mittelpunkt allen kirchlichen Lebens bildete das tägliche *Meßopfer*. Wenn irgendwo, dann war Gottes Nähe hier zu erfahren, ja mit Händen greifbar – aber darum war Luthers Erschrecken vor Gott hier auch besonders groß, geradezu leibhaftig. Nach Ablegung der ewigen Gelübde war Luther von seinen Ordensoberen zum Priesterberuf bestimmt worden. Und sogleich bei der Primiz, bei der Feier seiner ersten Messe, am Sonntag Kantate 1507, geschah es. Als Luther beim Hochgebet Gott unmittelbar anzureden hatte, da überfiel es ihn: Wie kann ich, der ich Staub und Asche und voller Sünde bin, zu dem lebendigen, ewigen und wahren Gott reden? – und er wollte vom Altar flüchten. Nur sein Prior oder Novizenmeister hielt ihn zurück.

Ein andermal, wiederum bei einer Messe, soll Luther während der Lesung des Evangeliums von der Heilung des epileptischen Knaben (Markus 9, 14–21) bei der Stelle, wo Jesus dem Dämon auszufahren gebietet, gerufen haben: »Ich bin es nicht, ich bin es nicht!« und zu Boden gestürzt sein. Und noch 1515, bei der Fronleichnamsprozession in Eisleben, hat ihn beim Anblick des heiligen Sakraments ein solcher Schrecken überfallen, daß er zu vergehen meinte. Luther konnte schon erzittern, wenn er nur ein Blatt zu Boden fallen hörte.

In seinem Erschrecken vor der Heiligkeit Gottes bedeutete auch der Gedanke an Jesus Christus für Luther keinen Trost, sondern steigerte eher noch seine Angst. Denn er erblickte in Christus nur den Weltenrichter, der beim Jüngsten Gericht jedem nach seinen Werken vergelten wird, und selbst im Gekreuzigten erkannte er nur die Strafe Gottes, die den Sünder erwartete. Darum erschrak er schon, wenn er nur den Namen Jesu hörte: »Ich bin oft vor dem Namen Jesu erschrocken, und wenn ich ihn anblickte am Kreuz, so dünkte mich, er wäre mir wie ein Blitz, und wenn sein Name genannt wurde, so hätte ich lieber den Teufel hören nennen, denn ich gedachte, ich müßte solange gute Werke tun, bis Christus mir dadurch zum Freund und gnädig gemacht würde.«

All dies Mißlingen trotz aller Anstrengungen mußte in Luther die Frage auftauchen lassen, ob Gott ihn denn überhaupt haben wolle. Und das trieb seine Anfechtungen auf den Höhepunkt der *Prädestinationsangst:* Wenn all sein frommes Tun augenscheinlich völlig umsonst ist, dann kann dies am Ende nur bedeuten, daß Gott ihn schon von Ewigkeit her verworfen hat. Was aber vermag ein Mensch gegen den ewigen Ratschluß Gottes auszurichten? Aber was ist das dann auch für ein Gott, der so mit den Menschen verfährt? Und so gibt es Augenblicke, in denen Luther Gott zu hassen beginnt: »Du bist nicht Gott, sondern der leidige Teufel! Und wollte ich, daß gar kein Gott wäre!«

Luther hat in keinem Augenblick seines Lebens an Gottes Dasein gezweifelt, vielmehr seine lebendige Gegenwart so bedrängend empfunden, daß er ihn eher haßte, als daß er ihn leugnete. Aber wenn er den, den er von Herzen lieben sollte, haßt, dann zeigt ihm dies nur, daß Gott ihn zu Recht verworfen hat – und so stürzt Luther vollends in die Verzweiflung der Gottverlassenheit:

»Ich kenne einen Menschen, der hat mir gesagt, er habe diese Qualen öfter erduldet, freilich immer nur für ganz kurze Zeit, aber so groß und höllisch, daß keine Sprache davon reden, keine Feder davon schreiben, ja daß es keiner glauben kann, der es nicht selbst erlebt hat. Sie waren von einer Art, daß, wenn sie sich noch weiter gesteigert oder auch nur eine halbe Stunde gedauert hätten, ja auch nur den zehnten Teil einer Stunde, so wäre der Mensch ganz und gar vergangen, und alle seine Gebeine wären zu Asche geworden. In solchen Augenblicken erscheint Gott in seinem schrecklichen Zorn und vor ihm auf einmal alle Kreatur. Da gibt es kein Entrinnen, keinen Trost, nicht drinnen noch draußen, sondern nichts als Anklage und Verdammnis aller. Da ist die Seele ausgespannt am Kreuze mit Christus, daß du könntest alle ihre Knochen zählen. Und kein Winkel ist darin, der nicht erfüllt wäre mit schrecklichster Bitterkeit, mit Furcht, mit Angst, mit Schwermut – aber dies alles unendlich, ewig.«

Luthers Anfechtungen spielten sich zwar im Horizont der zeitgenössischen Schultheologie ab, aber mit den herrschenden theologischen Differenzen allein sind sie nicht zu erklären. Darum kann man auch nicht sagen, daß Luther nur an dem in Erfurt vertretenen Ockhamismus gescheitert sei. Hätte er an einer anderen Fakultät studiert, an der etwa der »alte Weg« des Thomas von Aquino gelehrt wurde, so wären seine religiösen Anfechtungen wahrscheinlich nicht geringer gewesen. Es handelt sich hier um einen Umbruch in der Tiefe, gegen den keine akademische Theologie ankommt.

Luther stößt durch alle menschlichen Sicherungen, durch alle theologischen Reflexionen und kirchlichen Traditionen, wieder hindurch bis auf den *Grund der Religion* und erfährt das Erschrecken vor der Wirklichkeit Gottes, vor seiner Heiligkeit und Unnahbarkeit, mit ursprünglicher Gewalt. Das ist mehr als nur sittliches Schuldbewußtsein. Luther hat sich nicht nur als Sünder, sondern als Asche und Staub gefühlt. Es ist jene unmittelbar-spontane numinose Erfahrung, die Rudolf Otto als »Kreaturgefühl« charakterisiert hat: das Erleben der eigenen kreatürlichen Nichtigkeit angesichts der vernichtenden Majestät Gottes.

Auch psychologische oder pathologische Erklärungen

tragen hier nur wenig aus. Sicher hat Martin Luther sein Leben lang an Depressionen gelitten, und während seiner Klosterzeit ist er seelisch besonders labil gewesen. Aber er war kein kranker Mensch, denn ein Kranker hätte niemals eine so ungeheure Arbeitsleistung und gedankliche Anstrengung zu vollbringen vermocht. Im übrigen sagt die Auskunft über die historisch-biographische Herkunft einer Wahrheit noch nichts über ihren Wert und Gehalt aus. Eher verrät es etwas über die Geistesverfassung unserer eigenen Zeit, wenn wir angesichts eines Phänomens wie Martin Luthers Ringen um Gott als erstes immer sogleich mit dem Argument des Krankhaften bei der Hand sind.

Wenn Luther durch alle dogmatischen Fixierungen und kirchlichen Traditionen wieder hindurchgestoßen ist bis auf den Grund der Religion, so geschah dies nicht nur in emotionalem Engagement, sondern zugleich in streng rationaler Gedankenarbeit. Luther war Theologe. Den alltäglichen Lebensrahmen seiner Anfechtungen bildete sein Dasein als Student beziehungsweise Dozent im Kloster. Er hat sein Theologiestudium im Sommer 1507 in Erfurt begonnen und es ebenso rasch durchlaufen wie zuvor sein artistisches Studium: Im März 1509 wurde er Baccalaureus biblicus, noch im Herbst desselben Jahres Sententiarius. Daneben hatte er zugleich als Lektor philosophische und später theologische Vorlesungen zu halten und wurde deshalb auch zwischendurch auf ein Jahr an die Universität Wittenberg ausgeliehen.

Den Abschluß seines Theologiestudiums bildete seine *Doktorpromotion* 1512 in Wittenberg. Zeit seines Lebens hat Luther sich darauf berufen, daß er »geschworener Doktor der Heiligen Schrift« sei, und damit nicht nur das Recht, sondern die Pflicht zu seinem Reformationswerk von Amts wegen begründet:»Ich..., Doktor Martinus, bin dazu berufen und gezwungen, daß ich mußte Doktor werden, ohne meinen Dank, aus lauter Gehorsam, da habe ich das Doktoramt müssen annehmen und meiner aller liebsten Heiligen Schrift schwören und geloben, sie treulich und lauter zu predigen und lehren... Über solchem Lehren ist mir das Papsttum hinweggefallen.«

In Luthers Studienzeit fiel seine *Reise nach Rom* im Winter 1510/11. Es ging dabei um eine Streitsache seines Ordens, und Luther hatte den dafür delegierten Ordensbruder zu begleiten. Vier Wochen hat er sich in Rom aufgehalten, und er hat die Zeit dort nach Kräften genutzt, aber nicht um die Reste der Antike oder die Kunstschätze der Renaissance zu betrachten, sondern um als Wallfahrer so viel Ablaß wie nur möglich für sich und die Seinen zu gewinnen. Rom war für ihn vor allem die Stadt der Heiligen und der Märtyrer. Als er sie zum erstenmal erblickte, warf er sich zu Boden und rief:»Sei gegrüßt, heiliges Rom!« Aber er hat dort dann viel Unheiliges erlebt. Mit seiner gewünschten Generalbeichte geriet er an verständnislose Beichtiger. Die Messen wurden von den Priestern »rips raps« heruntergelesen, »als trieben sie ein Gaukelspiel« – »Ehe ich zum Evangelium kam, hatte mein Nebenpfaffe seine Messe schon zu Ende gebracht und schrie mir zu: Passa, passa! Immer weg! Komm davon!« Den Papst sah Luther nicht, weil dieser sich gerade auf einem Kriegszug befand, dafür aber bekam er mancherlei zu hören über das unfromme Sinnen und sittenlose Treiben des römischen Klerus. Dennoch hat Luther in Rom höchstens Anschauungsmaterial, aber keinerlei Anstoß zu seiner späteren reformatorischen Kritik an der römischen Kirche erhalten. Er hat die Stadt verlassen, wie er gekommen war, als ein gehorsamer Sohn der Kirche, vielleicht sogar noch mehr stimuliert zu eigener frommer Anstrengung.

Zu einer Art »Geleitsmann« durch alle Gefährdungen seiner Klosterjahre ist für Luther sein Ordensvikar *Johann von Staupitz* geworden, freilich mehr als Seelsorger denn als theologischer Lehrer. Staupitz war seiner theologischen Herkunft nach vornehmlich Thomist, aber die Scholastik war bei ihm sozusagen gebrochen durch den Einschlag einer milden Mystik sowie durch eine edle Menschlichkeit. Er wurde für Luther zu einer Art Vaterfigur, und dieser unterschrieb seine Briefe an ihn mit »Dein Sohn Martin«.

Luther hat von Staupitz vielseitige Hilfe empfangen. Als er sich selbstquälerisch mit seinen Sünden herumschlug und in der Beichte keinen Trost zu finden vermochte, da hat Staupitz ihm aus seinen Skrupeln herauszuhelfen gesucht, indem er seine Aufmerksamkeit von den einzelnen Sünden weg auf die menschliche Natur als Ganzes lenkte. Freundlich und bestimmt hat er ihm zugeredet: »Du willst ohne Sünde sein und hast doch keine rechte Sünde. Du mußt ein Register haben, darin rechtschaffene Sünden stehen, wenn Christus dir helfen soll; du mußt nicht mit solchem Humpelwerk und Puppensünden umgehen und aus jedem Bombart eine Sünde machen.« Und als Luther in seinen Prädestinationsängsten zu ertrinken drohte, da hat wiederum Staupitz ihn auf Christus hingewiesen:»Man muß den Mann ansehen, der da Christus heißt« – und zwar nicht den Weltenrichter, auf den Luther unverwandt starrte, sondern den Gekreuzigten, der mit den Menschen solidarisch geworden ist: »Wenn du über die Prädestination diskutieren willst, so fang bei den Wunden Christi an, dann wird auf einmal die Disputation über die Prädestination aufhören.« Dankbar erinnert sich Luther später:»Wo mir Doktor Staupitz nicht herausgeholfen hätte, so wäre ich längst in der Hölle.«

Am wichtigsten war die praktische Hilfe, die Luther durch Staupitz widerfuhr: Der Ordensobere gab dem skrupulösen Mönch etwas »zu schaffen«. Das heißt: Er riet dem Magister, den Doktorgrad zu erwerben, und machte ihn zum Nachfolger in seiner Wittenberger Bibelprofessur, für die seine zahlreichen Ordenspflichten ihm selbst schon lange nicht mehr genug Zeit gelassen hatten. In seiner großen Dankbarkeit hat Luther später behauptet:»Ich habe meine Sache von Doktor Staupitz; der hat mir dazu verholfen.« Das war ganz sicher übertrieben. Staupitz ist sein Leben lang in den Bahnen der thomistischen Theologie geblieben und hat sich am Ende sogar öffentlich von Luthers »Ketzerei« distanziert. Aber indem er ihn auf Christus hinwies, zumal auf den gekreuzigten, hat er ihn – unvergessen – an Gottes Liebe erinnert. Und indem er Luther das Bibelstudium zur täglichen beruflichen Pflicht machte, hat er ihn auf die Spur des Weges gesetzt, auf dem er schließlich aus seinen dunklen Ängsten herausgelangen und zum hellen Licht des Evangeliums durchdringen sollte.

Durch den Römerbrief ins Paradies

Bald nach seiner Rückkehr aus Rom, im Sommer 1511, ist Luther in den Wittenberger Augustinerkonvent und damit zugleich an die *Universität Wittenberg* versetzt worden. Es war der wichtigste Wechsel in seinem Leben. Mit ihm gelangte er an jenen Ort, an dem er bis an sein Lebensende bleiben und dessen Name durch ihn zu einem Zentrum und Symbol in der Geschichte der Christenheit werden sollte. Gleich zu Beginn übernahm Luther auch jene beiden Tätigkeiten, die er dann lebenslang ausgeübt hat: Er wurde Universitätsprofessor und Prediger, zuerst im Kloster, dann auch an der Stadtkirche. Katheder und Kanzel gaben Luther die entscheidende Basis für sein reformatorisches Wirken, und dies brachte von selbst eine dauernde gegenseitige Durchdringung von Theorie und Praxis mit sich.

Durch seine intensive Beschäftigung mit der Bibel, durch sein ungeteiltes Hinhören auf ihr Wort, ist Luther zu seiner reformatorischen Grunderkenntnis gelangt. Dabei verbanden sich das Persönliche und das Berufliche wie von selbst miteinander. Indem Luther den Studenten im Kolleg die Schriften der Bibel auszulegen hatte, suchte er zugleich Antwort auf seine persönliche Frage nach Gott. Wie es in der Bibel von dem Propheten Ezechiel und dem Seher der Offenbarung heißt, daß sie die ihnen von Gott übergebene Schriftrolle erst verschlingen mußten, um sodann ihren Inhalt zu verkünden, geradeso hat auch Luther die Bibel wie eine Speise verschlungen und ihre Botschaft sodann, durchdrungen von ihr und sie seinerseits durchdringend, neu ausgelegt – als wäre die Bibel erst gestern geschrieben und hörte einer hier zum erstenmal auf sie.

In den entscheidenden Jahren seines Durchbruchs zur reformatorischen Erkenntnis hat Luther vier große *biblisch-exegetische Vorlesungen* gehalten: über die Psalmen (1513/15), den Römerbrief (1515/16), den Galaterbrief (1516) und den Hebräerbrief (1517/18). Obwohl diese Vorlesungen, im Original oder in Nachschriften, erhalten sind, ist der genaue Zeitpunkt von Luthers reformatorischer theologischer Entdeckung umstritten. Die Datierungsversuche schwanken zwischen 1512 und 1519; die meisten Forscher neigen nach wie vor zur Ansetzung im Jahre 1514. Aber wie immer man hier entscheidet, auf jeden Fall handelt es sich nicht um ein einmaliges plötzliches Erlebnis, sondern um ein allmähliches Heranreifen, für das sich kein genauer Kalender aufstellen läßt.

Das Reiz- und Leitwort in diesem jahrelangen Erfahrungs- und Denkprozeß, auf das Luther bei seiner Bibellektüre immer wieder stieß und um das daher bei der Kollegvorbereitung seine exegetischen Bemühungen kreisten, bildete der Begriff *»Gerechtigkeit Gottes«*. In der Erinnerung hat sich die allmähliche Klärung dieses Begriffes für ihn zu einem einmaligen Erlebnis verdichtet, was nicht ausschließt, daß es in dem schrittweisen Klärungsprozeß tatsächlich einen Höhepunkt gegeben haben kann. Es ist das sogenannte *»Turmerlebnis«*, an das Luther in seinem berühmten Selbstzeugnis aus dem Jahr 1545 erinnert. Darin schildert er ausführlich, wie ihm bei seiner wissenschaftlichen Beschäftigung mit Römer 1,17 fast blitzartig das neue, richtige Verständnis des Begriffs »Gerechtigkeit Gottes« aufgegangen sei. Bisher hatte er diese Vokabel gehaßt, weil er darunter immer nur die vergeltende Gerechtigkeit Gottes verstanden hatte, die den Sünder nach seinen Werken straft oder lohnt. Eben dies hatte ihn in die Verzweiflung getrieben, weil er sich trotz seines untadeligen Mönchslebens stets als Sünder gefühlt hatte und nie zu der Gewißheit gelangt war, jemals genug getan und durch solche Genugtuung Gott versöhnt zu haben. Und so zürnte er Gott, ja haßte ihn, statt ihn zu lieben.

Luthers neues Verständnis der »Gerechtigkeit Gottes« besteht in einer exegetischen Erkenntnis. Beim immer neuen Nachgrübeln über jene Römerbriefstelle geht ihm auf: Zwar heißt es im Text:»Im Evangelium wird die *Gerechtigkeit Gottes* offenbart«, aber dann geht es weiter: » – wie geschrieben steht: Der Gerechte lebt *aus Glauben.*« Also ist die Gerechtigkeit auf seiten des Menschen keine Sache der Leistung, sondern des Glaubens und Vertrauens und folglich von seiten Gottes keine Forderung, sondern ein Geschenk. »Da fühlte ich mich völlig neu geboren – als wäre ich durch die geöffneten Pforten ins Paradies selbst eingetreten.«

Sofort erschien Luther das Gesicht der ganzen Schrift neu. Im Gedächtnis rekapitulierte er sogleich die ganze Bibel und stieß auch bei anderen Aussagen über Gottes Eigenschaften auf denselben Sprachgebrauch:»Werk Gottes« ist, was Gott in uns wirkt, »Kraft Gottes«, wodurch er uns kräftig macht, »Weisheit Gottes«, wodurch er uns weise macht und so weiter. Fortan wurde für Luther das Wort »Gerechtigkeit Gottes«, das er bis dahin so sehr gehaßt hatte, zum »allersüßesten Wort«.

Unter dieser abstrakten exegetisch-theologischen Entdeckung verbirgt sich wiederum ein vitaler religiöser Vorgang. Erlebnismäßig besteht Luthers Durchbruch zur reformatorischen Erkenntnis, mochte er ihn auch als einen Durchgang ins Paradies empfunden haben, in einer bedingungslosen Kapitulation: Luther erkennt Gottes Urteil über sich, daß er ein Sünder sei, widerspruchslos an. Statt sich vor Gott durch immer neue eigene Leistungen zu behaupten, liefert er sich ihm auf Gedeih und Verderb aus, was auch immer Gottes Wille über ihn sein mag, ob ewige Seligkeit oder ewige Verdammnis. Er greift durch das Dunkel seiner Ängste, durch den Feuervorhang des göttlichen Gerichts, hindurch unmittelbar an Gottes Vaterherz – er flieht von dem zornigen zu dem gnädigen Gott. Indem er sich auf Gottes Seite stellt, hat er Gott zur Seite. Wer aber Gott zur Seite hat, der ist geborgen; er kann »auf Gott pochen, stolzieren und fröhlich sein«.

Wiederum stößt Luther damit durch alle menschlichen Vermittlungen, durch den intellektuellen Denkapparat der Theologie ebenso wie durch den sakramentalen Gnadenapparat der Kirche, hindurch bis auf den *Grund der Religion*. Ist er zuerst vor dem Feuer des göttlichen Zorns erschrocken, so läßt er sich jetzt noch mächtiger von dem Feuer der Liebe Gottes anziehen. Diese neue numinose Grunderfahrung hat Luther wiederum nicht nur religiös-emotional durchlebt, sondern zugleich theologisch-rational durchdacht.

Das Ergebnis dieses theologischen Denkprozesses bildet Luthers *»Rechtfertigungslehre«*. In ihr verbinden sich Gotteserkenntnis und Selbsterkenntnis zu einer Einheit. Der Ort, an dem dies geschieht, ist das Gewissen des Menschen, weshalb man vielleicht richtiger statt von Rechtfertigungs*lehre* von Rechtfertigungs*bekenntnis* sprechen sollte. Luther hat dieses Rechtfertigungsbekenntnis – mit Hilfe der Schultheologie seiner Zeit, immer kräftiger aber auch gegen sie – in immer neuen Vorstellungen, Begriffen und Bildern mannigfach entfaltet. Dabei ist er schrittweise aus einem anfänglichen Halbdunkel in ein immer helleres Licht herausgetreten.

Auf ihren Kern komprimiert, läßt sich Luthers Lehre von der Rechtfertigung des Menschen vor Gott in einer fast mathematisch klingenden Gleichung ausdrücken: Wer Gottes Urteil über sich zustimmt und sich vor ihm als Sünder bekennt, statt sich selbst zu rechtfertigen, stimmt mit Gottes gerechtem Urteil überein, er geht mit dem gerechten Gott »konform« – und eben damit erweist er sich selbst als »gerecht«. Das hört sich düster an, fast wieder nach einer neuen, noch größeren Leistung, die der Mensch zu erbringen hat. Voraussetzung für diese bedingungslose Selbstpreisgabe des Menschen an Gott ist jedoch gerade nicht irgendeine Leistung, sondern ein unbedingtes Vertrauen, jene an die Mystik erinnernde »Gelassenheit«, die sich Gottes Willen überläßt, weil sie weiß, daß er es mit dem Menschen in jedem Fall gut meint.

So gelangt Luther zu seiner berühmten Formel: Der Christ ist *»gerecht und Sünder zugleich«*. Das heißt nicht, idealistisch gedacht, daß zwei Seelen in seiner Brust wohnen, die miteinander ringen, und auch nicht, scholastisch verstanden, daß das Wesen des Menschen zweigeteilt ist in einen schon gnadenhaften und einen noch sündhaften Teil – vielmehr ist und bleibt der Mensch bis ans Ende seiner Tage als eine und dieselbe Person unteilbar zugleich ein »Gerechter« und ein »Sünder«: ein Gerechter, wenn er auf Gottes Verheißung blickt, darum »in Hoffnung«, ein Sünder, wenn er auf sich selbst schaut, darum »in Wirklichkeit«.

Hinter diesem so trocken klingenden intellektuellen theologischen Denkprozeß steht wiederum ein vitaler religiöser Lebensprozeß. Seine Rechtfertigung durch Gott verleiht dem Glaubenden wohl Gewißheit, aber sie gibt ihm keine Sicherheit; sie ist deshalb auch kein Zustand, sondern ein immerwährender, auf Erden nie ans Ziel gelangender Fortgang:»Immer sind wir in Bewegung, immer der Rechtfertigung bedürftig, wir Gerechten. Siebenmal am Tage sündigt der Gerechte und ebensooft steht er wieder auf. Und jede gegenwärtige Gerechtigkeit ist Sünde vor der Gerechtigkeit, die morgen zuzulernen ist. Es gibt keinen Stillstand, das Verweilen schon ist Sünde. Da wir in diesem Leben unweigerlich im Fleische stecken und da das Fleisch unweigerlich aufbegehrt gegen den heiligen Geist, so ist gewiß, daß unser Leben immerdar ein Kriegsdienst auf der Erde bleibt.«

Luther ist zu seiner reformatorischen Grunderkenntnis durch sein angestrengtes Bibelstudium gelangt. Dabei hat er Geburtshelfer gehabt, in der Gegenwart vor allem Staupitz, aus der Vergangenheit vornehmlich Augustin und neben ihm einige deutsche Mystiker. Aber er hat sie alle schließlich hinter sich gelassen, in dem gleichen Maße, in dem die Auslegung der Heiligen Schrift für ihn zum alleinigen Gegenstand der Theologie wurde: »Die wahre christliche Wallfahrt geht nicht nach Rom, Jerusalem oder Compostela, sondern zu den Propheten, den Psalmen und Evangelien.« Was nicht in der Heiligen Schrift steht, gilt Luther als »des Teufels Zusatz«, zumal wenn es von dem »Bafler« Aristoteles stammt:»Darum hinein, hinein, liebe Christen, und laßt mein und aller Lehrer Auslegen nur ein Gerüst sein zum rechten Bau, daß wir das bloße, lautere Gotteswort selbst fassen, schmecken und darin bleiben; denn da wohnet Gott allein in Zion.«

Theologie des Kreuzes

Die Mitte der Heiligen Schrift bildet für Luther »allein Jesus Christus«: »Nimm Christus aus der Schrift: was wirst du in ihr dann noch finden?« Entsprechend formuliert Luther schon früh als Grundsatz seiner Auslegungsmethode: »Andere machen Umwege... Ich aber, wenn ich eine Nuß im Texte finde, deren Schale mir zu hart ist, ich werfe sie alsbald an den Felsen Christus und finde den süßesten Kern.«

Wenn Luther fortan den Namen Jesu hört, dann erblickt er nicht mehr den zornigen Weltenrichter, sondern vornehmlich den Gekreuzigten: »Ich wolle oder wolle nicht, wenn ich Christum höre, so entwirft sich in meinem Herzen ein Bild, das am Kreuze hängt, gleich wie sich mein Antlitz natürlich entwirft ins Wasser, wenn ich drein sehe.« Als Luther einmal am hellichten Tage das Bild Christi strahlend an der Wand erschien, bekreuzigte er sich und schrie: »Heb dich, Schandteufel! Ich weiß von keinem andern Christus, denn der gekreuzigt worden ist!«

Am Kreuz Jesu ist Luther Gottes Liebe aufgegangen – von daher empfängt seine Theologie ihre Gestalt als *»Kreuzestheologie«*: »In dem gekreuzigten Christus ist wahre Theologie und Gotteserkenntnis.« Weil Gottes Liebeswille sich auf eine Welt richtet, die von ihm abgefallen ist, darum kann er sie nur erneuern, indem er ihr gottfeindliches Wesen zerstört und sie seinem eigenen Wesen anverwandelt. Es ist Gottes Ehre, daß er auch nach außen hin, in anderen, wird, was er in sich selbst ist. Das gibt seiner Offenbarung ihre paradoxe Signatur. Sie vollzieht sich in der Umkehrung alles Menschlichen und somit in einer für die natürliche Vernunft verborgenen Weise: Wenn Gott nach menschlichem Urteil an einem Ort der Weltgeschichte nicht sein kann, dann am Kreuz auf Golgatha – denn wo treten uns Mißerfolg und Niederlage deutlicher entgegen als hier? –, aber gerade hier ist Gott am Werk! Was vor den Menschen als Tod und Niederlage erscheint, erweist sich vor Gott als Leben und Sieg.

So wird Christus für Luther zum Urbild allen göttlichen Wirkens überhaupt. Immer gebraucht Gott das »fremde Werk«, um sein »eigenes Werk« zum Ziel zu führen. Er wirkt wider den Augenschein, er hüllt seine Hoheit in Niedrigkeit, verdeckt seine Gnade unter dem Zorn, kurzum, er verbirgt sich unter dem Gegensatz. Gar nicht genug Gegensatzpaare kann Luther häufen, um die Paradoxie des göttlichen Handelns zu beschreiben: Indem Gott tötet, macht er lebendig; indem er verurteilt, rechtfertigt er; indem er zerstört, baut er; wenn er uns in die Tiefe führt, macht er uns groß; wo er am fernsten scheint, dort ist er am nächsten: »Summa: Gott kann nicht Gott sein, er muß zuvor ein Teufel werden, und wir können nicht gen Himmel kommen, wir müssen vorher in die Hölle fahren, können nicht Gottes Kinder werden, wir werden denn zuvor des Teufels Kinder... Ich muß dem Teufel ein Stündlein die Gottheit gönnen und unserm Gott die Teufelheit zuschreiben lassen. Es ist damit aber noch nicht aller Tage Abend. Es heißt doch zuletzt: Seine Güte und Treue walten über uns.« So ist Gott also immer gerade dort, wo die Menschen meinen, dort könne doch Gott niemals sein. Luther ist von dem »Credo quia absurdum« des Anselm von Canterbury nicht weit entfernt.

Die Verborgenheit Gottes aber soll seine Offenbarung nicht negieren, sondern charakterisieren. Der Gedanke der Selbstverhüllung Gottes verliert seine herbe Düsterheit, wenn man bedenkt, daß Gott gerade dadurch seinen Liebeswillen vollstrecken will. Gott muß immer zuerst ein Gott *gegen* uns werden, bevor er ein Gott *für* uns sein kann. Indem der Mensch abbildlich erleidet, was das Urbild Christus erlitten hat, wird er »christusförmig«. Gott bürstet den Menschen wohl kräftig gegen den Strich, damit sein Fell schön und glatt werde – aber er zieht ihm das Fell nicht über die Ohren.

Das ist es, was Luther seine »Theologie des Kreuzes« nennt – im Gegensatz zur »Theologie der Herrlichkeit«, wie sie seiner Meinung nach die Scholastik vertritt. Die Theologie der Herrlichkeit baut auf das »Sichtbare«, auf die guten Werke des Menschen und auf die Gotteserkenntnis seiner natürlichen Vernunft – und gerade damit trifft sie an Gott vorbei. Die Theologie des Kreuzes hingegen hält sich an das »Unsichtbare«, statt an das Unvermögen aller menschlichen Leistung und Vernunft allein an das Vermögen der göttlichen Gnade – aber gerade auf diese Weise erkennt sie Gottes Wirken in der Wirklichkeit der Welt und »sagt, was Sache ist«.

Luther hat seine Kreuzestheologie nicht nur gelehrt, er hat sie auch gelebt. Sie hat seiner eigenen theologischen Existenz ihre entscheidende Prägung gegeben. Luthers Theologie insgesamt ist Erfahrungstheologie, und das heißt für ihn immer sogleich »Anfechtungstheologie«: »Durchs Leben, ja durchs Sterben und durch die Erfahrung der Verdammnis wird man Theologe, nicht durchs Begreifen, Lesen oder Spekulieren.« Bei Tisch hat Luther einmal geäußert, wenn er länger leben sollte, wolle er gern noch ein Buch über die Anfechtungen schreiben, denn ohne sie könne der Mensch weder die Heilige Schrift noch Glaube, Furcht und Liebe zu Gott verstehen. Luther hätte dieses Buch gar nicht extra schreiben müssen, denn fast alles von ihm Geschriebene ist in irgendeiner Weise »Theologie der Anfechtung« und damit »Kreuzestheologie«.

Es ist, als spräche Luther von sich selbst, wenn er in seiner frühen Auslegung der sieben Bußpsalmen schreibt: »Und er sagt ›auf dem Dach‹, als spreche er, die Welt ist ein Haus, darin sie alle schlafen und beschlossen liegen, ich aber allein bin außer dem Haus, auf dem Dach, noch nicht im Himmel, und auch nicht in der Welt; die Welt habe ich unter mir und den Himmel über mir, also zwischen der Welt Leben und dem ewigen Leben einsam im Glauben schwebe ich.«

Die Wiederentdeckung des »Christlichen« im Christentum

Weil Luthers Theologie so stark in seinem eigenen Erleben, ja in seinem Charakter und Temperament wurzelt, weil bei ihm wirklich das Herz den Theologen macht, darum hat man ihm, zumal von katholischer Seite, »Einseitigkeit« und »Subjektivismus« vorgeworfen. Zwar räumt man unumwunden ein, daß Luther sich an die Bibel gebunden gefühlt, sie gekannt und in ihr gelebt habe wie kaum ein anderer, tadelt ihn aber gleichzeitig, daß er kein »Vollhörer« des Wortes gewesen sei, sondern den gesamten Inhalt der Heiligen Schrift fast gewaltsam über einen einzigen Leisten geschlagen und eine entsprechend einseitige Auswahl getroffen habe. Auf diese Weise mußte er, infolge des Fehlens eines objektiven Gegengewichts in Gestalt eines unfehlbaren kirchlichen Lehramts, zum »Häretiker« werden.

Sicher ist Luther kein strenger Systematiker im Sinne eines theologischen Systembauers gewesen; sicher hat er den Briefen des Apostels Paulus den Vorzug vor allen anderen biblischen Schriften gegeben, und sicher hat er auch bei Paulus selbst noch einmal eine Auswahl getroffen. Fragt sich nur, ob er dabei willkürlich verfahren ist oder tatsächlich die Mitte der Heiligen Schrift getroffen hat. Luther selbst hat erklärt, »daß der schuldige und verlorene Mensch und der rechtfertigende und rettende Gott der eigentliche Gegenstand der Theologie sei«, – entsprechend hat er die Bibel gelesen. Was er für den Kern der Heiligen Schrift hielt, das bildete das Zentrum seiner reformatorischen Grunderkenntnis, und von diesem Zentrum her hat er streng systematisch gedacht und entsprechend, durch die jeweilige konkrete Situation bestimmt, eine Gesamtkonzeption entwickelt.

Der »Subjektivismus« bildete für Luther nicht die Quelle seiner Theologie, wohl aber gab er seiner theologischen Existenz ihre charakteristische Struktur. Wenn, wie für Luther, das Gewissen der »Träger des menschlichen Gottesverhältnisses« (E. Hirsch) ist, dann ergibt sich daraus von selbst eine Verbindung des Subjektiven mit dem Objektiven und damit die Verschlingung von persönlichem religiösen Erleben und strenger theologischer Gedankenarbeit als Form der theologischen Existenz. Wenn ein Mensch aber so lebendig und temperamentvoll wie Martin Luther ist, dann steigert dies natürlich auch den existentiellen Einsatz bis zur Gefahr des Subjektivismus, und dann geht es nicht ohne – bisweilen in der Tat schier unerträgliche – Paradoxien, Superlative und Übertreibungen ab.

Daß in Luthers Subjektivismus nicht nur ein objektives Element steckt, sondern den Kern aller seiner Subjektivität das Objektive schlechthin bildet, dafür gibt es geradezu eine grammatikalische Bestätigung. Das ist Luthers betonter Gebrauch der Vokabel »allein«: »die Schrift allein«, »das Wort allein«, »die Gnade allein«, »der Glaube allein«, und dies vierfache Allein wiederum zusammengefaßt und gegründet in dem »Christus allein«. Darin drückt sich eine entschlossene Konzentration aller christlichen Lehrinhalte auf die alleinige Geltendmachung Gottes aus. Es geht Luther allein um Gott – um Gott allein.

Gott aber wiederum ist es nach Luther allein »ums Offenbaren zu tun« – und damit hat er den durchgängigen Wesenszug der Heiligen Schrift getroffen. Denn was ist die Bibel anderes als eben die Glaubensurkunde der Offenbarung Gottes? Der Gott der Bibel offenbart sich nicht, griechisch und metaphysisch gedacht, im »Sein«, sondern, hebräisch und geschichtlich gedacht, im »Werden«, genauer, im »Kommen« – es ist ein handelnder und wandelnder Gott. Die Pointe alles Handelns und Wandelns Gottes besteht in seiner liebenden Zuwendung zu den Menschen, und diese wiederum findet ihre Vollendung in der Christusoffenbarung. Daß der heilige und gerechte Gott ausgerechnet die Sünder und Gottlosen statt der Gerechten sucht und bei sich haben will, eben das ist die endgültige Wahrheit über Gott, die den Jesus von Nazareth – wider alle gängige Religion und gültige Moral – offenbart – weiter läßt sich Gott nicht »exponieren«.

Darum steht im Christentum am Anfang des Weges zu Gott nicht die unbedingte Forderung Gottes »Du sollst gut sein, Mensch!« und damit eine Leistung des Menschen, sondern die bedingungslose Zusage von seiten Gottes: »Ich bin dir gut, Mensch« und damit Gottes Gnade. Was aber besagt Luthers reformatorische Grunderkenntnis anderes als eben dies? Damit hat Luther in der Tat »das Evangelium wiederentdeckt«, gleichsam das »Christliche« im Christentum, das, was das Christentum zum Christentum macht. Dies ist der Ursprung der Reformation. Alles, was darauf folgt, sind nur die Folgen daraus.

Wenn Martin Luther fragte: »Wie kriege ich einen gnädigen Gott?«, dann stellte er damit die entscheidende Frage seiner Zeit. Heute fragt kaum jemand mehr so, wenigstens nicht so direkt. Aber indem Luther nach dem gnädigen Gott fragte, stand für ihn der Grund und Sinn seines Lebens in Frage – und eben Grund und Sinn unseres Lebens in der Welt sind auch uns heute wieder neu fragwürdig geworden. Wo die Frage nach Gott oder, richtiger, in Richtung auf Gott in unserer heutigen Lebenswelt noch oder wieder neu gestellt wird, dort geschieht es vornehmlich im Zusammenhang mit der Sinnfrage.

Was uns mit Luther, trotz des zeitlichen Abstands und der veränderten Fragestellung, gleichzeitig macht, ist die Erfahrung, daß am Leben sein nicht auch schon wahrhaft leben heißt. Damit kommt unweigerlich die Frage nach der Grundsituation des Menschen in der Welt in Sicht – und um nichts anderes ist es Martin Luther gegangen, wenn er zu seiner Zeit nach dem gnädigen Gott fragte und diese Frage mit der biblischen Rechtfertigungslehre beantwortete.

Wonach der Mensch verlangt, wenn er nach dem Sinn seines Lebens in der Welt fragt, ist nach Gewißheit seiner eigenen Existenz. Damit mündet die Sinnfrage in die Vertrauensfrage.

Zum Wesen des Vertrauens gehört es, daß es seinen Grund außerhalb unser selbst hat und in uns allein dadurch zustande kommt, daß ein anderer in uns Vertrauen hervorruft. Vertrauen ist immer die Widerspiegelung von einem anderen in uns, Grundvertrauen mithin die Widerspiegelung des Grundes der Welt in uns. Jesus deutet den Grund der Welt als »Liebe« und redet ihn daher vertrauensvoll als »Vater« an. Der Glaube an Gott als Vater besagt, daß der Grund der Welt nicht gnadenlos, sondern gnädig ist und deshalb guter Grund zum Vertrauen besteht. Wer das begriffen hat, der hat das Evangelium und die wahre Lebenskunst in eins begriffen.

Dabei handelt es sich um einen theoretisch nicht mehr zu vermittelnden gläubigen Akt des Vertrauens. Hier beginnt jener Weg, von dem Thornton Wilder sagt: »Das erschöpfendste aller unserer Abenteuer ist die Wanderung durch die langen Gänge unseres Denken, zu den weiten Hallen, wo der Glaube wohnt.«

Martin Luther im Jahre 1520, Kupferstich von Lucas Cranach d.Ä.

In den Gesichtern und Händen von Luthers Eltern spiegelt sich ihr Leben wider. Dem Vater sieht man an, daß er energisch und zielstrebig war und es in seinem Beruf zu etwas gebracht hat, der Mutter, daß sie es neben diesem Mann gewiß nicht leicht gehabt hat und daheim hart mitschaffen mußte. Luther über seine Eltern: »Mein Vater ist in seiner Jugend ein armer Häuer gewesen. Die Mutter hat all ihr Holz auf dem Rücken heimgetragen. So haben sie uns erzogen. Sie haben harte Mühsal ausgestanden, wie sie die Welt heute nicht mehr ertragen wollte.«

Links: Vater Hans Luther, Gemälde von Lucas Cranach d. Ä. (1472–1553).
Unten: Mutter Margarethe Luther, Gemälde von Lucas Cranach d. Ä. (1472–1553).

Das Wohnhaus der Luthers in Mansfeld ist nicht mehr in seiner ursprünglichen Gestalt erhalten, aber das heutige Bild zeigt noch etwas von der Umgebung, in der Luther seine Kindheit verbracht hat. Das Haus gehörte Luthers Vater. Dieser hatte sich auch Ansehen bei seinen Mitbürgern erworben. Er war einer der »Viertelsmeister«, die die Rechte der Bürgerschaft gegenüber dem städtischen Magistrat vertraten. Luther selbst hat die Stadt und Grafschaft Mansfeld Zeit seines Lebens als seine Heimat empfunden.

Luthers Elternhaus in Mansfeld (Foto um 1980).

Oben: Der Annaberger Bergaltar von Hans Hesse aus dem Jahr 1521 in der Annenkirche zu Annaberg. Das Bild zeigt das Leben und Treiben im Erzbergbau, wobei es sich in Annaberg aber um Silberbergbau gehandelt hat.

Der Bergbau war im ausgehenden Mittelalter ein besonders blühendes Gewerbe; er war aber auch verflochten in die wirtschaftlichen Probleme des Frühkapitalismus. Im Mansfeldischen wurde Kupfer abgebaut, und Luthers Vater war Pächter und Teilhaber einiger Hüttenfeuer. Das Angebot an Kupfer war auf dem europäischen Markt bisweilen so reichlich, daß Hans Luther und seine Geschäftspartner zeitweise in wirtschaftliche Schwierigkeiten gerieten. Die Heilige der Bergleute war die heilige Anna; sie wurde zur Modeheiligen der Zeit. Es war wohl kein Zufall, daß der Bergmannssohn Martin Luther in seiner Not gerade sie angerufen hat, als er im Gewitter bei Stotternheim ein Mönch zu werden gelobte.

An seine Zeit in Eisenach hat Luther stets gern zurückgedacht. Wie andere Schüler, und zwar nicht nur die ärmeren, hat er dort als »Partekenhengst« um Brot vor den Häusern der Bürger gesungen:»Ich bin auch ein solcher Partekenhengst gewesen und habe das Brot vor den Häusern genommen, besonders zu Eisenach, in meiner lieben Stadt, obwohl mich später mein lieber Vater mit aller Liebe und Treue auf der Hohen Schule zu Erfurt versorgte und mir durch seinen sauren Schweiß und Arbeit dahin geholfen hat, wohin ich gekommen bin. Trotzdem bin ich ein Partekenhengst gewesen.«
Die mittelalterlichen Schulen waren vor allem Lateinschulen mit einem handfesten Drill. Dazu gehörte, daß ein Schüler, der »Wolf« genannt, seine Mitschüler zu überwachen und jedes deutsch gesprochene Wort zu melden hatte. Wer die meisten Fehler machte, mußte eine Eselsmaske tragen, bis er einen anderen bei einem deutschen Wort erwischte. Am Ende der Woche erfolgte dann die Abrechnung in Form einer entsprechenden Anzahl von Rutenhieben. Luther hat sich nicht gern an seine Schulzeit erinnert:»Ein Teil der Lehrer waren grausam wie die Henker. So wurde ich einmal vor Mittag fünfzehnmal gestrichen ohne alle Schuld, denn ich sollte deklinieren und konjugieren und hatte es doch noch nicht gelernt.«

Rechts oben: Der Esel, ein Holzschnitt aus Rodericus Zancorensis, *Spiegel des menschlichen Lebens*. Augsburg, 1479.
Rechts: Das sogenannte Cottahaus in Eisenach, das der Familie Cotta gehörte, die sich des Schülers Martin Luther annahm (Foto um 1980).

LUTHERHAUS
MARTIN LUTHER

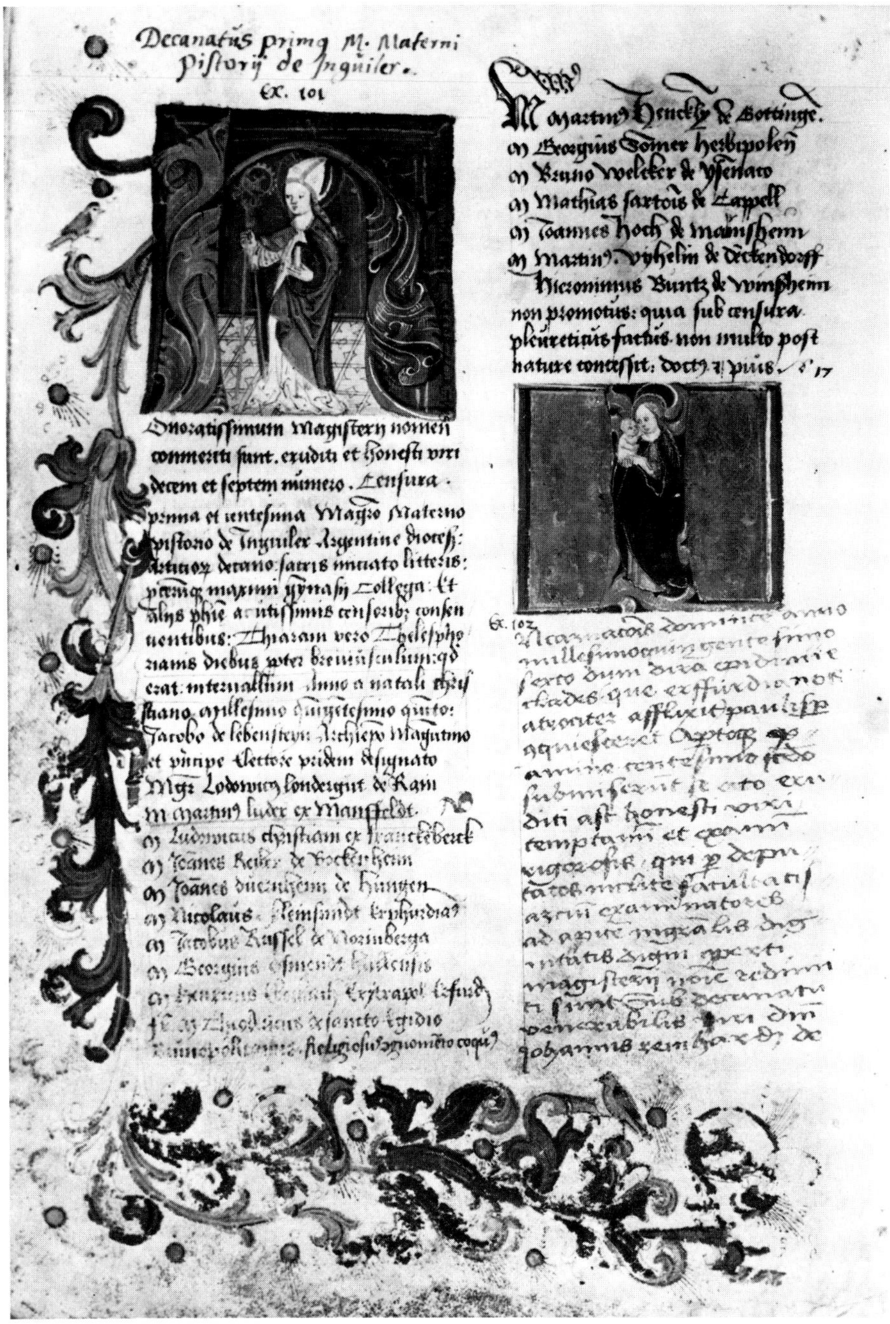

Decanatus primus M. Materni Pistoris de Ingwiler.

m Martinus luder ex Mansfeldt.

Links: Das Universitäts-Matrikel im Erfurter Stadtarchiv mit der Eintragung über »Martinus luder ex Mansfeldt«.

Über zehn Jahre seines Lebens, von 1501–1512, hat Martin Luther, nur mit kurzen Unterbrechungen, in Erfurt verbracht, aber, im Gegensatz zu Eisenach, hat er die Stadt nie geliebt. Warum er gerade die Universität Erfurt gewählt bzw. sein Vater sie für ihn ausgesucht hat, ob wegen der geographischen Nähe zu Mansfeld oder wegen ihrer berühmten juristischen Fakultät, bleibt offen. Jedenfalls stand Erfurt mit seiner 1392 gegründeten städtischen Universität – der fünften in Deutschland – in hohem Ansehen. Es war damals eine der größten und blühendsten Städte im Reich. Die großartige Silhouette mit den vielen Kirchtürmen und dem aus ihnen herausragenden burgartigen Komplex des Doms und der Severikirche vermittelt einen Eindruck von der Bedeutung der Stadt.

Die Eintragung »Martinus luder ex Mansfeldt« in der Erfurter Universitätsmatrikel vom April 1501 bildet die erste urkundliche Erwähnung Luthers. Dabei wurde er als »vermögend« (in habendo) eingestuft und mußte ⅓ Gulden Gebühr bezahlen. Fortan war die Universität seine berufliche Heimat bis ans Lebensende. Wie alle Studenten wohnte Luther in einer Burse mit einem streng geregelten, in das kirchliche Leben eingebetteten Tagesablauf. Das Studium in der artistischen Fakultät gliederte sich in das Trivium mit den Fächern Grammatik, Rhetorik und Dialektik und das Quadrivium mit Arithmetik, Astronomie, Geometrie und Musik. Nach seiner Promotion zum Magister artium durfte dieser sein Studium in einer der drei höheren Fakultäten (Theologie, Jura, Medizin) fortsetzen, war aber zugleich verpflichtet, noch zwei Jahre lang in der artistischen Fakultät Vorlesungen und Disputationen zu halten. Luther erinnert sich später:»Wie war es eine so große Majestät und Herrlichkeit, wenn man Magisters promovierte und ihnen Fackeln vorantrug und sie verehrte!«

Luther lebte hier nicht, wie später in Wittenberg, in der Provinz, sondern in einer der wirtschaftlichen und geistigen Metropolen Deutschlands. Politisch freilich hat Erfurt nie den ersehnten Status einer reichsfreien Stadt erringen können; die Oberhoheit war zwischen Kurmainz und Kursachsen strittig.

Links: Die Michaelskirche in Erfurt, die ehemalige Universitätskirche (Foto 1982: Hofseite mit Glockenturm).

Unten: Erfurt. Stadtansicht nach dem Holzschnitt von M. Wolgemut und Wilhelm Pleydenwurff aus der *Weltchronik* von Hartmann Schedel, Nürnberg, 1493.

An diese Pforte der südlichen Klostermauer klopfte Luther, als er am 17. Juli 1505 in das Erfurter Augustiner-Eremitenkloster einzutreten begehrte, und wurde zunächst in das daneben liegende Gästehaus aufgenommen. Das Erfurter Augustinerkloster erfreute sich in doppelter Hinsicht eines guten Rufes: Es gehörte zur »Observanz«, d.h. zur strengen Richtung des Ordens, und es unterhielt ein Generalstudium, das in Personalunion mit der Universität verbunden war. Hier absolvierte Luther nach seiner Priesterweihe vom Sommersemester 1507 an den größten Teil seines Theologiestudiums, so daß er, obwohl er als Mönch aus der Welt herausgegangen war, doch weiterhin in derselben akademischen Atmosphäre blieb. Bei Luthers Eintritt umfaßte das Kloster 52 Mönche.

Oben: Pforte des Erfurter Augustiner-Eremitenklosters (rechts: das Gästehaus), nach einer farbigen Zeichnung im Stiftungsbuch des Evangelischen Waisenhauses, 1669. Rechts: Blick in das Refektorium des Augustinerklosters in Erfurt.

Bei seiner Aufnahme als Novize hatte Martin Luther sich, die Arme in Kreuzform ausgebreitet, im Chor der Klosterkirche vor dem Altar niederzuwerfen. Nach Ablauf des Probejahres wurde er dann unter Ablegung der Ewigen Gelübde endgültig in den Orden aufgenommen. Mit dem Anlegen des Mönchsgewandes hatte er, in symbolischer Parallele zur Taufe, den alten Menschen abgelegt und einen neuen angezogen und war damit der Welt abgestorben.

Blick auf das Alte Augustiner-Kloster in Erfurt.

Die Bedeutung der mütterlichen Gestalt Marias und der vielen Heiligen für die Frömmigkeit des späten Mittelalters bestand darin, daß sie den unmenschlichen Abstand zwischen Gott und den Menschen überbrückten und so die Furcht vor Christus als dem Weltenrichter mildern halfen. Luther aber hatte immer nur den strengen Weltenrichter vor Augen und ließ sich durch keine Mittler in seiner Angst vor dem Jüngsten Gericht beruhigen.

Links: Richtender Christus als Steinrelief an der Stadtpfarrkirche in Wittenberg (14. Jh.). Christus thront auf dem Himmelsthron in einer Mandorla (mandelförmiger Heiligenschein um den ganzen Leib); sein Mund spricht die Worte des Gerichts für die Angenommenen (Lilie) und Verdammten (Schwert); die Engel blasen zum Gericht, das Propheten zu Füßen Christi ankündigen.
Oben: Die Madonna mit dem Kind auf der Mondsichel, 1511, Pinselzeichnung von Hans Baldung Grien.

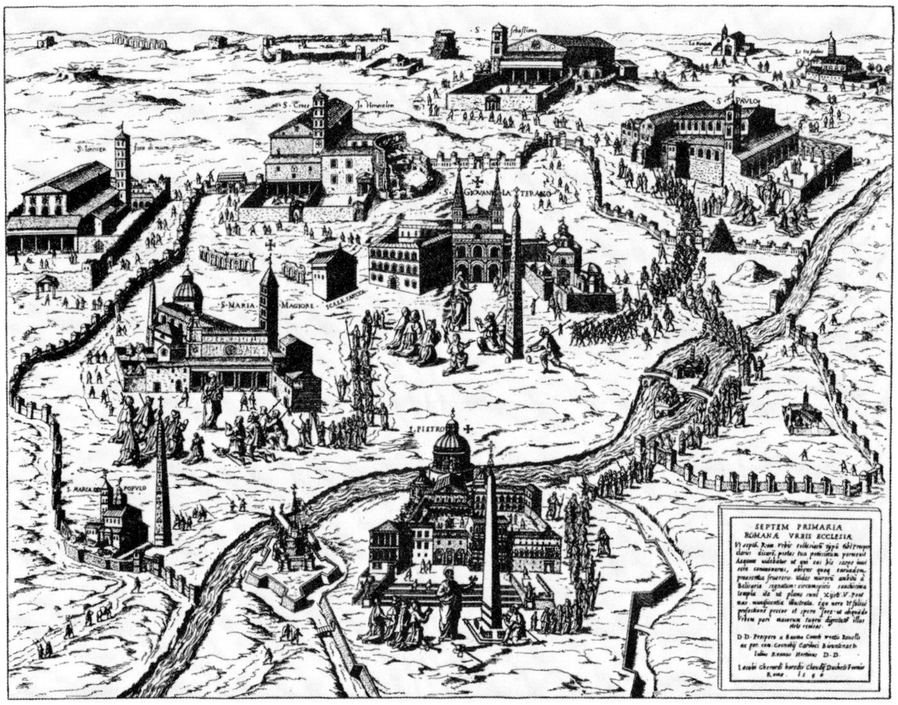

Rom galt als der bedeutendste Wallfahrtsort der Christenheit. Nirgendwo sonst konnte einer für sein eigenes Seelenheil wie für das seiner Angehörigen so viel tun wie hier. Auch Luther hat die berühmte Pilgerfahrt durch die sieben Hauptkirchen der Stadt an einem Tag unternommen und ist die heilige Treppe im Lateran auf den Knien hinaufgerutscht, auf jeder ihrer 28 Stufen ein Vaterunser betend. Damit sollte man eine Seele aus dem Fegefeuer erlösen können; Luther hat es für seinen Großvater Heine getan. Oben angekommen, will er sich zweifelnd gefragt haben: »Wer weiß, ob es wahr ist?«

Links: Die sieben Hauptkirchen Roms, Kupferstich von Antoine Lafréry, 1590.

Johann von Staupitz (1468–1524), aus meißnischem Adelsgeschlecht stammend, war Generalvikar der deutschen Kongregation des Augustinerordens, Mitbegründer der Universität Wittenberg und zugleich Gründer des dortigen Augustinerklosters. Er hat sich mit Luther sein Leben lang persönlich verbunden gewußt, aber er war seiner Natur nach ein Berater, kein Bekenner und schon gar nicht ein Kämpfer. Luther hat den Unterschied zwischen ihrer beider Naturen richtig charakterisiert, wenn er schreibt:»Du bist zu demütig, wie ich zu hochmütig.« Um nicht in Luthers Sache verwikkelt zu werden, ist Staupitz schon 1520 vom Amt des Ordensvikars zurückgetreten und als Abt des Benediktinerklosters St. Peter nach Salzburg gegangen. Dort hat er schließlich sogar unter kirchlichem Druck Luthers Anhänger in einem Gutachten öffentlich als Ketzer verurteilt. Sein letzter, kurz vor seinem Tod an Luther geschriebener Brief klingt in freundlicher Resignation aus.

Links: Bildnis von Johann von Staupitz von einem unbekannten Meister, nach 1520.

Als Luther 1511 endgültig von Erfurt nach Wittenberg kam, war die Universität erst knapp zehn Jahre alt. Kurfürst Friedrich der Weise hatte sie 1502 gegründet, als Konkurrenz zu Leipzig, der berühmten Universität im herzoglichen Sachsen. Durch Luther sollte Wittenberg für einige Jahrzehnte zur führenden deutschen Universität werden.

Die Stadt Wittenberg lag im Kolonialland, fast schon im wendischen Gebiet; sie zählte gut 2000 Einwohner. Luther selbst urteilt: »Die Wittenberger sind an der Grenze der Zivilisation; wären sie noch ein wenig weiter vorgerückt, so wären sie mitten in die Barbarei geraten.« Aber das kleine Wittenberg bildete ein politisches Zentrum Kursachsens, und dieses wiederum war einer der mächtigsten deutschen Territorialstaaten.

Links: Ansicht von Wittenberg um 1550, zeitgenössischer Kupferstich aus Hartleder, *Vom deutschen Kriege.*

Fast 40 Jahre – von 1508, mit einer kurzen Unterbrechung, bis 1546 – hat Luther im Wittenberger Augustiner-Eremitenkloster gelebt. Hier hat er als junger Professor mit 30 Jahren zum erstenmal in seinem Leben einen eigenen, sogar heizbaren Raum gehabt, in dem er allein und unbeaufsichtigt arbeiten konnte – jene »Turmstube«, nach der sein Durchbruch zur reformatorischen Erkenntnis als »Turmerlebnis« benannt worden ist. 1512 wurde er Subprior des Klosters, 1515 Distriktsvikar seines Ordens für Meißen und Thüringen. In einem Brief an seinen Freund Johann Lang klagt Luther über seine Arbeitslast:»Ich bin Klosterprediger, Vorleser bei Tisch, man verlangt mich täglich zur Predigt in der Pfarre, ich bin Rektor der Klosterschule, bin Ordensvikar, d.h. elfmal Prior, ich bin Wittenberger Teichaufseher in Leitzkau, Herzberger Rechtsanwalt in Torgau, Lektor des Paulus, Kollektor der Psalmen, und außerdem nimmt mir das Briefeschreiben den größten Teil des Tages fort.« Nach seiner Heirat 1525 hat Kurfürst Friedrich der Weise Luther das »Schwarze Kloster« als Wohnung für ihn und seine Familie zum Geschenk gemacht.

Oben: Das hintere Gebäude des Augustiner-Eremitenklosters in Wittenberg, in dem Luthers Wohnung war (nach einer Lithographie von Eduard Dietrich von 1826/29).

»Die vier Apostel« Albrecht Dürers spiegeln etwas wider von der befreienden Wirkung, die Luthers reformatorische Entdeckung für die Menschen gehabt hat. Das sind keine mittelalterlichen Heiligen mehr, sondern eigenwillige, selbständige Persönlichkeiten ohne Heiligenschein, dafür aber mit der Bibel in der Hand. Daß der Evangelist Johannes und der Apostel Paulus im Vordergrund stehen, mutet fast symbolisch an; denn die Briefe des Paulus und das Evangelium des Johannes sind – außer dem Psalter – für Luther die wichtigsten biblischen Schriften gewesen.

Links: Johannes und Petrus. – Rechts: Paulus und Markus: »Die vier Apostel«, Gemälde von Albrecht Dürer, 1526.

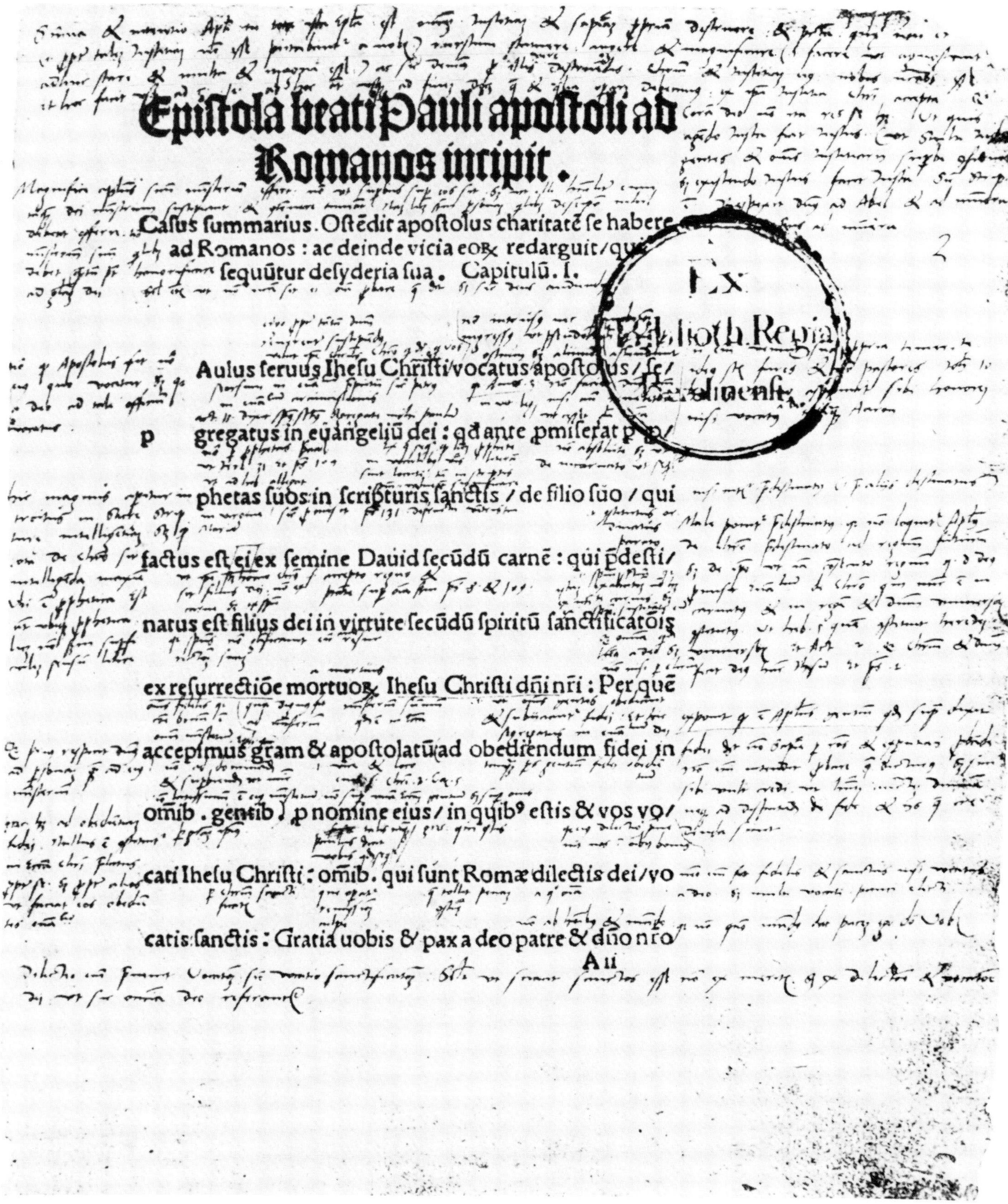
Epistola beati Pauli apostoli ad Romanos incipit.

Casus summarius. Ostēdit apostolus charitatē se habere ad Romanos: ac deinde vicia eoꝝ redarguit/qui sequūtur desyderia sua. Capitulū. I.

P
Aulus seruus Ihesu Christi/vocatus aposto lus/se
gregatus in euāgeliū dei: qd ante pmiserat p p
phetas suos in scripturis sanctis / de filio suo / qui
factus est ei ex semine David secūdū carnē: qui pdesti/
natus est filius dei in virtute secūdū spiritū sanctificatōis
ex resurrectiōe mortuoꝝ Ihesu Christi dñi nri: Per quē
accepimus grām & apostolatū ad obediendum fidei in
omib. gentib. p nomine eius / in quib9 estis & vos vo/
cati Ihesu Christi: omib. qui sunt Romæ dilectis dei/vo
catis sanctis: Gratia uobis & pax a deo patre & dño nro

A ii

Luther hat für seine ersten großen biblisch-exegetischen Vorlesungen in Wittenberg den Bibeltext jeweils mit weitem Zeilenabstand und breitem Seitenrand drucken lassen. In den Kollegs wurde damals vornehmlich diktiert. Dabei wurden kurze Worterklärungen zwischen die Zeilen und längere an den Rand geschrieben (»Interlinear- und Marginalglossen«). Danach trug der Dozent die zusammenhängende Textauslegung, die sog. »Scholien«, vor. Luther hat sich an dieses traditionelle Verfahren bis zur Hebräerbriefvorlesung gehalten; danach hat er in seinen Vorlesungen den Bibeltext fortlaufend ausgelegt.

Eine Seite aus Luthers Römerbrief-Vorlesung.

III.
Bruch mit Rom

Am 8. Mai 1517 schreibt Martin Luther an seinen Freund Johann Lang, Prior des Augustiner-Eremitenklosters in Erfurt: »Unsere Theologie und St. Augustin machen günstige Fortschritte und herrschen in unserer Universität dank Gottes Walten. Aristoteles befindet sich allmählich im Abstieg und neigt sich seinem nahe bevorstehenden endgültigen Untergang zu. In erstaunlichem Maße werden die Sentenzenvorlesungen verschmäht, und niemand kann sich Hörer erhoffen, der sich nicht zu dieser Theologie, das heißt zur Bibel, zu St. Augustin oder zu einem anderen anerkannten Kirchenlehrer bekennt.«

Das »heilige Geschäft«

Dieser Brief spiegelt etwas von der Stimmung wider, in der sich Martin Luther nach seinem Durchbruch zur reformatorischen Erkenntnis befand. So schreibt ein Theologieprofessor, der sich nach langen Jahren schweren, fast verzweifelten Suchens und Forschens seiner selbst bewußt zu werden beginnt und erlebt, wie er, zusammen mit anderen Kollegen, an seiner Universität Schule macht. Er tritt allmählich auch aus sich selbst heraus, hält am 31. Oktober 1516 eine Predigt, in der er den Ablaß öffentlich kritisiert, und schickt Anfang September 1517 95 scharfe Thesen gegen die scholastische Theologie hinaus, auf die er freilich von auswärts kein Echo erhält. Dies alles bleibt jedoch noch innerhalb der Mauern des Klosters beziehungsweise der Universität. Immerhin ist es – in Verbindung mit dem Humanismus und seiner Wiederentdeckung der alten Sprachen – der Anfang einer *Studien- und Universitätsreform,* die zu einer wichtigen Kraftquelle und bleibenden Schubkraft der Reformation werden sollte.

An seinen alten Lehrer Jodokus Trutfetter in Erfurt schreibt Luther ein Jahr darauf: »Ich bin schlechterdings der Überzeugung, daß die Kirche unmöglich zu reformieren ist, wenn nicht von Grund auf die Kanones, die Dekretalen, die scholastische Theologie, die Philosophie, die Logik, so wie sie jetzt betrieben werden, mit der Wurzel ausgerissen und andere Fächer unterrichtet werden. Und in dieser Überzeugung gehe ich so weit, täglich den Herrn zu bitten, es möchte doch sofort geschehen, daß das völlig gereinigte Studium der Bibel und der heiligen Väter wiederhergestellt werde.« Zum erstenmal unterschreibt Luther sich in diesen Tagen auch nach humanistischer Manier »Martinus Eleutherius« – der Freie!

Man kann sich fragen, ob Luthers reformatorische theologische Entdeckung nur eine Angelegenheit der akademischen Theologie geblieben wäre, wenn er sich nicht durch den *Ablaßhandel* herausgefordert gefühlt hätte. Wahrscheinlich aber wäre es dann durch einen anderen Anlaß geschehen. Der religiöse und theologische Antrieb, den Luther durch sein Bibelstudium empfangen hatte, war viel zu stark, als daß er sich auf die Dauer hätte bremsen lassen. Den Grund der Reformation bildet Luthers theologischer Impuls und Charakter mit seinen Stärken und Schwächen; ihre Ursachen liegen in der geschichtlichen Situation mit ihren vielseitigen Bedingungen und den daraus entspringenden Ängsten und Erwartungen; der Ablaßhandel aber gab den äußeren Anstoß, der dann freilich wiederum bis auf den Grund führen sollte. Luther selbst hat den Ablaßstreit immer wieder als den »ersten, rechten, gründlichen Anfang des lutherischen Lärmens« bezeichnet: »Da gings an.«

Dogmatisch noch ungeklärt, spielte der Ablaß in der kirchlichen Praxis eine große Rolle. Das Volk verlangte nach dem ewigen Heil, die Kurie brauchte ewig Geld – und so kam man miteinander ins Geschäft, das vom Volk dann freilich auch wieder als Geldgier der Kirche angeprangert wurde. Daß Luther durch die eher harmlose Frage des Ablasses so betroffen war, lag in seinem kaum erst ausgestandenen Konflikt begründet. In jahrelangem ernsten Ringen war er schließlich zu der Erkenntnis durchgedrungen, daß die Gnade Gottes zwar umsonst, aber nicht billig sei – umsonst, weil allein von Gott geschenkt und durch keinerlei menschliche Leistungen zu erwerben; nicht billig, weil gerade diese Einsicht den Gläubigen zur Reue leitet und ihn in die Tiefe führt. Und nun mußte Luther erleben, daß die Kirche in ihrer Praxis eben das, worum er selbst so schwer gelitten und gerungen hatte, zu einem leichten Handel machte: Die Gnade Gottes wurde billig, aber sie war nicht umsonst! Diese innere Spannung mußte zum äußeren Aufeinanderprall führen.

»Ablaß« gab es in der Kirche schon lange, bereits seit einem halben Jahrtausend. Im Laufe der Zeit hatte er einen verzwickten Entwicklungsprozeß durchlaufen, insgesamt jedoch mit der eindeutigen Tendenz zu einem immer leichteren Erwerb der Gnade. Zu Luthers Zeit sah das »heilige Geschäft«, wie die Kirche selbst den Ablaßhandel nannte, ungefähr so aus: Vergebung seiner Sünden und damit Erlösung von den ewigen Höllenstrafen empfängt der Gläubige in der Beichte auf Grund seiner Reue durch die Absolution des Priesters – der Ablaß gewährt hingegen nur Erlaß der zeitlich begrenzten Strafen, das heißt der Kirchen- und Fegefeuerstrafen, der Fegefeuerstrafen auch der schon Gestorbenen. Aber was heißt hier »nur«, wenn im Bußsakrament der Erlaß von Schuld und Strafe so eng miteinander verkoppelt war? Begründet wurde die Kraft der Ablässe mit der Vollmacht des Papstes. Dieser konnte aus dem von ihm verwalteten unerschöpflichen Schatz der überschüssigen Verdienste Christi und der Heiligen kraft seiner Schlüsselgewalt, seines Rechtes, Sünden zu binden und zu lö-

sen, Ablaß gegen entsprechende Leistungen austeilen, wobei die Leistungen immer mehr in der Ablösung von Bußübungen durch Geldzahlungen bestanden.
Den Höhepunkt dieses unheiligen »heiligen Geschäftes« bildete der Ablaßhandel, mit dem Luther es 1517 zu tun bekam. Für uns Heutige, auch für katholische Christen, ist er in seinen ökonomisch-politischen Hintergründen ebenso schwer durchschaubar wie in seinen religiösen Entartungen schier unverständlich. Offiziell ausgeschrieben worden war der Ablaß, der Luther zum Widerspruch herausforderte, 1515 von Papst Leo X. für den Neubau der Peterskirche in Rom. An seinem Verkauf hatte der Papst Erzbischof Albrecht von Mainz prozentual beteiligt, damit dieser seine Schulden beim Bankhaus der Fugger zurückzahlen konnte, die er hatte machen müssen, um seine Zahlungen an den Papst für die Erlangung des Erzbistums Mainz leisten zu können. Bei diesem »Petersablaß« handelte es sich um einen »Plenarablaß«, in seinen Instruktionen so exklusiv formuliert und mit Gnaden so reich ausgestattet wie noch keiner zuvor. Der volkstümliche Vers: »Sobald das Geld im Kasten klingt, die Seele aus dem Fegfeuer springt« war zwar kurzgeschlossen, aber im Gehalt kaum übertrieben. Kurfürst Friedrich der Weise von Sachsen jedoch hatte den Vertrieb dieses Ablasses in seinem Lande nicht zugelassen, weil er keine Konkurrenz duldete, schon gar nicht durch den Hohenzollern Albrecht von Mainz, dessen Reliquienschatz in Halle zudem noch weit kostbarer und einträglicher war als seine eigene Sammlung in Wittenberg. Deshalb mußten die kursächsischen Untertanen über die Grenze ins nahe Jüterbog oder Zerbst laufen, wo der Ablaßprediger Tetzel wirkte, um dort den Ablaß zu erwerben.
Und nun stelle man sich vor, wie Luthers Beichtkinder nach Wittenberg zurückkehrten und ihm ihre Ablaßzettel präsentierten! Schärfer konnten kirchliche Geldgier und fromme Leichtgläubigkeit auf der einen Seite und religiöser Ernst sowie theologische Überzeugung auf der anderen kaum aufeinandertreffen. Aus dieser Konfrontation sind Luthers 95 Thesen entstanden. Sie sind ein Erzeugnis konkret wahrgenommener theologisch-seelsorglicher Verantwortung.

Die 95 Thesen
Mit Luthers *Thesenanschlag* an der Schloßkirche zu Wittenberg am 31. Oktober 1517 pflegt man von alters her den Beginn der Reformation zu datieren. Das Datum und der Anschlag selbst sind freilich neuerdings umstritten. Möglich ist, daß Luther seine Thesen zunächst nur an den Erzbischof Albrecht von Mainz und noch an einige andere Bischöfe geschickt und sie erst später oder vielleicht auch gar nicht öffentlich angeschlagen hat. Im ersten Fall trüge die kirchliche Hierarchie, im zweiten Falle Luther selbst die größere Verantwortung am Ausbruch des Streites. Aber ob Luther seine 95 Thesen nun öffentlich angeschlagen oder sie nur brieflich versandt hat und wann er das eine oder das andere getan hat – entscheidend für den Beginn der Reformation bleibt ohnehin die unerwartet rasche Verbreitung der Thesen durch den Druck.
Wer Luthers *95 Thesen* im Rückblick liest, ist erstaunt, wieviel verborgenen Sprengstoff sie bereits enthalten. Es klingen in ihnen fast alle Fragen an, die später ausgefochten werden sollten. Die 95 Thesen sind gewissermaßen eine Reformation in nuce, wenn auch gewiß noch kein Reformprogramm, so doch ein Angriff über den gegebenen Anlaß, den Ablaßhandel, hinaus.
Sogleich in den ersten beiden Thesen wird, unter Berufung auf das Neue Testament, das kirchliche Bußsakrament und mit ihm das priesterlich-sakramentale System abgewertet: »Unser Herr und Meister Jesus Christus hat, wenn er spricht: ›Tut Buße‹, gewollt, daß das ganze Leben der Gläubigen eine Buße sei. Dieses Wort kann nicht von der Buße als Sakrament, die durch das Amt des Priesters ausgeübt wird, verstanden werden.«
Mit der Kritik am Ablaß wird, verborgen oder auch schon ausgesprochen, der Jurisdiktionsprimat des Papstes angegriffen: Der Papst will und kann keine anderen Strafen erlassen als die, die er selbst, nach eigenem oder kanonischem Recht, auferlegt hat. Er kann Schuld nur erlassen, indem er nachträglich erklärt und bestätigt, daß sie von Gott erlassen sei. Wenn aber der Papst nur von ihm auferlegte Kirchenstrafen erlassen kann, so ist seine Gewalt über die Fegefeuerstrafen fragwürdig, jedenfalls nicht größer als die jedes Bischofs und Pfarrers in seiner Diözese oder Parochie. Darum täte der Papst gut daran, wenn er nicht durch die Schlüsselgewalt, die er für das Fegefeuer ohnehin nicht besitzt, sondern durch seine Fürbitte den Seelen Nachlaß erwirkte.
Diese Kritik an der Vollmacht des Papstes zielt bereits in Richtung auf das Priestertum aller Gläubigen, auf deren religiöse Mündigkeit, und auf die Kirche als einer geistlichen Gemeinschaft: Jeder Christ, der wahre Reue empfindet, hat volle Vergebung von Strafe und Schuld, und jeder wahre Christ, ob lebendig oder tot, hat teil an allen Gütern Christi und der Kirche, auch ohne Papst und Ablaßbriefe, allein von Gott gegeben. Dem entspricht es, daß der im Alltag praktizierten selbstverständlichen Barmherzigkeit der Vorrang zukommt vor der besonderen frommen Leistung, also auch vor dem Ablaß: »Wer dem Armen gibt oder dem Bedürftigen leiht, tut besser, als wenn er Ablaß löst.« Und umgekehrt: »Wer einen Bedürftigen sieht und ihn mißachtet und sein Geld für Ablässe ausgibt, der erwirbt sich damit nicht den Ablaß des Papstes, sondern die Ungnade Gottes.« Und schließlich ganz praktisch-nüchtern: »Wer keinen großen Überfluß an Gütern hat, ist verpflichtet, das Notwendige für sein Haus zurückzubehalten, statt es für Ablässe zu verschwenden.«
Auch der »nationale« Aspekt fehlt in Luthers 95 Thesen nicht, jene Kritik am römischen Fiskalismus, die alle Schichten und Stände des deutschen Volkes so mächtig erregte und auf keinem Reichstag unter den »Beschwerden« fehlte: »Warum befreit der Papst nicht aus dem

Fegefeuer allein um der heiligsten Liebe und der höchsten Not der Seelen willen statt um des unseligen Geldes willen, zum Bau der Peterskirche?« – »Warum baut der Papst, dessen Vermögen heute größer ist als das des reichsten Crassus, nicht wenigstens die eine Kirche des heiligen Petrus lieber von seinem eigenen Geld als von dem der armen Gläubigen?« – Solche spitzen Argumente der Laien mit bloßer Gewalt zu unterdrücken statt Rede und Antwort zu stehen und sie zu widerlegen heißt, die Kirche und den Papst dem Gelächter der Feinde preisgeben und die Christen unglücklich machen.«
Schwerer als alle diese Beschwerden bleibt für Luther der geistliche Schaden, den der Ablaß anrichtet: Er gefährdet das ewige Heil der Menschen. Denn wer sich auf den Ablaß verläßt, baut nicht nur auf seine eigene Leistung, er sucht überdies auch so billig wie möglich davonzukommen – »Wahre Reue sucht und liebt die Strafen; die Freigebigkeit der Ablässe aber erleichtert die Strafen und läßt sie möglicherweise sogar hassen.« Das nenne ich angewandte Rechtfertigungslehre, praktizierte Kreuzestheologie! Es entspricht genau dem, was Luther selbst, am eigenen Leibe, in seinem Ringen um den gnädigen Gott erfahren hat. Darum lassen sich alle 95 Thesen zuletzt in der einen zusammenfassen: »Der wahre Schatz der Kirche ist das hochheilige Evangelium der Ehre und Gnade Gottes.«
Luther schickte seine Ablaßthesen zusammen mit einem Brief an den Erzbischof Albrecht von Mainz. Es ist der erste einer ganzen Reihe ähnlicher Briefe an kirchliche und weltliche Obere, die Luther in seinem Leben geschrieben hat. Sie sind alle auf den gleichen Ton gestimmt: Ehrerbietung, ja fast mönchische Unterwürfigkeit verbunden mit strenger Sachlichkeit und seelsorgerlicher Verantwortung und nicht ohne geschickte Beweisführung und ein hohes Selbstbewußtsein. Luther erinnert den Erzbischof an die Verantwortung, die sein Amt ihm für die ihm anvertrauten Seelen auferlege: dem Volke, wie Christus es geboten hat, das Evangelium und die Liebe Christi zu predigen statt den Ablaßlärm zu verbreiten und so die Seelen zum Tode zu unterweisen. Darum fordert er ihn fast ultimativ auf, Abhilfe zu schaffen und – mit Rücksicht auf die Stimmung im Volk und um seines eigenen Ansehens willen – die schädlichen Ablaßinstruktionen zu unterdrücken und den Predigern eine andere Predigtweise zu empfehlen.
Von Albrecht erhielt Luther keine Antwort, und es meldete sich auch niemand zur Disputation. Aber während die von ihm angeredeten offiziellen Stellen schwiegen, erreichte sein Wort das Volk. Hier zeigt sich zum erstenmal, welche Bedeutung Buchdruck und Buchhandel für die Verbreitung der Reformation hatten. Durch sie entstand eine »öffentliche Meinung«, zumal es damals noch keine Autoren- und Verlagsrechte gab und die Drucker drucken konnten, was ihnen unter die Presse kam. Übrigens hat Luther, anders als etwa Erasmus, für seine Schriften nie ein Honorar gefordert oder erhalten, höchstens ab und an ein freundliches Geschenk.
Einmal gedruckt, liefen die 95 Thesen »in vierzehn Tagen« durch ganz Deutschland, »als wären die Engel selbst Botenläufer und trügen's vor aller Menschen Augen«. Hier hatte ein Mönch endlich gewagt, offen und klar auszusprechen, was man selbst nur dumpf empfand oder unbestimmt hoffte. Aber Luther selbst war über das Echo keineswegs nur glücklich: »Das Lied wollte meiner Stimme zu hoch werden.«

Reformatorischer »Sturm und Drang«

Ob Luther wollte oder nicht, unaufhaltsam kam jetzt die öffentliche Auseinandersetzung über seine Ablaßthesen in Gang und gleichzeitig damit seine eigene reformatorisch immer weiter vorstoßende theologische Selbstentfaltung und mit beidem wiederum unauflöslich verquickt die kirchenrechtliche und kirchenpolitische Behandlung der »Lutherschen Sache«. Insgesamt dauerte der Prozeß Roms gegen Luther drei Jahre: von den ersten Anzeigen bei der römischen Kurie im Januar 1518 bis zur Inkraftsetzung der Bannbulle im Januar 1521 und damit der endgültigen Ausstoßung Luthers aus der Kirche. Es lohnt nicht, den verzwickten Prozeßverlauf mit seinen Zwischenfällen und Unterbrechungen im einzelnen zu beschreiben; es genügt, zunächst die leitenden Gesichtspunkte herauszustellen und sodann die wichtigsten Stationen zu markieren.
Für das Verständnis des Bruches zwischen Luther und der Kirche, für seine allmähliche Entstehung und seinen sich beschleunigenden und schließlich unaufhaltsamen Fortgang, scheinen mir vor allem vier Gesichtspunkte bedeutsam zu sein.
Da ist *zuerst* die *theologische Unklarheit* und Uninteressiertheit derer, die in den entscheidenden Jahren in der Kirche die Verantwortung trugen, an der Spitze der Papst und die römische Kurie. Der eigene Mangel an religiösem Ernst verstellte den Blick für den Kernpunkt des Streites. Man verstand den seltsam frommen Tiefsinn des deutschen Mönches und seiner Landsleute nicht. Obwohl von Anfang an auch die Vollmacht des päpstlichen Primates in Frage stand, verkannte man in Rom die Gefahr, die der Kirche hier drohte. Und als man sie erkannte, da war die Sorge um die eigene Macht und Stärke größer als der Eifer für die Ehre Gottes und die Verantwortung für das Heil der anvertrauten Seelen.
Vielleicht ist Luthers Vorgehen in diesen Jahren durch nichts so gerechtfertigt wie durch den religiösen Unernst und die theologische Flüchtigkeit, mit denen die römische Kurie und die ihr nachgeordneten kirchlichen Instanzen in Deutschland die von Luther gestellten Glaubensfragen behandelten. Luther hatte schon recht, wenn er 1535 gegenüber dem päpstlichen Nuntius Vergerio bei dessen Besuch in Wittenberg selbstbewußt äußerte: »Wir brauchen kein Konzil, aber eure armen Leute brauchen es; denn ihr wisset nicht, was ihr glaubet.«
Dennoch bleibt zu fragen, ob durch eine religiös ernstere, theologisch sensiblere und seelsorgerlich klügere Behandlung der Anfrage Luthers an die Kirche der

Bruch schließlich zu vermeiden gewesen wäre. Sicher aber wäre die Reformation dann anders verlaufen und Luthers persönliche Schuld an der Spaltung dann größer gewesen. Die Reaktion der römischen Kurie auf Luthers Angriff zeigt, welche gefährlichen Folgen die geistliche Auszehrung der Kirche – die Verlagerung des Christlichen aus dem Zentrum an die Peripherie – hatte.
Damit kommt der *zweite* Aspekt in Sicht, der mit dem ersten, der herrschenden theologischen Unbestimmtheit, eng zusammenhängt: Das ist der *Einfluß der Weltpolitik* auf den von der Kirche geführten Ketzerprozeß. Weil der Kirche die weltlich-politischen Belange wichtiger erschienen als ihre geistlich-religiöse Dimension, darum ließ sie Luther und seiner Sache für eine kurze Zeitlang fast freien Lauf. Was dieses Moratorium auslöste, waren die politischen Auseinandersetzungen um die deutsche Kaiserwahl im Jahre 1518/19. Es ging um die Nachfolge Maximilians I. Zwei Kandidaten kamen in Frage: König Karl von Spanien, Maximilians Enkel, also ein Habsburger, oder Franz I. von Frankreich. Der Papst stellte sich auf die Seite des französischen Königs, weil er im Falle einer Wahl des Habsburgers und Spaniers die politische und militärische Umklammerung des Kirchenstaates befürchtete. Dazu aber bedurfte er der Stimmen der deutschen Kurfürsten, vor allem des einflußreichsten – und das war Luthers Landesherr, Kurfürst Friedrich von Sachsen. Der aber stellte sich schützend vor seinen Wittenberger Professor, und so mußte der Papst aus politischer Rücksicht auf den Kurfürsten den Ketzer eine Zeitlang schonen. Die Folge war, daß die von Luther entfachte Bewegung Zeit gewinnen und sich einwurzeln konnte.
Hier geschah in einem entscheidenden Augenblick zum erstenmal, was sich dann noch ein paarmal wiederholen sollte: Weil die Kirche der Politik den Vorrang vor der Religion gab, wurden ausgerechnet die Päpste in Rom zwar unwillentlich, aber nicht schuldlos zu den vornehmsten Förderern der Reformation.
Dem Verhalten der römischen Kurie gegen Luther entsprach die antikuriale Stimmung, die in Deutschland herrschte – und dies ist der *dritte* Gesichtspunkt, der für das Verständnis des fortschreitenden Bruchs zwischen Luther und Rom von Bedeutung ist. Ohne Übertreibung kann man sagen, daß das christliche Bewußtsein damals allgemein von einem *antirömischen Affekt* bestimmt war. Darum konnte, wer immer am Papst in Rom Kritik übte, mit Zustimmung rechnen und des Zulaufs von allen Seiten gewiß sein. Dabei ließ sich keine klare Grenze zwischen der Kritik an den rechtlich-fiskalischen Auswüchsen des kurialen Systems und einer grundsätzlichen Opposition gegen den päpstlichen Jurisdiktionsprimat ziehen. Beide Strömungen kirchlicher Opposition und Kritik – die äußere, die sich gegen die Mißstände in der Kirche richtete und auf entsprechende Reformen drängte, und die innere, die fast unbekümmert um die kirchliche Institution vor allem nach persönlicher Aneignung des Heils verlangte, – begannen sich in jenen Jahren öffentlich miteinander zu vereinen und verliehen der Reformation ihre Stoßkraft.
Luther sprach aus, was »an der Zeit« war. Aber er sagte es nicht nur, weil es an der Zeit war, sondern weil sich ihm, freilich in ständiger Konfrontation mit der Zeit, die in seiner reformatorischen Grunderkenntnis verborgene Wahrheitsfülle immer mehr entbarg. Und dies ist der *vierte,* zugleich wichtigste Gesichtspunkt, der bei Luthers Bruch mit Rom bedacht sein will: sein eigener *reformatorischer »Sturm und Drang«.* Es war keineswegs so, wie Luther später behauptete, daß nur die Bosheit seiner Gegner ihn vorangetrieben hätte, von einer Position zur nächsten, in eine immer größere Radikalität hinein. Er selbst wird sich zunehmend des Ausmaßes der durch ihn in Gang gebrachten Auseinandersetzung bewußt. Was ihn vorantreibt, ist der Impuls seines Wahrheitsinteresses: Die Wahrheit hat es in sich, aus sich herauszugehen! Zwar fühlte Luther sich von seinen Gegnern angetrieben und vor allem von Gott fortgerissen, aber dieses Angetriebenwerden und Fortgerissensein hatte Methode. Mit logischer Konsequenz entfaltete sich für Luther seine zentrale reformatorische Entdeckung, und es ergibt sich für ihn Schritt für Schritt ein Thema nach dem anderen.
Dabei drängt Luther immer auf die Auseinandersetzung über theologische Inhalte, während Rom alles immer nur auf die formale Anerkennung des päpstlichen Lehramtes schiebt. Daß die römische Kirche die Bibel nicht als alleinige Lehrautorität anerkennt und deshalb keine verläßliche Antwort auf die Frage weiß, was dem Menschen im Leben und Sterben Gewißheit verleiht, ist für Luther der entscheidende Grund für seinen Bruch mit Rom gewesen. Dieser Bruch war nicht programmiert, aber er war konsequent und vollzog sich, wenn auch in Kehren, mit einem kaum aufzuhaltenden Gefälle.

Erster Schlagabtausch
Es begann mit der literarisch-theologischen Kontroverse über den Ablaß, und zwar zunächst, wie nicht anders zu erwarten, mit einem Schlagabtausch zwischen Luther und Tetzel. Als Tetzel Luthers 95 Thesen in die Hand bekam, höhnte er: »Der Ketzer soll mir in drei Wochen ins Feuer geworfen werden und (seine Asche) in einem Badehute gen Himmel fahren.« Er veröffentlichte Gegenthesen, die nicht er, sondern der Theologieprofessor Konrad Wimpina von der Universität Frankfurt an der Oder verfaßt hatte. Als die Sendung von einem Buchhändler nach Wittenberg gebracht wurde, bemächtigten sich Studenten ihrer und verbrannten sie.
Luther selbst antwortete mit dem deutschen »Sermon von Ablaß und Gnade«, in dem er noch einmal seine Ansichten knapp und verständlich für das Volk darlegte. So ging es zwischen den beiden Gegnern noch eine Weile mit Schrift und Gegenschrift hin und her, wobei Luther jetzt kräftiger zuzuschlagen begann und bald zu seinem polemischen Format fand: »Hier bin ich zu Wittenberg, Doctor Martinus Luther, Augustiner,

und ist etwa ein Ketzermeister, der sich Eisen zu fressen und Felsen zu zerreißen dünkt, den laß ich wissen, daß er sicheres Geleit, offene Tore, freie Herberge und Kost haben kann.« Darin kündet sich Luthers künftiger Stil an, in dem sich Ironie, Grobheit, Bildkraft und Sprachgewalt mischen.
Alsbald trat auch der Ingolstädter Theologieprofessor Johann Eck auf den Plan, der nicht nur einer der gröbsten, sondern auch der gefährlichsten Gegner Luthers werden sollte. Er trieb Luther von Anfang an taktisch geschickt mit zwei Argumenten gefährlich in die Enge. Einmal warf er ihm vor, daß er mit seinen 95 Thesen nicht nur den Ablaß, sondern die Autorität des Papstes und mit ihr das gesamte römische Kirchensystem getroffen habe, womit er recht hatte. Zum anderen bezichtigte er Luther der »böhmischen Ketzerei« und stellte ihn in eine Ecke mit Jan Hus, womit er unrecht hatte, Luther aber in gefährlicher Weise abstempelte. Darum hatte dieser guten Grund zu seiner späteren Äußerung über Eck: »Der hat mich munter gemacht.«
Während die Dominikaner für ihren Ordensgenossen Tetzel Partei ergriffen, hielten die Augustiner-Eremiten gleicherweise zu ihrem Ordensbruder Luther. Auf dem Generalkapitel des Ordens im April 1518 in Heidelberg wurde Luther der Vorsitz bei der üblichen öffentlichen Disputation übertragen, und auch die Thesen hatte er dafür zu verfassen gehabt. Diese handeln mit keinem Wort vom Ablaß, dafür aber um so mehr von den zentralen Themen christlicher Theologie, von der Sünde des Menschen und von Gottes Gnade, von Gesetz und Evangelium, von Offenbarung und Glaube. Negativ bilden die 28 *Heidelberger Thesen* die denkbar schärfste Polemik nicht nur gegen jede scholastische Theologie, sondern gegen jede irgendwie philosophisch gefärbte Theologie überhaupt; positiv enthalten sie eine pointierte Darlegung der Lutherschen Rechtfertigungslehre und identifizieren diese so herb und eindeutig wie nirgend sonst als »Theologie des Kreuzes«.
Die Heidelberger Disputation hinterließ bei den Zuhörern, zumal bei den jüngeren, einen nachhaltigen Eindruck. Unter ihnen befanden sich Johannes Brenz, Erhard Schnepf und Martin Butzer, die alle drei im Fortgang der Reformationsgeschichte eine Rolle spielen sollten. Es bildete sich in Deutschland zwar noch keine »Luther-Partei«, aber Luther begann über die Wittenberger Universität hinaus Schule zu machen.
Inzwischen aber waren längst Anzeigen gegen Luther an die Kurie in Rom gelangt. Erzbischof Albrecht von Mainz hatte die 95 Thesen den Juristen und Theologen der Mainzer Universität zur Begutachtung vorgelegt und sie auf deren Rat nach Rom weitergeleitet – auf diese Weise hielt er sich selbst aus der Sache heraus. Die Dominikaner aber hatten Luther in Rom wegen Verdachts der Ketzerei denunziert – und dies wog schon schwerer, denn in den Händen des Dominikanerordens lag immerhin die Inquisition. In Rom jedoch hielt man die Sache zunächst nur für eines der üblichen »Mönchsgezänke«. Deshalb beauftragte Papst Leo X. den General des Augustinerordens, Luther durch rechtschaffene Unterhändler zum Schweigen zu bringen und so das noch kaum entstandene Feuer zu löschen.
Luther selbst schickte, auf Anraten von Staupitz, nach seiner Rückkehr von der Disputation in Heidelberg die »Resolutiones« (Erläuterungen) zu seinen 95 Thesen an Papst Leo X. In ihnen hatte er – im Unterschied zu seinem volkstümlichen »Sermon von Ablaß und Gnade« – seinen Standpunkt in der Ablaßfrage noch einmal ausführlich akademisch-theologisch begründet und seine Thesen dabei nicht nur präzisiert, sondern zugleich noch verschärft. In seinem Widmungsbrief an den Papst schildert er diesem sein eigenes korrektes Verhalten im Gegensatz zu dem seiner Verleumder und unterwirft sich demütig dem päpstlichen Urteil. Er will die Stimme des Papstes als Stimme Christi hören und ist bereit zu sterben, wenn er den Tod verdient hat. Zuvor aber hat er in demselben Brief klipp und klar erklärt: »Widerrufen kann ich nicht.« Einerseits also entschlossene Ablehnung jedes Widerrufs, andererseits Bereitschaft zu ergebener Unterwerfung — dies ist ein offenbarer Widerspruch. Aber es ist nicht nur geschickte Taktik; darin spiegelt sich ehrlich Luthers innere Haltung. Noch respektiert er guten Glaubens die Autorität des Papstes und weiß sich selbst als ein gehorsamer Sohn der Kirche.
Gleichzeitig aber verschärft Luther die Situation, indem er nach seinem Angriff auf den Ablaß in einer Predigt nun auch noch den *Kirchenbann* angreift. Exkommunikation eines einzelnen und Interdikt über ein ganzes Gebiet bildeten eine wichtige Stütze kirchlicher Macht, von dieser oft mißbraucht zur Durchsetzung politischer und finanzieller Ansprüche und daher häufig Gegenstand der öffentlichen Klage und Kritik. Luther aber kritisiert nicht nur den Mißbrauch des Kirchenbanns, sondern stellt seine bindende Kraft überhaupt in Frage: Die Exkommunikation betrifft nur die Zugehörigkeit zur äußeren Gemeinschaft der Kirche, nicht aber die zur geistlichen Gemeinschaft der Gläubigen. Darum: »Wenn du ungerecht gebannt wirst, darfst du nicht nachgeben. Stirbst du darüber ohne Sakrament, verscharren sie dich in ungeweihter Erde, graben sie dich aus und werfen deinen Leib ins Wasser: wohl dir! Selig ist, wer in ungerechtem Banne stirbt, denn wer treu bleibt der Gerechtigkeit, wird die Krone des Lebens haben!« Aber auch hier erfolgt wieder die Einschränkung: Die Kirche bleibt trotz allem die »Mutter« – und: »Wenn die Mutter irrt in ihren Strafen, so sollen wir sie ehren, wie Christus Kaiphas, Hannas und Pilatus ehrte.« Trotzdem geht dies an die Substanz der Kirche. Denn kann man die Kirche gleichgültiger achten, als wenn man sie dem Hohen Rat gleichstellt, von dem einst Christus sich geduldig verhören und verurteilen lassen mußte?
Luthers Predigt über die Kraft oder – richtiger – Kraftlosigkeit des Kirchenbanns findet großen Widerhall, zumal sie entstellt verbreitet wird. Wie stets zeigt Luther sich über solche Verleumdungen empört; gleichzeitig

aber ist er sich sehr wohl bewußt, was seine Predigt anrichten wird, und er hat dies auch nicht gerade zimperlich zum Ausdruck gebracht: »Ich bin ganz wie Jeremias der Mann des Streites und der Zwietracht und erbittere die Pharisäer täglich mit neuen Lehren, wie sie's nennen. Ich habe neulich eine Predigt an das Volk gehalten von der Kraft des Kirchenbanns, worin ich beiläufig die Tyrannei und Unwissenheit der päpstlichen Beamten, dieses kläglichen Gesindels, abgehandelt habe. Alles staunt: so etwas haben sie noch nicht gehört. Ich hab ein neues Feuer angezündet. Jetzt warten wir darauf, was für Unglück mir aus dieser Sache wieder blüht.«

Verhör durch Cajetan in Augsburg: der Einzelne und die Kirche

In Rom kam jetzt der *Prozeß gegen Luther* in Gang. Papst Leo X. forderte von seinem »Palasttheologen« Silvester Prierias, der wie üblich ein Dominikaner war, ein theologisches Gutachten über Luthers Ablaßthesen an. Dieses fiel indes so dürftig aus, daß selbst der theologisch ungebildete Papst es merkte, Luther es aber, als er es in die Hand bekam, durch einen Nachdruck dem öffentlichen Spott preisgab. Prierias hatte sich die Arbeit leicht gemacht. Er berief sich einfach auf die im unfehlbaren Lehramt des Papstes repräsentierte Irrtumslosigkeit der Kirche: Folglich war, wer einen vom Papst oder der Kirche ausgeschriebenen Ablaß kritisierte, ein Ketzer – obwohl die Ablaßlehre der Kirche noch gar nicht dogmatisiert und die theologische Diskussion über sie daher noch offen war. Dennoch wurde im Juni 1518 gegen Luther der Prozeß wegen Verdachts der Ketzerei eröffnet. Er wurde aufgefordert, binnen 60 Tagen in Rom zu erscheinen und sich dort zu verantworten.

Nach Erhalt der Vorladung wandte Luther sich, seiner bedrohlichen Lage sehr wohl bewußt, auf Anraten seiner juristischen Freunde an seinen Landesherrn, Kurfürst Friedrich den Weisen von Sachsen, und bat ihn, sich dafür einzusetzen, daß seine Vernehmung auf deutschem Boden stattfinden möchte; und der Kurfürst erklärte sich auch dazu bereit. Inzwischen jedoch hatte man in Rom auf eine schärfere Gangart geschaltet und Luther jetzt nicht mehr nur der Ketzerei verdächtigt, sondern ihn in einem summarischen Verfahren zum »notorischen Ketzer« erklärt. Der auf dem Reichstag in Augsburg weilende Kardinallegat Cajetan wurde angewiesen, Luther unverzüglich zu verhaften und nach Rom bringen zu lassen. Gleichzeitig erging an den Kurfürsten das Ersuchen, den »Sohn der Bosheit« auszuliefern, und an den Vorsteher des Augustinerordens, sich des Ketzers zu bemächtigen und ihn an Händen und Füßen gefesselt gefangenzuhalten. Damit schien Luthers Sache besiegelt zu sein.

Eben in diesem Augenblick trat durch die anstehende Frage der Kaiserwahl eine neue weltpolitische Konstellation ein. Da der Papst die von Maximilian angestrebte Wahl seines Enkels Karl von Spanien auf jeden Fall verhindern wollte und auch Kurfürst Friedrich der Weise keine weitere Ausdehnung der habsburgischen Macht in Europa wünschen konnte, entstand zwischen beiden eine politische Bundesgenossenschaft. Friedrich nutzte die Gunst der Stunde und setzte Luthers Ersuchen durch, ihn vor einem unparteiischen Gericht in Deutschland vernehmen zu lassen. Der Prozeß gegen Luther wurde unterbrochen und Cajetan angewiesen, Luther in Augsburg mit »väterlicher Milde« zu verhören.

Der Weg zum *Verhör vor Cajetan* in Augsburg war vielleicht Luthers schwerster Gang, weit schwerer als später sein »Triumphzug« zum Reichstag in Worms. Da war er schon fast hindurch, während ihm jetzt noch alles bevorstand, vielleicht sogar Kerker und Tod: »Immer mußte ich denken: Nun muß ich sterben! . . . Ach, welch eine Schande werde ich meinen lieben Eltern sein! So ängstigte mich das Fleisch.« Überall, wohin er kam, warnte man Luther vor dem Scheiterhaufen und riet ihm umzukehren. Und wie immer, wenn ihn die Schwermut überfiel, ging es ihm auch gesundheitlich nicht gut. Aber in all seiner Angst blieb er fest und schrieb noch von unterwegs an seine Wittenberger Freunde: »Auch in Augsburg, auch inmitten seiner Feinde herrscht Christus! Es lebe Christus und es sterbe Martinus und jeder Sünder, wie geschrieben steht.«

Fast zwei Wochen dauerte Luthers Aufenthalt in Augsburg. Seine Begegnung mit Cajetan fand an drei aufeinanderfolgenden Tagen, vom 12. bis 14. Oktober 1518, im Palais der Fugger statt. Immer wieder geriet das Verhör zu einem akademischen Disput zwischen dem päpstlichen Legaten und dem notorischen Ketzer, worauf der Legat dem Ketzer jedesmal alsbald wieder »mit dem Donner der Majestät« entgegentrat und zu seiner Richterrolle zurückfand.

Viele Themen wurden angeschnitten, nicht nur die Ablaßfrage, teilweise sprang man auch von einem Punkt zum andern – aber durch das ganze dreitägige Verhör zog sich als Grundlinie der Streit um die Autorität des Papstes und das Wesen der Kirche. Hier stand Überzeugung gegen Überzeugung: Cajetan berief sich auf den Papst und die Dekretalen, Luther auf die Bibel und die Kirchenväter; Cajetan verwies auf den objektiven Heilscharakter der Sakramente, Luther auf die persönliche Aneignung des Heils durch den Glauben; Cajetan sprach vom Schatz, den die Kirche verwalte, Luther von den Verdiensten, die Christus erworben habe. Alles in allem vertrat Cajetan den objektiven Charakter der Kirche als rechtlich-sakramentaler Heilsanstalt, gründend und gipfelnd in der unfehlbaren Lehrautorität des Papstes, Luther dagegen die Bindung des einzelnen gläubigen Gewissens allein an die Heilige Schrift als die einzige Autorität und Quelle christlicher Wahrheit. Als Cajetan daran erinnerte, daß die Bibel aber der Auslegung bedürfe und daß eben der Papst ihr Ausleger sei und deshalb sowohl über der Schrift als auch über dem Konzil stehe, da widersprach Luther schroff: »Seine Heiligkeit mißbraucht die Schrift, und ich leugne, daß er über der Schrift ist.«

Hier war keine Verständigung mehr möglich. Darum drängte Cajetan Luther zum Ende hin immer zorniger zum Widerruf und drohte ihm dabei mit seiner Vollmacht, ihn zu bannen. Schließlich warf er ihn beinahe hinaus: »Geh und laß dich nicht mehr bei mir sehen, es sei denn zum Widerruf!« Der deutsche Mönch erschien dem italienischen Kirchenfürsten fast unheimlich; er soll über ihn geäußert haben: »Mit der Bestie will ich nicht mehr reden. Er hat tiefliegende Augen im Kopf und wunderliche Gedanken.«

Aber nicht an der gegenseitigen persönlichen Antipathie ist die Begegnung zwischen Luther und Cajetan gescheitert. Wahrscheinlich wollte keiner von beiden den Bruch und strebten beide ehrlich eine Verständigung an. Aber die Kluft zwischen den beiden Kontrahenten war zu groß, nicht nur der Unterschied zwischen den Charakteren, sondern der Gegensatz in der Sache. Rückblickend wird man urteilen müssen, daß sich bereits 1518 in Augsburg die künftige Spaltung abzeichnete, die – trotz aller wohl- oder übelgemeinten Versuche, sie doch noch aufzuhalten – bis auf den heutigen Tag andauert.

Nachdem Cajetan Luther entlassen hatte, versuchte er ihn noch einmal mit Hilfe von Staupitz zum Widerruf zu bewegen. Aber das traute sich dieser nicht zu. Statt dessen entband er Luther von seiner Gehorsamspflicht gegen den Orden, damit dieser frei handeln konnte, und verließ dann die Stadt. Luther selbst wartete noch eine Woche und verfaßte während dieser Zeit eine notariell beglaubigte Appellation »von dem schlecht unterrichteten an den besser zu unterrichtenden Papst«. Darin lehnte er seine vorgesehenen römischen Richter als parteiisch ab und beantragte ein neues Verfahren an einem sichereren Ort, als Rom es selbst für den Papst sei, der gerade einem Mordanschlag entkommen war. Sodann sandte er auch noch einen Brief an Cajetan, in dem er sich wegen seines heftigen Auftretens entschuldigte und anbot, über die Ablaßfrage künftig zu schweigen, wenn dies auch seine Gegner täten; dazu versicherte er noch einmal, zum Widerruf bereit zu sein, sofern sein Gewissen ihm dies erlaube. Nachdem er sich nochmals brieflich von Cajetan verabschiedet hatte, floh er nachts heimlich mit Hilfe von Freunden durch eine Pforte in der Mauer aus der Stadt.

Disputation mit Eck in Leipzig: mit der Bibel gegen Papst und Konzilien

Am 31. Oktober, auf den Tag genau ein Jahr nach dem Thesenanschlag, ist Martin Luther wieder in Wittenberg. Was war in diesem einen Jahr alles geschehen! Luther freilich dünkte es erst einen Anfang: »Schon will meine Feder weit Größeres gebären. Ich weiß nicht, woher mir diese Gedanken kommen; aber dieser Handel hat, dachte ich, noch nicht einmal seinen Anfang genommen; so viel fehlt daran, daß er zu Ende wäre, wie die großen Hansen zu Rom hoffen.«

Als erstes veröffentlichte Luther nach seiner Rückkehr einen Bericht über das Verhör in Augsburg. Dann appellierte er an den Papst für ein allgemeines Konzil – er griff damit ein beliebtes Druckmittel auf den Papst und die Kurie auf, das im Lauf der Reformationsgeschichte noch mehrmals als ein mögliches Mittel zur Schlichtung des Konflikts angewandt werden sollte, am Ende jedoch die Kirchenspaltung gerade besiegelt hat. Zum erstenmal kommt Luther in diesen Wochen auch der Gedanke, daß in Rom der von Paulus geweissagte Antichrist regiere, der gegen Ende der Zeiten die wahre christliche Lehre unterdrücken solle.

Nach der Verweigerung des Widerrufs in Augsburg mußte Luther jetzt täglich mit dem Bann rechnen, und tatsächlich forderte Cajetan den Kurfürsten auf, Luther auszuliefern oder ihn des Landes zu verweisen. Um seinen Landesherrn nicht in Verlegenheit zu bringen, bot Luther ihm an, Kursachsen zu verlassen. Er gedachte, wie weiland Abraham, irgendwohin in die Fremde zu gehen – »denn Gott ist überall« –, vielleicht nach Paris. Schon wollte er nach einem Abendessen mit ein paar Freunden aufbrechen, da erreichte ihn vom Kurfürsten die Weisung, im Lande zu bleiben.

Aus Rom war der päpstliche Kammerjunker *Karl von Miltitz* als Nuntius in Deutschland eingetroffen, um dem Kurfürsten die Goldene Rose, die höchste päpstliche Auszeichnung für besondere Tugend und Verdienste um die Kurie, zu überbringen und gleichzeitig Luthers Auslieferung zu betreiben. Miltitz aber agierte auf eigene Faust und bildete sich ein, den Kirchenstreit auf seine Weise schlichten und sich selbst dadurch zu Rang und Ehren bringen zu können. Durch Vermittlung des Kurfürsten erreichte er auch tatsächlich ein Gespräch mit Luther in Altenburg am 4. und 5. Januar 1519. Dabei wurde eine Art Stillhalteabkommen geschlossen: Luther wollte schweigen, wenn auch seine Gegner schwiegen, und dies selbst öffentlich bekanntgeben.

Nach dem Tode Maximilians I. am 12. Januar 1519 drängte sich die Frage der *Kaiserwahl* und damit die Politik vollends in den Vordergrund. Daraus ergab sich ein weiteres Nachgeben des Papstes gegenüber dem sächsischen Kurfürsten in der Sache Luthers. Dies ging sogar so weit, daß Miltitz mit dem Kardinalshut für einen »Freund« in der Umgebung des Kurfürsten winkte, womit nur Luther gemeint sein konnte. Selbst nachdem Karl von Spanien am 28. Juni 1519 entgegen dem Wunsch des Papstes einstimmig zum deutschen König und künftigen römischen Kaiser gewählt worden war, wurde der Prozeß gegen Luther in Rom zunächst nur lässig weiterbetrieben. Der sächsische Kurfürst aber versuchte weiterhin durch seine kluge Hinhaltetaktik, die endgültige Entscheidung in der Religionsfrage so weit wie möglich hinauszuschieben. Auf diese Weise ergaben sich für Luther fast zwei Jahre einer verhältnismäßigen äußeren Ruhe, die für ihn zu der Zeit seines vielleicht reichsten geistigen Schaffens wurden.

Es waren freilich keine stillen Jahre in der Studierstube. Luther hat sich zwar zunächst an das zugesagte Stillhalteabkommen gehalten, ließ sich dann aber doch bald – angeblich nach Gottes Willen, gegen seinen eigenen – wieder in den öffentlichen Streit hineinziehen: »Ich möchte gern stille sein und werde mitten in den Lärm gerissen. Gott führt mich nicht, er reißt und jagt mich. Ich bin meiner selbst nicht mächtig.«

Den Anlaß gab sein Gegner Johann Eck. Dieser wollte mit Luthers Kollegen Karlstadt in Leipzig über den freien Willen disputieren, hatte seine Thesen jedoch so formuliert, daß sie sich ganz offensichtlich gegen Luther richteten: »Er wollte nur mit mir zu schaffen haben.« Darum konnte Luther kaum schweigen. Er kündigte seinem Kurfürsten das Abkommen mit Miltitz auf und bewarb sich um Zulassung zur Leipziger Disputation, die ihm, dem notorischen Ketzer, durch Vermittlung Ecks und auf Weisung Herzog Georgs von Sachsen auch schließlich gewährt wurde.

Schon von Anfang an hatte die Frage der Papstgewalt in die Auseinandersetzung über den Ablaß hineingespielt; jetzt rückte das Problem des päpstlichen Primats direkt ins Zentrum. Für Luther ging es um die Frage, wer der Herr der Kirche sei: entweder Christus und mit ihm die Heilige Schrift oder der Papst und mit ihm die kirchlichen Dekretalen. Deshalb bereitete er sich auch besonders gründlich, sowohl biblisch-exegetisch als auch kirchenhistorisch und kirchenrechtlich, auf die Disputation vor. Er veröffentlichte 13 Gegenthesen, deren letzte das Resultat bereits vorwegnahm: »Daß die römische Kirche über allen anderen stehe, wird bewiesen aus den frostigen päpstlichen Dekreten, die erst in den letzten 400 Jahren aufgekommen sind. Gegen sie spricht die beglaubigte Geschichte von 1100 Jahren, der Text der Heiligen Schrift und das Dekret des Konzils von Nicäa, des heiligsten von allen.« Das bedeutet im Klartext nichts anderes, als daß die Oberherrschaft des Papstes über die Kirche erst 400 Jahre alt ist, daß sie sich also nicht aus der Bibel begründen läßt, sondern sich letztlich selbst, aus eigenem menschlichen Machtanspruch, gesetzt hat.

Luthers Freunde waren über diese These verständlicherweise betroffen. Er selbst aber flüsterte Spalatin brieflich ins Ohr, was er schon früher befürchtet hatte: »Ich weiß nicht, ob der Papst der Antichrist selbst oder nur sein Apostel ist – so elend wird Christus, das heißt die Wahrheit, von ihm in den Dekreten verfälscht und gekreuzigt.«

Die *Leipziger Disputation* fand vom 27. Juni bis zum 16. Juli 1519 auf der Pleißenburg statt. Sie ging mit dem üblichen kirchlich-akademischen Gepränge vor sich. Beide Seiten waren mit zahlreichem Anhang erschienen, das Publikum drängte sich, Herzog Georg selbst nahm an einigen Tagen teil. In dem großen Saal waren für die Opponenten zwei Katheder aufgestellt, das von Eck mit dem Bild des heiligen Georg, das Luthers mit dem des heiligen Martin geschmückt. Luther erschien mit einem Nelkensträußchen in der Hand, an dem er, während Eck redete, ab und an roch, was seine Gegner verdroß – mir erscheint's als ein liebenswürdiger menschlicher Zug in dem ganzen Spektakel.

Die Verhandlungen wurden notariell protokolliert, weil sie später den Universitäten Erfurt und Paris zum Schiedsspruch vorgelegt werden sollten, was nicht gerade zur Lebendigkeit der Debatte beitrug. Insgesamt gab es siebzehn Verhandlungstage – dann mußte die Veranstaltung glücklicherweise abgebrochen werden, weil Herzog Georg den Besuch des Kurfürsten Joachim von Brandenburg erwartete und dafür die Räumlichkeiten wieder benötigt wurden.

Den allseits erwarteten Höhepunkt der Disputation bildete das Streitgespräch zwischen Luther und Eck, während die Begegnung zwischen Karlstadt und Eck nur mäßiges Interesse erweckte. Ecks Ziel war es von vornherein, Luther als Ketzer zu entlarven, und das hat er auch erreicht. Dabei ging er geschickt vor, indem er ihn mit seinen Fragen immer weiter, manchmal fast vor sich her trieb, bis er ihn dort hatte, wohin er ihn haben wollte. Faßt man das Ergebnis des teilweise schon die damaligen Zuhörer ermüdenden Gesprächs zusammen, so muß man feststellen, daß es Eck in Leipzig gelungen ist, Luther mindestens zu drei höchst gefährlichen Aussagen zu drängen:

1. Das Papsttum läßt sich nicht aus der Bibel erweisen und ist deshalb nicht göttlichen, sondern menschlichen Ursprungs und Rechts. Es ist eine Obrigkeit wie andere irdische Obrigkeiten auch, wie diese daher wohl zu respektieren, aber nicht zu sakralisieren. Luther ist höchstens bereit, dem römischen Papst einen Ehrenvorrang einzuräumen.
2. Rom hat nicht den Primat über alle christlichen Kirchen inne. Das beweist die griechische Kirche, die seit 1400 Jahren den Papst nicht anerkennt – sollte sie deswegen verdammt sein?
3. Auch Konzilien können irren. Das beweist das Konstanzer Konzil, das unter den Artikeln des Hus auch einige wahrhaft christliche Sätze verurteilt hat, die keine christliche Kirche hätte verdammen dürfen.

Mit diesen Aussagen hatte Luther sich als Ketzer erwiesen, schlimmer noch, als »Böhme«, als ein Hussit – und das bedeutete damals mindestens so viel, wie wenn man heute zu jemandem sagt, daß er ein Kommunist sei. Für Luther selbst war die Papstfrage gar nicht so gravierend, ihm war allein am Evangelium gelegen. Darum konnte er freimütig an Spalatin schreiben: »Ich bin ganz zufrieden, daß der Papst der Herr der Welt genannt wird und auch ist. Er lasse nur mit seinen Dekreten das Evangelium unangetastet, dann werde ich mich mit keinem Härlein rühren, und wenn er mir sonst alles wegnimmt.« Das ist Luthers lebenslange Grundhaltung geblieben. Dem entspricht es, wenn er noch 1535 bekennt: »Wenn der Papst uns zugeben würde, daß Gott allein aus Gnade durch Christus die Sünder rechtfertigt, dann wollen wir ihn nicht nur auf Händen tragen, sondern ihm sogar die Füße küssen.« Einerseits erklärt Luther: »Es kann kein Christ gezwungen werden, etwas zu glauben gegen die Heilige Schrift, ja es ist uns verboten, etwas außer der Heiligen Schrift zu glauben.« Andererseits behauptet er und meint es gewiß ehrlich: »Mir hat nie eine Kirchenspaltung gefallen und wird mir nie gefallen. Die Böhmen tun übel, daß sie sich aus der Kirche losreißen, wenn gleich das göttliche Recht für sie wäre.« Dann wieder fordert er: »Ich wünsche, in meinem Glauben unbehindert zu sein und bin niemandes Sklave, weder eines Konzils noch einer Universität, noch des Papstes. Ich will zuversichtlich bekennen, was mir wahr zu sein scheint, mag es von einem Katholiken oder Ketzer gesagt sein, sei es gebilligt von einem Konzil oder verworfen.«

Aber wie fügt sich dies zusammen? Hier steht Individualität gegen Autorität – um dieses Problem ist es in der Auseinandersetzung zwischen Luther und Rom entscheidend gegangen und geht es bis auf den heutigen Tag zwischen den beiden Kirchen. Nur liegen wir darüber nicht mehr miteinander im Streit, sondern befinden uns im Dialog darüber. Darum sind uns die damaligen Streitereien auch reichlich ferngerückt und fremd, fast zuwider geworden, und darum soll auch hier die letzte Strecke bis zum endgültigen Bruch zwischen Luther und Rom rasch durchschritten werden.

Der unheilbare Bruch

Nach der Leipziger Disputation gingen die Auseinandersetzungen zwischen Luther und seinen Gegnern weiter und nahmen an Schärfe noch zu. Das Hauptthema blieb die Frage der Papstgewalt und damit des römischen Kirchensystems insgesamt. Neue Argumente aber wurden kaum noch ins Spiel gebracht. Luther selbst zieht seine antipäpstliche Linie jetzt bis ans Ende aus. Als er in Huttens Ausgabe der Schrift des Laurentius Valla (1407–57) liest, daß die sogenannte »Konstantinische Schenkung«, auf die das römische Papsttum seinen weltweiten Machtanspruch gründete, eine Fälschung sei, wird ihm seine bisherige Vermutung, daß in Rom der Antichrist regiere, vollends zur Gewißheit.

Eine schier unerträgliche Übersteigerung, und zwar von beiden Seiten, findet der Streit über die Autorität des Papstes in einem nochmaligen Zusammenstoß zwischen Silvester Prierias und Luther. Hatte der päpstliche Palasttheologe schon im Ablaßstreit Luthers Argumente mit dem bloßen Hinweis auf die unfehlbare Lehrautorität des Papstes erledigen zu können gemeint, so steigerte er in einer Schrift jetzt die Allgewalt des Papstes über die Kirche und die Welt so hoch, daß es in der Tat schon an Gotteslästerung grenzte. Luther gab das »höllische Buch« heraus, nur mit Randbemerkungen sowie mit einem Vor- und Nachwort versehen. Diese aber hatten es in sich! Im Vorwort nimmt Luther endgültig Abschied von der römischen Kirche: »Nun fahre hin, du unseliges, verdammtes, lästerliches Rom! Der Zorn Gottes ist, wie du es verdient hast, endgültig über dich gekommen« – Rom hat sich nicht wie einst Babel heilen lassen wollen.

In dem berüchtigten Nachwort aber schlägt Luthers vielgerühmter »urwüchsiger Trotz« in blindwütigen Haß um. Er ruft die Kaiser, Könige und Fürsten auf, die Sache nicht mehr mit Worten, sondern mit Eisen zu entscheiden: »Wenn wir die Diebe mit dem Galgen, die Räuber mit dem Schwert, die Ketzer mit dem Feuer strafen, warum greifen wir nicht lieber diese Lehrer des Verderbens, diese Kardinäle, diese Päpste und diesen ganzen Unrat des römischen Sodom, das die Kirche unablässig zugrunde richtet, mit allen Waffen an und waschen unsere Hände in ihrem Blut?«

Für diesen Ausbruch Luthers gibt es keine Entschuldigung, auch wenn er hinterher erklärt hat, daß er es nicht wörtlich gemeint habe. Das Dementi wird allerdings einigermaßen glaubhaft, wenn man bedenkt, daß er das Angebot der Ritterschaft, das Evangelium und seine eigene Person mit Waffengewalt zu verteidigen, nach kurzem Erwägen abgelehnt hat: »Ich möchte nicht, daß mit Gewalt oder Blutvergießen für das Evangelium gekämpft werde. Durch das Wort ist die Welt besiegt und die Kirche erhalten worden, und durch das Wort wird sie auch wiederhergestellt werden«.

Luthers ehrliches Vertrauen allein auf das Wort geht aber bisweilen mit seinen eigenen schrecklichen Wörtern einher. Und auch Wörter können eine furchtbare Waffe sein und sogar ungewollt zum Blutvergießen anstiften – das hat die Geschichte der Reformation und Gegenreformation reichlich bewiesen.

Auch die Gegenseite sucht jetzt keinen Ausgleich mehr, sondern will die Sache zum Ende bringen. Anfang 1520 wird der Prozeß gegen Luther in Rom wieder aufgenommen und unter dem Einfluß Ecks ein zunächst ausgewogener Entwurf der *Bannandrohungsbulle* in ihre verschärfte endgültige Fassung gebracht. Die Bulle »Exsurge Domine« trägt das Datum vom 15. Juni 1520. In ihr werden 41, ziemlich willkürlich ausgewählte, zum Teil auch aus dem Zusammenhang gerissene Sätze Luthers als häretisch verurteilt. Nicht nur Luther, sondern auch seine Anhänger werden mit dem Bann bedroht. Luther erhält 60 Tage Frist zum Widerruf. Seine Schriften sollen verbrannt werden.

Johann Eck und der päpstliche Bibliothekar Hieronymus Aleander wurden als Nuntien nach Deutschland entsandt, um die Bannandrohungsbulle zu veröffentlichen und zu vollstrecken. Sie hatten wenig Erfolg damit – ein Zeichen für die in Deutschland herrschende antirömische Stimmung. Zumal Eck wurde, selbst in Leipzig, der Stadt seines vorjährigen Triumphes, mit Hohn und Spott verfolgt und vermochte die Bulle auch sonst nur an einigen wenigen Stellen anschlagen zu lassen. Aleander blieb gleichfalls nicht unangetastet, konnte sich jedoch in den Niederlanden etwas mehr durchsetzen. Kaiser Karl V. erließ in seinen burgundischen Erblanden ein Mandat gegen die lutherische Ketzerei, und Luthers Bücher wurden in Lüttich und Löwen verbrannt, desgleichen, wenn auch mühsamer, weil die Studenten ihren Ulk dabei trieben, in Köln und Mainz.

Luther erreichte die Bulle erst am 10. Oktober in Wittenberg, nachdem er, gerüchtweise, natürlich längst vorher von ihr gehört hatte. Bevor er zu seinen kräftigen Gegenschlägen ausholte, traf er zwei Tage später, am 12. Oktober, nochmals mit Karl von Miltitz in Lichtenberg zusammen. Dieser bewog ihn, an den Papst noch einmal einen versöhnlichen Brief zu schreiben und ihm zugleich eine kleine Schrift zu widmen. Wie das erste Mal Tetzel, so sollte diesmal Eck alle Schuld angelastet werden. Und so entstanden im November 1520 Luthers »Sendbrief an Papst Leo X.« und der Traktat »Von der Freiheit eines Christenmenschen«; der Brief wurde zurückdatiert auf den 6. September, damit er als vor Erhalt der Bulle geschrieben erschien.
Luthers *Sendbrief an Leo X.* ist eine seltsame Mischung aus ehrlicher Naivität und überlegter Diplomatie. Am ehesten wird man ihm gerecht mit dem Bibelwort: »Seid klug wie die Schlangen und ohne Falsch wie die Tauben!« Luther redet den Papst mit liebenswürdigem Freimut fast als seinesgleichen wie einen Freund und Bruder an. Geschickt unterscheidet er zwischen dem römischen System und Leos Person, und er meint es ehrlich. Über den römischen Stuhl sagt er alles nur erdenklich Schlechte: Er ist »ärger und schändlicher als Sodom, Gomorrha und Babylon je gewesen«, »ein Bubenhaus, eine Mördergrube, ein Haupt und Reich aller Sünde« – und auch in Zukunft nicht mehr zu retten. »Es ist aus mit dem römischen Stuhl, Gottes Zorn hat ihn überfallen ohne Aufhören.« Papst Leo X. aber nennt Luther »ein Schaf unter den Wölfen«; er sitzt »in dem allergefährlichsten Stuhl«, gleich wie Daniel in der Löwengrube. Darum rät Luther dem »frommen, allerunseligsten Leo«, die Statthalterschaft Christi aufzugeben, weil sie keine mehr ist und auch keine je wieder sein wird, falls sie überhaupt je eine war. Luther denkt nicht daran, irgendwie zurückzustecken: »Daß ich meine Lehre widerrufen sollte, da wird nichts draus«, und er sagt dem Papst nun gleichsam alles ins Gesicht, was er je gegen das Papsttum vorgebracht hat: Er ist ein Knecht aller Knechte Gottes, kein Herr des Himmels, der Hölle und des Fegefeuers, ohne den angeblich keiner Christ sein könne; er steht nicht über dem Konzil und der allgemeinen Christenheit und ist nicht der alleinige, unfehlbare Ausleger der Heiligen Schrift.
Gleichzeitig mit diesem letzten, von vornherein aussichtslosen Ausgleichsversuch erfolgten Luthers harte Gegenschläge gegen die Bulle: Zuerst hatte er die Bulle als eine Fälschung Ecks verdächtigt und deshalb gegen diesen gewettert (»Von den neuen Eckischen Bullen und Lügen«). Dann kehrte er in der gleichzeitig lateinisch und deutsch verfaßten Schrift »Gegen die fluchwürdige Bulle des Antichrist« den gegen ihn gerichteten Bann um und wendete ihn gegen den Papst und die Kurie: »Dich, Leo X., und euch, ihr Herren Kardinäle und sonstige Römer, fordere ich in die Schranken und sage euch ins Gesicht: Sollte diese Bulle wirklich unter eurem Namen ausgegangen sein, so ermahne ich euch, kraft der Vollmacht meiner Taufe als Gottes Kind und Miterbe Christi, Buße zu tun. Wenn ihr euch weigert, so sollt ihr wissen, daß ich mit allen wahren Christen euch verdamme und samt der Bulle und allen Dekretalen euch dem Satan übergebe, auf daß euer Geist mit uns gerettet wird am Jüngsten Tag. Im Namen Christi, unseres Herrn, den ihr verfolgt.«
Schließlich wiederholte Luther noch einmal seine Appellation an ein allgemeines Konzil und forderte diesmal auch den Kaiser und alle christlichen Obrigkeiten auf, sich seinem Schritt anzuschließen und dem Papst um der Ehre Gottes und der Wahrheit des christlichen Glaubens willen Widerstand zu leisten.
Die in seiner Schrift angedrohte Verdammung des römischen Papsttums samt der Bulle und allen Dekretalen vollstreckte Luther in einem symbolischen Akt am Morgen des 10. Dezember 1520 *vor dem Elstertor*. Dort verbrannte er auf dem Schindanger in Anwesenheit der durch öffentlichen Anschlag eingeladenen Professoren und Studenten mehrere Ausgaben des kanonischen Rechts, dazu einzelne Schriften der scholastischen Theologie, und fast nur nebenbei, beinahe unbemerkt, warf er auch die Bannandrohungsbulle ins Feuer.
Am nächsten Vormittag hielt er den Studenten im Kolleg eine ausnahmsweise deutsche Ansprache, in der er sie mit großem Ernst vor die jetzt unausweichlich gewordene Entscheidung stellte: Entweder stimmten sie dem gotteslästerlichen Regiment des Papstes zu, dann setzten sie damit ihr ewiges Heil aufs Spiel – oder aber sie distanzierten sich von ihm, dann drohte ihnen das Martyrium auf Erden. Von sich selbst bekannte er: »Ich will lieber alle Gefahr laufen in dieser Welt, als mein Gewissen mit Schweigen belasten.«
Luthers Verbrennungsaktion fand in der Öffentlichkeit ein großes, aber zwiespältiges Echo. Dabei rief die Vernichtung der kirchlichen Rechtsbücher die größere Erschütterung hervor. Luthers Kollege, der Jurist Henning Goede, empörte sich: »Was erfrecht sich dieser räudige Mönch?« Damit sprach er für viele andere. In der Tat bildete das kanonische Recht damals die Grundlage der gesamten Rechts- und Gesellschaftsordnung – entsprechend dem mittelalterlichen Ineinander »beider Rechte«, des geistlichen und des weltlichen, wobei dem geistlichen bislang stets der Vorrang zugekommen war.
Nachdem Luther die ihm gesetzte 60-tägige Frist zum Widerruf hatte verstreichen lassen und, statt zu widerrufen, die Bulle, genau 60 Tage nach ihrem Eintreffen in Wittenberg, verbrannt hatte, verhängte Rom am 3. Januar 1521 endgültig den *Bann* über ihn. Dies geschah durch die Bulle »Decet Romanum Pontificem«; sie wurde aber erst später veröffentlicht und auch dann kaum noch beachtet. Karl von Miltitz hatte recht behalten mit seiner Voraussage: »Tritt die Bulle in Kraft, so wird ein Schisma draus.«

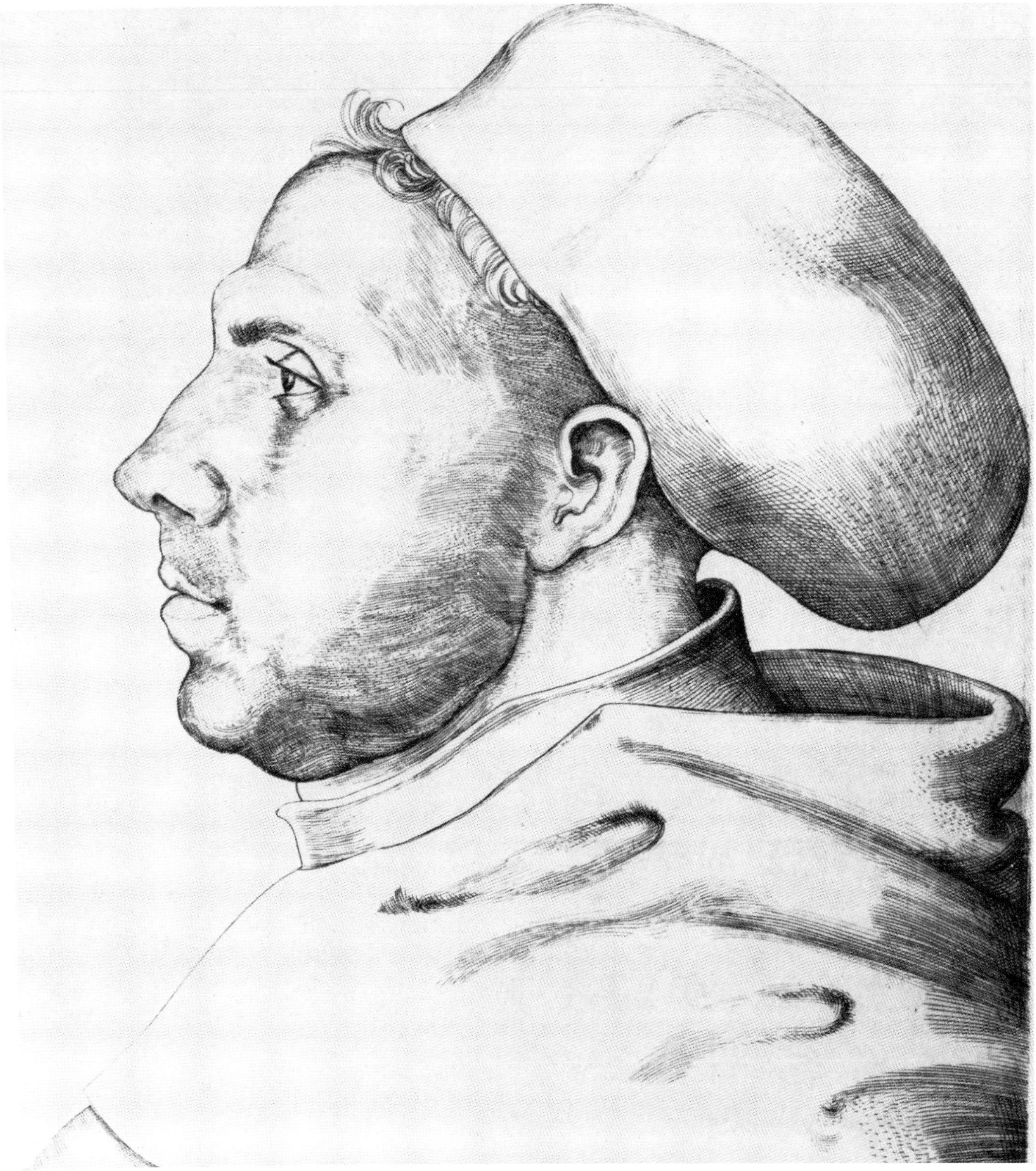

Der Doktorhut ist Martin Luther von Andreas Karlstadt bei seiner Promotion am 19. Oktober 1512 in Wittenberg aufgesetzt worden. Daß er »Doktor der Heiligen Schrift« war, hat Luther sein Leben lang viel bedeutet. Er hat daraus von Amts wegen sein Recht, ja seine Pflicht zur Reformation abgeleitet:»Ich habe es oft gesagt und sage es noch einmal: Ich wollte aller Welt Gut nicht nehmen für mein Doktorat. Denn ich müßte wahrlich zuletzt verzagen und verzweifeln in der großen, schweren Sache, die auf mir liegt, wenn ich sie als ein Schleicher ohne Beruf und Befehl angefangen hätte. Aber nun muß Gott und alle Welt mit es bezeugen, daß ich's in meinem Doktoramt und Predigtamt öffentlich angefangen und bis daher mit Gottes Gnade und Hilfe geführt habe.«

Martin Luther im Jahre 1521 mit Doktorhut, Kupferstich von Lucas Cranach d.Ä., 1521.

Als Papst Leo X. 1515 einen Plenarablaß für den Neubau der Peterskirche in Rom ausschrieb, bediente er sich nur eines damals für kirchliche wie für weltliche Zwecke gebräuchlichen Mittels. Der Ablaß wurde vom Volk ebenso begehrt wie verspottet. Das zeigen alle zeitgenössischen Darstellungen. Auf dem Holzschnitt von Holbein nimmt Gott im Himmel die reuigen Sünder umsonst in Gnaden an, während der Papst auf seinem Thron die Gnade des Himmels für teures Geld verkauft – am Tisch zur Rechten wirft eine Frau ihr Scherflein in die Geldtruhe, während am linken Tisch ein Bettler abgewiesen wird. Wie sehr das »heilige Geschäft« blühte, karikiert das untere Bild: Um der Nachfrage nachzukommen, müssen an Ort und Stelle neue Münzen geschlagen werden.

Oben: »Die wahre und die falsche Vergebung der Sünden«, ein Holzschnitt von Hans Holbein d.J. (1497–1543).
Unten: Die Verkündigung eines Ablasses, ein Holzschnitt von Jörg Breu d. Ä. (um 1480–1537).

Daß es sich bei dem »heiligen Geschäft«, wie der Ablaß in der Amtssprache der Kirche selbst hieß, wirklich um ein handfestes Geldgeschäft handelte, bezeugt das Bittgesuch des deutschen Bankhauses Fugger an den Papst. Die Fugger hatten der Kurie große Summen geliehen und bitten nun um die Ausschreibung eines päpstlichen Ablasses, um auf diese Weise ihr Geld zurückzubekommen.

Unten: Bittgesuch der deutschen Bankiersfamilie Fugger. Das Gesuch trägt die Signatur Papst Alexanders VI.

BEATISSIME PATER

Auch an dem Ablaßhandel, der zum Anstoß der Reformation werden sollte, war das Bankhaus Fugger unmittelbar beteiligt. Nur mit seiner finanziellen Hilfe hatte der Hohenzollernprinz Albrecht (1490–1545), bereits Erzbischof von Magdeburg und Administrator von Halberstadt, auch noch das Erzbistum Mainz, das größte geistliche Fürstentum in Deutschland, für sich gewinnen können – dazu die zweite Kurwürde für das Haus Hohenzollern! Dafür hatte er dem Papst hohe Summen zahlen müssen: 10 000 Dukaten für die Bestätigung im erzbischöflichen Amt (das sogenannte »Palliengeld«) und noch einmal eine etwa gleiche Summe als Kompensation für die Ämterhäufung. Um ihn finanziell dazu instandzusetzen, hatte ihm Leo X. den Vertrieb des Petersablasses übertragen und das Bankhaus Fugger das Geld dafür vorgeschossen. Und so zogen die Fuggerschen Bankangestellten zusammen mit den päpstlichen Ablaßkommissaren durch das Land und rechneten sogleich jeden Abend miteinander ab.
Obwohl Primas von Deutschland, hat Erzbischof Albrecht von Mainz sich der Aufgabe, die ihm mit der Reformation zufiel, niemals ernsthaft gestellt. Er war ein Schöngeist, Kunstmäzen und Diplomat, hielt aufwendig Hof, kam auch seinen geistlichen Pflichten einigermaßen nach, aber verstand von Theologie nichts – in all dem, fast bis in die Physiognomie hinein, seinem Papst in Rom gleichend.

Oben links: Bildnis von Erzbischof Albrecht von Mainz, nach einem Stich von Albrecht Dürer.

In den entscheidenden Anfangsjahren der Reformation regierte Papst Leo X. in Rom (1513–1521). Aus dem Hause der Medici stammend, ein Sohn Lorenzos des Prächtigen, wurde er schon mit 14 Jahren Kardinal und mit 37 Papst. Bei seiner prunkvollen Inthronisation zog die sakramentale Prozession unter den nackten Statuen heidnischer Götter hindurch, und eine Inschrift lautete: »Einst herrschte Venus (Alexander VI.), dann Mars (Julius II.), nun führt Pallas Athene das Zepter.« Leo X. war vor allem ein eleganter und verschwenderischer Mäzen aller schönen Künste; er liebte es, die Menschen um sich her glücklich zu sehen. Ein solcher Papst war am allerwenigsten der Verantwortung gewachsen, die in dieser weltgeschichtlichen Stunde der Kirche auf sein Amt zukam. Statt mit Theologie versuchte Leo es mit Taktik und statt mit Religion mit Politik. Zuerst verschleppte er den Prozeß gegen Luther, dann suchte er die Ketzerei möglichst rasch mit richterlicher Gewalt aus der Welt zu schaffen – die Folge aber war, daß sie nur noch mehr wuchs. Der katholische Historiker Ludwig von Pastor, im allgemeinen päpstlicher als die Päpste, sieht in der Tatsache, daß ausgerechnet in diesem entscheidungsvollen Augenblick ein Mann wie Leo X. den Stuhl Petri innehatte, »eine der härtesten Versuchungen, denen Gott seine Kirche je unterwarf«.

Oben rechts: Papst Leo X. (1475–1521), Zeichnung von Sebastiano del Piombo.

Die populärste und darum finanziell wie geistlich einträglichste Offerte boten beim Ablaßhandel die »Beichtbriefe«, die man gegen Bezahlung einer bestimmten Taxe erwerben konnte. Könige, Fürsten und Bischöfe zahlten 25 Gulden, hohe Prälaten und Grafen 10, niedere Prälaten und Adlige 6, Bürger und Kaufleute 3, Handwerker einen. Die Beichtbriefe berechtigten den Käufer dazu, sich zweimal in seinem Leben, zu beliebiger Zeit und in Todesgefahr, von allen, auch dem Papst vorbehaltenen, Sünden lossprechen zu lassen, ferner an allen geistlichen Schätzen der Kirche teilzuhaben und schließlich mittels der Fürbitte des Papstes sogar Erlaß der Sündenstrafen für Seelen im Fegefeuer zu erlangen.

Unten: Ablaßzettel von J. Tetzel.

Als Kommissar für den Vertrieb des Ablasses in seiner Magdeburger Kirchenprovinz hatte Erzbischof Albrecht von Mainz den Dominikanerpater Johann Tetzel angestellt. Man hat an ihm kein gutes Haar gelassen – alles in allem aber war er besser als sein Ruf: ein tüchtiger Organisator, geschickter Propagandist und volkstümlicher Prediger. Dafür verdiente er gut: 80 Gulden im Monat. Aus kirchenpolitischen Gründen wurde er zum Sündenbock gemacht. Das hat Tetzel nicht verwunden. Er ist im Leipziger Dominikanerkloster bereits 1519 gestorben. Luther tröstete ihn noch kurz vor seinem Tod: »Nimm es nicht so hart. Du hast diesen Lärm nicht angefangen. Das Kind hat ganz einen anderen Vater.« Links: Johann Tetzel, nach einem Stich von Hans Moritz von Brühl.

Albertus dei et Apostolice sedis gratia sancte Maguntine sedis Archiepiscopus, primas et sacri Romani imperii in Germania Archicancellarius ...

Forma absolutionis totiens quotiens in vita.

Misereatur tui etc.

Forma absolutionis et plenissime remissionis. semel in vita et in mortis articulo.

Misereatur tui etc.

Mit seinem Angriff auf den Ablaß hat Luther seinem Landesherrn keinen Gefallen erwiesen. Denn Kurfürst Friedrich der Weise von Sachsen war ein passionierter Reliquiensammler und hatte es auf 19000 Partikel mit insgesamt 1,9 Millionen Jahren Ablaß gebracht; die Einnahmen daraus dienten zum Unterhalt des Allerheiligenstifts und der Universität in Wittenberg. Das war freilich wenig im Vergleich zum Reliquienschatz des Erzbischofs Albrecht von Mainz in Halle; dieser enthielt zwar weniger Partikel, aber dafür ganze heilige Körper und bot deshalb das Zwanzigfache an Ablaß, genau berechnet 39245120 Jahre und 220 Tage.

Die Sammlung Friedrichs des Weisen war untergebracht in der Wittenberger Schloßkirche, die zugleich die Kirche des Allerheiligenstifts war und außerdem auch als Universitätskirche diente. Bereits im Lauf des Jahres 1516/17 hatte Luther in dieser Kirche einige Male gegen den Ablaß gepredigt. Im Alter erinnert er sich daran: »Schon früher hatte ich hier auf dem Schlosse gegen den Ablaß gepredigt, aber bei Herzog Friedrich keine Gnade verdient; denn er hatte sein Stift auch sehr lieb.« Ausgerechnet am 31. Oktober 1517, dem Vortag vor Allerheiligen und damit dem in Wittenberg groß gefeierten Ablaßfest, hat Luther dann an die Tür der Schloßkirche seine 95 Thesen über die Kraft der Ablässe angeschlagen beziehungsweise sie an Erzbischof Albrecht von Mainz und noch einige andere Bischöfe geschickt. Öffentlich bekannt geworden sind Luthers 95 Thesen in jedem Fall erst durch ihre Verbreitung im Druck, dann freilich sehr rasch und überall. Als ein alter Franziskanerpater von ihnen erfuhr, soll er ausgerufen haben: »Ho, ho, er ist da, der euch's tun wird« – das klingt wie die Erfüllung von etwas lange Erwartetem und zugleich wie die Ankündigung von etwas Kommendem.

Links oben: Die Schloßkirche zu Wittenberg, ein Holzschnitt aus dem Wittenberger Heiligtumsbuch von Lucas Cranach d. Ä., 1510.

Links unten: Die bronzenen Flügeltüren der Wittenberger Schloßkirche heute; sie stammen aus dem Jahr 1858. Die Kirche war im Laufe der Jahrhunderte immer wieder zerstört worden; ihren heutigen Zustand erhielt sie Ende des 19. Jahrhunderts.

Rechte Seite: Faksimile-Druck der 95 Thesen Luthers (Weimarer Luther-Ausgabe 1,230 B), Original in der Gymnasialbibliothek zu Brieg.

¶ Amore et studio elucidande veritatis, hec subscripta disputabuntur Wittenburge Presidente R. P. Martino Luther Eremitano Augustiniano Artiū et S. Theologie Magistro, eiusdemq̄ ibidem lectore Ordinario. Quare petit vt qui non possunt verbis presentes nobiscum disceptare / agant id literis absentes.

In Nomine dn̄i nostri Jhesu Christi. Amen.

1 Dn̄s et magister noster Jhesus Christus, dicendo penitēciā agite ꝛc̄. omnē vitam fidelium, penitentiam esse voluit.

2 Qđ verbū de penitētia sacramētali (.i. cōfessionis et satisfactionis que sacerdotum ministerio celebratur) non potest intelligi.

3 Nō tn̄ solā intēdit interiorē: īmmo interior nulla est, nisi foris opetur varias carnis mortificationes

4 Manet itaq̄ȝ pena donec manet odiū sui (.i. penitētia vera intus) scȝ vsq̄ȝ ad introitum regni celorum.

5 Papa nō vult nec pōt: vllas penas remittere, preter eas, q̄s arbitrio vel suo vel canonum imposuit.

6 Papa nō potest remittere vllā culpam, nisi declarando et approbando remissaꝝ a deo. Aut certe remittendo casus reseruatos sibi, quibus contēptis culpa prorsus remaneret.

7 Nulli prorsus remittit deus culpā, quin simul eū subijciat: humiliatū in omnibus: sacerdoti suo vicario.

8 Canones penitentiales solū viuentibus sunt impositi: nihilq̄ȝ morituris ſm eosdem debet imponi.

9 Inde bn̄ nobis facit spūssanctus in papa, excipiendo in suis decretis semper articulum mortis et necessitatis.

10 Indocte et male faciūt sacerdotes ij, qui morituris pn̄ias canonicas in purgatorium reseruant.

11 Zizania illa de mutanda pena Canonica in penaꝝ purgatorij, vidētur certe dormientibus Episcopis seminata.

12 Olim poene canonice nō post, sed ante absolutionē imponebanꝷ, tāq̄ tentamenta vere contritionis.

13 Morituri per mortē omīa soluūt: et legibus canonū mortui iam sunt: hn̄tes iure earum relaxationem.

14 Imperfecta sanitas seu charitas morituri: necessario secum fert, magnū timorem, tantoq̄ȝ maiorem: quanto minor fuerit ipsa.

15 Hic timor et horror, satis est, se solo (vt alia taceā) facere penā purgatorij, cū sit proximus desperationis horrori

16 Videnꝷ: infern⁹: purgatoriū, celū differre, sicut despatio: ꝓpe despatio: securitas differunt.

17 Necessariū videt aīab⁹ ī purgatorio sicut minui horrorē: ita augeri charitatē

18 Nec probatū videtur vllis: aut rōnibus aut scripturis, ꝙ sint extra statū meriti: seu augende charitatis.

19 Nec hoc probatum esse videꝷ, ꝙ sint de sua beatitudine certe et secure saltem omnes: licet nos certissimi simus.

20 Igitur Papa per remissionē plenariā oīm penarū: nō simpliciter oīū intelligit, sed a se ipso tantūmodo impositarum.

21 Errant itaq̄ȝ indulgētiaꝝ p̄dicatores ij, qui dicunt per Pape indulgēcias, hominem ab omni pena solui et saluari

22 Quin nullam remittit aīabus in purgatorio: quā in hac vita debuissent, ſm Canones soluere.

23 Si remissio vlla oīm omnino penarū, potest alicui dari, certum est eam non nisi perfectissimis, i. paucissimis dari.

42 Falli ob id necesse est, maiorē p̄tē populi: per indifferentem illam et magnificā pene solute promissionem.

25 Qualē potestatē habet Papa in purgatoriū generaliter: talē habet: quilibȝ Ep̄us et Curatus in sua Diocesi et parochia specialiter.

26 Optime facit Papa, ꝙ nō p̄tāte clauis (quā nullā hȝ) sed per modū suffragij dat animabus remissionem.

17 Hominem predicant, qui statim: vt iactus nūmus in cistam tinnuerit: euolare dicunt animam.

18 Certum est nūmo in cistam tinniente: augeri questū et auariciā posse: suffragium aūt ecclesie est in arbitrio Dei solius.

19 Quis scit si oīes anime in purgatorio velint redimi, sicut de S. Seuerino et paschali factum narratur.

20 Nullus securus est de veritate sue cōtritionis: multo minus de consecutione plenarie remissionis.

21 Q̄ rarus est vere penitēs: tā rarus est vere indulgēcias redimēs, i. rarissim⁹

22 Damnabuntur ineternū cū suis magistris: qui ꝑ lr̄as veniarum securos sese credunt de sua salute.

23 Cauendi sunt nimis, qui dicunt venias illas Pape: donum esse illud Dei inestimabile quo recōciliatur homo deo.

24 Gratie eñ ille veniales: tantū respiciunt penas satisfactionis sacramentalis ab homine constitutas.

25 Non christiana p̄dicant: qui docēt: ꝙ redempturis animas vel confessionalia nō sit necessaria contritio.

26 Quilibet Christianus vere cōpunctus: hȝ remissionem plenariam a pena et culpa: etiam sine literis veniarum sibi debitam

27 Quilibet verus christianus siue viuus siue mortuus: hȝ participationē omnium bonorum Christi et ecclesie: etiā sine literis veniarum a Deo sibi datā

28 Remissio tamē et participatio Pape: nullo modo est contēnenda, quia (vt dixi) est declaratio remissionis diuine.

29 Difficillimū est etiam doctissimis Theologis: simul extollere veniarum largitatē et cōtritionis veritatem coram populo.

30 Contritionis veritas penas querit et amat. Veniarū autem largitas relaxat et odisse facit saltem occasione.

31 Caute sunt venie Apostolice p̄dicande: ne populus false intelligat, eas preferri ceteris bonis operibus charitatis

32 Docendi sunt christiani: ꝙ Pape mens non est: redemptionem veniarum vlla ex p̄te comparandā esse operibus misericordie.

33 Docendi sunt Christiani: ꝙ dans pauperi: aut mutuans egenti, melius facit, q̄ si venias redimeret.

34 Quia ꝑ opus charitatis crescit charitas et fit homo melior: ſ per venias nō fit melior: sed tantūmodo a pena liberior.

35 Docendi sunt christiani, ꝙ qui videt egenū et neglecto: dat pro venijs non indulgentias Pape: sed indignationem dei sibi vendicat.

36 Docendi sunt christiani: ꝙ nisi superfluis abundent: necessaria tenenꝷ domui sue retinere: et nequaq̄ ꝓpter venias effundere.

37 Docendi sunt Christiani, ꝙ redemptio veniarum est libera: non precepta

38 Docēdi sunt Christiani, ꝙ Papa sicut magis eget: ita magis optat: in venijs dandis ꝓ se deuotam orōnem: q̄ promptam pecuniam.

39 Docendi sunt Christiani, ꝙ venie Pape sunt vtiles: si nō in eas cōfidant: ſ nocentissime: Si timorem dei per eas amittant.

40 Docēdi sunt Christiani ꝙ si Papa nosset exactiōes venialiū p̄dicatoꝝ mallet Basilicā S. Petri ī cineres ire, q̄ edificari: cute carne ꝛ ossib⁹ ouiū suaꝝ.

41 Docēdi sunt Christiani, ꝙ Papa sicut debet ita vellet: etiā vēdita (si op⁹ sit) Basilica S. Petri, de suis pecunijs dare illis: a quorū plurimis quidā concionatores veniarum pecuniam eliciunt.

42 Vana est fiducia salutis ꝑ literas veniarū etiā si Commissarius: immo Papa ipse suam animam ꝓ illis impignoraret.

43 Hostes Christi et Pape: sunt ij: qui propter venias p̄dicādas verbū dei in alijs ecclesijs penitus silere iubent.

44 Iniuria fit vbo Dei: dū in eodē ſmōe: equale vel longius tp̄s impenditur venijs q̄ illi.

45 Mens Pape necessario est ꝙ si venie (qđ minimū est) vna cāpana: vnis pōpis et ceremonijs celebrantur.

46 Euāgeliū (qđ maximū est) centū cāpanis: cētū pōpis: centū ceremonijs p̄dicetur.

47 Thezauri ecclesie: vnde Papa dat indulgentias: neq̄ȝ satis nominati sunt: neq̄ȝ cogniti apud populum Christi.

48 Tempales certe nō esse patet ꝙ nō tam facile eos ꝓfundūt: sed tantūmodo colligūt multi Concionatorum.

49 Nec sunt merita Christi et sanctorū: q: hec semꝑ sine Papa: opantur gratiam hominis interioris: et crucē mortem infernumq̄ȝ exterioris.

50 Thesauros ecclesie S. Laurentius dixit esse: pauperes ecclesie: sed locutus est vsu vocabuli suo tempore.

51 Sn̄ temeritate dicim⁹ claues eccl'ie (merito Cristi donatas) eē thesauꝝ istū

52 Clarū est eñ ꝙ ad remissionē penarū et casuū sola sufficiat p̄tās Pape.

53 Verus thesaurus ecclesie est sacrosanctū Euangeliū glorie et gratie Dei.

54 Hic aūt est merito odiosissimus: quia ex primis facit nouissimos.

55 Thesaur⁹ aūt indulgētiaꝝ merito est gratissim⁹: q: ex nouissimis facit primos.

56 Igitur thesauri Euāgelici rhetia sunt: quibus olim piscanꝷ viros diuitiarū.

57 Thesauri indulgentiaꝝ rhetia sunt: quib⁹ nūc piscabātur diuitias virorum.

58 Indulgentie: quas Cōcionatores vociferantur maxias gr̄as: intelliguntur vere tales: quo ad questum ꝓmouendum.

59 Sunt tamē re vera minime ad gratiam Dei et Crucis pietatem compate.

60 Tenentur Ep̄i et Curati veniarū Apostolicarū Cōmissarios cū oīm reuerentia admittere.

61 Sed magis tenenꝷ oībus oculis intendere: oīb⁹ auribus aduertere: ne ꝓ cōmissione Pape sua illi somnia p̄dicent.

62 Contra veniarū Aplicaꝝ veritatē: qui loquiꝷ: sit ille anathēa et maledictus

63 Qui vero cōtra libidinē ac licentiā verboꝝ Concionatoris veniarū: curam agit: Sit ille benedictus.

64 Sicut Papa iuste fulminat eos: qui in fraudē negocij veniarum quacunq̄ȝ arte machinantur

65 Multo magis fulminare intendit eos: qui per veniarum p̄textum in fraudē sancte charitatis et veritatis machinantur.

66 Opinari venias papales tantas esse vt soluere possint hominē: etiā si quis ꝑ impossibile Dei genitricem violasset Est insanire.

67 Dicim⁹ cōtra ꝙ venie Papales: nec minimū venialium peccatorum tollerē possunt: quo ad culpam.

68 Quod diciꝷ: nec si S. Petrus mō Papa esset: maiores gr̄as donare posset: est blasphemia in S. Petrum et Papam.

69 Dicimus cōtra: ꝙ etiāȝ iste et quilibet Papa maiores hȝ: scȝ Euangelium: virtutes: gr̄as curationū ꝛc̄. vt. 1. Corin: 12.

70 Dicere crucem armis Papalibus insigniter erectam: Cruci Christi equiualere: Blasphemia est.

71 Rationē reddent Ep̄i: Curati: et Theologi: Qui tales sermones in populū licere sinunt.

72 Facit hec licentiosa veniarū p̄dicatio: vt nec reuerentiā Pape facile sit etiam doctis viris redimere a calūnijs: aut certe argutis questiōibus laicorum.

73 Scȝ cur Papa nō euacuat purgatoriū ꝓpter sanctissimā charitatē: et summā animaꝝ necessitatē vt cām oīm iustissimā: Si infinitas animas redimit ꝓpter pecuniam funestiss: ad structuram Basilice vt causam leuissimam.

74 Itē cur ꝑmanent exequie et anniuersaria defunctorū: ꝛ nō reddit: aut recipi

75 ꝑmittit bn̄ficia ꝓ illis instituta: cū iam sit iniuria ꝓ redemptis orare.

76 Itē que illa noua pietas Dei et Pape: ꝙ impio et inimico ꝓpter pecuniā cōcedunt: animā piam et amicam dei redimere: Et tn̄ ꝓpter necessitatē ipsiusmet pie et dilecte anime: nō redimūt eam gratuite charitate.

77 Itē Cur Canones pn̄iales, reipa et nō vsu: iā diu in semet abrogati et mortui. Adhuc tn̄ pecunijs redimunꝷ ꝑ ꝯcessionē indulgētiaꝝ tāq̄ viuacissimi.

78 Itē Cur Papa cuius opes hodie sunt opulentissimis Crassis crassiores Nō de suis pecunijs magis q̄ pauperꝝ fideliū struit vnā tm̄ Basilicā S. P

79 Item: Quid remitit: aut p̄ticipat Papa ijs: qui per cōtritionē ꝑfectam, ius habent plenarie remissionis et participationis.

80 Item Quid adderetur ecclesie boni maioris. Si Papa sicut semel facit: ita centies in die cuilibet fidelium has remissiones et participationes tribueret

81 Ex quo Papa salutem querit animaꝝ ꝑ venias magis q̄ pecunias: Cur suspendit literas et venias iam olim cōcessas: cum sint eque efficaces.

82 Hec scrupulosissima laicoꝝ argumēta: sola p̄tāte cōpescere: nec reddita rōne diluere. Est ecclesiā et Papā hostib⁹ ridendos exponere et infelices christianos facere.

83 Si ergo venie ſm spiritum et mentem Pape p̄dicarentur: facile illa omnia soluerentur: immo non essent.

84 Valeāt itaq̄ȝ oēs illi ꝓphete: q̄ dicūt populo Christi: pax pax et nō est pax

85 Bn̄ agāt oēs illi ꝓphete qui dicūt populo Christi: Crux crux: et nō est crux.

86 Exhortandi sunt Christiani vt Caput suum Christū per penas: mortes: infernosq̄ȝ sequi studeant.

87 Ac sic magis per multas tribulationes intrare celum: q̄ per securitatem pacis confidant.

1517.

Es ist schwer zu sagen, welches Schicksal Luther gehabt und welchen Verlauf die Reformation genommen hätte, wenn nicht Luthers Landesherr, Kurfürst Friedrich der Weise von Sachsen (1486–1525), den Reformator in Schutz genommen hätte. Friedrich war sicherlich kein weiser, aber ein bedächtiger und vorsichtiger Fürst, ein Mann des friedlichen Ausgleichs und ein Herrscher, der nach seinen christlichen Pflichten fragte. Zudem war er ein frommer Mann, der in seiner Jugend eine Wallfahrt ins Heilige Land unternommen hatte, in der Karwoche sich in ein Kloster zur Meditation zurückzuziehen pflegte und der an seinen Heiligen und Reliquien hing. Und ausgerechnet ihm mußte dieser Luther als Professor in Wittenberg beschert werden, der ihm allzeit »viel zu kühn« erschien! Warum Friedrich der Weise sich für Luther so stark gemacht hat, ob nur aus menschlichem Anstand, fürstlichem Gerechtigkeitssinn und kirchlicher Verantwortung oder ob auch aus »evangelischer« Überzeugung, bleibt offen. Er hat auch Luther selbst immer nur aus der Ferne gesehen, vielleicht sogar nie persönlich ein Wort mit ihm gesprochen. Erst als er 1525, mitten im Bauernkrieg, 62jährig starb, hat er auf dem Sterbebett das Abendmahl in beiderlei Gestalt genommen und sich so in der ihm eigenen behutsamen Art öffentlich zur Reformation bekannt.

Die wichtige Rolle des Vermittlers zwischen Luther und seinem Landesherrn Kurfürst Friedrich dem Weisen nahm Georg Burckhardt ein, der sich nach seinem Heimatort Spalt bei Nürnberg Spalatin nannte. Er kam vom Humanismus her und war mit Luther seit beider Studienzeit in Erfurt eng befreundet. Als Geheimsekretär und Hofprediger Friedrichs des Weisen und als dessen vertrauter Berater verstand er es, zwischen dem kühn vorwärtsdrängenden Luther und dem ebenso bedächtig zurückhaltenden Kurfürsten geschickt zu vermitteln. Darum ist seine Bedeutung für die Durchsetzung der Reformation kaum zu überschätzen. Nach dem Tode Friedrichs des Weisen wurde Spalatin 1525 Pfarrer und später Superintendent in Altenburg.

Bildnis von Georg Spalatin (1484–1545), Gemälde von Lucas Cranach d. Ä. aus dem Jahr 1537.

Rechts: Holzstatue von Kurfürst Friedrich dem Weisen von Sachsen in der Schloßkirche zu Wittenberg.

Nach römischem Anspruch genoß ein Kardinallegat Vorrang vor allen weltlichen Herrschern, und mit entsprechendem Prunk trat Cajetan (1469–1534) auf dem Reichstag zu Augsburg 1518 auf. Er ritt auf einem weißen Zelter in die Stadt ein und residierte im Palast der Fugger in Räumen, die mit roter Atlasseide ausgeschlagen werden mußten. Dieser Pomp entsprach zwar seiner Auffassung von der Herrschaftsstellung des Papstes, aber kaum seiner eigenen Natur. Denn er war ein zarter, freilich bisweilen cholerischer Gelehrter, wahrscheinlich der tüchtigste Theologe, über den die römische Kurie damals verfügte.

Als Jakob de Vio in Gaeta geboren und daher »Cajetanus« genannt, hatte er eine steile akademische und kirchliche Laufbahn hinter sich, als er Luther in Augsburg zu verhören hatte. Zunächst Professor in Padua und Pavia, war er 1502 General des Dominikanerordens und 1517 schließlich Kardinal geworden. Zuerst urteilte Luther über ihn, er sei »zu dieser Sache geschickt wie ein Esel zum Harfenschlagen«, später aber, er sei »zuletzt Lutheraner geworden«. Beides jedoch trifft nicht zu. Cajetan war überzeugter Thomist und energischer Papalist. Mit seinen Studien zu Thomas von Aquino hat er den Thomismus in seinem Jahrhundert erneuert und ist auf dem 5. Laterankonzil für die Unfehlbarkeit des Papstes eingetreten. Auch als Bibelexeget hat er sich hervorgetan und dabei kritische Urteile nicht gescheut – aber allzeit stand der Papst für ihn über der Bibel.

Links oben: Blick in den Damenhof im Fuggerhaus in Augsburg in der Maximilianstraße, dem ehemaligen Weinmarkt, in dem das Verhör Luthers durch Cajetan stattfand.
Links unten: Das Verhör Luthers durch Cajetan, den päpstlichen Legaten; zeitgenössischer Holzschnitt.

Luthers theologischer Hauptgegner war der Ingolstädter Professor Dr. Johann Eck (1486–1543). Er war ein ehrgeiziger, begabter Disputator – es gab kaum ein Thema, über das er nicht zu disputieren bereit gewesen wäre. Ein Augenzeuge der Leipziger Disputation hat ihn folgendermaßen geschildert: »Eck ist groß und lang, ein schwerer, vierschrötiger Mann mit einer vollen, durch einen mächtigen Brustkorb unterstützten deutschen Stimme, mit der er auch zu einem Schauspieler oder Ausrufer taugen würde. Aber seine Stimme ist mehr rauh als deutlich. Sein ganzes Gesicht, Augen und Mund erinnern eher an einen Schlachter als an einen Theologen. Im Disputieren ist er hinterlistig und von einer unglaublichen Frechheit.«
Diese Beschreibung seines Auftretens wird Ecks Bedeutung jedoch nicht ganz gerecht. Er gehörte immerhin zu jenen, die Luthers Reformation von Anfang an am stärksten abzuwehren versucht haben. Wie ernst es auch ihm mit einer Reformation der Kirche war, beweist sein eigenes Verhalten, als er sich zum Ende seines Lebens hin zunehmend um die Seelsorge an seinen Ingolstädter Pfarrkindern gekümmert hat.
Rechts oben: Johann Eck (späterer Stich).

Als Luther bei der Leipziger Disputation behauptete, daß das Konstanzer Konzil auch einige wahrhaft christliche Sätze des Jan Hus verdammt habe, da stemmte Herzog Georg von Sachsen seine Ellenbogen in die Seiten und protestierte: »Das walt die Sucht!« Diese Geste charakterisiert ihn. Wegen seines bis an den Gürtel reichenden Vollbarts mit dem Beinamen »der Bärtige« versehen, war Herzog Georg ein konservativer, um die Ordnung auch in der Kirche besorgter und allen Neuerungen abgeneigter Mann. Deshalb hat er auch im Gegensatz zu seinem kursächsischen Vetter, Friedrich dem Weisen, Luther sein Leben lang grimmig bekämpft. Erst nach seinem Tode im Jahre 1539 hat die Reformation auch im Herzogtum Sachsen Eingang gefunden.

Links Mitte: Herzog Georg »der Bärtige« von Sachsen, Gemälde von Lucas Cranach d. Ä.

Die Polemik hat Luther immer wieder in gefährliche Nähe zu Wiclif und vor allem zu Hus gerückt. Ganz abwegig war dies nicht. Von der Leipziger Disputation nach Wittenberg zurückgekehrt, empfing Luther Briefe von zwei tschechischen Geistlichen aus Prag, die ihn als einen der Ihren begrüßten und ihm als Beweis Hus' Schrift »Über die Kirche« schickten. Die Briefe waren übrigens erbrochen und wurden von Hieronymus Emser, dem Hofkaplan Herzog Georgs von Sachsen, gegen Luther propagandistisch verwandt.
Luther selbst schrieb an Spalatin: »Wir alle sind Hussiten, ohne es zu wissen...« Doch hier irrte Luther sich über sich selbst. Trotz mancher punktueller Übereinstimmungen unterschied er sich im Zentralen, in seinem Rechtfertigungsbekenntnis, von Hus' gesetzlichem Biblizismus, den er an den »Schwärmern« gerade scharf bekämpfte.

Unten: Holzschnitt mit den drei Reformatoren John Wiclif, Jan Hus und Martin Luther (erstes Drittel des 16. Jahrhunderts).

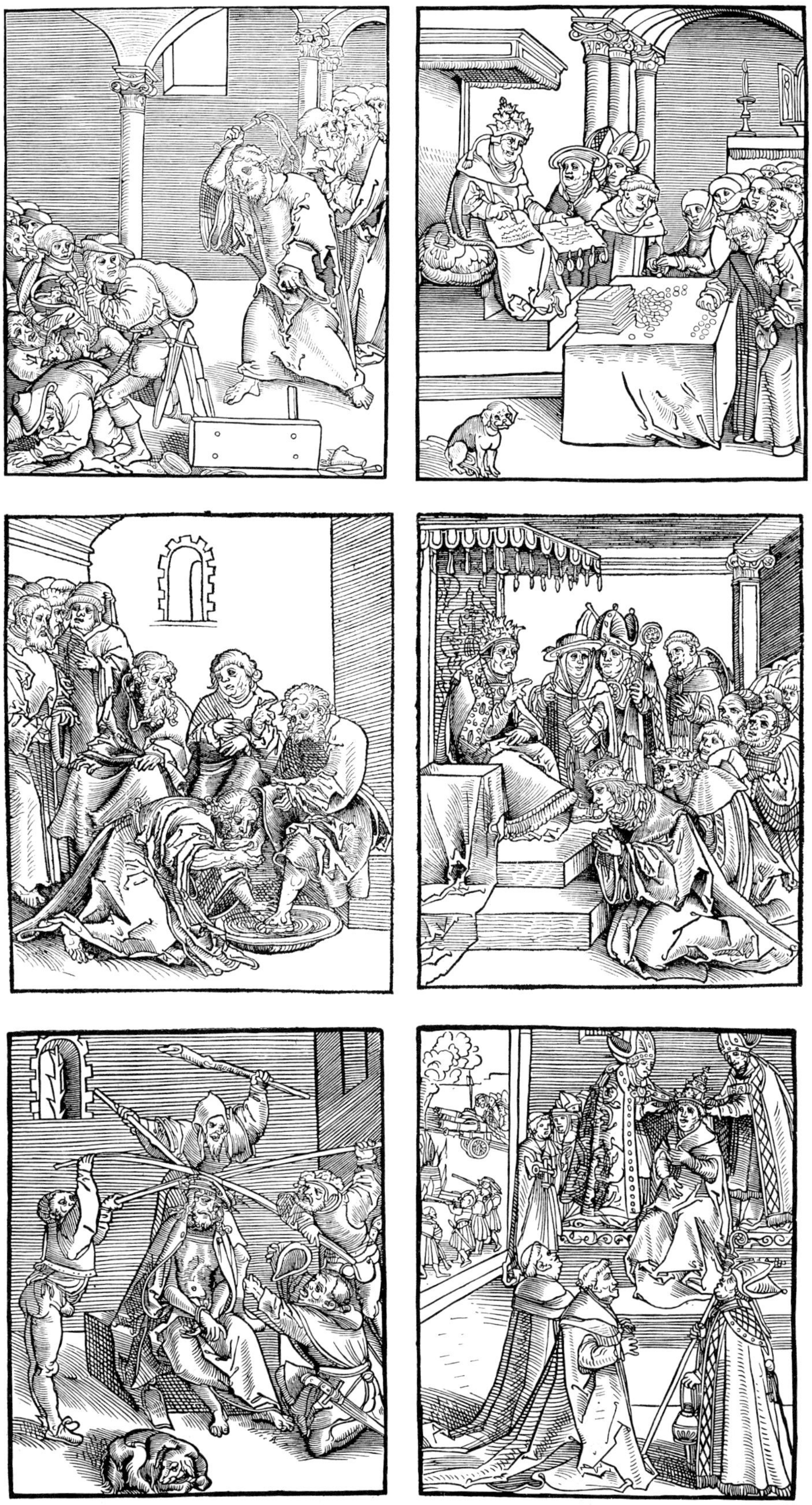

Schon Wiclif und Hus hatten die biblische Weissagung vom Kommen des Antichrist am Ende der Zeiten auf die Kirche ihrer Zeit übertragen, und schon damals wurde der Gegensatz zwischen dem Leben Christi und dem des Papstes karikierend illustriert. Als Luther den römischen Stuhl als den Herrschaftssitz des Antichrist verdächtigte, erschienen sogleich ähnliche Karikaturen. Aus der Werkstatt Lucas Cranachs ging eine Holzschnittserie »Passional Christi und Antichristi« hervor, in der das arme Leben und Leiden Christi und die prunkvolle Lebensführung seines angeblichen Stellvertreters einander gegenübergestellt werden: Während Christus die Wucherer aus dem Tempel treibt, zwingt der Papst sie mit seinen Bullen und Bannbriefen wieder hinein – Während Christus seinen Jüngern die Füße wäscht, läßt der Papst sich seine Füße küssen – Während Christus eine Dornenkrone aufgesetzt wird, trägt der Papst eine dreifache Krone aus Gold.

Von links oben nach rechts unten: Sechs Holzschnitte von Lucas Cranach aus der Serie »Passional Christi und Antichrist« aus dem Jahr 1521 mit Texten von Philipp Melanchthon in der Reihenfolge der oben genannten Gegenüberstellungen.

Luthers Gegner revanchierten sich sofort und stellten ihrerseits den angeblichen Reformator der Kirche als ein Werkzeug des Teufels dar. Er muß hinausposaunen, und zwar nicht durch den Mund, sondern durch die Nase, was der Satan ihm hinterrücks ins Ohr bläst. Oder ein Plakat zeigt, wie Luther zusammen mit den Teufeln ein Gebräu anrührt, aus dem alle Sünden, Laster und Ketzereien der Welt aufsteigen.

Links: »Des Teufels Dudelsack«, Karikatur auf Martin Luther von Erhard Schön (um 1500–1542) aus dem Jahr 1535.

Unten: Spottbild auf Martin Luther: »Das ist des Lothers Ketzers spil/Davon kumbt auffrühr und jammers vill/ Der Gottes dienst ist worden still«. Holzschnitt eines unbekannten Meisters, um 1520.

Bulla contra Errores Martini Lutheri et sequatium.

Die Bannandrohungsbulle gegen Luther beginnt mit den Worten:»Erhebe dich, o Herr, und richte deine Sache... Ein wilder Eber ist in deinen Weinberg eingebrochen« – das Bild entsprach dem Milieu, in dem Papst Leo X. der Entwurf der Bulle in seinem Jagdschloß Magliana, wo er gerade zur Saujagd weilte, vorgelegt worden war. Die Bulle war wie alle Repliken Roms auf Luthers Angriffe theologisch wiederum sehr flüchtig gearbeitet, und es gelang den beiden päpstlichen Nuntien, Johann Eck und Hieronymus Aleander, auch nur schwer, sie in Deutschland

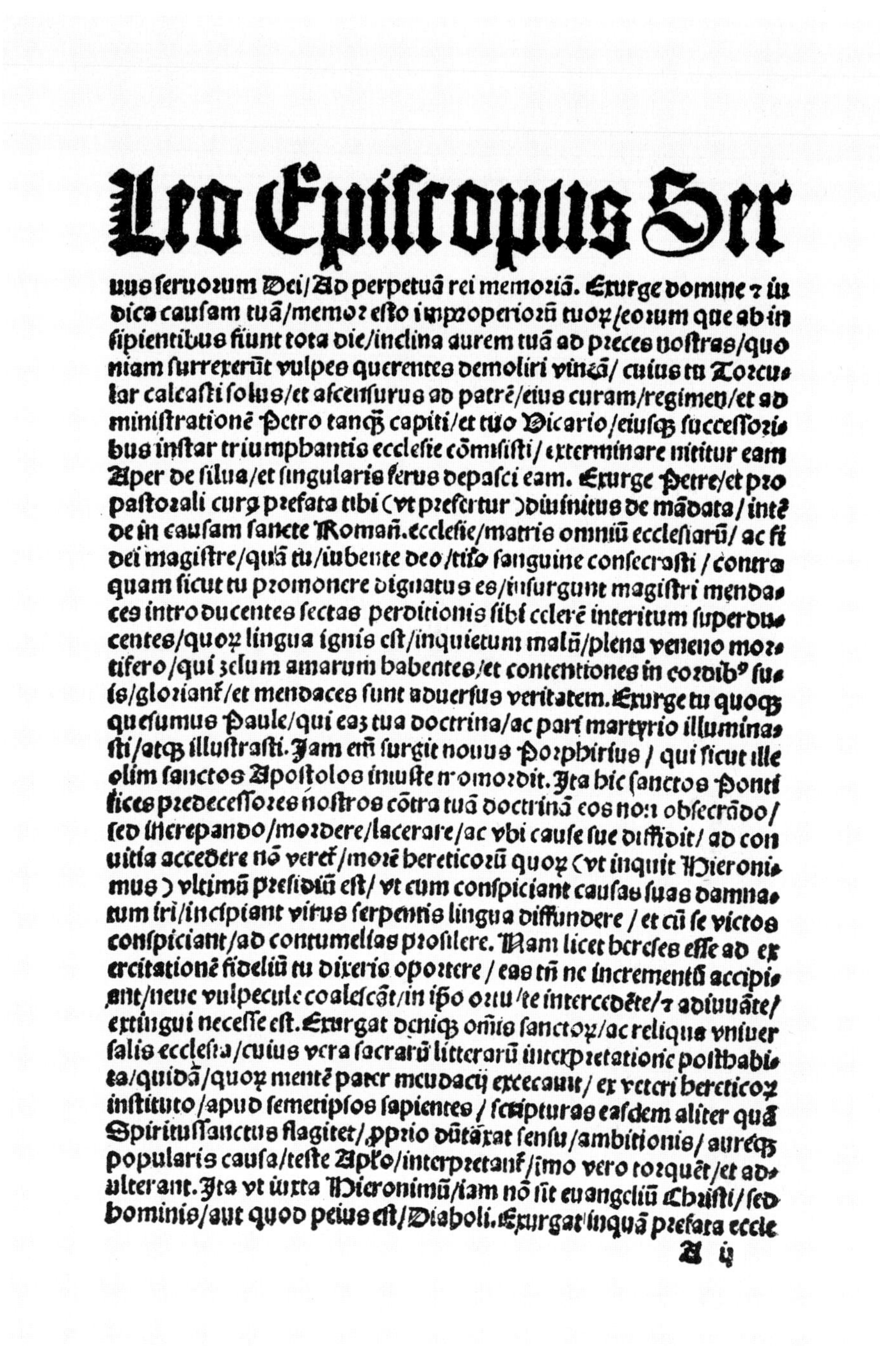

Leo Episcopus Ser
uus seruorum Dei/Ad perpetuã rei memoriã. Exurge domine & iu
dica causam tuã/memor esto improperiorũ tuorum/eorum que ab in
sipientibus fiunt tota die/inclina aurem tuã ad preces nostras/quo
niam surrexerũt vulpes querentes demoliri vineã/ cuius tu Torcu
lar calcasti solus/et ascensurus ad patrẽ/eius curam/regimen/et ad
ministrationẽ Petro tanq̃ capiti/et tuo Vicario/eiusq̃ successori
bus instar triumphantis ecclesie cõmisisti/ exterminare nititur eam
Aper de silua/et singularis ferus depasci eam. Exurge Petre/et pro
pastorali cura prefata tibi (vt prefertur) diuinitus de mãdata/ intẽ
de in causam sancte Romañ. ecclesie/matris omniũ ecclesiarũ/ ac fi
dei magistre/quã tu/iubente deo/tuo sanguine consecrasti / contra
quam sicut tu premonere dignatus es/insurgunt magistri menda
ces introducentes sectas perditionis sibi celerẽ interitum superdu
centes/quorum lingua ignis est/inquietum malũ/plena veneno mor
tifero/qui zelum amarum habentes/et contentiones in cordibus su
is/gloriantur/et mendaces sunt aduersus veritatem. Exurge tu quoq̃
quesumus Paule/qui eam tua doctrina/ac pari martyrio illumina
sti/atq̃ illustrasti. Jam enĩ surgit nouus Porphirius / qui sicut ille
olim sanctos Apostolos iniuste momordit. Jta hic sanctos Ponti
fices predecessores nostros cõtra tuã doctrinã eos non obsecrãdo/
sed increpando/mordere/lacerare/ac vbi cause sue diffidit/ ad con
uitia accedere nõ veretur/more hereticorũ quorum (vt inquit Hieroni
mus) vltimũ presidiũ est/ vt cum conspiciant causas suas damna
tum iri/incipiant virus serpentis lingua diffundere / et cũ se victos
conspiciant/ad contumelias prosilere. Nam licet hereses esse ad ex
ercitationẽ fideliũ tu dixeris oportere / eas tñ ne incrementũ accipi
ant/neue vulpecule coalescãt/in ipso ortu/te intercedẽte/& adiuuãte/
extingui necesse est. Exurgat deniq̃ omnis sanctorum/ac reliqua vniuer
salis ecclesia/cuius vera sacrarũ litterarũ interpretatione posthabi
ta/quidã/quorum mentẽ pater mendacij excecauit/ ex veteri hereticorum
instituto/apud semetipsos sapientes / scripturas easdem aliter quã
Spiritussanctus flagitet/proprio dũtaxat sensu/ambitionis/ aureq̃
popularis causa/teste Aplo/interpretantur/imo vero torquẽt/et ad
ulterant. Jta vt iuxta Hieronimũ/iam nõ sit euangeliũ Christi/sed
hominis/aut quod peius est/Diaboli. Exurgat inquã prefata eccle
A ij

unterzubringen. Eck fühlte sich seines Lebens nicht mehr sicher und suchte Zuflucht im Leipziger Dominikanerkloster. Später ließ er in der Kirche von Ingolstadt eine Votivtafel anbringen, aus Dank dafür, daß er nach der Veröffentlichung der päpstlichen Bulle gegen die lutherische Ketzerei heil und lebendig nach Hause zurückgekehrt war.

Die ersten beiden Seiten der Bannandrohungsbulle Papst Leos X. gegen Martin Luther (Faksimile der lateinischen Originale vom 17. Juli 1520).

Bei der Verbrennungsaktion am 10. Dezember 1520 vor dem Elstertor in Wittenberg trat Luther »zitternd und bebend«, wie er selbst gestand, an das Feuer und warf auch ein Exemplar der gegen ihn gerichteten Bannandrohungsbulle hinein. Dazu sprach er leise, für die Umstehenden kaum verständlich, die Worte: »Weil du den Heiligen (oder die Wahrheit) Gottes verderbt hast, verderbe dich das ewige Feuer!« Die Studenten aber riefen laut: »Amen!« Während sie noch blieben und eine Art Leichenfeier für das kanonische Recht mit anschließendem Umzug veranstalteten, kehrte Luther mit seinen Kollegen sogleich in die Stadt zurück. Die ganze Aktion hatte nur kurze Zeit gedauert, ihr Echo aber wirkte um so länger nach.

Links: Luther verbrennt die päpstliche Bulle (aus L. Rabus, *Historien,* Straßburg, 1556).

Dieses Bild Luthers stammt von dem Titelblatt seiner Schrift »Grund und Ursach aller Artikel D. Martin Luthers, so durch römische Bulle unrechtlich verdammt sind«. Die Taube über Luthers Kopf soll anzeigen, daß er vom Heiligen Geist erfüllt ist, und ihn als Propheten ausweisen, vielleicht sogar an die Gründung der Kirche zu Pfingsten erinnern und Luther somit als Reformator kennzeichnen.

Rechts: Luther als Mönch, zeitgenössischer Holzschnitt, um 1519.

IV.
Reformation

Die Revision einer Tradition schließt stets beides ein: Aneignung und Abstoßung. Dabei besteht die Aneignung nie nur in der Beibehaltung des nicht abgestoßenen Überlieferungsbestandes, sondern immer zugleich auch in seiner neuen überzeugenden Einbindung in die Gegenwart. Revision einer Tradition bedeutet demnach die Erprobung einer einstmals erschlossenen und seitdem überlieferten Wahrheit durch ihre Vergegenwärtigung.

Dies gilt auch für die Reformation. Martin Luther hat – so kann man sagen – am Ausgang des Mittelalters die *fällige zeitgemäße Revision des überlieferten Christentums* vollzogen. Die maßgebende Norm bildete für ihn dabei das »Schriftprinzip«, das heißt die Bibel so, wie er sie für sich selbst als »Gottes Wort« verstand. Er wollte weder eine neue Lehre einführen noch eine neue religiöse Organisation gründen, sondern nur im entschlossenen Rückgriff auf den ehemals reinen göttlichen Ursprung der christlichen Religion, auf das Urchristentum und die Bibel, alle inzwischen hinzugefügten »Menschensatzungen« wieder abtun und so die altgewordene und verdorbene Kirche erneuern.

Beides war ein Mißverständnis seiner selbst, das erste ein produktives, das andere ein tragisches. Luther hat zwar die Kirche wieder so ausschließlich auf die Bibel gegründet wie kaum je einer vor ihm, aber er hat auf die Bibel gehört, als wäre sie in seinen Tagen geschrieben, und sie eben damit, gewollt oder ungewollt, für seine Zeit neu ausgelegt – das ist sein *produktives* Mißverständnis. Und er hat in der Tat keine neue Kirche gründen wollen, sondern nur die vorhandene erneuern; tatsächlich aber ist durch ihn eine neue Kirche entstanden – das war sein *tragisches* Mißverständnis.

Indem Luther stets gleichzeitig beides, das ehemalig Ursprüngliche und das gegenwärtig Mögliche, ins Auge faßte, behielt er »Augenmaß«. Er wollte den Fortbestand der Kirche – darum drängte er auf den Fortgang; aber er haßte das Chaos – darum ging er nicht rücksichtslos, sondern behutsam vor. Er hielt die Mitte zwischen Restauration und Revolution – und eben diese Mitte bedeutet die »Reformation«. So betrachtet, war Luther – trotz des durch ihn bewirkten Umsturzes – ein »Konservativer«.

Wie bei der Renovierung eines Hauses das Fundament unangetastet bleibt, aber mit dem Abbruch des Alten, Brüchigen, wenn auch oft durch Staub und Lärm noch verdeckt, gleichzeitig schon der neue, haltbare Bau sichtbar wird – geradeso hat sich auch Luthers Reformation vollzogen. Während er dem Papst und dem ganzen römischen Kirchensystem kräftig Abbruch tut, verfaßt er gleichzeitig zahlreiche »Erbauungs«-Schriften, meist in deutscher Sprache, als hätte es keinen Prierias in Rom, keinen Cajetan in Augsburg und keinen Eck in Leipzig gegeben. Er nennt sie häufig »Sermone«, was auf die enge Verbindung mit der Predigt hindeutet. Erklärte Sebastian Franck, daß jetzt »Schweigens Zeit« sei, so behauptete Luther in seiner Schrift »An den christlichen Adel« gerade umgekehrt: »Die Zeit des Schweigens ist vergangen, die Zeit zu reden ist kommen.«

Er greift nacheinander so gut wie alle Themen des christlichen Glaubens und Lebens auf: das Vaterunser, die Zehn Gebote, Buße, Beichte, Taufe, Abendmahl, Tröstung im Leiden, Bereitung zum Sterben, Ehe, Wucher und anderes. Natürlich geht es auch in diesen Erbauungsschriften nicht ohne Abbruch ab, aber die Negationen stehen nicht beherrschend im Vordergrund. Die Konstruktion des Künftigen und Neuen überbietet die Destruktion des Alten, Verdorbenen.

Aus dem Gesamtwerk der Jahre 1517 bis 1521 greife ich jene vier Schriften heraus, die sämtlich 1520 entstanden sind und die man als Luthers »reformatorische Hauptschriften« zu bezeichnen pflegt:»Sermon von den guten Werken« (Mai), »An den christlichen Adel deutscher Nation von des christlichen Standes Besserung« (August), »Von der babylonischen Gefangenschaft der Kirche« (September), »Von der Freiheit eines Christenmenschen« (November). Diese Schriften sind nicht als ein bewußt geplantes »reformatorisches Programm« zu verstehen. Aber indem Luther in ihnen seine reformatorische Grunderkenntnis nach allen Seiten hin, in den Bereich der privaten Frömmigkeit und sittlichen Lebenspraxis ebenso wie in den öffentlichen der Kirche, des Staates, der Gesellschaft und der Wirtschaft, entfaltet, ergeben sie zusammengenommen nun doch so etwas wie ein reformatorisches Programm. Entsprechend sind sie auch von allen Schichten der Bevölkerung aufgenommen worden. Neben der Bibelübersetzung, den beiden Katechismen und den Liedern haben sie von allen Veröffentlichungen Luthers die größte und weiteste Wirkung gehabt.

Das Programm: Freiheit!

Den *»Sermon von den guten Werken«* könnte man als eine Art erster »evangelischer Ethik« bezeichnen. In ihm stellt Luther sich dem Vorwurf, daß seine Lehre von der Rechtfertigung des Menschen allein durch den Glauben die guten Werke mißachte und die Menschen zum Pochen auf Gottes Gnade und damit zur Sittenlosigkeit verführe. Formal ist der Sermon eine Auslegung der Zehn Gebote, wobei der Schwerpunkt auf dem Ersten Gebot liegt und dieses dadurch zur Grundlage des Ganzen wird. Auf diese Weise gerät der Sermon von den guten Werken wie von selbst wieder zu einem Buch, das von Anfang bis Ende vom Glauben handelt.

»Das erste und höchste, alleredelste gute Werk ist der

Glaube an Christus«, heißt es sogleich zum Beginn. Damit ist der Glaube nicht als eine höchste Leistung gemeint, etwa im Sinne eines Fürwahrhaltens kirchlicher Glaubenssätze, sondern als das genaue Gegenteil davon: als die Zuversicht allein auf Gott und damit gerade als Verzicht auf alle Selbstrechtfertigung durch irgendwelche frommen, intellektuellen oder sittlichen Leistungen: »Das ist so viel gesagt wie: Dieweil ich allein Gott bin, sollst du auf mich allein deine ganze Zuversicht, Vertrauen und Glauben setzen und auf niemand anders. Denn das heißt nicht einen Gott haben, so du äußerlich mit dem Mund Gott nennest oder mit den Knien und Gebärden anbetest, sondern so du ihm von Herzen trauest und dich alles Guten, aller Gnade und Wohlgefallens von ihm versiehst, es sei in Werken oder Leiden, im Leben oder Sterben, in Liebe oder Leid.«

Diese Sätze über den Glauben erinnern bereits an Luthers berühmteste Definition dessen, was Glaube an Gott heißt, – und zwar im »Großen Katechismus« (1529), gleichfalls in der Auslegung zum Ersten Gebot –, die für die Ohren neuzeitlicher Christen, unter ihnen kein geringerer als Karl Barth, verdächtig nach Ludwig Feuerbach und dessen Projektionsverdacht klingt:»Was heißt einen Gott haben oder was ist Gott? Antwort: Ein Gott heißt das, dazu man sich versehen soll alles Guten und Zuflucht haben in allen Nöten. Also daß einen Gott haben nichts anders ist, denn ihm von Herzen trauen und glauben, wie ich oft gesagt habe, daß alleine das Trauen und Glauben des Herzens machet beide, Gott und Abgott. Ist der Glaube und Vertrauen recht, so ist auch dein Gott recht, und wiederum, wo das Vertrauen falsch und unrecht ist, da ist auch der rechte Gott nicht. Denn die zwei gehören zuhauf, Glaube und Gott. Worauf du nun dein Herz hängest und verlässet, das ist eigentlich dein Gott.«

Mit dem Hinweis auf den Vorrang des Glaubens ist für Luther die Frage nach den guten Werken im Grunde, nämlich von ihrem Grund her, bereits beantwortet: Der Glaube ist »der Werkmeister und Hauptmann in allen guten Werken«; denn vom Glauben allein empfangen die Werke ihre »Gutheit« wie ein Lehen – umgekehrt ist ohne Glauben »den Werken der Kopf ab«. Luther vergleicht das Verhältnis zwischen Glaube und Werken mit dem Verhalten zwischen Mann und Frau in der Ehe: Traut einer dem andern, so tut er ganz von selbst alles für ihn, das Große wie das Kleine, ohne Unterschied – und er tut es voll Lust und ohne viel Nachdenken. Zweifelt aber einer an der Liebe des andern, so strengt er sich absichtlich an, macht Unterschiede und sucht, womit er den andern am ehesten gewinne – und verliert darüber alle Lust oder wird gar zum Narren.

Durch die Spontaneität des Glaubens wird auch die Unterscheidung zwischen besonderen frommen und alltäglichen profanen Werken aufgehoben: Der Glaube tut, »was ihm vorkommt«, und was immer er tut, sei es noch so gering, ist gut, sei es auch nur das Aufheben eines Strohhalms. Umgekehrt macht kein noch so großer Glaube einen Menschen je vollkommen; immer wird es dabei bleiben: »Wir sind Kinder und doch Sünder.«

Die zugleich knappste und treffendste Inhaltsangabe seines »Sermons von den guten Werken« hat Luther selbst in seiner Vorrede zum Römerbrief (1522) gegeben: »O, es ist ein lebendig, geschäftig, tätig, mächtig Ding um den Glauben, daß es unmöglich ist, daß er nicht ohne Unterlaß sollte Gutes wirken. Er fragt auch nicht, ob gute Werke zu tun sind, sondern ehe man fragt, hat er sie getan und ist immer im Tun. Wer aber nicht solche Werke tut, ist ein glaubensloser Mensch, tappt und sieht um sich nach dem Glauben und guten Werken und weiß weder, was Glauben oder gute Werke sind, und wäscht und schwätzt doch viele Worte von Glauben und guten Werken.«

Die Schrift »*An den christlichen Adel deutscher Nation von des christlichen Standes Besserung*« trägt von allen Schriften Luthers noch am ehesten den Charakter eines Reformprogramms – schon der Titel weist darauf hin. Wichtiger jedoch als alle Reformvorschläge, die Luther darin macht, ist ihre theologische Begründung, allem voran der Vorgang selbst, daß er zur »Besserung des christlichen Standes« statt der eigentlich dafür zuständigen kirchlichen Obrigkeit die weltliche aufruft – den »Adel«, wobei er in erster Linie wohl an den Kaiser und die größeren Reichsstände, die Territorialfürsten, gedacht hat. Im Grunde ist es nur ein einziges theologisches Argument, das sich durch die ganze Schrift zieht: die These vom allgemeinen Priestertum aller Gläubigen, begründet aus der Heiligen Schrift und geboten durch die Not der Stunde.

Von den kirchlichen Machtträgern erwartet Luther nicht mehr die allseits ersehnte »Reformation der Kirche an Haupt und Gliedern«. Die »Romanisten«, wie er sie nennt, haben, um sich gegen jede Reform abzuschirmen, drei Mauern um sich gezogen. Sie behaupten:

1. daß die geistliche Gewalt der weltlichen übergeordnet sei;
2. daß der Papst allein das Recht habe, die Schrift auszulegen;
3. daß nur der Papst ein Konzil einberufen dürfe.

Gleich die erste Mauer greift Luther mit seinem Postulat des allgemeinen Priestertums aller Gläubigen so gründlich an, daß dies bei den Angriffen auf die beiden anderen Mauern nur noch variiert wird:»Alle Christen sind wahrhaft geistlichen Standes, allesamt durch die Taufe zu Priestern geweiht.« Eine Unterscheidung ergibt sich nicht aus einer verschiedenen Qualität der Person, sondern allein aus der Verschiedenheit des Amtes. Aber dies bedeutet keinen Unterschied des Ranges, sondern nur des Dienstes:»Was aus der Taufe krochen ist, das mag sich rühmen, daß es schon zum Priester, Bischof und Papst geweiht sei, obwohl nicht einem jeglichen ziemt, solch Amt auszuüben.« Ein Priester übt mithin genauso seinen Beruf aus wie irgendein anderer Handwerker oder Amtsträger. Er besitzt keinen »unzerstörbaren

Charakter«, sondern muß nur durch Begabung und Fähigkeit für den Priesterberuf geeignet sein; wenn er abgesetzt wird, ist er wieder ein schlichter Laie wie zuvor.
Indem Luther den geistlichen Stand seiner bisherigen besonderen Würde entkleidet, spricht er den weltlichen Ständen gleichzeitig neu ihre eigene Ehre und Würde zu. Die Obrigkeit führt mit keinem geringeren Recht das Schwert, und ein Schuster, Schmied oder Bauer tut kein schlichteres Werk als die »Geistlichen«, die das Wort Gottes und die Sakramente austeilen. Sie sind alle gleich nützliche und gleichberechtigte Glieder am Körper der Christenheit. Darum: »Wird ein Priester erschlagen, so liegt ein Land im Interdikt, warum nicht auch, wenn ein Bauer erschlagen wird?«
Gegen die zweite Mauer der »Romanisten«, daß allein der Papst die Schrift auszulegen vermöge, entfaltet Luther seine These vom allgemeinen Priestertum aller Gläubigen dahingehend, daß das »Amt der Schlüssel«, das heißt die Vollmacht, Sünden zu binden und zu lösen, von Christus nicht allein dem Papst, sondern der ganzen Gemeinde anvertraut sei, und daß fromme Christen die Schrift oftmals besser verstünden als der Papst und die Seinen, die häufig genug geirrt hätten.
Die dritte Mauer schließlich, daß nur der Papst ein Konzil einberufen dürfe, überrennt Luther mit seiner Forderung der Einberufung eines »rechten, freien Konzils« – und zwar nun gerade durch die weltliche Obrigkeit, nachdem die geistliche versagt hat und sich gegen ihre eigene Besserung wehrt. Denn in der Stunde der Not muß jeder helfen, wie auch bei einem Feuer jedermann die Pflicht hat zu löschen, auch wenn er vom Bürgermeister nicht eigens dazu beauftragt ist und das Feuer vielleicht gerade dessen Haus ergriffen hat.
Luthers eigene, im ganzen sehr ausgewogene und praktikable Reformvorschläge für das künftige Konzil richten sich auf das Papsttum, auf die Kirche und auf die Gesellschaft. Was das Papsttum betrifft, so lassen sich Luthers Vorschläge zusammenfassen in der Forderung der Preisgabe aller weltlichen Herrschaft, einer größeren Unabhängigkeit der Bischöfe vom römischen Stuhl, ja einer Dezentralisierung der Kirche bis hin in Richtung auf eine deutsche Nationalkirche unter einem eigenen Primas. Für das Leben der Kirche insgesamt fordert Luther alles in allem mehr Einfachheit, Einheit und Freiheit: darum Einschränkung der Meßstiftungen, Wallfahrten und Feiertage, Eingrenzung der kirchlichen Gesetzgebung und Gerichtsbarkeit, zumal in Ehesachen, Freigabe des Zölibats, Zusammenlegung der vielen Bettelorden, Umwandlung der Klöster in Schulen, Aufhebung der Bruderschaften, Verjagung der Ablaßagenten und so fort. In Luthers Reformvorschlägen für die Gesellschaft schließlich kündet sich der künftige – sowohl protestantische als auch katholische – Obrigkeitsstaat an, in dem der christliche Landesherr, väterlich und mit Hilfe von Kirche und Polizei, für die leibliche und seelische Wohlfahrt seiner Untertanen Sorge trägt: deshalb einerseits Armenpflege, Universitätsreform und Einrichtung von Schulen (auch für Mädchen), andererseits Verbot des Wuchers, des Kleiderluxus, der Einfuhr ausländischer Gewürze und des Bordellwesens.
Luthers Schrift fand zu seinem Erstaunen einen ungeheuren Widerhall im ganzen Volk. Er hatte ausgesprochen, was die Deutschen damals mehr oder minder bewußt empfanden, ihren Ärger, Zorn, ja Haß so gut wie ihre Wünsche und Hoffnungen. Selbst Luthers scharfer Gegner, Herzog Georg von Sachsen, der auf den Reichstagen stets besonders kräftig die Beschwerden der deutschen Nation zur Sprache zu bringen pflegte, meldete nach Rom: »Es ist nicht alles unwahr, was darin steht, und auch nicht unnötig, daß es an den Tag komme.«
Das klügste Urteil hat Martin Butzer über Luthers Schrift gefällt, wenn er kurzweg sagt:»Sie enthält Freiheit.« Genau das ist es! Am Ausgang des Mittelalters waren zwei gegenläufige Bewegungen innerhalb der abendländischen Christenheit im Gange: ein vorwärtsdrängendes Laientum, das mündig werden wollte, und im Gegenschlag dazu eine zunehmende Klerikalisierung der Kirche, die die Mündigwerdung gerade zu vereiteln trachtete. In Luthers Schrift, die »von des christlichen Standes Besserung« handelt, wird der Laienstand sowohl religiös als auch weltlich in einer Art Freisprechung für mündig erklärt.
Luther schreibt am Ende seines Aufrufs an den Adel: »Ich acht wohl, daß ich hoch gesungen habe«, und fährt dann sogleich fort:»Wohlan, ich weiß noch ein Liedlein von Rom und von ihnen; jucket sie das Ohr, ich wills ihnen auch singen und die Noten aufs höchst stimmen.« Bereits einen guten Monat darauf sang Luther dieses »Liedlein« gegen Rom.

Luthers dritte reformatorische Hauptschrift trägt den Titel »*Von der babylonischen Gefangenschaft der Kirche. Ein Vorspiel*«. Es ist diesmal eine gelehrte theologische Arbeit – deshalb lateinisch geschrieben und darum auch, über Deutschland hinaus, in Europa verstanden. Sie bedeutete Luthers bisher schärfsten Angriff auf die römische Kirche, der alles Vorangegangene, nicht so sehr im Ton als vielmehr in der Sache, übertraf. Und dabei sollte auch dies nur erst ein »Vorspiel« sein!
Hatte er in seiner Schrift »An den christlichen Adel« die grundsätzliche Unterscheidung zwischen »geistlich« und »weltlich« aufgehoben und damit die hierarchische Ordnung in ihrer Wurzel getroffen, so griff er jetzt die kirchliche Sakramentslehre an und erschütterte damit das gesamte Gefüge der Kirche als sakramentaler Heilsanstalt. Denn die sieben Sakramente waren es vornehmlich, die das göttliche Heil vermittelten; sie begleiteten das Leben der Menschen von der Wiege bis zur Bahre. Das Bild von der Gefangenschaft soll an das Exil des Volkes Israel in Babylon erinnern. Wie Luther in seiner Schrift an den Adel von den drei Mauern spricht, die die Romanisten aufgerichtet haben, so hier von einer dreifachen Gefangenschaft, in der sich die Kirche befindet. Sie betrifft den Sakramentsbegriff insgesamt, vor allem

aber das Abendmahl. Nach Luthers Überzeugung ist das Abendmahl dreifach gefangen:

1. durch die Vorenthaltung des Laienkelchs;
2. durch die Lehre von der Transsubstantiation, das heißt der Wandlung von Brot und Wein in den Leib und das Blut Christi kraft der Vollmacht des Priesters;
3. durch die Auffassung des Abendmahls als ein gutes Werk und ein Opfer.

Luther argumentiert auch hier mit der Unterscheidung zwischen Bibelwort und Menschensatzung. Gemäß der Bibel muß ein Sakrament sich durch zwei Merkmale ausweisen: durch ein ausdrückliches Einsetzungswort Christi und durch ein äußeres Zeichen. Diese beiden Merkmale findet Luther in der Bibel aber nur bei der Taufe und beim Abendmahl. Darum erkennt er auch nur diese beiden als echte Sakramente an und hebt die übrigen fünf und damit die heilige Siebenzahl als Menschensatzung auf. Ob die Buße ein Sakrament ist, darüber ist er sich nicht völlig im klaren; jedenfalls möchte er die Ohrenbeichte aus seelsorgerlichen Gründen beibehalten – sie darf aber nicht zur Tyrannei werden.
Luther nimmt sich in seiner Schrift zwar alle sieben Sakramente vor, seinen Hauptschlag aber führt er gegen die Messe. Sie war von allen sieben Sakramenten das bedeutsamste, Herzstück und Mitte des Kultus, zumindest in der Volksfrömmigkeit häufig magisch verstanden und geübt. Luthers Kritik richtet sich vornehmlich gegen die Auffassung der Messe als ein Gott von Menschen dargebrachtes Opfer. Das trifft seine Rechtfertigungslehre in ihrem Kern; denn das bedeutet die schlimmste Werkerei und Abgötterei. Auch Luther hält an der Realpräsenz Christi im Abendmahl unbedingt fest, was ihm noch viel theologische Mühe bereiten und Streit im eigenen Lager einbringen sollte. Dabei kommt es ihm aber auch im Abendmahl entscheidend auf die Verheißung von seiten Gottes und auf den Glauben von seiten des Menschen an, weshalb auch die Einsetzungsworte Christi vom Priester nicht leise gemurmelt, sondern laut gesprochen werden sollen. Die Elemente Brot und Wein sind nur die das Wort begleitenden Zeichen. Damit erhält das Wort den gleichen Rang wie das Sakrament. Im Grunde gibt es für Luther überhaupt nur ein einziges Sakrament – das ist Christus selbst.
Luthers Schrift »Von der babylonischen Gefangenschaft der Kirche« schlug ein – anders kann man es kaum ausdrücken. Kaiser Karls V. Beichtvater Jean Glapion, fühlte sich, als er sie las, wie mit einer Peitsche vom Kopf bis zu den Füßen durchgeschlagen. Man war bereit, Luther vieles nachzusehen – nicht aber seinen Angriff auf die Sakramente. Und das war verständlich. Mit dem Angriff auf die Sakramente, auf das Meßopfer zumal, hat Luther die römische Kirche ins Herz getroffen. Das ging an ihren Bestand. Einmal an den Stand des Priesters: Wenn das Heil nicht mehr durch die Sakramente vermittelt wird, dann verliert der Priester damit seine Mittlerstellung und wird aus einem Spender der Sakramente zum Prediger des Wortes – und dann kann er auch heiraten. Zum anderen ging es aber auch an die finanzielle Basis der Kirche, denn mit den Meßstiftungen verlor sie nicht nur eine ihrer Haupteinnahmequellen, sondern mußte zudem womöglich auch noch Gehälter für die verheirateten Pfarrer zahlen.
Seitdem gibt es in der Beziehung zwischen Protestanten und Katholiken die Kommunion nur noch als umstrittene »Interkommunion«. Und das ist der Punkt, an dem das unterschiedliche theoretische Kirchen- und Amtsverständnis Roms und Wittenbergs praktiziert wird und die Gläubigen es leibhaft zu spüren bekommen.

Fast könnte es nach Absicht aussehen, daß Luther auf seine Schrift »Von der babylonischen Gefangenschaft der Kirche« als nächste die »*Von der Freiheit eines Christenmenschen*« folgen ließ. In ihr weht eine andere Luft. Es ist die frömmste unter Luthers reformatorischen Schriften, in der Tat, wie er in seiner Widmung an Papst Leo X. schreibt, »ein klein Büchlein, so das Papier angesehen, aber doch die ganze Summe eines christlichen Lebens darin begriffen, so der Sinn verstanden wird«.
Luther stellt zwei »Leitsätze« voran:»Ein Christenmensch ist ein freier Herr über alle Dinge und niemand untertan. – Ein Christenmensch ist ein dienstbarer Knecht aller Dinge und jedermann untertan.« Diese paradoxe Doppelthese birgt Grundthema und Grundstruktur aller Theologie Luthers in sich: die Unterscheidung zwischen Gebot und Verheißung Gottes, zwischen Gesetz und Evangelium. Wie gehen die beiden »widerständigen« Sätze von der gleichzeitigen Freiheit und Knechtschaft des Menschen zusammen?
Luther bedient sich einer geläufigen Unterscheidung der deutschen Mystik: Jeder Christenmensch ist von zweierlei Natur – nach der Seele ein geistlicher, innerlicher Mensch, nach dem Fleisch ein leiblicher, äußerlicher Mensch. Der inwendige, geistliche Mensch ist frei allein durch den Glauben, ohne alle Werke. Wie das Eisen durch seine Vereinigung mit dem Feuer glühend wird, so auch die Seele durch den Glauben an das Wort Gottes, an seine Zusage der Vergebung.
Gar nicht genug Bilder und Eigenschaftswörter kann Luther häufen, um die Freiheit des inneren, geistlichen Menschen zu preisen: Er ist ein Herr, König und Priester, allmächtig, fröhlich, lustig und selig. Ihren Höhepunkt findet Luthers Beschreibung in dem gleichfalls aus der Mystik stammenden Bild von der Verlobung der Seele mit Christus als dem Bräutigam, wobei den Brautring der Glaube bildet:»Ist nun das nicht eine fröhliche Wirtschaft, da der reiche, edle, fromme Bräutigam Christus das arme, verachtete, böse Hürlein zur Ehe nimmt und sie entledigt von allem Übel, zieret mit allen Gütern?« Alle Freiheit des Christenmenschen hängt allein am Glauben: Glaubst du, so hast du; glaubst du nicht, so hast du nicht – jeder hat immer nur so viel von Gott und also Freiheit, wie er glaubt!
Wo aber der Glaube einen Menschen freimacht, dort stellen sich die Werke von selbst ein. Denn wie die Per-

son ist, so ist auch ihr Werk:»Gute, fromme Werke machen nimmermehr einen guten, frommen Mann, sondern ein guter, frommer Mann macht gute, fromme Werke.« Und so wird der Christenmensch gerade als ein freier Herr zum dienstbaren Knecht aller Dinge und jedermann untertan! Er zähmt seinen Leib und stellt ihn in den Dienst für den Nächsten. Darin dient Christus ihm als Vorbild. Dem Höhepunkt im ersten Teil des Traktats, der Verlobung der Seele mit Christus als Bräutigam, entspricht im zweiten Teil die Angleichung des Christen an Christus in seiner Knechtsgestalt: Wie Christus um der Menschen willen zum Knecht geworden ist, geradeso soll auch der Christ seinen Nächsten ein Christus sein.

So löst sich die paradoxe Doppelthese vom Beginn der Schrift an ihrem Ende in dem »Beschluß« auf:»Ein Christenmensch lebt nicht in sich selbst, sondern in Christus und seinem Nächsten, in Christus durch den Glauben, im Nächsten durch die Liebe. Durch den Glauben fähret er über sich in Gott, aus Gott fähret er wieder unter sich durch die Liebe und bleibt doch immer in Gott und göttlicher Liebe.«

Man hat Luthers Freiheitsbegriff als Rückzug in die Innerlichkeit charakterisiert und ihn damit zugleich kritisiert. Doch wer dies behauptet, reißt auseinander, was Luther gerade zusammenzuhalten trachtet. In der Tat liegt für Luther der Grund aller wahren Freiheit des Menschen allein in seiner Bindung an Gott (Theonomie); aber gerade diese Bindung befreit ihn zur Weltüberlegenheit, nicht indem er die Welt passiv sich selbst überläßt, sondern indem er sie aktiv, selbstlos und selbständig zugleich, in seine Verantwortung nimmt (Autonomie). Das ist eine zeitgemäße Botschaft: Um das zeitgenössische, manchmal schon reichlich modische Streben nach »Selbstverwirklichung« zu erfüllen, reicht Psychologie nicht aus; dazu bedarf es des Glaubens und der Liebe – und das heiße ich »Theologie«.

Zieht man aus Luthers vier reformatorischen Hauptschriften und seinen Schriften der Jahre 1519/20 insgesamt die Bilanz, so läßt sie sich am treffendsten mit einer gelegentlichen Selbstaussage Luthers über seine geschichtliche Wirkung wiedergeben: Er habe das Evangelium neu ans Licht und die weltlichen Stände wieder zu Ehren gebracht. Genau dies beides ist ineins in jenen Schriften geschehen. Luther hat in ihnen seinen neuen religiösen Ansatz in ständiger Orientierung an der Bibel sowohl theologisch vertieft als auch in Richtung auf die Kirche und die weltlichen Lebensbereiche ausgeweitet. Durch diese Ausweitung haben sich die beiden Strömungen spätmittelalterlicher Kritik an der Kirche – die Forderung einer bloßen äußeren und einer tieferen inneren Reform – wie von selbst zu einem neuen Gesamtverständnis des Christentums vereinigt. Dabei gingen wiederum Verinnerlichung und Vereinfachung ganz von selbst Hand in Hand. Martin Butzers Urteil über Luthers Schrift »An den christlichen Adel« läßt sich auch auf alle anderen ausdehnen: Sie enthalten Freiheit!

Diese Emanzipation aber bedeutet keine Säkularisierung im Sinne der späteren Aufklärung, sondern eher eine neue Verchristlichung der Welt an Stelle ihrer bisherigen Klerikalisierung, denn sie kam unter anderem ja gerade dadurch zustande, daß Luther auch die weltliche Obrigkeit, ja das gesamte Laientum zu einem »geistlichen Stande« erklärte. Dennoch hat Luther, ohne es zu wollen, den Zusammenbruch der bereits brüchig gewordenen christlich-abendländischen Einheitskultur zugleich beschleunigt. Beides – die Darstellung der neuen christlichen Freiheit und das Zerbrechen der alten kirchlich-weltlichen Einheit – trat auf dem Reichstag zu Worms wie in einem historischen Kolossalgemälde sichtbar in Erscheinung.

In Worms vor Kaiser und Reich

Eigentlich hätte auf Roms Bannfluch gegen Luther gemäß dem bestehenden Reichsrecht unverzüglich die Reichsacht folgen müssen. Daß dies nicht geschah, zeigt, wie weit die Dinge schon gediehen waren. Der päpstliche Nuntius Hieronymus Aleander meldete in einer seiner aufschlußreichen, bisweilen freilich übertreibenden Depeschen nach Rom:»Die Deutschen haben die Überzeugung gewonnen, daß sie auch im Widerspruch mit dem Papst gute Christen sein könnten und daß auch der katholische Glaube dabei bestehen könne.«

Statt über Luther sogleich die Reichsacht zu verhängen, wurde zwischen Kaiser Karl V. und Kurfürst Friedrich dem Weisen darüber verhandelt, ob der gebannte Ketzer auf dem *Reichstag in Worms* erscheinen und gehört werden solle. Es war ein monatelanges zähes Ringen, in das auch die Politik wieder kräftig hineinspielte. Aleander versuchte den Kaiser von dem Plan, Luther vor den Reichstag zu laden, auf jeden Fall abzubringen und statt dessen ein strenges Mandat gegen ihn durchzusetzen: Ein weltliches Tribunal habe kein Recht, einen von Rom bereits verurteilten Ketzer noch einmal anzuhören, sondern nur noch die Pflicht, das über ihn gesprochene Urteil zu vollstrecken.

Dagegen vertrat der Kurfürst, sich wie stets streng neutral gebend, den Standpunkt, es sei nur billig, Luther vor einer endgültigen Verurteilung noch einmal die Gelegenheit zur Verteidigung zu bieten. Er konnte sich dabei auf die Wahlkapitulation des jungen Kaisers berufen, in der dieser unterschrieben hatte, daß niemand ohne Untersuchung und Verhör geächtet und kein Deutscher zu einem Gerichtsverfahren außerhalb Deutschlands genötigt werden dürfe. Der Kaiser schwankte zwischen Zusage und Ablehnung, je nachdem, wie es gerade um seine politische Beziehung zu Rom beziehungsweise um Roms politisches Schwanken zwischen Habsburg und Frankreich stand. Schließlich stimmte er der Vorladung Luthers nach Worms zu, ließ aber gleichzeitig auch die Arbeit am Mandat gegen ihn fortsetzen.

Die Reichsstände rieten zur Rücksichtnahme auf die Stimmung des »gemeinen Mannes«. Sie fürchteten eine Empörung, falls Luther ungehört verurteilt würde, und

sie schienen recht damit zu haben. Aleander beschrieb, wenn auch vielleicht wieder übertrieben, die Stimmung so:»Ganz Deutschland steht in hellem Aufruhr. Neun Zehntel erheben den Schlachtruf›Luther‹, und für das übrige Zehntel heißt die Losung wenigstens ›Tod dem römischen Hof! ‹ Alle aber verlangen nach einem Konzil, das in Deutschland abgehalten werden soll.«
Am Ende einigte man sich auf den Kompromiß, Luther unter Zusicherung freien Geleits vor den Reichstag zu laden – zur »Erkundigung« über seine Lehre und Bücher, wie es unbestimmt hieß. Gleichzeitig mit dieser Vorladung wurde aber auch das Mandat gegen Luther fertiggestellt, das ihn bereits als verurteilt betrachtete und die Beschlagnahmung seiner Bücher anordnete.
Man hat Luthers Reise nach Worms oft als einen »Triumphzug« durch Deutschland bezeichnet und entsprechend geschildert. Und das war sie in der Tat. Überall strömte das Volk ihm begeistert zu und, wohin er kam, wurde er von den Honoratioren feierlich begrüßt und hoch geehrt. Aber man sollte darüber nicht vergessen, daß Luther selbst unterwegs vor allem immer wieder gepredigt hat und daß es auch ein Zug in den Triumph des Martyriums hätte werden können. In Weimar erfuhr Luther von dem kaiserlichen Mandat gegen seine Bücher, auch daß er nur zum Widerruf vorgeladen sei – und war darüber erschrocken. In Eisenach erkrankte er schwer an einer Darmgrippe und schleppte sich noch bis Frankfurt damit herum. In Oppenheim überbrachten ihm Hutten und Butzer, als Mittelsmänner des kaiserlichen Beichtvaters Glapion, gutgläubig eine nicht ganz durchsichtige Einladung zu einem internen Gespräch auf Sickingens Ebernburg, wodurch er jedenfalls von seinem Weg nach Worms abgelenkt worden wäre. Schließlich ließ ihn auch noch sein Kurfürst selbst durch Spalatin warnen, nicht zu kommen, weil er ihn nicht mehr schützen zu können meinte. Aber durch alle diese Hindernisse ließ Luther sich nicht von seinem Weg nach Worms abbringen:»Ich will nach Worms, und wenn dort soviel Teufel wären wie Ziegel auf den Dächern.«
Am 16. April vormittags traf Luther in Worms ein. Am Tag darauf stand er, der gebannte Mönch, »vor Kaiser und Reich«. Das erste Verhör fand gegen Abend in der engen Hofstube der bischöflichen Pfalz statt. Die Verhandlung wurde von dem Trierer Offizial, Dr. Johann von der Eck(en), geleitet, der nicht gerade als ein Sympathisant Luthers gelten konnte. Nach einer kurzen Einleitungsrede eröffnete er das Verhör damit, daß er Luther – zuerst lateinisch, sodann deutsch – zwei Fragen stellte: ob er sich zu den hier vor ihm liegenden Büchern bekenne, und ob er sie ganz oder teilweise zu widerrufen bereit sei. Der vom sächsischen Kurfürsten Luther als Rechtsbeistand beigegebene Dr. Schurff verlangte laut, zunächst die Titel zu verlesen. Nachdem dies geschehen war, antwortete Luther mit leiser, bedrückter Stimme. Er bekannte sich zu den vorliegenden Büchern als den seinen, bat sich jedoch, was seine Stellungnahme zu ihrem Inhalt betreffe, eine Bedenkzeit aus, da es sich dabei um den Glauben, das Seelenheil und das göttliche Wort handle und es darum gefährlich sei, hier unbedacht zu antworten und womöglich Christus zu verleugnen. Nach kurzer Beratung wurde ihm, wenn auch unwillig, eine Bedenkzeit bis zum andern Tag gewährt, mit der Auflage, seine Antwort dann nicht schriftlich, sondern mündlich vorzutragen.
Am nächsten Tag, dem 18. April, fand dann jener berühmte Auftritt Luthers statt, den man zu Recht eine »weltgeschichtliche Stunde« genannt hat. Wieder begann die Sitzung des Reichstags nach zweistündigem Warten erst um 6 Uhr abends, diesmal aber nicht in der engen Hofstube, sondern im großen Saal der Pfalz, der dennoch so überfüllt war, daß selbst einige Fürsten stehen mußten. Luther hatte sich gut vorbereitet, gab sich diesmal auch freier und sprach mit kräftigerer Stimme. Auf die vom Vortag wiederholte Frage, ob er von seinen Büchern etwas zu widerrufen gedenke, antwortete Luther nicht ungeschickt, indem er sie in drei unterschiedliche Gruppen teilte: in erbauliche Schriften, die allgemein, von Freund und Feind, als fromm, nützlich und lesenswert anerkannt seien – in Kampfschriften gegen das Papsttum, dessen gottloser Tyrannei jeder Christ um des Evangeliums willen zu widerstehen habe – schließlich in theologische Streitschriften gegen Einzelpersonen, deren manchmal scharfen Ton er zwar bedaure, zu deren Inhalt er sich aber bekenne, es sei denn, man widerlegte seine angeblichen Irrtümer durch die Heilige Schrift. Dann sei er sofort bereit, sie zu widerrufen und seine Bücher selber als erster zu verbrennen. Dem Vorwurf, durch das Festhalten an seiner Meinung die Einheit der Kirche zu gefährden, begegnete Luther mit der Erinnerung an das von ihm auch sonst gern zitierte Wort Christi, daß er nicht gekommen sei, den Frieden zu bringen, sondern das Schwert. Anders würde Gottes Gericht über die deutsche Nation hereinbrechen und noch weit größeres Unheil entstehen, wie viele Beispiele aus dem Alten Testament zeigten, denn:»Gott muß man fürchten.«
Auf eine Disputation darüber, was schriftgemäß sei, wollte und konnte sich der Reichstag nicht einlassen und verlangte von Luther daher jetzt ein eindeutiges Ja oder Nein. Darauf gab Luther seine berühmte klare Antwort: »Weil denn Eure Majestät und Eure Gnaden eine schlichte Antwort begehren, so will ich eine solche ohne Hörner und Zähne geben. Wenn ich nicht durch Zeugnisse der Schrift oder durch klare Vernunftgründe widerlegt werde – denn ich glaube weder dem Papst noch den Konzilien allein, da es am Tage ist, daß sie des öfteren geirrt und sich selber widersprochen haben –, so bin ich durch die von mir angeführten Schriftworte überwunden und mein Gewissen gefangen durch Gottes Wort. Daher kann und will ich nichts widerrufen, weil es weder sicher noch heilsam ist, etwas gegen das Gewissen zu tun. Gott helfe mir. Amen.« Die Worte »Hier stehe ich, ich kann nicht anders« hat Luther zwar nicht gesprochen, aber sie bezeichnen genau seinen Standpunkt.

Danach wollte der Offizial noch fortfahren, mit Luther zu streiten, aber der Kaiser winkte ab, und Luther wurde vom Reichsherold hinausgeführt. Als er in seine Herberge zurückkehrte, warf er die Hände hoch, wie die Ritter oder Landsknechte nach dem Sieg, und rief:»Ich bin hindurch, ich bin hindurch!«

Luthers Auftritt vor Kaiser und Reich in Worms wird gern als ein symbolischer Akt für die Begründung der neuzeitlichen Gewissensfreiheit verstanden. Diese Deutung aber will wohlbedacht sein. Auf ihr Gewissen haben sich Christen auch schon vorher berufen, und das Gewissen gilt seit je, auch in der römischen Kirche, als höchste Instanz – sonst gäbe es in der Kirchengeschichte nicht so viele Märtyrer und Ketzer! Vor allem aber begründet Luther seine Gewissensfreiheit in dem knappen Schlußwort dreimal ausdrücklich mit seiner persönlichen Bindung an Gottes Wort – und Gottes Wort stand für ihn deutlich und eindeutig in der Bibel geschrieben. Was aber nun, wenn andere in der Bibel zwar gleichfalls Gottes Wort fanden, sie aber, eben um ihres Gewissens willen, anders auslegen zu müssen meinten, wie noch zu Luthers Lebzeiten und vor allem danach in den theologischen Streitigkeiten um Luthers eigene Lehre geschehen?

Doch auch die Aufklärung kann sich nur mit Vorbehalt auf Luthers Schlußwort in Worms berufen, denn die darin genannten »klaren Vernunftgründe« sind von ihm selbstverständlich »systemimmanent«, das heißt unter der Autorität der Heiligen Schrift stehend verstanden worden. Aber wenn Luther die »Subjektivität« auch nicht im neuzeitlichen Sinn ausdrücklich begründet hat, so hat sie sich durch ihn doch angekündigt und seitdem unaufhaltsam durchgesetzt – und den Kirchen Angst gemacht, wobei es sich durchaus um eine »ökumenische« Angst handelt. Gegenüber der angeblichen oder tatsächlichen Gefahr der Subjektivität gibt es nur zwei Möglichkeiten: Entweder ein unfehlbares Lehramt oder Toleranz – nicht im Sinne einer fahrlässigen Gleichgültigkeit gegenüber der Wahrheitsfrage, sondern im gemeinsamen Wettstreit um die Wahrheit durch »Erweise des Geistes und der Kraft«.

Nach seinem öffentlichen Auftritt vor dem Reichstag hatte Luther gemeint, »hindurch« zu sein, aber die nichtöffentlichen Verhandlungen in den folgenden Tagen sollten für ihn noch bedrängender werden. Sogleich am nächsten Morgen beschied der Kaiser die Reichsstände zu sich und ließ ihnen eine eigenhändig niedergeschriebene Erklärung vorlesen. Sie mußte sich für die Fürsten wie ein Gegenstück zu Luthers Bekenntnis am Vortag anhören. Karl V. bekennt sich darin mit starken Worten zum katholischen Glauben seiner Vorgänger, den alle Christen seit mehr als tausend Jahren bewahrt hätten und den ein einzelner Mönch jetzt dreist bestreite, als ob sich alle anderen im Irrtum befunden hätten. Er bedauert, nicht schon eher gegen Luther und dessen falsche Lehre vorgegangen zu sein, und teilt seinen festen Entschluß mit, gegen ihn, nach Ablauf des freien Geleits, nunmehr wie gegen einen notorischen Ketzer zu verfahren. Pathetisch, aber gewiß aufrichtig bekundet er sein persönliches Engagement:»Ich habe beschlossen, in dieser Sache alle meine Staaten, meine Freunde, mein Leib und mein Blut, mein Leben und meine Seele einzusetzen.« Zum Schluß fordert er die Fürsten auf, sich gleichfalls als wahre Christen zu erweisen.

Die Erklärung des Kaisers blieb auf die versammelten Reichsstände nicht ohne Eindruck. Wenn sie, schon wenig später, dennoch in ihn drangen, Luther noch einmal durch einige Gelehrte verhören zu lassen, um ihn vielleicht doch noch zum Widerruf zu bewegen, so geschah dies wohl vornehmlich, weil man keinen Rat wußte, wie der schon so weit gediehene Handel anders weitergehen sollte. Zu diesem nochmaligen Ausgleichsversuch der Fürsten mochte auch wieder die Furcht vor einem möglichen Aufruhr beigetragen haben. Denn in der Stadt Worms herrschte eine große Unruhe, und nächtens taten sich seltsame Dinge. Drohungen wurden verbreitet, in Plakaten, Flugzetteln und Briefen. Was wirklich dahinter steckte, blieb im Dunkeln, aber gerade deshalb wirkte das Ganze um so bedrohlicher. Der Kaiser ließ sich dadurch nicht schrecken, sondern hielt an seinem Entschluß fest. Er will mit dem Ausgleichsversuch der Fürsten nichts zu tun haben, gewährt ihnen jedoch dafür noch drei Tage Frist.

Eine reichsständische Sonderkommission wurde gebildet, bestehend aus Theologen, Fürsten und Juristen. Die Wortführer waren der Trierer Erzbischof Richard von Greiffenklau und der badische Kanzler Hieronymus Vehus. Auf diese Weise wurde aus dem Luther zunächst nur zugebilligten Verhör oder gar nur Widerruf nun doch noch ein Gespräch. Es gab in zwei Tagen mehrere Verhandlungsrunden mit wechselnden Gesprächspartnern, dazu auch private Unterredungen unter vier Augen. Insgesamt wurde zwar hartnäckig, aber, von wenigen Drohungen abgesehen, freundlich verhandelt. Doch gerade darum waren die Gespräche für Luther besonders zermürbend. Er litt unter der Last der Verantwortung, daß durch ihn eine Spaltung der Kirche, womöglich gar Aufruhr und Krieg entstehen könnten. Trotzdem erklärte er sich weder bereit, sich dem Urteil des Kaisers und der Reichsstände, also einer nichtrömischen Instanz, zu unterwerfen noch seine Sache einem Konzil zu unterbreiten. Gegenüber allen, gewiß redlich gemeinten, Ausgleichsversuchen berief er sich unerschütterlich auf sein Gewissen: Allein die Schrift darf Maßstab sein! Damit hielt er an der von ihm von Anfang an eingeschlagenen und auch in seiner Rede vor dem Reichstag vertretenen Linie fest. Und so blieben die Gespräche ohne Ergebnis; ein Kompromiß kam nicht zustande. Was die Zukunft betraf, konnte Luther nur an den Rat Gamaliels aus der Apostelgeschichte erinnern: »Ist das Werk von den Menschen, so wird's untergehen; ist es aus Gott, so werdet ihr's nicht dämpfen können!«

Am Abend des 25. April erhielt Luther vom Kaiser den

Befehl zur Abreise, und am nächsten Morgen verließ er Worms – und verschwindet von der Bildfläche. Auch die Fürsten begannen abzureisen, so daß nur noch ein Rumpf-Reichstag übrigblieb. Dennoch wurde das Edikt gegen Luther ausgearbeitet und am 26. Mai feierlich vom Kaiser unterzeichnet, freilich zurückdatiert auf den 8. Mai, um es noch durch die Mehrheit des Reichstags gedeckt erscheinen zu lassen. In dem Wormser Edikt wird Luther als »ein von Gottes Kirche abgetrenntes Glied erkannt« und die Reichsacht über ihn verhängt. Niemand darf ihn »hausen, höfen, atzen, tränken«. Wer zuwiderhandelt, verliert sein Hab und Gut. Überdies werden alle Schriften Luthers bei Strafe verboten und alle irgendwie den christlichen Glauben und die Kirche betreffenden Publikationen jeglicher Art einer bischöflichen Zensur unterworfen.

Das Wormser Edikt wurde zur reichsrechtlichen Grundlage der Gegenreformation. Wieder einmal schien Luthers Schicksal besiegelt zu sein. Nur – der Kaiser verließ, in seine außenpolitischen Angelegenheiten verstrickt, sogleich für fast zehn Jahre Deutschland und konnte sich daher um die Durchführung des Edikts nicht kümmern. Luther selbst aber befand sich bereits in Sicherheit.

Auf der Wartburg: Gottes Wort deutsch

Auf der Rückreise von Worms war Luther in einem vorgetäuschten Überfall im Wald bei Eisenach gefangengenommen und auf die Wartburg gebracht worden. Das war zwar nach dem Willen des Kurfürsten, aber angeblich ohne sein Wissen geschehen. Luther selbst hatten die kurfürstlichen Räte in ihren geheimen Plan ungefähr eingeweiht. Schon von unterwegs schrieb er an Lucas Cranach: »Ich lasse mich eintun und verbergen, weiß selbst noch nicht wo.«

Luthers *Aufenthalt auf der Wartburg* war eine Zeit der Stille und Sammlung. Aber gar zu plötzlich war er nach den Aufregungen der letzten Tage, Monate, ja Jahre in die Abgeschiedenheit geraten – »da war ich ferne von allen Leuten.« Die erzwungene Einsamkeit stürzte ihn zunächst in neue Anfechtungen, fast wie einst in seiner Klosterzelle. Auf der einen Seite überfielen ihn Zweifel, ob er allein weise sei und ob nicht vielleicht er sich im Irrtum befinde und dadurch viele andere mit in die ewige Verdammnis gerissen habe. Auf der anderen Seite wiederum warf er sich vor, in Worms zu viel nachgegeben zu haben. Dann wieder bezichtigte er sich der Trägheit und Trunksucht, der Faulheit und Völlerei. Und wie immer schlugen seine seelischen Anfechtungen auch diesmal bis ins Körperliche durch. Bis an die Grenze des Erträglichen hatte er an Verdauungsstörungen und Schlaflosigkeit zu leiden. Für Luther waren das alles listige Angriffe des Teufels – nachts hörte er ihn in der sturmumwehten Burg rumoren. Mit dem Tintenfaß hat er freilich nicht nach ihm geworfen, dafür aber mit Beten und Arbeiten sich gegen ihn gewehrt.

Entgegen allen Selbstanklagen hat Luther in seinem Versteck auf der Wartburg konzentriert gearbeitet und seine öffentliche Wirksamkeit ohne Unterbrechung fortgesetzt. Und so berichtet derselbe Luther, der sich des Müßiggangs bezichtigt, zugleich von sich: »Ich habe hier viel und gar keine Muße, lerne Griechisch und Hebräisch und schreibe ohne Unterlaß.« Er verfaßt eine Reihe seelsorgerlicher Schriften, darunter als schönste die Auslegung des »Magnifikat«, des Lobgesanges der Maria, schreibt seine einzige einigermaßen systematische Darstellung seiner Rechtfertigungslehre, legt sich wegen des Ablaßhandels noch einmal mit Albrecht von Mainz an, als dieser in Halle seinen Reliquienschatz ausstellen will, und begleitet vor allem die Vorgänge in Wittenberg, wo man die Reformation jetzt in die tägliche kirchliche Praxis umzusetzen beginnt, mit seinen Briefen und Schriften.

Den Kern all seiner theologischen Arbeit aber bildete für Luther während der Wartburgzeit die unmittelbare Beschäftigung mit dem Bibeltext. Das geschah auf zweierlei Weise: einmal durch die Herausgabe der deutschen Kirchenpostille und sodann vor allem durch die Übersetzung des Neuen Testaments.

Die Kirchenpostille enthält Auslegungen der Evangelien und Episteln der Advents- und Weihnachtszeit, und zwar im Stil der »Homilie«, das heißt am jeweiligen Bibeltext entlanggehend. Es handelt sich dabei nicht um Predigtmuster, sondern eher um Anleitungen zur Meditation und Erbauung für die Pfarrer. Luther hat das begonnene Werk selbst nicht fortgesetzt, sondern später seine Predigten dafür von anderen bearbeiten lassen. Obwohl zunächst vornehmlich für den Gebrauch der Pfarrer gedacht, ist die Postille zu einem klassischen Erbauungsbuch auch für Laien geworden.

»O daß Gott wollt, daß mein und aller Lehrer Auslegung untergingen und ein jeglicher Christ selbst die bloße Schrift und das lautere Gotteswort vor sich nähme!«, schreibt Luther in der Kirchenpostille. Dazu hat er selbst durch nichts so sehr beigetragen wie durch seine *Übersetzung der Bibel ins Deutsche.* Er hat auf der Wartburg mit der Übersetzung des Neuen Testaments begonnen und brachte sie von dort schon fertig nach Wittenberg mit, wo sie im September 1522 erschien. Die Übertragung des Alten Testaments ins Deutsche erwies sich als schwieriger und dauerte länger. Die »Ganze Heilige Schrift deutsch« erschien zum erstenmal 1534.

In seinem 1530 auf der Veste Coburg geschriebenen »Sendbrief vom Dolmetschen« hat Luther seine »Verdeutschung« der Bibel gerechtfertigt und die Grundsätze seiner Übersetzungsarbeit dargelegt: »Das kann ich mit gutem Gewissen bezeugen, daß ich meine höchste Treue und Fleiß darin erwiesen und nie Hintergedanken gehabt habe; denn ich habe keinen Heller dafür genommen noch damit gewonnen.« Luthers Absicht und Ziel bei seiner Übersetzungsarbeit war es, »deutsch, nicht lateinisch noch griechisch zu reden«, und zwar ein »reines und klares Deutsch«. Aber diese Sorge um die sprachliche Verständlichkeit hatte ihre Grenze an seiner

Treue gegenüber dem Text: »Ich habe eher der deutschen Sprache Abbruch tun wollen, als von dem Wort weichen.« Dennoch ist auf diese Weise nicht einfach nur eine Reproduktion entstanden, wie etwa die Wiederholung eines Gemäldes durch seine Kopie.

In Luthers »Sendbrief vom Dolmetschen« finden sich die berühmten, vielzitierten Sätze: »Man muß die Mutter im Hause, die Kinder auf der Gasse, den einfachen Mann auf dem Markt danach fragen und denselben auf das Maul sehen, wie sie reden, und danach übersetzen, so verstehen sie es denn, und merken, daß man deutsch mit ihnen redet.« Damit ist mehr gemeint als nur der Gebrauch der Wörter, nämlich das Lebensgefühl insgesamt, wie es sich in der Sprache ausdrückt. Luther hat die Botschaft der Bibel nicht einfach nur umadressiert, er hat sie »synchronisiert«, das heißt auf das Leben seiner Zeitgenossen eingestimmt. Er hat im Grunde nicht nur eine Übersetzung, sondern ein neues Original geschaffen. Indem er die Bibel übersetzt, gebiert er sie gleichsam neu. Fortan redet Gott nicht mehr hebräisch, griechisch oder lateinisch, sondern deutsch.

Luther hat zum Alten und Neuen Testament insgesamt und zu den einzelnen biblischen Schriften jeweils *»Vorreden«* verfaßt, in denen er den Lesern Anleitungen zum richtigen Verstehen anbietet, ohne sie dadurch bevormunden zu wollen. Diese Vorreden geben einen wichtigen Aufschluß über Luthers eigenes Schriftverständnis: worin für ihn die Einheit und damit die Autorität der Bibel trotz der Vielfalt, ja Verschiedenheit ihrer einzelnen Bücher besteht. Dabei verträgt sich für ihn die grundsätzliche Bindung an das Wort der Bibel mit einer erstaunlichen Freiheit im einzelnen, so daß man sogar schon von den Anfängen einer »Bibelkritik« bei Luther gesprochen hat.

In der Tat wagt Luther es, eine Art »Prioritätenkatalog« aufzustellen:»Das Evangelium des Johannes und die Briefe des Paulus, insbesondere der an die Römer, und der erste Brief des Petrus sind der rechte Kern und das Mark unter allen Büchern, welche auch billig die ersten sein sollten.« Dem Johannesevangelium gibt Luther eindeutig den Vorzug vor den drei ersten Evangelien des Matthäus, Markus und Lukas und nennt es das »einige zarte, rechte Hauptevangelium«, weil es vornehmlich die Worte und nicht die Werke und Wundertaten Jesu berichtet. Geradeso, wenn nicht noch stärker, bezeichnet er den Römerbrief als »das rechte Hauptstück des Neuen Testaments und das allerlauterste Evangelium«. Im Gegensatz dazu erscheint ihm der Jakobusbrief als »eine rechte stroherne Epistel, da er doch keine evangelische Art an sich hat«: »Darum will ich ihn nicht in meiner Bibel in der Zahl der rechten Hauptbücher haben.« Auch gegenüber dem Hebräerbrief zeigt Luther sich skeptisch, und zur Offenbarung Johannes erklärt er kurz und bündig:»Mein Geist kann sich in das Buch nicht schicken« und begründet dies damit, daß »Christus darin weder gelehrt noch erkannt wird«.

Mit diesen Urteilen hat Luther gewiß nicht die künftige historisch-kritische Bibelforschung begründet. Seine Kritik geschieht nicht historisch-methodisch bewußt, sondern theologisch intuitiv:»Ich sage, was ich fühle.« Aber Luther hat erstaunlich richtig »gefühlt«. Er hat drei wichtige Erkenntnisse der neuzeitlichen historisch-kritischen Bibelforschung intuitiv vorweggenommen:

1. Ursprung und Ausgangspunkt der neutestamentlichen Jesus-Überlieferung bildet die mündliche Predigt von Jesus als dem Christus: Das Evangelium ist »eine gute Mär und Geschrei, in aller Welt erschollen durch die Apostel«. Dies entspricht genau dem, was die moderne Theologie als »Kerygma« bezeichnet.
2. Der Inhalt des christlichen Glaubens ist nicht einfach deckungsgleich mit dem Umfang des biblischen Kanons. Der »Prüfstein«, an dem Luther die einzelnen biblischen Bücher mißt, ist, »ob sie Christum treiben oder nicht«. Dies entspricht wiederum dem, was wir heute »den Kanon im Kanon« nennen. Das aber besagt: Die Christen glauben nicht an Christus, weil er in der Bibel steht, sondern sie glauben an die Bibel, weil Christus darin steht – und nicht alles, was in der Bibel steht, ist darum schon »christlich«. Erst der Sinn, dann der Buchstabe!
3. Die Wahrheit einer biblischen Überlieferung, ob sie »christlich« ist oder nicht, hängt nicht entscheidend von ihrer historischen Echtheit ab, das heißt, ob sie von Jesus selbst beziehungsweise von den ersten Aposteln stammt, sondern von ihrem Inhalt:»Was Christum nicht lehret, das ist nicht apostolisch, wenns gleich Petrus oder Paulus lehret; umgekehrt, was Christum predigt, das ist apostolisch, wenns gleich Judas, Hannas, Pilatus und Herodes täte.«

Luther konnte noch nicht ahnen, welche Zukunft er der Kirche mit diesem Schriftverständnis eröffnete. Einerseits hat er damit die Bahn freigemacht zu einem unbefangeneren Umgang mit der Bibel, andererseits aber zugleich den Keim zum »Streit um die Bibel« gelegt. Denn wer entscheidet, was in der Bibel »Christum treibt« und was nicht – angesichts der Vielfalt, ja Widersprüchlichkeit der biblischen Überlieferung? Die Bindung des Gewissens des einzelnen Gläubigen allein an die Schrift mußte notwendigerweise die kirchliche Einheit schwächen. Während Luther auf der Wartburg das Neue Testament übersetzte, war der erste Streit unter seinen Anhängern bereits im Gange.

Unruhen in Wittenberg: Zwischen Revolution und Reformation

Dieser Streit fiel noch in den Frühling der Reformation – er war eine Art Frühjahrssturm.

Die Idee einer Reform der Kirche an Haupt und Gliedern hatte Jahrzehnte, wenn nicht gar schon Jahrhunderte lang in der Luft gelegen. Dann hatte sie sich durch Luthers Auftreten verdichtet und deutlichere Umrisse gewonnen, aber noch keine feste Gestalt angenommen. Alles befand sich vorläufig noch im Fluß. Aber was bislang nur gedacht, geredet und geschrieben worden war,

drängte jetzt nach Verwirklichung und Gestaltung. Und dies konnte eigentlich nur in Wittenberg geschehen, dem Ausgangspunkt und Zentrum der reformatorischen Bewegung.
Aus der Wittenberger Universitätsreform war eine lutherische Universität hervorgegangen. Aus ganz Deutschland und bald auch aus dem Ausland strömten die Studenten herbei und, wenn sie in ihre Heimat zurückkehrten, brachten sie Luthers Lehren dorthin mit zurück. Der Hauptanziehungspunkt war, neben Luther selbst, der junge Magister und Professor Philipp Melanchthon, zunächst als Gräzist nach Wittenberg berufen, dann aber immer mehr zum Theologen geworden, ohne freilich darüber seine Herkunft aus dem Humanismus zu vergessen. Neben ihm wirkten in der Universität beziehungsweise in der Kirche Männer wie die Professoren Andreas Karlstadt und Nikolaus von Amsdorf, der Propst Justus Jonas und der Stadtpfarrer Johann Bugenhagen. Ihnen fiel als ersten die Aufgabe zu, die von Luther entfachte reformatorische Bewegung in die kirchliche und gesellschaftliche Praxis, in das Alltagsleben der Bürger, Priester und Mönche, der geistlichen und weltlichen Obrigkeiten umzusetzen, während der Reformator selbst in seinem Versteck auf der Wartburg weilte. Und wie stets in der Geschichte ging auch hier die konkrete Verwirklichung der Idee nicht ohne Sturm und Drang, nicht ohne Übertreibung oder Enttäuschung und nicht ohne Schwund und Verlust ab.
Während es Luther bislang vornehmlich auf die Wandlung der Gesinnung angekommen war, begann man in Wittenberg jetzt mit der Veränderung der Verhältnisse. Die Anführer dabei waren vor allem Luthers Universitätskollege Andreas Karlstadt und sein Ordensbruder Gabriel Zwilling. Mönche und Nonnen verließen ihre Klöster; Priester heirateten, manchmal sogar entsprungene Nonnen; die Privatmessen wurden gestört und teilweise abgeschafft; an Michaelis feierte Melanchthon mit seinen Schülern das Abendmahl in beiderlei Gestalt; in der Klosterkirche wurde der Meßgottesdienst überhaupt eingestellt; zu Weihnachten hielt Karlstadt in der Stiftskirche eine evangelische Abendmahlsfeier, ohne Meßgewänder, die Konsekration in deutscher Sprache, die Austeilung in beiderlei Gestalt – fast die ganze Stadt, an die 2000 Menschen, nahm daran teil. Zuvor schon war es an einigen Stellen zu Tumulten durch Studenten und Bürger gekommen. Die Reformation drohte in eine Revolution umzuschlagen, wobei die teils gewaltlose, teils gewaltsame Veränderung der Verhältnisse sich vor allem auf drei Punkte des kirchlichen Lebens richtete: auf die Priesterehe, die Mönchsgelübde und den Meßgottesdienst.
Luther erhielt auf der Wartburg von den Vorgängen in Wittenberg natürlich laufend Nachricht und begleitete sie nicht nur brieflich mit seinen Ratschlägen und Mahnungen, sondern nahm zu den anstehenden Problemen auch in Schriften ausführlich Stellung. Man kann diese Schriften, ob zur Priesterehe, zu den Mönchsgelübden oder zu den »Winkelmessen«, wiederum als angewandte Rechtfertigungslehre bezeichnen: Nichts von dem allen ist in der Heiligen Schrift begründet, sondern es stammt alles zuletzt aus derselben menschlichen Wurzel, aus dem Verlangen, sich durch religiöse oder sittliche Sonderleistungen vor Gott zu rechtfertigen.
Die wichtigste Schrift ist die »Von den Mönchsgelübden«. Justus Jonas urteilte über sie:»Dies ist das Werk, das die Klöster leerte.« Und er hatte recht damit. Denn mit ihr hob Luther die mittelalterliche Zweistufen-Ethik auf und damit die Einteilung der Christen in zwei Klassen: in solche, die nur die »Gebote« hielten, und solche, die darüber hinaus auch die »evangelischen Ratschläge« befolgten und so nach Vollkommenheit strebten.
Als die Nachrichten aus Wittenberg alarmierender wurden, erschien Luther in seiner Verkleidung als »Junker Jörg« Anfang Dezember selbst auf einige Tage in der Stadt, um dort nach dem Rechten zu schauen. Was er hörte und sah, gefiel ihm: Es ging mit der Reformation voran. Doch er wollte keine Anwendung von Gewalt. Darum verfaßte er, auf die Wartburg zurückgekehrt, innerhalb zweier Tage eine kurze Schrift mit dem Titel *»Eine treue Vermahnung zu allen Christen, sich zu hüten vor Aufruhr und Empörung.«*
Es ist dies die erste der vielen nachdrücklichen Warnungen Luthers vor Revolution, und sie enthält im Kern bereits alle künftigen Argumente. Wer Aufruhr macht, handelt sowohl gegen Gottes Gebot als auch gegen menschliche Vernunft. Gegen Gottes Gebot: Es ist allein Sache der von Gott eingesetzten Obrigkeit, die bestehenden Verhältnisse zu verändern – tut diese es trotz aller eindringlichen Aufforderungen nicht, so muß man es hinnehmen. Gegen menschliche Vernunft: Der Schaden ist stets ärger als der Nutzen und das Leiden der Unschuldigen meist schlimmer als das der Schuldigen. Aus beidem ergibt sich für Luther die strikte Ablehnung jeder Revolution:»Darum ist kein Aufruhr recht, wie rechte Sache er immer haben mag«, gipfelnd in dem persönlichen Bekenntnis:»Ich halt und wills allezeit halten mit dem Teil, das Aufruhr leidet, wie unrechte Sache es immer habe, und wider das Teil sein, das Aufruhr macht, wie rechte Sache es immer habe.« Keine drei Jahre später sollte Luther beim Wort genommen werden.
Ist Aufruhr schon allgemein nicht erlaubt, so erst recht nicht, wenn es sich um die Durchsetzung des Evangeliums handelt. Hier sind die einzig zulässigen Waffen Gebet und Wort. Luther verweist auf sich selbst:»Sieh mein Tun an. Hab ich nicht dem Papst, Bischöfen, Pfaffen und Mönchen allein mit dem Mund, ohn allen Schwertschlag mehr Abbruch getan, denn ihm bisher alle Kaiser und Könige und Fürsten mit all ihrer Gewalt Abbruch getan haben?« Dies ist ein »seliger Aufruhr«, und Luther ist voller Siegesgewißheit: Noch zwei Jahre, meint er, und das Papsttum wird »wie ein Rauch« verschwinden, denn Gott selbst wird den Antichrist allein durch Christi Wort und Geist vernichten.
In Wittenberg hatte sich die Lage unterdessen zugespitzt.

Die radikalen Reformer hatten Verstärkung aus Zwickau erhalten. Von dort waren um die Jahreswende drei »Propheten« eingetroffen, die Tuchmacher Niklas Storch und Thomas Drechsel und der ehemalige Student Marcus Stübner, Anhänger des inzwischen aus Zwickau ausgewiesenen Pfarrers Thomas Müntzer. In diesen »Zwikkauer Propheten« begegnet uns zum erstenmal jene Strömung der Reformationszeit, die Luther abschätzig als »Schwärmer« oder »Rotten« bezeichnet hat und von der wir heute als vom »linken Flügel« der Reformation zu sprechen pflegen. Sie beriefen sich auf unmittelbare göttliche Eingebungen und Offenbarungen, auch ohne die Bibel, lehnten die Kindertaufe ab und prophezeiten das baldige Kommen des Königreiches Christi durch die gewaltsame Austilgung aller Gottlosen.
Melanchthon zeigte sich im ersten Augenblick von den Geisterfahrungen der Zwickauer Propheten beeindruckt, traute sich selbst jedoch kein Urteil darüber zu, ob ihr Geist von Gott oder vom Teufel stamme, und suchte deshalb ein Gespräch zwischen ihnen und Luther zustande zu bringen. Dieser aber lehnte ab. Solcherart Geisterfahrungen imponierten ihm nicht: Die göttliche Majestät redet nicht unmittelbar zu den Menschen, und wenn sie redet, dann zerbricht's einem schier alles Gebein. Darin kannte Luther sich aus, hier hatte er gleichsam Fronterfahrung. Darum soll Melanchthon die Schwärmer anstatt nach ihren Hochstimmungen nach ihren Anfechtungen fragen, ob sie auch durch Tod und Hölle gegangen seien, und sie danach beurteilen.
Wer den Geist Gottes zu besitzen meint, pflegt meist nicht gerade zu Ruhe und Ordnung beizutragen. Und so nahmen durch den Zuzug der Propheten aus Zwickau auch die Unruhen in Wittenberg zu. Der Rat der Stadt erließ zwar eine »Löbliche Ordnung«, die wohl das Armenwesen vorbildlich regelte, aber die kirchliche Ordnung nicht aufrechtzuerhalten vermochte. Es kam zum Bildersturm; die Studenten begannen die Stadt zu verlassen. Auch Melanchthon dachte an Abreise, weil er den Damm gegen die Radikalen nicht mehr halten zu können meinte. Der Rat der Stadt und auch die Universität drängten jetzt auf Luthers Rückkehr nach Wittenberg. Der Kurfürst jedoch zögerte und riet Luther, noch nicht zu kommen, weil er ihn gegen ein mögliches Auslieferungsverlangen des Kaisers kaum würde schützen können. Immerhin befand sich Luther in der Reichsacht, und überdies hatte das Reichsregiment in Nürnberg auf Betreiben Herzog Georgs von Sachsen soeben erst ein scharfes Mandat gegen alle kirchlichen Neuerungen von der Art der in Wittenberg geschehenen erlassen. Der Kurfürst hatte sich zwar nicht grundsätzlich gegen die kirchlichen Reformen gestellt, war jedoch, wie es seiner Art und seinem Amt entsprach, darauf bedacht gewesen, daß sie allmählich und ordentlich durchgeführt würden. Er war auch bereit zu leiden, aber er wollte wissen, wofür – und eben das war ihm angesichts des Wittenberger Kirchenstreits nicht klar. Man kann ihm dies nicht verübeln. Er hat unsere Sympathie.
Ohne Rücksicht auf die Bedenken des Kurfürsten verließ Luther am 1. März 1522 die Wartburg. Von unterwegs kündete er seinem Landesherrn seine Rückkehr in einem kühnen, fast anmaßend klingenden Brief an, in dem er das Schutzverhältnis zwischen Landesherrn und Untertan geradezu umkehrt:»Solches sei E.K.F.G. (Eure Kurfürstliche Gnaden) geschrieben in der Meinung, daß E.K.F.G. wisse, daß ich nach Wittenberg in einem viel höheren Schutz komme, als der Kurfürst ihn gewähren kann. Ich hab's auch nicht im Sinn, von E.K.F.G. Schutz zu begehren, ja, ich halte dafür, ich wollte E.K.F.G. mehr schützen, als sie mich schützen könnte ... Wer am meisten glaubt, wird hier am meisten schützen. Weil ich aber nun spüre, daß E.K.F.G. noch gar schwach ist im Glauben, so kann ich E.K.F.G. auf keinen Fall als den Mann ansehen, der mich schützen oder retten könnte ... Wenn E.K.F.G. glaubte, so würde sie Gottes Herrlichkeit sehen; weil sie aber noch nicht glaubt, hat sie auch noch nichts gesehen.«
Am 6. März traf Luther in Wittenberg ein, und schon drei Tage darauf, am Sonntag Invokavit, begann er in der Pfarrkirche mit einer achtteiligen Predigtreihe. Selten wohl hat ein Prediger nur mit dem Wort innerhalb einer Woche so viel bewirkt wie Luther mit seinen »*Invokavitpredigten*«.
In der ersten Predigt legt Luther den Grund zum Ganzen. Er beginnt mit einem eindrücklichen Appell an die persönliche Glaubens- und Gewissensentscheidung des einzelnen:»Wir sind allesamt zum Tode gefordert, und wird keiner für den andern sterben, sondern ein jeglicher in eigner Person für sich mit dem Tode kämpfen. In die Ohren können wir einander wohl schreien, aber ein jeglicher muß für sich selber geschickt sein in der Zeit des Todes. Ich werde dann nicht bei dir sein, noch du bei mir.« Angesichts dieses letzten Ernstes muß jeder die Hauptstücke des christlichen Glaubens gut kennen, um gerüstet zu sein. Und eben diese Hauptstücke geht Luther mit der Wittenberger Gemeinde durch.
Er bestätigt den Wittenbergern, daß es ihnen am Glauben nicht mangle. Sie wissen auch über die Liebe theoretisch Bescheid, aber sie haben sie nicht praktiziert. Sie haben keine Geduld geübt und die Reformen zu eilfertig vorangetrieben – ohne Rücksicht auf die Schwachen im Glauben. Damit haben sie zugleich die Freiheit verletzt:»Es muß nicht ein jeglicher tun, was er Recht hat, sondern muß sehen, was seinem Bruder nützlich und förderlich ist.« Indem sie die Schwachen im Glauben zu etwas gezwungen haben, was diese in ihrem Gewissen vor Gott noch nicht verantworten konnten, haben sie eine »lieblose Freiheit« aufgerichtet und damit das Evangelium wieder in ein Gesetz verkehrt. Praktisch bedeutete dies den Rückfall ins Papsttum. »Darum habe ich nicht länger fortbleiben können, sondern habe kommen müssen, um euch das zu sagen.«
Nach dieser Grundlegung handelt Luther in den folgenden sieben Predigten die einzelnen konkreten Punkte ab, um die es bei den Wittenberger Reformen ging: Messe,

Fasten, Bilder, Laienkelch, Ohrenbeichte und so weiter. Luther bietet in ihnen ein Zeugnis wahrer, nicht lieblos, sondern in Liebe geübter, christlicher Freiheit. Als Motto kann man über sie Luthers eigene Worte stellen: »Summa summarum: predigen will ich's, sagen will ich's, schreiben will ich's, aber zwingen, dringen mit Gewalt will ich niemand, denn der Glaube will willig, ungenötigt angezogen werden.«

Ein Beweis für die von Luther dem Worte zugetraute Kraft ist die Wirkung seiner eigenen Invokavitpredigten. Mit ihnen gelang es Luther, in erstaunlich kurzer Zeit in Wittenberg die Ruhe wiederherzustellen. Karlstadt und Zwilling fügten sich, die Zwickauer Propheten verließen die Stadt. Der eingeschlagene Reformkurs wurde fortgesetzt, aber mit verlangsamtem Tempo. Die eingeführten Reformen wurden teils beibehalten, teils vorläufig wieder aufgehoben. Die Meßgottesdienste fanden weiterhin statt, und zwar auch weiter noch in lateinischer Sprache, nur unter Fortlassung der Opfergebete. Daneben wurden evangelische Abendmahlsfeiern angeboten, auf Wunsch auch den Laien der Kelch gereicht; die Privatmessen hörten allmählich auf. Die Ohrenbeichte wurde nicht wieder eingeführt; die Bettelordnung blieb bestehen. Alles in allem kam es Luther auf ein organisches Wachstum an, ohne Zwang, zuletzt im Vertrauen allein auf die Predigt des reinen Evangeliums.

Gott will es so – und das Wort tut's

In der Art der Durchführung der Reformation spiegelt sich Luthers *Selbstverständnis als Reformator* wider. Gerade an dieser Stelle über den »Reformator« Martin Luther nachzudenken, liegt nahe, denn es sind auch subjektiv für Luther die schönsten Jahre in seinem Leben gewesen, zugleich der Höhepunkt der Reformation, gleichsam der Frühling, auf den bald ein heißer Sommer folgen sollte.

Die Reformation ist für Luther von Anfang an allein Gottes Sache, und als solche ist sie vor allem ein Wortgeschehen. Es hat Gott gefallen, das Evangelium zu dieser Zeit neu zu offenbaren: Befreit von allem menschlichen Zusatz, sollte es – bevor der Jüngste Tag kommt – noch einmal rein an den Tag kommen! Darum ist jetzt eine Stunde der Entscheidung, vielleicht die letzte Stunde. »Evangelium« bedeutet für Luther in erster Linie nicht Lehre oder Schrift, sondern mündliches Wort: die Verkündigung des biblischen Zeugnisses vom Offenbarungshandeln Gottes in Jesus Christus und damit seine Vollstreckung in der Gegenwart, also selbst ein geschichtliches Geschehen. Dies ist der heilsgeschichtliche Horizont, in dem Luther die Reformation und sein eigenes Auftreten versteht.

Luthers Selbstverständnis als Reformator gründet mithin nicht zuerst in einem subjektiven Vermögen oder Verstehen, sondern hat seinen objektiven Grund außerhalb seiner selbst in Gottes Wollen und Handeln in der Geschichte. So sehr Luther auch über sich selbst, über seine eigene Person wie über sein Werk, nachgedacht hat, so kreist er doch nicht um sich selbst, und schon gar nicht geht es ihm um seine »Selbstverwirklichung«. Darum beruft er sich zur Rechtfertigung seines reformatorischen Handelns auch nicht auf eigene innere Erlebnisse oder gar Offenbarungen, sondern allein auf Gottes Auftrag: Gott will es so – und allein das Wort tut's!

Luther weiß sich als Gottes Werkzeug; sein Selbstbewußtsein ist Werkzeugbewußtsein:»Es ist nicht unser Werk, das jetzt geht in der Welt. Es ist ohne meinen Rat so weit gekommen: es soll auch ohne meinen Rat wohl hinausgehen. Ein anderer Mann ist's, der das Rädlein treibt, den sehen die Papisten nicht und geben's uns schuld: sie sollen's aber schier inne werden.« Eigentlich hat Luther Zeit seines Lebens immer nur die eine Angst gehabt, es könnte, was er anfängt und tut, nicht nach Gottes Willen sein.

Das Vertrauen darauf, daß er nicht seine, sondern Gottes Sache führt, verleiht Luther inmitten der heißesten Kämpfe, selbst noch angesichts der Bedrohung des eigenen Lebens eine tiefe, fast mystisch-quietistisch anmutende Gelassenheit. So schreibt er im Frühsommer 1519 an Spalatin:»Ich beschwöre dich, mein Spalatin, fürchte dich doch nicht so sehr und zerfriß dir das Herz nicht mit menschlichen Bedenklichkeiten. Du weißt, wenn Christus nicht mich und meine Sache führte, wäre ich längst zugrunde gegangen, zuerst durch meine Ablaßthesen, sodann durch mein Volksbuch, dann durch meine Erläuterungen für den Papst und meine Antwort an Sylvester, zuletzt durch meine Akten und am allermeisten durch den Marsch nach Augsburg. Wer von den Sterblichen hat nicht gefürchtet oder nicht gehofft bei jedem einzelnen von diesen Fällen, daß ich darüber den Hals brechen werde?« Ähnliche Zeugnisse solchen gelassenen Gottvertrauens lassen sich seitenlang aus Luthers Schriften, vor allem aus seinen Briefen zitieren – daran hat sich sein Leben lang nichts geändert.

Luthers Werkzeugbewußtsein gründet und gipfelt zugleich in seinem Vertrauen auf die Alleinwirksamkeit des Wortes und damit im Verzicht auf jedes Gewaltmittel bei der Durchsetzung der Reformation. Dabei verweist er immer wieder auf seinen eigenen Alleingang, der aber in seinen Augen nichts anderes als allein der Gang des Wortes Gottes selbst ist: »Nehmt ein Exempel von mir: Ich bin dem Ablaß und allen Papisten entgegen gewesen, aber mit keiner Gewalt. Ich hab allein Gottes Wort getrieben, gepredigt und geschrieben, sonst hab ich nichts getan. Das hat, wenn ich geschlafen habe, wenn ich Wittenbergisch Bier mit meinem Philippus und Amsdorf getrunken hab, also viel getan, daß das Papsttum so schwach geworden ist, daß ihm noch nie kein Fürst noch Kaiser so viel abgebrochen hat. Ich hab nichts getan, das Wort hat es alles gehandelt und ausgerichtet. Wenn ich hätt wollen mit Ungemach fahren, ich wollt Deutschland in ein groß Blutvergießen gebracht haben, ja ich wollt wohl zu Worms ein Spiel angerichtet haben, daß der Kaiser nicht sicher wär gewesen. Aber was wäre es? Ein Narrenspiel wär es gewesen.

Ich hab nichts gemacht, ich hab das Wort lassen handeln.«
Weil das Wort Gottes sich nach Luthers Überzeugung gleichsam automatisch, kraft eigener Vollmacht durchsetzt, darum hat er jeden politischen oder gar militärischen Beistand für seine Sache immer wieder abgelehnt. Das klassische Beispiel dafür bleibt sein Brief an den Kurfürsten vor seiner Rückkehr von der Wartburg nach Wittenberg: »Weil nun E.K.F.G. (Eure Kurfürstliche Gnaden) zu wissen begehrt, was sie in dieser Sache tun solle – weil sie der Meinung ist, viel zu wenig getan zu haben –, so antworte ich untertänig: E.K.F.G. hat schon allzu viel getan und sollte gar nichts tun. Denn Gott will und kann nicht leiden, wenn E.K.F.G. oder ich sorge und umtreibe. Er will es ihm überlassen haben, dies und nichts anderes; danach mag sich E.K.F.G. richten.«
Dies ist eine gern zitierte und vielgerühmte Stelle – aber wir können, trotz unseres ehrlichen Respekts vor so großem Gottvertrauen, nicht die Frage unterdrücken, was denn wohl aus der Reformation geworden wäre, wenn »Seine Kurfürstliche Gnaden« sich nach Luthers Rat gerichtet und sich nicht – auch politisch! – um seine Sache gesorgt und gekümmert hätte.
Luthers doch bewunderungswürdige Vertrauensseligkeit konnte sich bis zu scheinbar verantwortungsloser Sorglosigkeit steigern. Das Bewußtsein, nur ein Werkzeug in der Hand Gottes zu sein, befreit Luther nicht nur von jedem Erfolgszwang, sondern läßt ihn geradezu gleichgültig erscheinen gegenüber allen Folgen seines Tuns: »Es geschehe Gottes Wille. Wer hat ihn gebeten, mich zum Doktor zu machen? Wenn er's getan hat, soll er die Folgen tragen, oder soll's rückgängig machen, wenn's ihn reut!«
Wie von selbst gerät Luthers Gleichsetzung seiner Person mit Gottes Sache zur Identifikation seines Wortes mit Jesu Wort – bis hin zur Analogie zwischen seinem Geschick und Jesu Geschick: »Ich bin ja gewiß, daß mein Wort nicht mein, sondern Christi Wort sei. So muß mein Mund auch dessen sein, dessen Wort er redet.« Handelt es sich aber um dasselbe Wortgeschehen, dann müssen sich daraus auch analoge biographische Züge ergeben. Und so kann Luther in der Tat, was ihm selbst wegen seines Eintretens für Gottes Wahrheit an Anfeindungen widerfährt, mit Jesu Passion vergleichen: »Diese Sache wird nicht eher ein Ende nehmen (wenn sie aus Gott ist), ehe nicht wie einst Christum seine Jünger, so auch mich alle meine Freunde verlassen werden und nur die Wahrheit allein es ist, die sich mit ihrer Rechten schützt, nicht mit meiner, nicht deiner, nicht der irgendeines Menschen: und auf diese Stunde habe ich von Anfang an gewartet.«
Wer will bei einem Manne, der sich von Gott beauftragt weiß, genau die Grenze zwischen »Demut« und »Hochmut« ziehen? Ein solcher Mensch weiß sich zwar nur als ein *Werkzeug* Gottes – aber nun eben doch als *Gottes* Werkzeug! Und so stehen auch bei Luther tiefe Demut, kindliches Gottvertrauen, innere Ruhe und Gelassenheit einerseits und hohes Selbstbewußtsein, stolzes Überlegenheitsgefühl und unbeherrschter Zorn andererseits unausgeglichen nebeneinander. Diese Unausgeglichenheit wird bei Luther noch gesteigert durch sein Naturell, richtiger, durch seine einzigartige Lebendigkeit. Daraus ergibt sich wie von selbst eine unauflösliche Gesellung scheinbar widersprüchlicher Wesenszüge: die Entladung der schöpferischen Spannung in eine fast unvorstellbare Produktivität, aber zugleich auch in eine schier unerträgliche Maßlosigkeit; der jähe Umschlag von tiefer Traurigkeit in wilde Freude; das Nebeneinander von herber Schroffheit und milder Zartheit – und eben auch der unmerkliche Übergang von aufrichtiger Demut in verwegenen Übermut. Der persönliche Umgang mit Luther muß daher für die Seinen nicht immer leicht gewesen sein. Martin Butzer hat wahrscheinlich im Namen vieler gesprochen, wenn er anläßlich eines Besuchs beim Reformator auf der Coburg während des Augsburger Reichstags ergeben erklärte: »So hat ihn der Herr uns geschenkt, so müssen wir ihn gebrauchen.«
Sicher ist Martin Luther kein stiller Betrachter der Dinge, weder Gottes noch der Welt, gewesen, sondern doch wohl das, was man eine »Kämpfernatur« nennt, immer mit seiner ganzen Person im Einsatz und fast immer einseitig entweder für oder gegen etwas. Dabei ist er nie verschlagen oder bösartig gewesen, sondern hat stets mit offenem Visier gekämpft. Was die grobe Behandlung und Beschimpfung seiner Gegner betrifft, so hat Luther seine Zeitgenossen, die darin auch nicht gerade zimperlich waren, an »Grobianismus« fraglos noch übertroffen. Wer einen Schuß auf ihn abgab, mußte darauf gefaßt sein, von ihm mit einer ganzen Breitseite eingedeckt zu werden. Dennoch ist es falsch, den Zorn als den Vater aller seiner Schriften zu bezeichnen, obwohl Luther selbst dies angedeutet hat: »Je mehr sie gegen mich wüten, um so mehr werde ich vom Geist erfüllt.« Ja, Luther meinte bisweilen sogar, daß er es am nötigen Kampfgeist habe fehlen lassen: »Sie geben mir schuld, ich sei beißig und rachsüchtig: ich habe Sorge, daß ich viel zu wenig darin tue. Ich sollte den reißenden Wölfen besser in die Wolle gegriffen haben, die nicht aufhören, das Wort Gottes zu vergiften, so ich die armen Schäflein Christi lieb genug hätte.«
Die wohl ehrlichste Beschreibung seiner Kämpfernatur hat Luther selbst gegeben: »Ich habe nie danach getrachtet, daß mich jemand für bescheiden oder heilig halten sollte. Freilich habe ich die Lehren und Gelehrten, die wider Gott sind und ihn schänden, etwas hart angegriffen, deshalb entschuldige ich mich, bin auch nicht ohne Vorbild: Christus nennt die Pharisäer Otterngezüchte, Blinde, Lügner, Boshafte, Kinder des Teufels... Meine Rinde mag etwas hart sein, aber mein Kern ist weich und süß. Denn ich gönne keinem Böses, sondern wollte gern jedermann samt mir aufs Beste beraten.«
Man darf Luther weder, seine Ausfälle und Übertrei-

bungen entschuldigend, zum Helden, gar zum Glaubenshelden emporstilisieren, noch sollte man bedauern, daß er kein Heiliger gewesen ist. Wer aus Luther einen Glaubenshelden macht, weiß nicht, was für Luther Glaube heißt, und vergißt, was für ihn den Grund seiner ganzen Existenz und damit auch den Antrieb zu seinem reformatorischen Handeln gebildet hat. Er kann sich aller möglichen Vorzüge gegenüber seinen Gegnern rühmen, selbst daß er besser beten könne als sie, und dann ganz selbstverständlich fortfahren: »Es ist alles aus Gottes Gnade und Barmherzigkeit, was ich bin und habe.« Wer beklagt, daß Luther Entscheidendes zum Heiligen gefehlt habe, übersieht, daß auch die Heiligen ihre Ekken und Kanten haben und nicht in jedem Augenblick ihres Lebens heilig gewesen sind.

Daß Luther kein Heiliger war, hat er selbst am besten gewußt. Ausgerechnet an Hieronymus Emser, einen der kleinsten Geister unter seinen Gegnern, schreibt er: »Lieber Emser, mein Herz ist also getan, daß ich hoffe, ich hab's in Gottes Namen angefangen, aber so kühn bin ich nicht, daß ich wollte nicht gerne Gottes Gericht darüber leiden, sondern ich krieche zu seiner Gnaden und hoffe, er soll es in seinem Namen lassen angefangen sein, und ob etwas Unreines wäre mit unterlaufen, dieweil ich ein sündiger Mensch bin im Fleisch und Blut lebend, daß er mir das gnädig verzeihe und nicht der Schärfe nach mich richte.«

Darum weiß Luther auch, daß Gott sein Werkzeug jederzeit wieder aus der Hand legen kann: »Christus, der sein Werk ohn unsern Rat begonnen, wird es auch gegen unsern Rat zu Ende führen.« Und ein andermal, als in Wittenberg die Pest herrschte und die Freunde Luther zur Flucht rieten, weil ihnen der Reformator unentbehrlich erschien: »Ich hoffe, die Welt wird nicht untergehen, wenn Bruder Martin untergeht.« Und schließlich alles in allem: »Es ist Gottes Sache, es ist Gottes Sorge, es ist Gottes Werk, es ist Gottes Sieg, es ist Gottes Herrlichkeit; er wird kämpfen und den Sieg gewinnen – ohne uns.«

Das heiße ich gelebte Rechtfertigungslehre – und die Rechtfertigung des Menschen vor Gott allein aus Gnade und Glauben bildet ja nun einmal den Ursprung und bleibenden Quellgrund der ganzen Reformation.

Martin Luther im Jahre 1520, Gemälde von Lucas Cranach d.Ä.

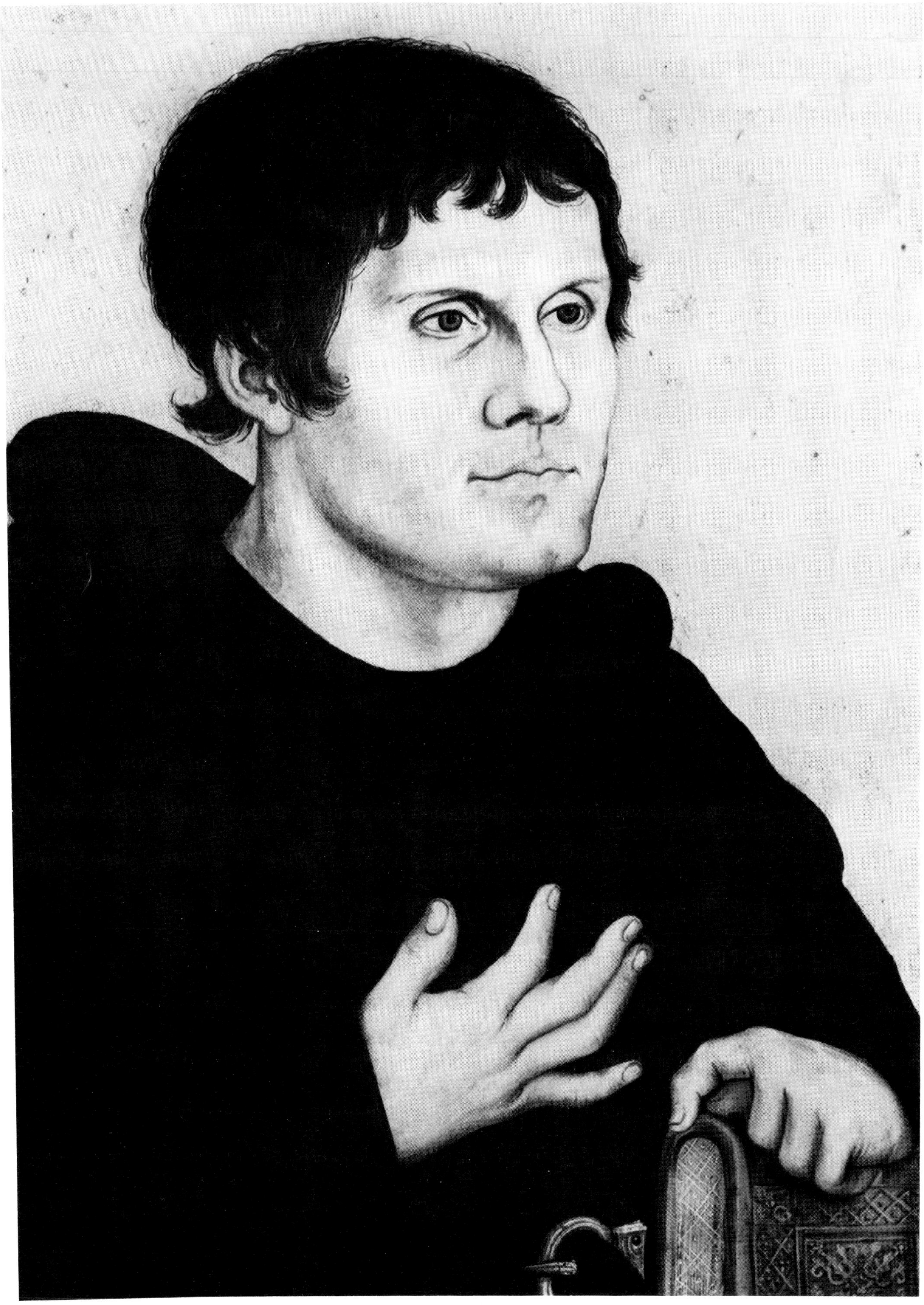

Im Jahre 1519/20 vollzieht sich Luthers Durchbruch in der Öffentlichkeit, und die Reformation beginnt zu einer Volksbewegung zu werden. Dazu haben entscheidend Luthers Schriften beigetragen. Bisweilen beschäftigte er drei Druckerpressen, die dennoch kaum nachkamen.

Das stärkste Echo hat Luthers Schrift »An den christlichen Adel deutscher Nation von des christlichen Standes Besserung« gefunden. Schon wenige Tage nach ihrem Erscheinen waren die ersten 4 000 Exemplare verkauft, und Auflage um Auflage mußte nachgedruckt werden. Leopold von Ranke hat über sie geurteilt:»Es sind ein paar Bogen von welthistorischem, zukünftige Entwicklungen zugleich vorbereitendem und voraussagendem Inhalt.« Die Broschüre war auch in einem politisch besonders günstigen Augenblick erschienen. Ein Jahr zuvor war Kaiser Karl V. gewählt worden, und die Deutschen setzten auf ihn, obwohl er Spanier war und kein Wort deutsch sprach, große Hoffnungen. Luther selbst nennt den Kaiser in der Widmung seiner Schrift »ein junges, edles Blut« – er sollte sich noch täuschen, genauso wie seine begeisterten Leser.

Rechts: Titelseite der Druckschrift von Martin Luther *An den christlichen Adel deutscher Nation…* (1520).

Die meisten Leser fanden in Luthers Schrift »An den christlichen Adel« vor allem die Beschwerden der deutschen Nation gegen Rom wieder und vernahmen aus ihr stärker den patriotischen als den religiösen Appell. Luther wurde für sie zum »Hercules germanicus«, der mit einem Morgenstern alle »Romanisten« zu Boden schlägt.

Ein Nationalheld wollte Luther nie sein, aber er hat sich stets bewußt als Deutscher empfunden:

»Ich danke Gott, daß ich in deutscher Zunge meinen Gott so höre und finde, wie ich und sie ihn vorher nicht gefunden haben, weder in lateinischer, griechischer noch hebräischer Zunge. Gott gebe, daß dieser Büchlein mehr an den Tag kommen; so werden wir befinden, daß die deutschen Theologen ohne Zweifel die besten Theologen seien.« (Vorrede zur »Theologia deutsch«, 1518).

»Darum lasset uns aufwachen, liebe Deutsche, und Gott mehr denn die Menschen fürchten!« (An den christlichen Adel, 1520).

»Ich bin für meine Deutschen geboren und denen will ich dienen.« (Sendbrief vom Dolmetschen, 1530).

Links oben: Luther als »Hercules Germanicus«. Holzschnitt von Hans Holbein d.J., um 1520.

Daß die Messe das wichtigste aller kirchlichen Gnadenmittel war und deshalb den Brennpunkt des ganzen Kultus bildete, hatte Luther einst am eigenen Leibe erfahren, als er bei seiner Primiz vor lauter Angst am liebsten davongelaufen wäre. Auf der Vollmacht, Brot und Wein in das Fleisch und Blut Christi zu verwandeln und so das Opfer von Golgatha zu wiederholen, beruhte die einzig-

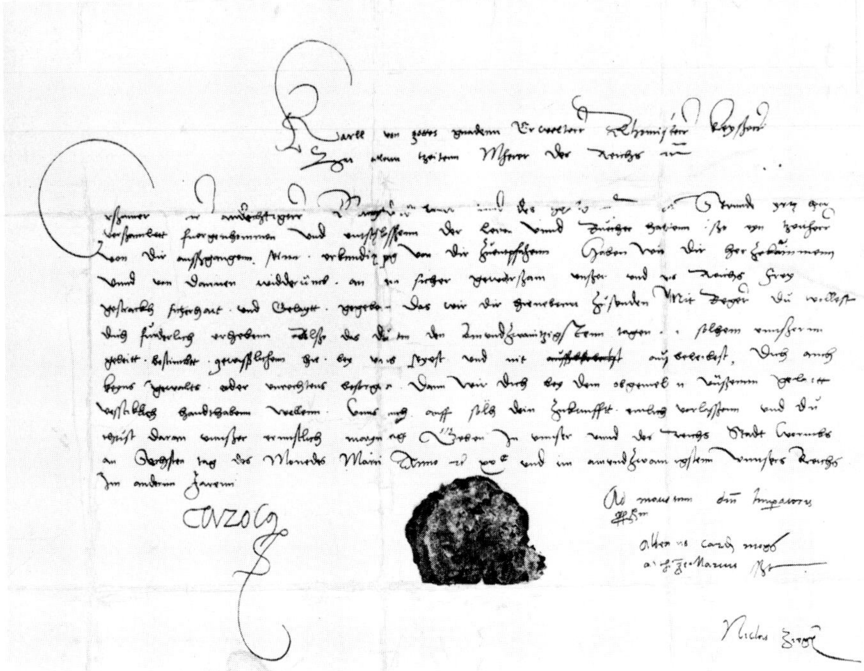

artige Stellung des Priesters, ja zuletzt die Übermacht der Kirche insgesamt. Jetzt stellte Luther in seiner Schrift »Von der babylonischen Gefangenschaft der Kirche« (1520) eben diese Sakramentsauffassung in Frage und hob damit das römische Kirchensystem aus den Angeln.

Oben: Holzschnitt »Die Messe« von Hans Baldung Grien, 1516.

Die vom 6. März 1521 datierte und von Kaiser Karl V. sowie vom Erzkanzler Kardinal Albrecht von Mainz unterschriebene Vorladung Luthers vor den Reichstag in Worms trug den freundlichen Wortlaut: »Ehrsamer, Lieber, Andächtiger! Nachdem Wir und des Heiligen Reiches Stände, jetzt hier versammelt, fürgenommen und entschlossen, der Lehren und Bücher halber, so eine Zeit her von Dir ausgegangen sind, Erkundigung von Dir zu empfangen, haben wir Dir herzukommen und von dannen widerum an Dein sicher Gewahrsam Unser und des Reiches frei gestrack Sicherheit und Geleit gegeben, was Wir Dir hieneben zusenden. Mit Begehr, Du wollest Dich fürderlich erheben, also daß Du in den einundzwanzig Tagen, in solchem Unsern Geleit bestimmt und gewißlich hier bei Uns seiest und nicht ausbleibest, Dich auch keiner Gewalt oder Unrechts besorgen...« Der Geleitbrief, der Luther die sichere Hin- und Rückreise garantierte, war beigefügt.

Oben: Vorladung Luthers nach Worms durch Kaiser Karl V., 1521.
Unten: Der Geleitbrief Karls V.

Doctor Martini Luthers offen-
liche Verhör zů Worms im Reichs tag/
Red/ Und Widerred Am. 17. tag/
Aprilis/ Im jar 1521
Beschechen

Copia ainer Missiue/ Doctor Martinus Luther nach sei-
nem abschid zů Worms zů ruck an die Chürfür
sten/ Fürsten/ Vñ Stend des Reichs da selbst
verschriben gesamlet hatt.

Luthers berühmter »Triumphzug« durch Deutschland nach Worms fand auf einem Planwagen statt, den ihm der Rat der Stadt Wittenberg zur Verfügung gestellt hatte. Für seine Sicherheit war der Reichsherold Kaspar Sturm von Oppenheim, genannt »Teutschland«, verantwortlich. Er soll lutherisch gesonnen gewesen sein. Als das kaiserliche Mandat gegen Luthers Bücher den Reisenden in Weimar bekannt wurde, fragte Kaspar Sturm Luther, ob er die Reise unter diesen Umständen fortsetzen wolle. Darauf gab Luther ihm die berühmte Antwort: »Und wenn sie gleich ein Feuer machten, das zwischen Wittenberg und Worms bis an den Himmel reicht – weil ich erfordert bin, so will ich doch in dem Namen des Herrn erscheinen und den Behemoth in sein Maul zwischen seine großen Zähne treten und Christum bekennen, und denselben walten lassen.«

Am Vormittag des 16. April traf der Zug, von einem Trompetensignal angekündigt, in Worms ein: an der Spitze der Herold mit einem Diener, hinter ihm Luther auf dem Wagen mit drei Begleitern, darunter Nikolaus von Amsdorf, dahinter Justus Jonas zu Pferde und schließlich eine Anzahl kursächsischer Adliger als Ehrengeleit. Das Volk drängte sich in den Gassen, so daß kaum ein Durchkommen war.

Der Reichstag in Worms (1521) war der erste unter dem neuen Kaiser Karl V. Auf ihm sollten vor allem Fragen der Reichsreform verhandelt werden, dazu die Beschwerden der deutschen Nation gegen Rom. Die Luthersache stand zunächst gar nicht auf der Tagesordnung, sondern kam nur aus politischen Gründen hinzu. Aus der Nebensache aber sollte unerwartet die Hauptsache werden.

Oben: Reichsherold Kaspar Sturm von Oppenheim, Silberstiftzeichnung von Albrecht Dürer, 1520.
Links: Martin Luther auf dem Reichstag zu Worms, Titelseite einer Druckschrift vom Jahre 1521.

Mit Hieronymus Aleander hatte die römische Kurie ihren tüchtigsten Diplomaten zum Reichstag nach Worms entsandt. Aleander war Humanist. Er hatte 1508 bis 1513 Griechisch an der Sorbonne gelehrt und war zuletzt ihr Rektor gewesen. Diplomatische Erfahrungen hatte er im Dienst Cesare Borgias und des Bischofs von Lüttich erworben. Obwohl eigentlich Bibliothekar der Vaticana, wurde er als Nuntius nach Deutschland entsandt, weil er aus seiner Zeit in den Niederlanden als ein Kenner der dortigen Verhältnisse galt. In der Tat hat er die der römischen Kirche drohende Gefahr am schärfsten erkannt und darum in Worms auch von Anfang an energisch und kompromißlos auf Luthers Verurteilung hingearbeitet. Von der deutschen Bevölkerung hat er dafür mancherlei Unbill und Spott hinnehmen müssen. Nach Rom schrieb er darüber: »Ich fühle mich in diesen deutschen Städten unsicherer als in der Campagna.«

Oben links: Kardinal Hieronymus Alexander, Kupferstich von Agostino dei Musi, 1536.

An den nichtöffentlichen Verhandlungen nach Luthers Auftritt auf dem Wormser Reichstag hat auch Johannes Cochläus, damals Pfarrer in Frankfurt, später Domherr in Breslau, teilgenommen. Er war als Privatmann nach Worms gekommen und ist Luther in jenen Gesprächen am unversöhnlichsten entgegengetreten. Ursprünglich Humanist und von Luther beeindruckt, hatte er 1520 eine innere Wende durchgemacht und sich von Luther abgekehrt. Seitdem zählte er zu dessen schärfsten Gegnern, grob und maßlos in seiner Kritik, aber überzeugt vom Recht Roms, das ihm freilich für seinen uneigennützigen Einsatz nie gedankt hat. Seine Lutherbiographie (1549), die erste aus katholischer Feder, ist eine Aneinanderreihung von Verunglimpfungen.

Oben rechts: Bildnis von Johannes Cochläus, Kupferstich von Johann Theodor de Bry.

»Der soll mich nicht zum Ketzer machen«, soll Kaiser Karl V. geäußert haben, als er Martin Luthers auf dem Reichstag in Worms zum erstenmal ansichtig wurde. Freilich ist es ihm umgekehrt auch nicht gelungen, die Luthersche Ketzerei auszurotten, wie es sein fester Vorsatz und Wille gewesen war. Noch nach seiner Abdankung, als er im spanischen San Yuste lebte, hat er sich in einem Gespräch mit den dortigen Mönchen Selbstvorwürfe gemacht, daß er Luther in Worms überhaupt angehört und ihm hinterher noch das Geleit gehalten habe.

Links: Kaiser Karl V., Dedikationsmedaille der Stadt Nürnberg, 1521, von Hans Kraft (Silber).

Nach dem Reichstag in Worms hat Luther in einer Art »Schutzhaft« zehn Monate auf der Wartburg zugebracht, vom 4. Mai 1521 bis 1. März 1522, mit der Unterbrechung vom 2. bis 12. Dezember, wo er zu einem Kurzbesuch in Wittenberg war.

Blick auf die Wartburg, Foto 1979.

In seinen Briefen nennt Luther – in Erinnerung an den Seher der Offenbarung Johannes – die Wartburg sein »Patmos« oder spricht von seinem Aufenthalt im »Reich der Vögel«. Aber es war keine Idylle, und es gab für Luther auch kein Ausruhen. Trotz aller Anfechtungen durch den Teufel, wie er meinte, hat er konzentriert gearbeitet und neben zahlreichen Briefen, vor allem an seine teils zu forschen, teils zu ängstlichen Mitarbeiter in Wittenberg, fast ein Dut-

Um nicht erkannt zu werden, mußte Luther sich auf Geheiß des Burghauptmanns der Wartburg, Hans von Berlepsch, der für seine Sicherheit verantwortlich war, Bart und Kopfhaar wachsen lassen und sich aus einem Mönch in einen Ritter verwandeln. So wurde aus Bruder Martin »Junker Jörg«. Bei Luthers Zwischenaufenthalt in Wittenberg wurde Lucas Cranach herbeigeholt, um den fremden Ritter zu malen.

Links: Martin Luther im Jahre 1522 als »Junker Jörg«, Holzschnitt von Lucas Cranach d. Ä.

zend Schriften verfaßt. Seine Hauptarbeit jedoch bestand in der Übersetzung des Neuen Testaments ins Deutsche.

Rechts: Luthergang auf der Wartburg, Foto 1980.

Das Newe Testament Deůtzsch.

Vuittemberg.

Nur elf Wochen hat Luther gebraucht, um das Neue Testament zu übersetzen – das bedeutete im Schnitt zehn Seiten pro Tag! Dabei hat er über keinerlei Hilfsmittel verfügt. Nur die Vulgata, das heißt die im Gebrauch befindliche lateinische Übersetzung der Bibel, sowie der von Erasmus 1519 herausgegebene und mit Erläuterungen versehene griechische Urtext des Neuen Testaments dienten ihm bei seiner Übersetzungsarbeit als Vorlage. Nach seiner Rückkehr von der Wartburg hat Luther in Wittenberg die mitgebrachte fertige Übersetzung mit Hilfe Melanchthons und teilweise auch Spalatins nur noch verbessert. Bereits im September 1522 erschien »Das Neue Testament Deutsch«, gedruckt bei Melchior Lotter in Wittenberg, nach seinem Erscheinungstermin »Septembertestament« genannt.
Weder hat Luther als erster die Bibel ins Deutsche übersetzt, noch hat er durch seine Bibelübersetzung erst eine einheitliche deutsche Schriftsprache geschaffen. Aber indem durch seine Übersetzung die Bibel zu einem Volksbuch wurde, hat Luther zur Einheit der deutschen Sprache beigetragen. Dies war wiederum nur dadurch möglich, daß er die Bibel wirklich »verdeutscht« hat: »Ich mühte mich, Moses so deutsch zu machen, daß niemand vermuten würde, er sei ein Jude.«

Oben: Titelblatt des sogenannten »Septembertestaments«, 1522.
Rechte Seite: Eine Seite aus der »Wenzelbibel« (mit 2. Buch Mose 4, 4–15); nach einer Handschrift (gegen 1400) in der Nationalbibliothek in Wien.

die hant vnd hielt sie. Vnd sie
wart vorwandelt wider in ein
rute. So das sie geloubn sprch
her das dir erschinen sei der
herre got eiwer veter / got a
brahams / got ysaaks / vnd
got iacobs. Vnd vnser herre
sprach aber. Las dein hant in
deine schos / vnd do her sie geleẕ
in die schos / do tzoch her si ous
setzig her wider ous / gleicher
weis als ein sne. wider tzeuch
sprach her dein hant in di schoẕ
vnd her wider tzoch er sie in die
schos / vnd tzoch sie aber her
ous / vnd do was sie gleich dem
andern vleische. Ist das si nicht
glouben sprach her dir noch
enhoren die rede des erstē tzei
chens / so glouben sie den wor
ten des andern tzeichens. Vnd
ist das sie denne den tzweyen
tzeichen nicht glouben noch
enhoren deine stimme / so nym
des wassers ous der bach / vnd
geusse das ouf die erde. Vnd
was du schepfest ous der bach
das wirt vorwandelt in blut.
Moyses sprach. Ich bite dich here
wenne ich bin nicht geredick vō
gestern vnd von egestern / vnd
sint dem male / das du hast ge
sprochen zu deinem knechte ich
bin gehinderter vnd tregir tzūg
en. Vnd vnser herre sprach zu
im. Wer hat gemacht des men
schen mvnt / oder wer hat ge
schopfet den stummen vnd den
touben / den gesehenden vnd den
blinden. Nor war ich. Tzeuch
hin darumbe / vnd ich wil sein
in deinem mvnde / vnd wil dich
leren was du redist. Vnd moy
ses sprach. Ich bite dich herre
sende den du senden wirst. Tzor
nig wart vnser herre in moysē
vnd sprach. Aaron der leuit
dein bruder den weis ich das
er geredig ist. Sich der wirt
ous geen dir enkegen / vnd so
her dich sicht / so wirt her von
hertzen vro. Sprich tzu ym
vnd setze meine wort in seinen
mont. vnd ich wil sein ī deinem
mvnde / vnd in ienes munde
vnd wil euch tzeigen was ir

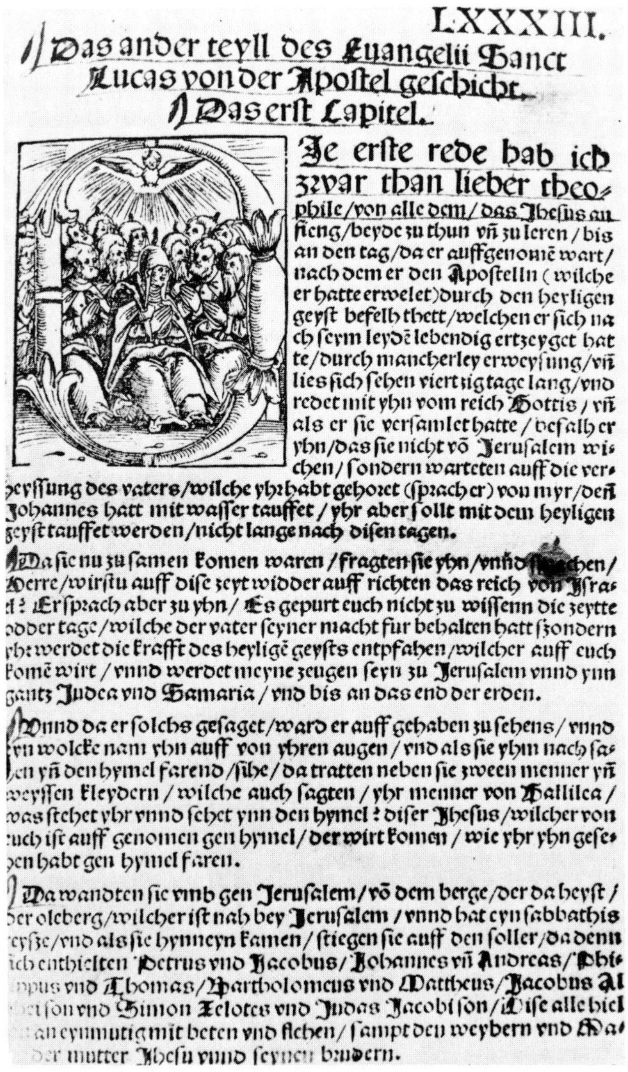

LXXXIII.

Das ander teyll des Euangelii Sanct Lucas von der Apostel geschicht.

Das erst Capitel.

Je erste rede hab ich zwar than lieber theophile/von alle dem/das Jhesus anfieng/beyde zu thun vñ zu leren/bis an den tag/da er auffgenomẽ wart/nach dem er den Apostelln (wilche er hatte erwelet) durch den heyligen geyst befelh thett/welchen er sich nach seym leydẽ lebendig ertzeyget hatte/durch mancherley erweysung/vñ lies sich sehen viertzig tage lang/vnd redet mit yhn vom reich Gottis/vñ als er sie versamlet hatte/befalh er yhn/das sie nicht võ Jerusalem wichen/sondern warteten auff die verheyssung des vaters/wilche yhr habt gehoret (sprach er) von myr/denn Johannes hatt mit wasser tauffet/yhr aber sollt mit dem heyligen geyst tauffet werden/nicht lange nach disen tagen.

Da sie nu zu samen komen waren/fragten sie yhn/vnnd sprachen/Herre/wirstu auff dise zeyt widder auff richten das reich von Israel? Er sprach aber zu yhn/Es gepurt euch nicht zu wissenn die zeytte odder tage/wilche der vater seyner macht fur behalten hatt/sondern yhr werdet die krafft des heyligẽ geysts entpfahen/wilcher auff euch komẽ wirt/vnnd werdet meyne zeugen seyn zu Jerusalem vnnd ynn gantz Judea vnd Samaria/vnd bis an das end der erden.

Vnnd da er solchs gesaget/ward er auff gehaben zu sehens/vnnd eyn wolcke nam yhn auff von yhren augen/vnd als sie yhm nach sahen yñ den hymel farend/sihe/da tratten neben sie zween menner yñ weyssen kleydern/wilche auch sagten/yhr menner von Gallilea/was stehet yhr vnnd sehet ynn den hymel? diser Jhesus/wilcher von euch ist auff genomen gen hymel/der wirt komen/wie yhr yhn gesehen habt gen hymel faren.

Da wandten sie vmb gen Jerusalem/võ dem berge/der da heyst/der oleberg/wilcher ist nah bey Jerusalem/vnnd hat eyn sabbathis reyse/vnd als sie hynneyn kamen/stiegen sie auff den soller/da denn sich enthielten Petrus vnd Jacobus/Johannes vñ Andreas/Philippus vnd Thomas/Bartholomeus vnd Mattheus/Jacobus Alphei son vnd Simon Zelotes vnd Judas Jacobi son/Dise alle hielten an eynmutig mit beten vnd flehen/sampt den weybern vnd Maria der mutter Jhesu vnnd seynen brudern.

Sogleich nach dem Neuen Testament hat Luther sich an die Übersetzung des Alten Testaments gemacht. Die Arbeit daran erwies sich freilich als weit schwieriger. Sie dauerte insgesamt zwölf Jahre, während derer die jeweils fertigen Teile in Einzelheften erschienen. Diesmal wurde Luther auch nicht allein mit der Aufgabe fertig. Er berief eine Kommission, zu der unter anderen Melanchthon als Gräzist und Aurogallus als Hebraist sowie Bugenhagen und Justus Jonas gehörten.

Mit welchen Schwierigkeiten Luther und seine Freunde bei ihrer Übersetzungsarbeit zu kämpfen hatten, hat Luther in seinem »Sendbrief vom Dolmetschen« (1530) beschrieben: »Und ist uns wohl oft begegnet, daß wir 14 Tage, drei, vier Wochen haben ein einziges Wort gesucht und gefragt, und haben's dennoch zuweilen nicht gefunden. Im Hiob arbeiteten wir so, daß wir in vier Tagen zuweilen kaum drei Zeilen konnten fertigbringen... Es läuft einer jetzt mit den Augen durch drei, vier Blätter und stößt nicht ein einziges Mal an, wird aber nicht gewahr, welche Wacken und Klötze da gelegen sind, wo er jetzt drüber hingeht wie über ein gehobeltes Brett, wo wir haben müssen schwitzen und uns ängstigen, ehe denn wir solche Wacken und Klötze aus dem Weg räumten.«

1534 war die Arbeit endlich beendet, und es erschien die »Biblia. Das ist die ganze Heilige Schrift. Deutsch.« Fünf Jahre darauf begann dann eine Gesamtrevision, wiederum mit einem Stab von Mitarbeitern, und wieder klagte Luther: »Wir arbeiten jetzt an den Propheten, ach Gott, wie ein groß und verdrießlich Werk ist es, die hebräischen Schreiber zu zwingen, deutsch zu reden.« 1541 ist man mit der zweiten Revision fertig, 1545 mit der endgültigen.

Links oben: Die erste gedruckte Bibel von 1534 in der Lutherhalle zu Wittenberg.

Links: Eine Seite aus dem ersten Druck der Bibel von 1534.

Links: Illustration aus der Lutherbibel von 1534, den Durchzug durch das Rote Meer darstellend.

Links unten: Illustration aus der Lutherbibel von 1534, darstellend das Schöpfungsbild mit Adam und Eva im Paradies.

Unten: Martin Luther als Evangelist Matthäus bei der Bibelübersetzung.

Rechts: Titelblatt zur Lutherbibel von 1541, gedruckt in Leipzig, mit Holzschnitten von Lucas Cranach d. J.

Die bisher gebräuchliche lateinische Bibel, die sogenannte »Vulgata«, stammte von dem Kirchenvater Hieronymus. Jetzt zeigte ein nach dem Vorbild von Albrecht Dürers bekanntem Kupferstich »Hieronymus im Gehäuse« geschaffenes Bild Luther im Gehäus bei der Übersetzung der Bibel ins Deutsche. Luther selbst hat sich in seinem »Sendbrief vom Dolmetschen« mit Hieronymus verglichen: »So ging es Hieronymus auch, als er die Bibel verdolmetschte. Da war alle Welt sein Meister, er allein war es, der nichts konnte, und beurteilten diejenigen dem guten Mann sein Werk, die ihm nicht genug gewesen wären, daß sie ihm die Schuhe hätten wischen sollen.«
Die Bibeln erschienen mit Holzschnitten ausgestattet, für die Luther selbst genaue Angaben machte. Dreimal hat er die Bibel neu bebildern lassen. Insgesamt sind unter seiner Anleitung über 500 Holzschnitte in Wittenberg entstanden. Auch diese Holzschnitte übersetzten die Bibel gleichsam ins Deutsche: Aus den »Kindern Israel« wurden deutsche Landsknechte, und eines der Bilder zeigte Luther als Evangelist Matthäus beim Übersetzen der Bibel.

Links oben: Martin Luther als Hieronymus im Gehäus, Kupferstich von Wolfgang Stuber, zweites Drittel des 16. Jahrhunderts.

Während Luther auf der Wartburg weilte, fing man in Wittenberg an, die von ihm gepredigte Reformation in die Tat umzusetzen. Dabei ging es reichlich planlos und teilweise sogar tumultuarisch zu. Was im einzelnen geschah, gibt ein vom Reichstag in Nürnberg (1522) an Kurfürst Friedrich den Weisen gerichtetes Schriftstück anschaulich und genau wieder: »Wir haben gehört, daß Priester in Laiengewand zelebrieren und dabei wesentliche Stücke der Messe auslassen. Sie konsekrieren das heilige Sakrament auf Deutsch. Die Empfänger brauchen vorher nicht gebeichtet zu haben. Sie nehmen die Elemente selbst in die Hand und in beiderlei Gestalt. Das Blut unsers Herrn wird nicht in einem Kelch, sondern einem Krug dargereicht. Das Sakrament wird auch Kindern gegeben. Priester sind gewaltsam vom Altar gezerrt. Priester und Mönche heiraten, und das gemeine Volk wird zu Frevel und Sünde aufgereizt.«
Auch die protestantische Prominenz heiratete, Karlstadt am 19. Januar und Justus Jonas am 10. Februar; Nikolaus von Amsdorf legte seine Priesterwürde ab.

Oben: Titelholzschnitt einer Flugschrift von Johann Eberlin von Günzburg (1522): Trauung von Bischöfen, Mönchen und Nonnen.

Biblia

Das ist die gantze

Heilige Schrifft/

Deudsch/Auffs new

zugericht.

D. Mart. Luth.

Gedruckt zu Leipzig durch

Nicolaum Wolrab.

M. D. XLI.

Die Holzschnitte zur Bibel spiegeln bisweilen ein Stück zeitgenössischer Kirchenpolitik wider. So trägt die Babylonische Hure im »Septembertestament« von 1522 die päpstliche Tiara. Auf Einspruch Herzog Georgs von Sachsen bei Kurfürst Friedrich dem Weisen wurde im »Dezember-Testament« (gleichfalls 1522) aus der Tiara ein schlichter Kopfreif. In der Bibel von 1534 erschien die Babylonische Hure dann wieder mit einer noch prächtigeren Tiara.

Darstellungen der Babylonischen Hure in drei aufeinanderfolgenden Ausgaben der Lutherbibel: Oben links: Im Neuen Testament vom September 1522; oben rechts: In der Ausgabe vom Dezember 1522; links: In der Bibel von 1534.

Wie die Bibelübersetzung, so ist Luthers Reformation insgesamt nicht ohne seine Mitarbeiter zu denken. Der Bedeutendste unter ihnen war Philipp Melanchthon, gräzisiert aus Schwarzerdt (1497–1560). Er war der typische »zweite Mann«, das gelehrte Talent neben dem religiösen Genie. Als Großneffe Reuchlins war sein Weg in den Humanismus vorbestimmt. Schon mit 14 Jahren wurde er Magister und hielt Vorlesungen in Heidelberg. Mit 21 Jahren, 1518, wurde er als Professor für Griechisch nach Wittenberg berufen. Hier hat er entscheidend an der Universitätsreform mitgewirkt, wie denn überhaupt Bildung und Schulwesen lebenslang seine Sache waren, warum man ihn dann auch »Praeceptor Germaniae« genannt hat.

In Wittenberg wandelte Melanchthon sich vom Erasmianer zum Lutheraner. 1521 schrieb er seine »Loci communes«, sozusagen die erste evangelische Dogmatik. Luther liebte Melanchthon, und Melanchthon verehrte Luther. Luther über Melanchthon: »Vielleicht bin ich nur der Vorläufer von Philippus, dem ich wie Elias den Weg bahnen soll in Kraft und Geist« – und Melanchthon über Luther: »Er ist viel wunderbarer, als ich mit Worten sagen kann. Ich weiß, wie sehr Alkibiades seinen Sokrates bewundert hat; ich bewundere Luther noch ganz anders, nämlich im Sinne Christi.« Dabei kann man sich in Körpergestalt und Temperament kaum zwei größere Gegensätze vorstellen als diese beiden. Luther meinte einmal, der Apostel Paulus sei »ein arms, dünn Männlein wie Philippus« gewesen, und charakterisierte den Unterschied zwischen seinem und Melanchthons Temperament so: »Ich bin dazu geboren, daß ich mit Rotten und Teufeln muß kriegen und zu Felde liegen, darum meine Bücher stürmisch und kriegerisch sind. Ich bin der grobe Waldrechter, der Bahn brechen muß. Aber Magister Philipp fähret säuberlich und stille daher, säet und begeußt mit Lust, nachdem ihm Gott gegeben hat seine Gaben reichlich.« Melanchthon ist sein Leben lang ein Mann der Mitte gewesen und dabei fast zerrieben worden. Als es für ihn ans Sterben ging, hat er sich darüber gefreut, endlich von der »rabies theologorum« erlöst zu werden – eine wahrlich verständliche Freude.

Links: Bildnis von Philipp Melanchthon, Gemälde von Lucas Cranach d. Ä., 1533.

Der Anführer der radikalen Reformer in Wittenberg war Andreas Karlstadt, eigentlich Andreas Bodenstein aus Karlstadt in Franken (um 1480–1541), Professor an der Universität und Archidiakon an der Stiftskirche – ein ehrgeiziger, ungeduldiger, leidenschaftlicher Mann, in dem sich, wie in so vielen »Schwärmern«, kontemplative Mystik und biblische Gesetzlichkeit miteinander verbanden. Weil er von der unmittelbaren Gotteserfahrung mehr hielt als von theologischer Gelehrsamkeit, ließ er sich von Laien die Bibel auslegen und riet seinen Studenten, den Hörsaal zu verlassen und zurück aufs Land zu gehen, um dort, wie von Gott gewollt, im Schweiße ihres Angesichts auf dem Acker zu arbeiten.

Als Albrecht Dürer in den Niederlanden die Nachricht von Luthers angeblichem Ende erhielt, schrieb er in sein Tagebuch: »Ich weiß nicht, ob er lebt oder ermordet ist, dann aber hat er das erlitten um der christlichen Wahrheit willen. Verlieren wir diesen Mann, der klarer geschrieben hat als in Jahrhunderten einer, so wolle Gott seinen Geist einem andern schenken. Seine Bücher sollten in hohen Ehren gehalten und nicht, wie der Kaiser gebietet, verbrannt werden – eher die Bücher seiner Feinde. O Gott, ist Luther tot, wer wird uns hinfort das heilige Evangelium so klar vortragen? Was hätte er uns noch in zehn oder zwanzig Jahren schreiben können!«

Bildnis Albrecht Dürers, Holzschnitt von Erhard Schön.

Karlstadt selbst vertauschte seinen Talar gegen einen Bauernkittel, ließ sich von seinen Nachbarn »Bruder Andreas« anreden und sprach mit ihnen über Gott und die Welt.
Nach der Beendigung der Wittenberger Unruhen begann für ihn ein unstetes Wanderleben: 1523 wurde er Pfarrer in Orlamünde, dann zog er 1524, aus Kursachsen vertrieben, durch Süddeutschland, geriet mit Luther in neuen Streit über das Abendmahl, unterwarf sich, lebte darauf eine Zeitlang wieder in Kursachsen in Armut auf dem Lande, floh 1529 nach Holstein und Ostfriesland, bis er schließlich Zuflucht in der Schweiz fand, wo er Pfarrer und Professor in Basel wurde. Als er starb, frohlockte Luther, daß ihn der Teufel geholt habe.

Seite 129: Andreas Bodenstein von Karlstadt, nach einem zeitgenössischen Kupferstich.

V.
Trennungen und Scheidungen

In den Jahren bis zum Ausbruch des Bauernkrieges verlief die Reformation wirklich so, wie Luther es gesagt hatte: Das Wort »lief« durch Deutschland. Dies geschah auf vielfache Weise: durch die Predigt der »Prädikanten«, durch eine Flut von Flugschriften und Holzschnitten, von Anfang an auch durch das Lied und bald auch schon durch das Blut von Märtyrern. Fast von selbst breitete sich die reformatorische Bewegung aus, überraschend schnell, ohne festen Plan und äußeren Druck. In alle Schichten der Bevölkerung drangen die neuen Ideen ein. Nicht nur die Fürsten, Gelehrten, Priester und Mönche wurden von ihnen erfaßt, ebenso auch die Bürger, Künstler, Handwerker und Bauern. Die Laien blieben nicht länger nur stumme Zeugen, sondern meldeten sich laut zu Wort. Die Reformation wurde zu einer Volksbewegung. Anfang 1523 meldete Erzherzog Ferdinand von Österreich seinem kaiserlichen Bruder in Madrid: »Die Lehre Luthers ist im ganzen Reich so eingewurzelt, daß unter 1000 Personen heute nicht eine davon ganz frei ist; es könnte nicht schlimmer sein« – und am Ende desselben Jahres klagt er noch einmal: »Die lutherische Sekte herrscht in diesem ganzen Lande so, daß die guten Christen sich fürchten, dagegen aufzutreten.«

Dabei ließen sich noch keine klaren Trennungslinien zwischen Papisten und Lutheranern oder gar zwischen Katholiken und Protestanten ziehen. Es fand auch keineswegs jedesmal eine reine Glaubensentscheidung für oder gegen das »Evangelium« statt. Was die »Nation« in allen ihren Schichten auf Luther so begeistert antworten ließ, war eher häufig noch der allgemeine antirömische Affekt als schon ein neuer Glaube.

Es waren die ›heroischen Jahre‹ der Reformation, und Luther bildete als ›Evangelist‹ oder ›Prophet‹ den Mittelpunkt. Aber andere standen neben ihm, bald auch gegen ihn. Die reformatorische Bewegung ist von ihren Anfängen an vielgestaltig gewesen, längst nicht so einheitlich allein von Luthers Person in Wittenberg bestimmt, wie man es sich lange Zeit gern vorgestellt hat: Luther als der alleinige Führer und alle anderen entweder als treue Gefolgsleute oder aber Verräter. Die Anhänger der Reformation kamen aus verschiedenen Traditionen – aus humanistischen, mystischen, apokalyptischen, spiritualistischen; sie gingen zwar alle durch Luther hindurch und wurden von ihm genährt und geprägt, aber sie gingen dann auch oft ihren eigenen Weg weiter, über Luther hinaus oder sogar hinweg. Hinzu kam der Charakter der Reformation als einer Massenbewegung, nach innen mit ekstatischen Zügen, gemischten Motiven und unklaren Entscheidungen, nach außen mit ungestalteten Formen und unscharfen Rändern. In all dem ballte sich eine vielfältige Kraft, aber wenn die einzelnen Kräfte ihre Führer fanden, dann mußte es zu Auseinandersetzungen kommen. Daher ist Luthers ganzes Leben, auch nachdem er »hindurch« war, weiterhin von Streitigkeiten begleitet geblieben, auch weiter noch vom Kampf gegen Rom.

Dabei setzte Luther sein Vertrauen nach wie vor allein auf das Wort. War es ihm nicht mit dem Wort allein gelungen, die Ruhe in Wittenberg binnen kurzer Zeit wiederherzustellen und die Reformen in geordnete Bahnen zu lenken? Aber was sich in Wittenberg im kleinen, wenn auch freilich im Zentrum der reformatorischen Bewegung, ereignet hatte, konnte sich jederzeit im großen wiederholen. Denn schließlich befand sich nicht nur die Kirche, sondern mit ihr die Welt als ganze im Umbruch. Daher wuchs, je weiter sich die Reformation ausbreitete, auch Luthers öffentliche Verantwortung. Als ein Mann der Ordnung, der nichts so sehr haßte wie alles Unordentliche, war er selbst aufs höchste daran interessiert, daß die Reformation »in Ordnung« vor sich ging und nicht in eine Revolution entartete – also allein durch das Wort, nicht mit Gewalt.

Darum verfaßte er, als witterte er den drohenden Hereinbruch des Chaos und suchte es noch rechtzeitig abzuwenden, genau ein Jahr nach den Invokavitpredigten seine Schrift *»Von weltlicher Obrigkeit, wie weit man ihr Gehorsam schuldig sei«*. Sie bildet die Grundlage der sogenannten »Lehre von den zwei Reichen«, wie man Luthers politische Ethik nach seinen eigenen Worten zu benennen pflegt.

Die umstrittene Zwei-Reiche-Lehre

Luthers *Zwei-Reiche-Lehre* ist bis auf den heutigen Tag viel kritisiert worden, vielleicht kein anderes Stück seiner Theologie so sehr wie dies. Man hat ihm vorgeworfen, daß er mit ihr Glaube und Politik auseinandergerissen, den Staat nicht nur sanktioniert, sondern geradezu sakralisiert und so die Bürger zur politischen Passivität und zum Untertanengehorsam verführt habe – in all dem sich selbst als ein »Fürstenknecht« erweisend. In der Tat hat Luthers Zwei-Reiche-Lehre sich auf das politische Bewußtsein der Lutheraner in der Vergangenheit vielfach schädlich ausgewirkt und erscheint uns heute, bis in ihre sprachliche Ausdrucksweise hinein, merkwürdig fern und fremd, zumindest zeitbedingt und deshalb kaum noch brauchbar.

So berechtigt diese Kritik im einzelnen sein mag – insgesamt beruht sie auf einem grundsätzlichen Mißverständnis. Es geht in der Zwei-Reiche-Lehre um mehr als nur um das Verhältnis der Christen zur irdischen Obrigkeit, nämlich um die Grundspannung aller christlichen Existenz, ja des menschlichen Daseins in der Welt überhaupt. Wie immer man diese Spannung benennen mag, ob mit den Gegensatzpaaren Kaiser und

Gott, Thron und Altar, Macht und Gnade, Staat und Kirche, Gesetz und Evangelium, Weltreich und Gottesreich – zuletzt handelt es sich stets um eine und dieselbe Grundsituation: daß die Christen zwischen Himmel und Erde leben, gleichsam Bürger zweier Welten, mit der Verheißung göttlicher Erlösung in einer unerlösten Welt, in keiner ganz zu Hause, in der einen nicht mehr, in der anderen noch nicht.

In der Bibel spiegelt sich dieser spannungsvolle »Zwischenzustand« für Luther so wider: Auf der einen Seite finden sich in ihr Aussagen wie die in Römer 13,1ff. und 1.Petrus 2,13f., daß die irdische Obrigkeit von Gott eingesetzt sei, ausgestattet mit dem Schwert, das heißt mit Macht und Gewalt, um die Bösen zu strafen und die Guten zu belohnen und so die Sünde in der Welt einzudämmen, und daß auch der Christ dieser von Gott eingesetzten Obrigkeit zum Gehorsam verpflichtet sei. Auf der anderen Seite aber heißt es in der Bergpredigt, also gleichfalls in der Bibel, genau entgegengesetzt, daß die Christen dem Bösen nicht widerstreben, sondern Böses mit Gutem vergelten und selbst ihre Feinde lieben sollen. Wie reimt sich das zusammen? Anders gefragt: Wie kann man mit der Bergpredigt einen Staat regieren, ja überhaupt das Leben in der Welt bestehen? Was die Fragestellung betrifft, ist Luthers Zwei-Reiche-Lehre also von höchster Aktualität.
Luther selbst sah sich in seiner Zeit einer doppelten Front, einmal den »Papisten«, zum anderen den »Schwärmern«, gegenüber. Die Papisten beanspruchten die Herrschaft der Kirche auch über alle weltlichen Lebensbereiche und vermischten durch solche »Klerikalisierung« die geistliche und weltliche Gewalt miteinander – dagegen hatte Luther bereits in seiner Schrift »An den christlichen Adel« Stellung genommen und mit seinem Gedanken vom allgemeinen Priestertum aller Gläubigen die Selbständigkeit der weltlichen Stände begründet. Die Schwärmer hingegen strebten nach der radikalen Verwirklichung der Bergpredigt schon hier in dieser Welt und jetzt zu dieser Zeit. Sie wollten die Bibel insgesamt zur Grundlage auch der politisch-sozialen Ordnung machen, wenn nötig mit Gewalt; damit vermischten sie gleichfalls beide Reiche miteinander und klerikalisierten wiederum die Welt, nur auf andere Weise. Luther sah die Gefahr zu seiner Zeit daher vor allem in der Vermischung der zwei Reiche; ihre Trennung infolge der neuzeitlichen Säkularisierung und Laisierung stand ihm noch nicht vor Augen. Darum richtet sich die Tendenz seiner Lehre von den zwei Reichen auch vornehmlich auf deren Unterscheidung.
Unterscheiden aber heißt nicht, zwei Größen auseinanderreißen, sondern sie in die richtige Beziehung zueinander setzen. Ebendies hat Luther in seiner Zwei-Reiche-Lehre versucht, und so kann man von einem *»unterschiedenen Beieinander«* der beiden Reiche bei ihm sprechen. Man kann die Welt nicht *mit* dem Evangelium regieren, man kann es aber auch nicht *gegen* das Evangelium tun – wie aber dann? Angesichts dieses Dilemmas gibt es weder eine klare Trennung noch eine einfache Gleichung, sondern immer nur eine wechselvolle Spannung zwischen christlichem Glauben und politischem Handeln – diese Spannung nicht vorzeitig aufzuheben, sondern sie bis ans Ende der Zeiten durchzuhalten, dazu will Luther die Christen mit seiner Zwei-Reiche-Lehre anhalten.
Die zwei Reiche – das sind für Luther das »Reich Gottes« und das »Reich der Welt«. Zum Reich Gottes gehören alle wahren Christen. Sie bedürfen keiner weltlichen Macht, weder des Schwerts noch irgendeiner Rechtsordnung, denn sie tragen den Heiligen Geist im Herzen, der sie zu Liebe und Güte gegen jedermann antreibt. Wären alle Menschen in der Welt wahre Christen, so brauchte es keine weltliche Obrigkeit zu geben. Aber da die meisten Menschen keine Christen sind und die Christen zudem selbst immer auch noch Gerechte und Sünder zugleich, bedarf es des »Schwertes«, das heißt des Rechts und der Macht, um dem Bösen in der Welt zu wehren und die Menschen in ungefährer Ordnung beieinander zu halten – eben dies geschieht im Reich der Welt. »Darum hat Gott die zwei Regimente verordnet: das geistliche, welches Christen und fromme Leute macht durch den heiligen Geist unter Christus, und das weltliche, welches den Unchristen und Bösen wehrt, daß sie äußerlich müssen Friede halten und still sein müssen.«
Bei den beiden Reichen handelt es sich mithin nicht um zwei unverbunden nebeneinanderstehende Kreise, sei es Personengruppen oder Institutionen, sondern um die beiden verschiedenen Weisen, wie Gott die Welt regiert: Einerseits durch das Evangelium mit dem Ziel, die Welt zu erlösen – andererseits durch das Gesetz mit der Absicht, die Schöpfung bis dahin zu erhalten. Die Christen unterstehen beiden Regimenten, und sie haben sich dem weltlichen nicht nur rein passiv zu unterwerfen, sondern sich aktiv an ihm zu beteiligen:»Denn das Schwert und die Gewalt als ein sonderlicher Gottesdienst gebührt den Christen vor allen andern auf Erden.« Darum: »Wenn du siehst, daß es am Henker, Büttel, Richter, Herrn oder Fürsten mangelt, und du dich geschickt findest, solltest du dich dazu erbieten und darum bewerben, auf daß ja die nötige Gewalt nicht verachtet und matt würde und unterginge. Denn die Welt kann und mag ihrer nicht entraten.«
Das Reich der Welt ist zu seiner Erhaltung auf die Christen freilich nicht angewiesen. Wie, um Kühe zu halten, Äcker zu bestellen oder Häuser und Schiffe zu bauen, die *Vernunft* genügt, so auch, um Staaten zu regieren. »Man braucht keine Christen für die Obrigkeit. So ist es nicht nötig, daß der Kaiser ein Heiliger ist. Es ist nicht nötig für sein Regiment, daß er ein Christ ist. Es genügt für den Kaiser, daß er Vernunft hat.« Darum kann Luther den Christen die heidnische Obrigkeit, zum Beispiel das Staatswesen der Türken, als Vorbild hinstellen; was vernünftige Regierungskunst betrifft, sind die Heiden den Christen sogar oft überlegen. »Denn Gott ist ein milder,

reicher Herr, der wirft groß Gold, Silber, Reichtum, Herrschaften, Königreiche unter die Gottlosen, als wäre es Spreu oder Sand. Also wirft er auch unter sie hohe Vernunft, Weisheit, Sprachen, Redekunst, daß seine lieben Christen als lauter Kinder, Narren und Bettler gegen sie anzusehen sind.«

Entsprechend der gleichzeitigen Existenz der Christen in beiden Reichen, im Reich Gottes und im Reich der Welt, kann Luther auch zwischen »Christperson« und »Weltperson« unterscheiden. Als Christperson, das heißt in seiner privaten Lebenssphäre, hat der Christ sich nach dem Evangelium zu richten und gemäß der Bergpredigt dem Unrecht nicht zu widerstehen, sondern es willig zu erleiden. Als Weltperson hingegen, das heißt im öffentlichen Leben und selbst Inhaber eines Amtes, hat der Christ, sei es als Familienvater, Richter, Büttel, Kriegsmann oder Fürst, das Gesetz Gottes zu vollstrecken und demgemäß dem Unrecht mittels des Schwertes, also unter Anwendung von Gewalt, zu wehren:»Also gehet's denn beides fein miteinander, daß du zugleich Gottes Reich und der Welt Reich genug tust, äußerlich und innerlich, zugleich Übel und Unrecht leidest und doch Übel und Unrecht strafest, zugleich dem Übel nicht widerstehst und doch widerstehst. Denn mit dem einen siehst du auf dich und das Deine, mit dem andern auf den Nächsten und das Seine. In bezug auf dich und das Deine hältst du dich nach dem Evangelium und leidest als ein rechter Christ für dich; in bezug auf den andern und das Seine hältst du dich nach der Liebe und leidest kein Unrecht gegen deinen Nächsten.«

Das hört sich gefährlich dualistisch an, geradezu nach einer doppelten Moral, und hat sich auch häufig genug so ausgewirkt. Aber Luther mutet den Christen hier keine Bewußtseinsspaltung zu, sondern verweist sie an ihr Gewissen. Das *Gewissen* ist der Ort, wo der Christ die Spannung zwischen beiden Reichen auszuhalten und in täglich neuen Entscheidungen auszutragen hat.

Aus der Unterscheidung zwischen den beiden Reichen ergibt sich für Luther, daß das Reich der Welt sich nur auf Leib und Gut, nicht aber auf die Seelen erstreckt:»Denn über die Seele kann und will Gott niemand lassen regieren denn sich selbst alleine. Darum: wo weltliche Gewalt sich vermißt, der Seele Gesetze zu geben, da greift sie Gott in sein Regiment und verführt und verdirbt nur die Seelen.« Das hat Konsequenzen für die bisher geübte Strafverfolgung von Ketzern durch die Staatsgewalt. In diesem Zusammenhang schreibt Luther Sätze, die das Tor zur Welt des Mittelalters zuschlagen und ein neues Zeitalter aufschließen, das aber dann noch lange auf sich warten lassen sollte – und auch Luther selbst ist später wieder rückfällig geworden und hat sich nicht an das gehalten, was er hier schreibt:»Ketzerei kann man nimmermehr mit Gewalt wehren. Es gehört ein anderer Griff dazu und ist hier ein anderer Streit und Handel als mit dem Schwert. Gottes Wort soll hier streiten; wenns das nicht ausrichtet, so wird's wohl von weltlicher Gewalt unausgerichtet bleiben, wenn sie auch gleich die Welt mit Blut füllte. Ketzerei ist ein geistlich Ding, das kann man mit keinem Eisen zerhauen, mit keinem Feuer verbrennen, mit keinem Wasser ertränken.« Alles in allem: »Zum Glauben kann und soll man niemand zwingen!« Glauben muß ein jeglicher auf eigene Gefahr.

Aber damit wird es für den Glauben selbst gefährlich. Versucht ein Fürst seine Herrschaft auch auf die Seelen seiner Untertanen auszudehnen und sie zu einem bestimmten Glauben zu zwingen beziehungsweise von ihm abzubringen, dann sind die Untertanen ihm nicht mehr zum Gehorsam verpflichtet, denn dann gilt das Bibelwort:»Man muß Gott mehr gehorchen als den Menschen.« Solcher Ungehorsam aber darf sich nur in Worten ausdrücken – und damit im Erleiden des Unrechts:»Nimmt er dir darüber dein Gut und straft solchen Ungehorsam: selig bist du und danke Gott, daß du würdig bist, um göttlichen Worts willen zu leiden.« Aufruhr ist dem Christen in keinem Fall gestattet – schon gar nicht um des Glaubens willen. Statt sich selbst das Gericht über einen solchen Fürsten anzumaßen, soll man es getrost Gott überlassen:»Laß ihn nur toben, den Narren, er wird seinen Richter wohl finden.«

Hier kommt die entscheidende Schwäche der Lutherschen Zwei-Reiche-Lehre ans Licht. Sie besteht nicht einfach darin, daß Luther jeglichen Aufruhr verbietet – das ist gleichsam nur die Spitze des Eisbergs –, sondern daß ihm die Unterscheidung zwischen den beiden Reichen vornehmlich, wenn nicht gar ausschließlich zur Erhaltung der vorhandenen Ordnung und nicht zu ihrer Erneuerung dient. Darin zeigt sich nun doch, daß das Beieinander der beiden Reiche im Vergleich zu ihrer Unterscheidung bei Luther zu kurz kommt. Die Folge ist, daß der christliche Glaube wohl motivierende, aber nicht genügend kritische Kraft besitzt. Es geht von ihm kaum ein Impuls zur Veränderung der Verhältnisse aus, höchstens zu einer leidlichen Besserung – obwohl das Reich Gottes, von dem Luther spricht, doch eben jenes ist, von dem Jesus gesagt hat, daß es bereits im Kommen begriffen sei. Luthers Lehre von den zwei Reichen läßt von dieser Zukunft herzlich wenig spüren. Sie trägt statt eines dynamischen einen stark stationären Charakter. Alles in allem ist sie eine Ethik der Ordnung und nicht der Wandlung, voll von Geduld, aber mit zu wenig Ungeduld.

Es läßt sich nicht verkennen, daß zumal Luthers »Staatsideal« seine Farbe von der politischen Umgebung empfangen hat, in der er lebte. Es ist die deutsche Kleinstaatenwelt, wie sie sich am Ende des Mittelalters herausgebildet und dann im Zeitalter der Reformation und Gegenreformation gefestigt hat. Darum steht Luther auch, wenn er politische Erwägungen anstellt oder Urteile fällt, fast immer der deutsche Territorialstaat seiner Zeit vor Augen, der, außenpolitisch fast bedeutungslos, von der Dämonie der Macht und der unausweichlichen Schicksalhaftigkeit politischer Konflikte wenig gewußt hat. Selbst der Krieg gewinnt bei Luther den harmlosen Charakter einer Strafexpedition oder Polizeiaktion, wobei Justizpflege und Kriegführung bis in die Sprache hinein fast zusammenfallen. Welch ein Unterschied zu der zwar auch zerrissenen, aber mit politischen Energien bis zum Zerspringen geladenen Staatenwelt Italiens und ihrem florentinischen Lehrmeister, der von sich bekannt hat, daß er den Staat mehr liebe als seine eigene Seele. Macchiavelli hätte sich in Kursachsen wahrscheinlich gelangweilt – obwohl es auch dort sehr bald schon keineswegs mehr langweilig zugehen sollte.

Bauernkrieg

Gleichsam eine »Gegendarstellung« zu Luthers Zwei-Reiche-Lehre bildet *Thomas Müntzers* leidenschaftliche mystisch-politische Predigt. Er ist geradezu zur Symbolfigur der damals gleichfalls fälligen, aber mißlungenen sozialen Revolution und der deshalb insgesamt unvollendet gebliebenen Reformation geworden. Die Klage darüber, daß sich beide Seiten leider nicht verständigt hätten, ist ebenso müßig wie die Behauptung falsch, daß Müntzer von Luther abgefallen sei. Beide waren einander von ganzem Herzen zuwider, mehr noch, sie machten sich einer vom andern ein Feindbild. Fast wirken sie wie zwei Ringer, die, im Kampf miteinander verschlungen, sich gegenseitig steigern: Müntzer wurde durch Luther in eine heftige Radikalität, Luther durch Müntzer in eine konservative Verengung getrieben. Aber ihrer beider Standpunkte waren schon von Anfang an grundsätzlich verschieden.

Stärker als von Luther war Müntzer in seiner theologischen Herkunft durch die mystisch-spiritualistische Tradition des ausgehenden Mittelalters geprägt und sodann mit apokalyptisch-revolutionären Ideen in Berührung gekommen, so daß sich in ihm mystische Kontemplation und politische Revolution seltsam mischten. Alles in allem ist Müntzer Spiritualist. Er hat Gesichte und beruft sich auf innere Erleuchtungen durch den Geist. Dazu aber bedarf er weder des äußeren Buchstabens der Bibel noch eines kirchlichen Sakraments: Schließlich ist ja auch die Bibel nur dadurch entstanden, daß Gott unmittelbar zu ihren Verfassern geredet hat – und eben dies tut er auch heute noch. Und so kann Müntzer ausrufen: »Was Bibel, Babel, Bubel! Man muß in einen Winkel kriechen und mit Gott selber reden.«

Im Unterschied zu manchen anderen Visionären hat Müntzer sich die unmittelbare, innere Erfahrung Gottes nicht leicht gemacht. Der Weg führt durch die »Entgröbung«, das heißt durch die Reinigung der Seele von allen Lastern und Begierden. Dazu aber bedarf es vor allem des Leidens. Und so lautet Müntzers erste Losung: Kreuz, Kreuz und noch einmal Kreuz! Das Kreuz aber verbindet sich bei ihm mit dem Schwert. Denn die Tyrannei der Gottlosen hindert die Frommen daran, Gottes Willen und Wirken in ihrer Seele wahrzunehmen. Und so greift Müntzer, um für das innere Leben der Frommen Raum zu schaffen, zur äußeren Gewalt – die soziale Revolution hat bei ihm zutiefst religiösen Ursprung. Er gründet den »Bund der Auserwählten« und macht es zu seiner Aufgabe, die gottlosen Regenten, sonderlich Pfaffen und Mönche, mit dem Schwert aus dem Weg zu räumen und so das Reich Gottes aufzurichten – das bedeutet die gewaltsame Reformation mit dem Schwert. Aber auch für die Frommen geht dieser Kampf nicht ohne Leiden ab, und so verbindet sich das Schwert wiederum mit dem Kreuz.

Müntzers Reformation mit dem Schwert richtet sich zugleich gegen Luthers Reformation allein mit der Bibel und dem Wort. Sein Vorwurf gegen Luther ist, daß er den Menschen den Glauben zu leicht und sich selbst das Leben zu bequem mache. In diesem Sinne verfaßt er zwei wütende Pamphlete gegen den Wittenberger Reformator, die nicht frei sind von Ehrgeiz, Neid und Haß gegenüber dem größeren Nebenbuhler. Ihre Titel sprechen für sich:»Entblößung falschen Glaubens« und »Schutzrede wider das geistlose, sanftlebende Fleisch zu Wittenberg«. Darin wirft er Luther vor, daß er nur den »honigsüßen, halben Christus« predige, und nennt ihn deshalb »Dr. Sanftleben« und »Vater Leisetritt«. Aber »wer den bittern Christum nit will haben, wird sich am Honig totfressen!« Müntzer kämpft gegen die billige Gnade – und wird selbst darüber gnadenlos.

Sowohl Luthers auf Erhaltung der Ordnung bedachte Predigt der Zwei-Reiche-Lehre als auch Müntzers fanatische Predigt des Umsturzes aller bestehenden Ordnung fanden vor demselben geschichtlichen Hintergrund statt – am Vorabend des *Bauernkrieges*. Sie treffen beide in dieselbe spannungsgeladene politisch-soziale Situation hinein und entfachen, jeder in seiner Art, die schon lange im Volke schwelende Glut zum offenen, wütenden Brand.

Einerseits kann man Luther nicht Schuld an der Entstehung des Bauernkrieges geben, wie es die altgläubige fürstliche Seite tat, um sich ein Alibi für das eigene Versagen und Vorgehen zu verschaffen. Der Boden für den Aufstand war längst bereitet. Seit langem schon gärten Unruhe und Unzufriedenheit unter den Bauern, fanden immer wieder Erhebungen statt und nährte sich die politische Empörung auch unklar aus religiösen Tiefen. Andererseits aber wäre es ohne Luthers Auftreten wohl kaum zum Ausbruch des Bauernkrieges zu diesem Zeitpunkt gekommen. Luther hat den Aufruhr ganz gewiß nicht bewußt gesät, aber seine Saat ist anders als von ihm gewollt und erwartet aufgegangen – der Reformator wurde zum Propheten wider Willen.

Luther predigte die Freiheit eines Christenmenschen, und dies keineswegs nur als innere Freiheit, sondern zugleich als Ansage des Endes aller weltlichen Gewalt der Kirche und als Aufruf der Laien zur Selbsthilfe. Gleichzeitig aber warnte er streng vor jedem Aufruhr gegen die weltliche Obrigkeit, wetterte jedoch wieder fast in gleichem Atem mit starken Worten gegen die Fürsten, nannte sie »böse Buben« und »tolle Narren« und sagte ihnen Gottes baldiges Gericht an. Wie sollte der »gemeine Mann« – der Bauer auf dem Lande und der Plebejer in der Stadt – solches zusammenbringen? Er konnte, zumal in seiner Lage, die Freiheit kaum anders als auch »fleischlich« begreifen, als Befreiung von aller leiblichen Unterdrückung, von Geboten, Abgaben und Auflagen jeglicher Art. Und mochte Luther das Gericht über die Fürsten auch Gott anheimstellen, seine eigenen zornigen Worte gegen sie mußten wiederum fast von selbst zum Aufruhr reizen, zumal schließlich auch der himmlische Richter für seine Gerichte auf Erden irdischer Ruten bedarf.

Spätestens seitdem »Satan sich zu Allstedt ein Nest gemacht hat«, das heißt seit Müntzers Auftreten dort beginnt Luther zu erkennen, daß seine Reformation sich in eine soziale Revolution zu verkehren droht und daß das Wort allein dagegen nicht ankommt, daß es gegen den aufrührerischen Geist, auch wenn er Gottes Geist zu sein beansprucht, der obrigkeitlichen Gewalt bedarf. Und so schreibt Luther im Juli 1524 einen offenen »Brief an die Fürsten zu Sachsen von dem aufrührerischen Geist«. Darin gibt er ihnen für ihr Verhalten gegenüber Müntzer und seinem Anhang folgenden Rat: »Man lasse sie nur getrost und frisch predigen, was sie können und wider wen sie wollen; denn es müssen Sekten sein, und das Wort Gottes muß zu Felde liegen und kämpfen. Man lasse die Geister aufeinanderplatzen und -treffen. Werden etliche indes verführt, wohlan, so gehts nach rechtem Kriegslauf: wo ein Streit und eine Schlacht ist, da müssen etliche fallen und verwundet werden. Wo sie aber mehr tun wollen als mit dem Wort fechten, auch brechen und schlagen mit der Faust, da sollen E.K.F.G. zugreifen, es seien wir oder sie, und stracks das Land verboten und gesagt: Wir wollen gerne leiden und zusehen, daß ihr mit dem Wort fechtet; aber die Faust haltet stille, denn das ist unser Amt, oder hebt euch zum Lande hinaus. Denn wir, die das Wort Gottes führen, sollen nicht mit der Faust streiten.«

Damit ist die Generallinie festgelegt, die Luther durch alle Phasen des Bauernkrieges konsequent durchgehalten hat. Es ist die Zwei-Reiche-Lehre, angewandt auf den Ernstfall der Revolution und allein bestimmt von der Sorge: Nur keine Vermischung der zwei Reiche – sonst gehen beide Reiche unter, sowohl das weltliche Regiment als auch das Wort Gottes. In diesem Sinne hat Luther den Verlauf des Bauernkrieges mit seinen Schriften begleitet.

Im Frühjahr 1525 erschienen die »Zwölf Artikel« der schwäbischen Bauernschaft – alles in allem ein maßvolles Programm. Vertrauensvoll riefen die Bauern Luther als Schiedsrichter an, bereit, sich von ihm aus der Heiligen Schrift korrigieren zu lassen. Luther antwortete darauf mit der *»Ermahnung zum Frieden auf die zwölf Artikel der Bauernschaft in Schwaben«*.

Im ersten Teil der Schrift wendet Luther sich an die Herren, insonderheit an die geistlichen Fürsten, und redet ihnen hart ins Gewissen. Ihnen ist es zuzuschreiben, wenn sich die Bauern jetzt zusammenrotten. Denn sie haben zwiefache Schuld auf sich geladen: Einmal haben sie die Ausbreitung des Evangeliums mit Gewalt verhindert; zum anderen haben sie den gemeinen Mann geschunden und geschatzt. Mit beidem haben sie ihr obrigkeitliches Amt mißbraucht: Um ihres eigenen Wohllebens willen haben sie ihre Fürsorge- und Schutzpflicht gegen die Untertanen verletzt und sind überdies, was in Luthers Augen noch schwerer wiegt, mit ihrer weltlichen Gewalt in das Gebiet des geistlichen Regiments eingedrungen. Darum wird Gottes Zorn ganz gewiß über sie kommen, wenn nicht jetzt durch die Bauern, dann später durch andere, es sei denn, sie gäben ein wenig nach: »Einem trunkenen Mann soll ein Fuder Heu ausweichen.« Darum: »Versucht's zuvor gütlich, auf daß nicht ein Funke angehe und ganz Deutschland anzünde, daß niemand löschen könnte.«

Ausführlicher sagt Luther im zweiten Teil der Schrift den Bauern, wie von ihnen erbeten, seine Meinung. Im Grunde macht er ihnen den gleichen Vorwurf wie den Herren. Sie vermischen ebenfalls die beiden Reiche, das Reich Gottes mit dem Reich der Welt, indem sie sich für ihre Rechte und Forderungen auf das Evangelium berufen und sie mit Gewalt durchzusetzen suchen. Damit verstoßen sie gleichzeitig gegen göttliches und natürliches Recht. Gegen göttliches Recht, weil gegen die klaren Worte der Heiligen Schrift; gegen natürliches Recht, weil niemand in eigener Sache zugleich Kläger und Richter sein kann. Luther macht das Naturrecht bezeichnenderweise nur von oben nach unten geltend: zur Begründung der Rechte der Obrigkeit und der Pflichten der Untertanen; nicht aber von unten nach oben: zur Begründung der Rechte der Untertanen gegenüber der Obrigkeit. Der Mißbrauch der Macht von seiten der Obrigkeit hebt die Gehorsamspflicht auf seiten der Untertanen nicht auf und gibt diesen noch kein Recht zur Revolution: »Daß die Obrigkeit böse und unrecht ist, entschuldigt keine Zusammenrottung noch Aufruhr.«

Schwerer aber noch als der bloße Ungehorsam gegen die gottgesetzte Obrigkeit wiegt für Luther, daß die aufständischen Bauern für ihre Sache Gott in Anspruch nehmen und damit seinen Namen mißbrauchen und das Evangelium in Wahrheit nur als Vorwand benutzen: »Ich lasse eure Sache sein, wie gut und recht sie sein kann. Aber den christlichen Namen, den laßt beiseite und macht den nicht zum Schanddeckel eures ungeduldigen, unfriedlichen, unchristlichen Vornehmens.« Wäre es den Bauern wahrhaft ernst mit ihrer Berufung auf das Evangelium, so würden sie sich an die Bergpredigt halten und gegen das Unrecht keinen Widerstand leisten, sondern es erdulden. Wer sich Christus zum »Herzog« erwählt, muß auch bereit sein, seinem Vorbild zu folgen. Der gründet keinen Menschenbund, der sich um das Kreuz wie unter einer Fahne sammelt. Denn Christus hat nicht das Schwert geführt, sondern hat am Kreuz gehangen! Darum gehen Kreuz und Schwert nicht zusammen. Im Namen Christi gibt es kein Recht zum gewaltsamen Widerstand, sondern nur die Bereitschaft zu geduldigem Leiden: »Leiden, Leiden, Kreuz, Kreuz ist des Christen Recht, das und kein an-

deres.« Verbietet ein Landesherr die Predigt des Evangeliums – »laß dem Herrn seine Stadt und folge du dem Evangelium!«
Würden die Bauern sich nach Christi Vorbild richten, so würden sie auch an seinem Geschick teilhaben und wie Christus, nachdem sie »ausgelitten«, »bald Gottes Wunder sehen«. Und so gesteht Luther ihnen als einzige Hilfe das Gebet zu, das geduldig auf Gottes Eingreifen wartet: »Wäret ihr Christen, so würdet ihr Faust und Schwert lassen und zum Vaterunser euch halten und mit Beten eure Sache bei Gott fördern und sprechen: › Dein Wille geschehe ‹, ebenso: ›Erlöse uns von dem Übel, Amen.‹ «
Was Luthers Urteil über die Zwölf Artikel der Bauernschaft im einzelnen betrifft, so bezeichnet er am Anfang etliche von ihnen als »recht und billig«; am Ende aber mißbilligt er fast alle. Die freie Pfarrwahl will er den Bauern zubilligen, vorausgesetzt, daß sie für den Unterhalt des Pfarrers aufkommen. Die Verweigerung des Zehnten bezeichnet er als »reinen Raub und öffentliche Strauchdieberei«. Gegen die geforderte Aufhebung der Leibeigenschaft aber kann der Verkünder der »Freiheit eines Christenmenschen« gar nicht genug Argumente häufen: Damit werde die Freiheit »fleischlich« verstanden – auch die Patriarchen und Propheten hätten Leibeigene gehabt – der Apostel Paulus habe die Leibeigenschaft ausdrücklich bestehen lassen – ein Leibeigener könne als Christ gleichwohl innerlich frei sein – vor allem würde dieser Artikel alle Menschen gleichmachen und das geistliche Reich Christi in ein weltliches verwandeln; ein weltliches Reich aber könne niemals ohne Ungleichheit der Personen bestehen.

Im Zweifel für die Obrigkeit

Luthers Vorschlag an die streitenden Parteien, sich in einem vernünftigen Vergleich zu einigen, blieb ohne Erfolg. Seine Mahnung zum Frieden wurde vom Lärm des Aufruhrs übertönt – es war die Stimme eines Predigers in der Wüste. Von den blutigen Greueln in Schwaben und Franken hatte Luther nur durch wilde Gerüchte erfahren. Inzwischen aber hatte der Aufstand, vor allem unter Müntzer als Anführer, auf Thüringen und Sachsen übergegriffen, und damit war der Hauptschauplatz in unmittelbare Nähe gerückt. Dadurch fühlte Luther sich vollends verpflichtet, gegen die Aufrührer aufzutreten und sich für die Erhaltung der Ordnung einzusetzen. Er begab sich auf eine Reise durch Thüringen und den Harz und zog vierzehn Tage lang predigend von Ort zu Ort. Dabei kam er persönlich mit den Aufständischen in Berührung: »Mitten unter ihnen bin ich gewesen und durch sie gezogen, mit Gefahr Leibes und Lebens.«
Was er erlebte, war für ihn eine völlig neue Erfahrung: Er war unpopulär geworden! Als er in seiner Predigt in Nordhausen die Bauern zur Geduld ermahnte und dabei auf ein Bild des gekreuzigten Christus hinwies, lärmten die Zuhörer mit Schellen. Fast hätte man ihn von der Kanzel geholt. Wäre ein einziges Schwert gezogen worden, so wäre es losgegangen. Der Bericht über diesen Vorfall endet mit dem bezeichnenden Satz: »Schließlich forderte er die Fürsten zum Widerstand auf, denn sie waren (bislang) der Meinung, man dürfte keinen Widerstand leisten.«
Und so verfaßte Luther, unter dem unmittelbaren Eindruck seiner Reise, die Flugschrift *»Wider die räuberischen und mörderischen Rotten der Bauern«*. Er wendet sich in ihr vornehmlich an die Fürsten – trotzdem oder gerade darum ist es eine erschreckende Schrift. Man hat zu Luthers Entschuldigung viele Argumente angeführt: daß er sich angesichts der unabsehbaren Folgen des Aufruhrs für die Erhaltung beziehungsweise Wiederherstellung der Ordnung verantwortlich gefühlt habe, daß er in den Aufständischen den Teufel erblickt habe, der ganz Deutschland zu verderben drohe, daß er den Jüngsten Tag vor der Tür stehen gesehen habe, daß er immerhin auch den Fürsten ihre Schuld vorgehalten, sie zur Buße ermahnt und sogar aufgefordert habe, sich trotz allem noch für einen Vergleich bereit zu halten, auch mit den Verführten Nachsicht zu üben und sich über die Gefangenen zu erbarmen.
Dennoch: Sein instinktiver Abscheu vor aller Revolution macht Luther rasend. Und so finden sich in der Flugschrift so zügellose Sätze wie diese: »Drum soll hier erschlagen, würgen und stechen, heimlich oder öffentlich, wer da kann, und gedenken, daß nichts Giftigeres, Schädlicheres, Teuflischeres sein kann denn ein aufrührerischer Mensch, gleich als wenn man einen tollen Hund totschlagen muß« – »So kanns denn geschehen, daß, wer auf der Obrigkeit Seite erschlagen wird, ein rechter Märtyrer vor Gott sei, wiederum, daß ein ewiger Höllenbrand ist, was auf der Bauern Seite umkommt« – »Solche wunderlichen Zeiten sind jetzt, daß ein Fürst den Himmel mit Blutvergießen verdienen kann, besser denn andere mit Beten« – »Darum, liebe Herren, erlöset hier, rettet hier, helft hier, erbarmt euch der armen Leute: Steche, schlage, töte hier, wer da kann. Bleibst du drüber tot, wohl dir, seligeren Tod kannst du nimmermehr finden.«
Unerträglicher mußte alles noch dadurch klingen, daß die Flugschrift durch eine Panne verspätet erschien, zu einem Zeitpunkt, als die Bauern bereits geschlagen waren und die Fürsten nun über sie herfielen. Dadurch mußte in der Öffentlichkeit vollends der Eindruck entstehen, als habe Luther sich ganz und gar, trotz ihres erbarmungslosen Mordens, auf die Seite der Fürsten geschlagen. Um diesen Verdacht zu widerlegen, schickte Luther sogleich eine dritte Schrift hinterher, den *»Sendbrief von dem harten Büchlein wider die Bauern«*. Darin bekennt er sich unbeirrt zu seiner unnachgiebigen Haltung, wiederholt im wesentlichen auch nur noch einmal seine früheren Argumente, selbst die harten Worte gegen die Bauern, und stellt nur am Ende die Strafwut der Tyrannen mit dem Aufstand der Bauern auf eine Stufe: »Ich habe beides befürchtet: Würden die Bauern Her-

ren, so würde der Teufel Abt werden; würden aber solche Tyrannen Herren, so würde seine Mutter Äbtissin werden.«
»Ich hätte sowohl die Bauern gern zur Ruhe gebracht als auch fromme Obrigkeit unterrichtet«, schreibt Luther am Ende seiner letzten Schrift zum Bauernkrieg. Beides ist ihm nicht gelungen. Aber daraus kann man ihm kaum einen Vorwurf machen. Denn keines einzelnen Mannes Kraft hätte ausgereicht, um sich in den Riß zu stellen und die beiden Parteien miteinander zu versöhnen. Andererseits aber soll man Luther auch nicht damit entschuldigen oder ihm gar einen Ruhmeskranz daraus flechten, daß er als Seelsorger gehandelt und sich streng auf die »Unterrichtung der Gewissen« beschränkt habe, dabei sich selbst treu geblieben und nur seinem Gewissen gefolgt sei. Wie, wenn sein eigenes Gewissen falsch unterrichtet gewesen wäre?
Nicht die für gewöhnlich getadelte Maßlosigkeit im Stil wie in der Sache halte ich für das eigentlich Anstößige an Luthers diversen Stellungnahmen im Bauernkrieg, obwohl auch diese nicht einfach mit seiner Erregung zu entschuldigen ist. Weit bedenklicher erscheint mir, daß Luther fast nur die Erhaltung der staatlichen Ordnung, aber so gut wie gar nicht das Recht beziehungsweise die Not der Bauern im Blick hatte – wie wenig ist davon in seinen Schriften zu lesen! Hier ist die reine Lehre wieder einmal auf Kosten des Lebens bewahrt worden.
An Bekennermut hat es Luther gewiß nicht gefehlt, wohl aber an Einsicht. Doch nicht die Zwei-Reiche-Lehre als solche ist hier in erster Linie anzuklagen, sondern die Art, wie Luther sie gehandhabt hat. Denn grundsätzlich hätte er aus ihr durchaus auch das Recht zum gewaltsamen Widerstand gegen erlittenes Unrecht ableiten können: Wenn im Reich der Welt das Gesetz Gottes und damit die Gewalt des Schwertes gilt und wenn auch die Christen verpflichtet sind, sich an solcher Gewaltanwendung aus Liebe und mit Vernunft zu beteiligen – warum dann nur zur Bewahrung und nicht auch zur Veränderung der Verhältnisse, warum allein zur Stützung der staatlichen Ordnung und nicht auch zur Verbesserung der sozialen Lage der Untertanen? Hier zeigt sich wieder, daß Luther ein einseitiges, nur konservatives Interesse an der Zwei-Reiche-Lehre gehabt hat – wenn er in diesem Fall mit seiner Entscheidung auch zweifellos Recht gehabt hat. Denn hätte Luther sich auf die Seite der Bauern geschlagen, so wäre die Reformation von deren Revolution verschlungen worden, und die Revolution der Bauern war fraglos von vornherein zum Scheitern verurteilt.
Durch die Katastrophe des Bauernkrieges war nicht nur der Frühling der Reformation vorüber, sondern bald auch schon der Sommer dahin. Nur Luther erlebte noch einen Honigmond. Er heiratete am 13. Juni 1525 die ehemalige Nonne Katharina von Bora – »dem Teufel zum Trotz«.

Wider die Wiedertäufer

Die Bauern, die sich nach dem Zusammenbruch ihres Aufstands enttäuscht von Luther abgewandt hatten, suchten zum Teil Anschluß an die Bewegung der *Wiedertäufer,* wenn sie sich nicht überhaupt von allem Glauben abkehrten und höhnisch fragten:»Was predigt der lose Pfaff von Gott? Wer weiß, was Gott ist – ob (überhaupt) ein Gott ist?«
Wie der »Spiritualismus« die Geschichte der Großkirchen gleich einem Schatten durch alle Jahrhunderte begleitet hat, so hatte auch die Reformation von Anfang an das »Schwärmertum«, untergründig oder offen, zur Seite. Schon während der Unruhen in Wittenberg, als Luther auf der Wartburg weilte, bildeten die Schwärmer eine treibende Kraft; nicht nur die »Zwickauer Propheten«, auch ein Mann wie Karlstadt waren von ihrem Geist ergriffen. In seiner Schrift »Wider die himmlischen Propheten« hatte Luther sich scharf mit ihnen auseinandergesetzt. Seinen Höhepunkt und zugleich seine Katastrophe erlebte das Schwärmertum dann in der Gestalt Thomas Müntzers und seiner mystisch-politischen Predigt. Nach dem unglücklichen Ausgang des Bauernkrieges gingen die Schwärmer größtenteils in den Untergrund oder wenigstens ins Abseits und lebten vornehmlich fort in der Täuferbewegung.
Die Berufung auf den Geist schafft stets Individualisten und erweckt zugleich immer ein Überlegenheitsgefühl. Beides trifft auch auf den schwärmerischen, sogenannten »linken Flügel« der Reformation zu. Und so erhoben auch die Wiedertäufer den Anspruch, das von Luther eingeleitete Werk konsequent zu Ende zu führen, und bildeten dabei eine in sich vielfältige, nach außen schwer abzugrenzende Bewegung. Dennoch weisen sie eine Reihe gemeinsamer Züge auf, aus denen sich deutlich das Bild einer einheitlichen Richtung ergibt.
Die gemeinsame Grundlage bildete in jedem Fall die Berufung auf die unmittelbare Geisterfahrung in der eigenen Seele. Sie waren alle Charismatiker; sie redeten direkt mit Gott und Gott mit ihnen. Durch diesen unmittelbaren Verkehr mit Gott war jeder ein Priester und Missionar. Darauf beruhte ihre große religiöse Kraft und Wirkung. Sie bedurften weder des Bibelworts noch eines Sakraments. Nur der durch den Geist Wiedergeborene erhielt nachträglich die Taufe. Darum mußte die in der Kirche empfangene Kindertaufe im Erwachsenenalter wiederholt werden – deshalb der Name »Wiedertäufer«.
Glaubten die Wiedertäufer auch nicht an die Vermittlung des göttlichen Geistes durch den Buchstaben der Bibel, so richteten sie sich doch in ihrer Lebensführung buchstäblich nach der Bibel, insonderheit nach der Bergpredigt. Sie lehnten den Eid, den Kriegsdienst, das Gerichtswesen und privates Eigentum ab und verzichteten dazu auf jederlei Schmuck, Luxus und Spiel. Das gab ihrem vorbildlich frommen Leben, wie solche »Urkirchenromantik« stets, einen streng gesetzlichen Zug. In ihren Konventikeln lebten sie, wie es der Sekten Art ist,

eng beieinander bis hin zur Gütergemeinschaft, aber mit dem Rücken zur Welt. Der Staat war für sie das Tier aus dem Abgrund und die durch Luther reformierte Kirche noch nicht das neue Zion.
Alles in allem erinnern die Täufer an die Adressaten der Bergpredigt: die geistlich Armen, die nach Gerechtigkeit Dürstenden, die Frieden Stiftenden und die um all dessentwillen Verfolgten und Leidenden. Diese Haltung rief bei der Umwelt eine zwiespältige Reaktion hervor: Die einen waren von ihrem Leben und Leiden beeindruckt; die anderen reizte es auf.
Luther fand an der aus seiner eigenen Umgebung hervorgegangenen spiritualistischen Bewegung ganz und gar kein Gefallen. Er betrachtete die Schwärmer oder Wiedertäufer von vornherein als Gegner. Seine theologischen Einwände gegen sie konzentrierten sich im wesentlichen auf zwei Punkte: Einmal war ihm ihre unmittelbare Geisterfahrung verdächtig – für ihn gab es keine Offenbarung Gottes ohne geschichtliche Vermittlung, das heißt ohne das Wort der Bibel, ohne Sakramente und ohne kirchliches Amt. Zum andern warf er den »Schwarmgeistern« vor, daß sie aus dem Evangelium ein Gesetz machten und damit die frisch gewonnene evangelische Freiheit in eine neue Knechtschaft verkehrten, womöglich ärger noch als die der Papisten. Mit diesen theologischen Bedenken hatte Luther sicher recht; sein eigenes Verhalten jedoch stimmt bedenklich. Dabei spielte gewiß auch eine Rolle, daß er den bösen Geist Müntzers nicht vergessen konnte.
Hatte Luther 1523 entschieden bekundet, daß Ketzerei nicht mit dem Schwert, sondern allein mit dem Wort zu bekämpfen sei, so begann er jetzt selbst Märtyrer zu schaffen. Grundsätzlich beharrte er zwar auf seinem Standpunkt und schrieb, von Mitleid mit dem Los der Wiedertäufer bewegt:»Es ist nicht recht und ist mir wahrlich leid, daß man solche elende Leute so jämmerlich ermordet, verbrennt und greulich umbringt. Man sollte ja einen jeglichen glauben lassen, was er wollte. Glaubt er unrecht, so hat er genug Strafe in dem ewigen Feuer der Hölle... Mit der Schrift und Gottes Wort sollte man ihnen wehren und widerstehen; mit Feuer wird man wenig ausrichten.«
Aber die Ketzer waren in Luthers Augen inzwischen zugleich zu Aufrührern und Gotteslästerern geworden – und auf Gotteslästerung und Aufruhr stand laut Reichsgesetz die Todesstrafe. Auch jetzt schwankte Luther noch in seiner Haltung, verhärtete sich jedoch insgesamt – wobei ihm freilich nie ganz wohl war, zumal angesichts des willigen und mutigen Martyriums so vieler Wiedertäufer. Als Melanchthon 1531 im Auftrag der Wittenberger Theologischen Fakultät ein Gutachten verfaßte, in dem er sogar schon die Ablehnung des Pfarramts als Lästerung und die Auflösung der kirchlichen Ordnung als Aufruhr und damit zu todeswürdigen Verbrechen erklärte, unterzeichnete Luther dies mit dem Zusatz:»Ich stimme zu. Obwohl es grausam zu sein scheint, sie mit dem Schwert zu bestrafen, ist es noch grausamer, daß sie das Amt des Worts verdammen und auf diesem Wege die bürgerliche Ordnung umzustürzen suchen.«
Aber dann erfolgte 1534/35 die große Explosion, die Aufrichtung des »Königreiches Christi« in Münster durch die Wiedertäufer mit ihren furchtbaren Greueln. Damit hatte sich an einer Stelle die radikale revolutionäre Richtung der Täuferbewegung total durchgesetzt, und danach gab es für alle Wiedertäufer keinen Pardon mehr, auch nicht für die milden, friedfertigen, die nach wie vor in der Überzahl waren.
Ähnlich wie im Bauernkrieg folgte auf die Schreckensherrschaft der Wiedertäufer ein ebenso schreckliches Strafgericht durch die Fürsten und ihre Söldnertruppen. Auf Anfrage des Landgrafen Philipp von Hessen, der zur Milde neigte, verfaßte Melanchthon jetzt eine zweite Denkschrift, in der er unter anderem schon die politische Abstinenz der Wiedertäufer gegenüber der weltlichen Obrigkeit als aufrührerisch erklärte und Irrlehre selbst dann als strafwürdig – womöglich gar mit dem Tode –, auch wenn sie nicht zum Aufruhr führte. Luther unterzeichnete das Gutachten mit dem Zusatz: »Das ist die gemeine Regel. Doch mag unser gnädiger Herr allzeit Gnade neben der Strafe gehen lassen, nach Lage der Umstände.«
Das Täufertum wurde in seinem Bestand fast völlig vernichtet, bevor es endlich Duldung erlangte. Dennoch blieb es keineswegs nur eine Episode in der europäischen Geistesgeschichte. Von der Täuferbewegung führt eine deutliche Linie zur Aufklärung. Das innere Licht der Täufer wurde bei den Aufklärern zum Licht der Vernunft.

Bruch mit Erasmus von Rotterdam

Nach der Absage an die Bauern und der Abgrenzung gegen die Schwärmer beziehungsweise Wiedertäufer fand 1525 noch eine dritte Trennung statt: *Luthers Bruch mit Erasmus von Rotterdam.*
Luther hat zwar die Wiederentdeckung der alten Sprachen durch den Humanismus für das neue Bibelstudium hoch geschätzt und sich auch im Kampf gegen die Scholastik mit ihm im Bunde gewußt, aber er selbst ist nie ein Humanist im Vollsinn des Wortes gewesen. Zumal Erasmus gegenüber empfand er von Anfang an eine innere Distanz. Nur seiner Philologie fühlte er sich dankbar verpflichtet – aber:»Keiner ist deshalb schon ein wahrer, weiser Christ, weil er Griechisch und Hebräisch kann.« Zwar hat Luther auf Anraten seiner Freunde eine Zeitlang um die Zustimmung des gefeierten Schulhauptes der Humanisten geworben, aber stets mehr aus Taktik und nur mit halbem Herzen. Er ist den instinktiven Verdacht, daß bei Erasmus das Menschliche das Göttliche überwiege, nie losgeworden.
Erasmus ging es seinerseits kaum anders. Ihm, dem Mann des klassischen Maßes, der ängstlichen Vorsicht und des diplomatischen Ausgleichs, mußte die draufgängerische, immer zu Maßlosigkeit und Übertreibungen neigende Kämpfernatur Luthers im Grunde seiner Seele

fremd, ja zuwider sein. Nichts haßte er so sehr wie Streit, Lärm, Kälte und schlechte Gerüche. Daher war er auch bestrebt, sich aus dem »Tumult« herauszuhalten und neutral zu bleiben. Am treffendsten hat Erasmus selbst seine Haltung und vermeintliche Rolle charakterisiert: »Der weise Steuermann wird zwischen Scylla und Charybdis hindurchsteuern. Ich habe versucht, nur Zuschauer dieser Tragödie zu sein.«

Durch sein Zaudern aber war Erasmus allmählich ins Zwielicht geraten: Den Lutheranern erschien er als Papist, den Katholiken als Lutheraner. Deshalb mußte er schließlich aus seiner Neutralität heraustreten und Stellung beziehen. Er tat dies im Herbst 1524 in seiner Schrift »Vom freien Willen«. Luther zögerte ein Jahr lang mit seiner Antwort. Erst im Dezember 1525 erschien seine Gegenschrift »*Vom unfreien Willen*«.

Man kann sich kaum einen größeren Gegensatz vorstellen als den zwischen diesen beiden Schriften. Der Traktat des 58-jährigen Humanisten war gewiß nicht ohne sittlichen Ernst und religiösen Gehalt, durchaus auch an der Bibel orientiert, jedoch ohne wirklichen Tiefgang und spürbares persönliches Engagement. Die Antwort des damals 42-jährigen Reformators wirkte im Vergleich dazu wie ein Ausbruch, voller Abgründe und Paradoxien, zwar systematisch zentral, aber nicht methodisch stringent gedacht, dabei fast jeder Satz durchtränkt von eigener Erfahrung. Erasmus war eben eine wissenschaftliche Leuchte, Luther dagegen ein religiöser Vulkan.

Skeptische Zurückhaltung stand hier gegen »feste Behauptungen«. Erasmus bekennt von sich: »Ich habe so wenig Freude an festen theologischen Behauptungen, daß ich leicht geneigt bin, mich auf die Seite der Skeptiker zu begeben, wo immer es durch die unverletzliche Autorität der Heiligen Schrift und die Entscheidungen der Kirche erlaubt ist.« Luther stellt dem entgegen: »Der Heilige Geist ist kein Skeptiker und hat nichts Zweifelhaftes oder bloße Meinungen in unsere Herzen geschrieben, sondern verbindliche Behauptungen, die gewisser und fester sind als das Leben selbst und alle Erfahrung.«

Erasmus war bereit, die dunklen, geheimnisvollen Stellen in der Bibel auf sich beruhen zu lassen oder ihre Auslegung dem Lehramt der Kirche anheimzustellen. Dagegen stellte Luther wiederum seine Behauptung: Die Aussagen der Heiligen Schrift sind, sofern sie das Heil des Menschen betreffen, eindeutig und klar! Was der Schrift ihre Eindeutigkeit und Klarheit gibt, ist die Offenbarung Gottes in Jesus Christus: »Nimm Christus aus der Schrift, was wirst du noch weiter in ihr finden?«

Mit diesen verschiedenen Grundeinstellungen, auch Temperamenten gingen die beiden Kontrahenten das Problem des freien Willens an. Dabei macht Luther Erasmus das Kompliment, daß er, statt solcher »Possen« wie Papsttum, Fegefeuer, Ablaß und ähnliche Händel, den »Nerv der ganzen Sache« erkannt und nach der Gurgel gegriffen habe. In der Tat ging es in der Auseinandersetzung zwischen Luther und Erasmus nicht um die Stellung des Menschen vor Gott schlechthin.

Als Moralist, der er ist, hat Erasmus naturgemäß ein Interesse am freien Willen des Menschen, weil dieser sonst nicht für seine Wahl zwischen Gut und Böse verantwortlich gemacht werden könnte. Aber auch er gibt der Gnade Gottes den Vorrang vor dem freien Willen des Menschen. Wie Gottes Gnade und der Wille des Menschen zusammenwirken, macht er an einem Gleichnis deutlich: Wenn ein Vater sein Kind, das noch nicht alleine laufen kann, auf einen Apfel hinweist und das Kind diesen gern haben möchte, dann nimmt der Vater es an der Hand, und so gelangt das Kind allein mit Hilfe des Vaters an den Apfel und empfängt ihn sodann von ihm als Belohnung: »Was kann unter solchen Umständen das Kind als eigene Leistung in Anspruch nehmen? Trotzdem hat es einiges getan; es hat aber keinen Grund, auf seine Kraft zu pochen, da es sein ganzes Dasein dem Vater verdankt.«

Für Luther aber drückt dieses Gleichnis genau jene scholastische Lehre vom Zusammenwirken zwischen göttlicher Gnade und menschlichem Willen aus, woran er einst im Kloster so elend gescheitert war. Darum sieht er durch Erasmus seine entscheidende reformatorische Erkenntnis in Frage gestellt – fast ist es, als ob die alten Ängste in ihm wieder aufstiegen. Deshalb fährt er gegen Erasmus auch so schweres theologisches Geschütz auf. Philosophisch ist Luther an der Frage des freien Willens des Menschen nicht interessiert. Er räumt ein, daß es so etwas wie eine psychologische Willensfreiheit gibt: In »Dingen, die unter ihm liegen«, das heißt in seiner Verfügungsgewalt über die Dinge der Welt, ist der Mensch in seinem Willen frei – obwohl auch dies kein von Gottes Herrschaft freier Raum ist. Es geht Luther bei der Frage nach dem freien Willen des Menschen allein um die »Dinge, die über ihm liegen« – und hier behauptet er die totale Unfreiheit des menschlichen Willens: »Gegen Gott oder in Sachen, die die Seligkeit oder die Verdammnis betreffen, hat er keinerlei freien Willen, sondern ist ein Gefangener, ein Unterworfener, ein Knecht, sei es des Willens Gottes oder des Satans.«

Wie kommt derselbe Luther, der 1520 die »Freiheit eines Christenmenschen« proklamiert hat, fünf Jahre später dazu, die totale Unfreiheit des Menschen zu behaupten? Antwort: Eben weil es ihm um die Erhaltung der Freiheit des Christenmenschen geht und diese nur dann garantiert ist, wenn der Mensch über keinerlei eigenen freien Willen verfügt, sondern ganz und gar von Gottes Willen abhängt. Denn allein dann ist er wahrhaft geborgen und kann seines ewigen Heils gewiß sein. Hier liegt das zentrale theologische Interesse und Motiv von Luthers ganzer Schrift. Darum verficht er so leidenschaftlich die Alleinwirksamkeit Gottes und bestreitet jederlei Mitwirkung des Menschen.

Seine Leidenschaft für Gott und sein Verlangen nach Heilsgewißheit treiben Luther bis an die Grenze aller Theologie und noch darüber hinaus, fast in einen christlich nicht mehr erlaubten Determinismus und Dualismus: Es kommt alles von Gott, und nichts geschieht in der Welt, auch nicht das Geringste, was Gott nicht vorhergesehen und vorbestimmt hat. Er ist der »unruhige Treiber« in allen Kreaturen, und der Mensch gleicht einem Reittier, auf dem entweder Gott oder der Teufel sitzt. Denn die Welt ist das Schlachtfeld zwischen Gott und dem Satan und der Mensch, zwischen beiden hin- und hergerissen, entweder von dem einen oder von dem anderen besetzt. Gott ist die treibende Kraft sogar in allem Bösen. Wie aber ist dann der Mensch noch für seine Taten verantwortlich zu machen?

Luther entzieht sich dem Vorwurf des Determinismus und damit der völligen Willenlosigkeit des Menschen, indem er zwischen »Notwendigkeit« und »Zwang« unterscheidet. Zum Beispiel: Judas. Sein Verrat an Jesus geschah nach Gottes Heilsplan – er war also »notwendig«; aber Judas selbst hatte auch Lust zum Verrat – er war also nicht »gezwungen«. Der alleinwirksame Gott wirkt zwar in allem Bösen, aber er ist nicht sein Urheber. Über den Ursprung des Bösen in der Welt wird nichts gesagt, sondern nur von der Schuld des Menschen gesprochen und von Gottes Absicht und alleiniger Macht, ihn zu retten.

Die Behauptung der Alleinwirksamkeit Gottes führt, konsequent zu Ende gedacht, zur Lehre von der Prädestination: daß Gott von Ewigkeit her die einen zur Seligkeit und die anderen zur Verdammnis vorbestimmt habe. Luther entzieht sich dieser Konsequenz nicht durch den traditionellen theologischen Trick der Unterscheidung zwischen »Vorwissen« und »Vorbestimmung«: Vermöge seiner Allwissenheit kenne Gott die Entscheidung eines Menschen im voraus und bestimme entsprechend sein ewiges Schicksal. Um dem damit möglichen Vorwurf der Ungerechtigkeit Gottes zu begegnen, verweist Luther auf die Verborgenheit des ewigen Ratschlusses Gottes und gerät dabei in die Gefahr des Dualismus. Indem er zwischen dem verborgenen und dem offenbaren Gott unterscheidet, gelangt er fast zu einer Aufspaltung des Gottesbegriffes: Der offenbare, gepredigte Gott will nicht den Tod des Sünders, sondern daß er gerettet werde und lebe – der in seiner Majestät verhüllte Gott hingegen beweint weder den Tod des Sünders noch hebt er ihn auf, sondern er bewirkt alles in allem, Leben und Tod. Und selbst in seiner Offenbarung ist Gott noch verborgen – am Kreuz.

Die Vernunft hat zu den Geheimnissen der Majestät Gottes keinen Zugang, und dem Glauben geziemt hier nur Verehrung und Anbetung – bis am Ende der Zeiten, im »Licht der Herrlichkeit«, alle Widersprüche sich lösen und sichtbar wird, was jetzt verborgen ist und nur geglaubt und angebetet werden kann: Gott ist gerecht, mehr noch, er ist gnädig.

Luthers Schrift »Vom unfreien Willen« enthält schier unerträgliche theologische »Spitzensätze«. Verständlich sind sie überhaupt nur, wenn man Luthers theologische Absicht bei allem im Auge behält: daß es ihm darum geht, das Heil des Menschen in Gottes Willen zu begründen und allein dadurch fest und gewiß zu machen: »Aber nun, da Gott mein Heil aus meinem Willen heraus und in den seinen zurückgenommen hat und mir, nicht durch mein Werk und Laufen, sondern durch seine Gnade und Barmherzigkeit, versprochen hat, mich zu erhalten, bin ich sicher und gewiß, daß er treu ist und mich nicht belügen wird, so mächtig und groß, daß keine Teufel und keine Widerwärtigkeiten ihn überwältigen und mich ihm entreißen können.«

Die entscheidende Frage bleibt am Ende hier wie in aller Theologie, ob der Mensch Gott definiert oder Gott den Menschen. Ein Merkmal wahrer Theologie besteht daher gerade darin, daß sie nicht aufgeht, daß sie Brüche, Wunden und Narben zeigt, ja Widersprüche und Inkonsequenzen enthält. Wo wir einer solchen Theologie begegnen, dort können wir mit der Möglichkeit rechnen, daß sie etwas von Gott erfaßt hat, richtiger, daß Gott sie erfaßt hat; denn es könnte ja sein, daß die Größe ihres Gegenstandes es ist, die sie so zerbrochen und unvollendet gelassen hat. Darum gehört Luthers Schrift »Vom unfreien Willen« zu den großen Dokumenten nicht nur der christlichen Theologie, sondern der Religionsgeschichte überhaupt.

Erasmus hat auf Luthers Schrift noch einmal umfangreich geantwortet. Luther aber hat dazu geschwiegen. Für ihn war Erasmus fortan erledigt:»Das hinterlasse ich als mein Testament und rufe euch als Zeugen in dieser Sache an: daß ich den Erasmus für den größten Feind Christi halte, wie es in tausend Jahren keinen gegeben hat.« Und noch übler:»Er hat das Kartenspiel nicht mehr in seiner Hand... Es geht ihm nicht anders als dem Judas Ischarioth.«

Das Jahr 1525 war ein Krisenjahr und bedeutete einen Einschnitt in der Geschichte der Reformation. Luthers Ansehen in der Öffentlichkeit hat in diesem Jahr fraglos einen schweren Schlag erlitten. Durch seine Absage an die Bauern hat er zumindest die Hoffnungen des gemeinen Mannes enttäuscht und allgemein die Sympathien beim Volk eingebüßt. Die Abgrenzung gegen die Schwärmer beziehungsweise Wiedertäufer verführte zu einer Verengung und Verfestigung der reformatorischen Bewegung. Luthers Auseinandersetzung mit Erasmus schließlich war zwar in erster Linie ein persönlicher Bruch, hatte aber doch auch ihre Folgen für die Einstellung der Humanisten zur Reformation. Schon vorher hatte sich ein Teil von ihnen Luthers Sache angeschlossen, ein anderer nach anfänglichen Sympathien sich abgewandt; ihm folgten jetzt weitere. Immer unausweichlicher sahen sich die Humanisten vor ein Entweder – Oder gestellt. Die Mitte zerbrach; ihr gehörte nicht die Zukunft, wenigstens nicht für die nächste Zeit.

Durch diese Trennungen und Scheidungen war Martin Luther aus einem Helden der Nation zum Haupt einer Partei geworden. Und die Reformation war jetzt nicht mehr eine Sache des ganzen Reiches, sondern vornehmlich der Fürsten und Reichsstädte und tauchte damit ein in die kleine Welt der deutschen Territorialherren.

Martin Luther im Jahre 1523,
Gemälde von Lucas Cranach d. Ä.

Vater heilige sie/Ich heilige und Opffere mich für sie Mit meinen wunden etc.
Es ist nur ein Mitler
Ich bin der weg/Niemst etc.
Sihe dz ist dz lamb Gottes etc.
INRI
Trincket alle daraus. Matthe. 26.
Alle Propheten zeugen von diesem/dz kein ander name unter dem himel sey. Act. 4.10.
Sehet / da habt ihr viel Römische Catholische und nicht Ketzerische wege zur seligkeit.
Weil der grosch noch klingt / feret die seel in himel.
Die euch schende und laster / erlangen von ewern Almosen etc.

PETR·VISH·FACIEB·T
IVSTICIA
FIDES
SPES
CHARIT
·CHRISTVS·
LVTHERVS
·CONSCIENCIA
PLEBS
·M·D·XXIIII·

Neben der mündlichen Predigt waren das gedruckte Wort und das in Holz geschnittene beziehungsweise in Kupfer gestochene Bild das wichtigste Werbe- und Kampfmittel der Reformationszeit – und dies trotz des Wormser Edikts!

Dieses hatte nicht nur jegliche Verbreitung von Luthers Schriften verboten, sondern zugleich auch eine strenge bischöfliche Zensur verhängt: Es sollte nichts – keine Bücher, Bilder oder auch nur Zettel – veröffentlicht werden, was irgendwelchen »ehrsamen Personen«, voran natürlich Papst, Prälaten, Fürsten und Professoren, »zu nahe treten« könnte. Ja, mehr noch: Keiner sollte »dichten, schreiben, drucken, malen, verkaufen, kaufen noch heimlich oder öffentlich behalten, was immer erdacht werden mag«.

Wohl selten ist ein Zensurerlaß weniger befolgt worden als dieser. Luthers eigene Schriften wurden in den Jahren 1517–1525, die Nachdrucke mitgerechnet, in nahezu 2000 Ausgaben verbreitet. Hinzu kam eine Fülle von Flugschriften, Holzschnitten und Kupferstichen. »Die Zahl der in Deutschland in den vier Jahren von 1521 bis 1524 veröffentlichten Flug- und Kampfschriften übertrifft an Menge die jedes anderen Jahrvierts der deutschen Geschichte bis zur Gegenwart.« (Bainton)

Dabei dachte niemand an nichts so sehr, wie dem anderen kräftig »nahezutreten«. Beide Seiten konnten sich gar nicht genug darin tun, den Gegner zu verhöhnen und zu verspotten – am Ende stand meist die gegenseitige »Verteufelung«. Es ist nicht schwer, geistreich zu sein, wenn man lieblos ist. Aber die meisten Spottbilder der damaligen Zeit erscheinen uns heute grob und platt, ohne den Witz der modernen Karikatur. Von wenigen Ausnahmen abgesehen, waren sie nicht nur lieblos, sondern auch geistlos.

Sowohl was die Menge als auch was den Stil und Inhalt der Flugschriften betrifft, zeigten die Lutheraner sich den Altgläubigen überlegen. Diese selbst klagten darüber, daß es ihnen schwer falle, für ihre Erzeugnisse

Linke Seite oben: Der Unterschied zwischen der evangelischen und der katholischen Religion, kolorierter Kupferstich von Lucas Cranach d. J.
Linke Seite unten: Allegorie der Reformation, Zeichnung von Peter Vischer d. J., 1524: Der nackte Herkules – Luther – hat den tönernen Koloß der verweltlichten Kirche mit ihrem Hochmut, Stolz und Luxus gestürzt. Das befreite Gewissen, das Volk, die Jugend wird dort hingeführt, wo die Gerechtigkeit mit verbundenen Augen, ohne Ansehen der Person, wieder regiert und Glaube, Liebe, Hoffnung herrschen. (Die Zeichnung hat Goethe erworben; sie liegt im Goethe-Nationalmuseum in Weimar.)
Links oben: Spottbild auf Kardinal und Narrenkopf, 1540.
Links Mitte: Spottbild auf Luther (umgedreht mit Narrenkappe), 1520.
Unten: Spottbild auf Luthers Gegner, anonymer Holzschnitt um 1530.

auch nur die nötigen Drucker zu finden, vor allem aber, daß ihre Traktate ungelesen liegen blieben, während die ihrer Gegner reißend Absatz fänden. Daran aber trugen sie weithin selber schuld, denn die Schriften der Lutheraner waren in Stil und Inhalt meist verständlicher und volkstümlicher als ihre eigenen, oft sehr umfangreichen und traditionell-gelehrten Werke. Luther und seine Mitarbeiter erwiesen sich als die besseren »Publizisten«.

Oben links: Titelblatt zu Murners Schrift *Von dem großen Lutherischen Narren,* Straßburg, Johannes Grienninger, 1522.

Oben rechts: Luther und Lucifer. Titelseite einer Druckschrift des Peter Sylvius, 1535.

Links und unten: Zwei Spottmünzen auf das Papsttum, um 1545.

Rechte Seite: Titelblatt einer Streitschrift des Johannes Cochläus von 1529, in der er Luther so viele Widersprüche nachweist, daß er ihn als vielköpfig darstellt.

Seite 146: Christus und die beiden Schächer am Kreuz. Der rechte Schächer trägt die dreifache Goldkrone des Papstes. Unter ihm schürt der Teufel das Höllenfeuer (Karikatur-Flugblatt des Monogrammist JW, um 1545).

Doctor
Martin9
Luther9
Ecclesiastes
Suermer9
Visitator
Barrabas.
Martinus Luthe-
rus Septiceps

INRI

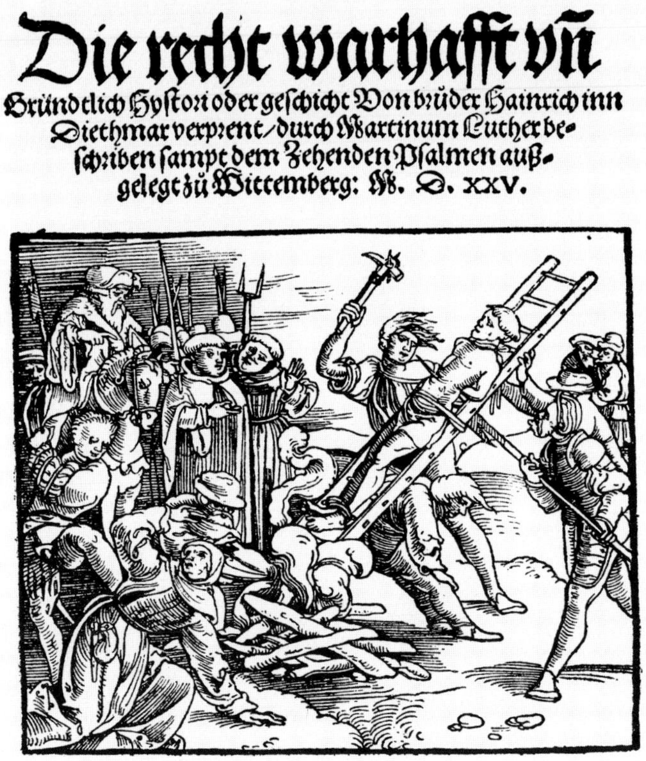

Oben links: Titel einer bei H. Steyner in Augsburg erschienenen Ausgabe des von Luther beschriebenen Martyriums Heinrichs von Zütphen. Oben rechts: Die Titelseite von Hans Sachs' *Wittenbergische Nachtigall.*

Die Reformation hatte auch bald ihre Blutzeugen. Die ersten waren Heinrich Voes und Johannes von Eschen, die 1523 in Brüssel verbrannt wurden. Auf sie folgten Heinrich von Zütphen (1524 in Dithmarschen), Georg Winkler von Halle und Leonhard Kaiser in Schärding am Inn (1527), Adolf Clarenbach in Köln (1529) und später noch viele andere, auch unbekannt gebliebene. Luther hat es bedrückt, daß andere statt seiner den Märtyrertod starben; zugleich aber sah er in ihrem Tod ein Zeichen für den Sieg der guten Sache. Als er vom Feuertod der beiden ersten Märtyrer in den Niederlanden erfuhr, dichtete er eine Ballade, die mit dem Vers ausklang: »Der Sommer ist hart für der Tür, / der Winter ist vergangen, / die zarten Blumen gehn herfür; / der das hat angefangen, / der wird es wohl vollenden.« Lieblicher und harmloser klang das Lied, das Hans Sachs von der »Wittenbergischen Nachtigall« dichtete.

Neben Katholiken und Lutheranern gab es eine dritte, radikale Gruppierung – der sogenannte »linke Flügel« der Reformation. Ihre Anhänger beriefen sich auf unmittelbare göttliche Offenbarungen und wollten das Evangelium auch zum Gesetz des staatlichen und gesellschaftlichen Lebens machen, weshalb Luther sie abschätzig als »Schwarmgeister« charakterisierte. Ihr herausragender Repräsentant war Thomas Müntzer (1489–1525) – Theologe, Prediger, Prophet, Visionär und Agitator in einer Person, nur kein Organisator und politischer Führer. Entsprechend verlief sein Leben: immer umtriebig und meistens gerade vertrieben. 1520 wurde Müntzer, nachdem er bereits mancherorts gewirkt und Unruhe gestiftet hatte, auf Luthers Empfehlung Pfarrer in Zwickau. Aber weil er sich dort mit den aufrührerischen Tuchknappen solidarisierte, wurde er bereits nach einem Jahr ausgewiesen und gelangte über Prag nach Kursachsen, wo er 1523 Prediger in Allstedt am Kyffhäuser wurde. Er hatte dort großen Zulauf, gewann auch Macht über die Stadt,

wurde wegen eines Bildersturms jedoch abermals vertrieben.
Über Süddeutschland kehrte er zurück nach Mühlhausen in Thüringen, jetzt endgültig ein fanatischer Prediger des Umsturzes und Führer der aufständischen Bauern, bis er schließlich bei Frankenhausen gefangen genommen und nach Folter und Widerruf enthauptet wurde.

Rechts: Bildnis von Thomas Müntzer, Zeichnung nach einem in der Gerichtsstube zu Schloß Heldrungen befindlichen Gemälde. Der Turm soll das Schloß zu Heldrungen darstellen, in dem Müntzer gefangen saß, während seine Fahne herabweht. Rechts im Hintergrund die Enthauptung Müntzers.

Thomas Müntzers kurzes, erfolgloses Leben und elendes Ende wirkt wie ein Sinnbild des ganzen Bauernkrieges. Geradeso verlief und endete die größte soziale Revolution, die es in Deutschland je gegeben hat. Danach herrschte über drei Jahrhunderte lang Stille; zwar gab es in dieser Zeit große Kriege, aber keine Revolution mehr.
Religiös motivierte soziale Volksaufstände hatten sich schon das ganze Mittelalter hindurch wiederholt – hieß es denn nicht in der Bibel:»Die Ersten werden die Letzten und die Letzten die Ersten sein«? Die Aufstände der Bauern in Deutschland begannen während der zweiten Hälfte des 15. Jahrhunderts, vor allem im Südwesten des Reiches, im Elsaß und Schwarzwald und bald auch in Schwaben und dem Alpengebiet. Die Ursachen sind mannigfach und lassen sich nur schwer auf einen Nenner bringen. Die Bauern hatten teil an der allgemein herrschenden politischen Unruhe und sozialen Unzufriedenheit der Zeit – und von den 15 Millionen Einwohnern Deutschlands lebte fast Dreiviertel auf dem Lande.
Der Kampf ging in erster Linie nicht um das wirtschaftliche Existenzminimum, obwohl teilweise auch durchaus Armut herrschte, sondern um das, was wir heute die »Grundrechte« nennen. Diese wurden in steigendem Maße gemindert durch die wachsende Rechtsunsicherheit und den daraus von selbst erwachsenden Druck. Dabei spielten die Folgen der aufkommenden Kapitalwirtschaft eine Rolle, gegen die sich die adligen Herren zu wehren suchten, indem

Rechte Seite unten: Der Bauer lehrt die neue Wahrheit, die sogenannte »Satire auf das üppige Mönchtum«, Holzschnitt von Sebald Beham, 1521.

sie sie auf die Bauern abwälzten. Diese beriefen sich dagegen auf ihr »altes Recht«, welches für sie zugleich das in der Bibel begründete »göttliche Recht« war. Das reichte vom bloßen Wunsch nach Wiederherstellung des ehemaligen Rechtszustandes bis zur Forderung der völligen Gleichheit aller Menschen und Stände:»Als Adam grub und Eva spann, wo war denn da der Edelmann?«

Dem Rückblick auf den Urzustand im Paradies entsprach der Ausblick auf einen noch glücklicheren Endzustand in Gestalt des erwarteten Reiches Gottes auf Erden. Das aber bedeutete zugleich das Gericht der bisher Ausgebeuteten und Beherrschten über ihre bisherigen Herrscher und Ausbeuter, sonderlich die »Pfaffen«. Die Empörung der Bauern hatte jedoch nicht nur, negativ, ihre Wurzel in der zunehmenden Bedrückung durch die Herren, sondern zugleich, positiv, in ihrem eigenen wachsenden Selbstbewußtsein.

Von derlei unklar sich mischenden sozialen und religiösen Ideen geleitet, begannen die Bauern heimlich und auch öffentlich miteinander zu paktieren. Zum Abzeichen und Sinnbild solchen Zusammenschlusses wurde der »Bundschuh«. Dieses Wort hatte eine schillernde Bedeutung. Es stammte von dem mit Riemen gebundenen niedrigen, derben Holzschuh der Bauern, im Unterschied zu den hohen Lederstiefeln der Edelleute, spielte aber zugleich auf den Bund an, zu dem man sich zusammengeschlossen hatte. Entweder wurde der Bundschuh nur an einer Stange getragen oder auf einem Banner abgebildet, umgeben von religiösen Symbolen, von einem Kruzifix oder Marienbild.

Im Frühjahr 1525 erschienen als eine Art »Grundordnung« der Bauernbewegung die »Zwölf Artikel« der oberschwäbischen Bauernschaft. Sie verbreiteten sich ähnlich rasch über Deutschland wie einst Luthers 95 Thesen. Darin hatten die Bauern ihre Forderungen festgeschrieben: Freie Pfarrwahl unter Verwendung des großen Kornzehnts für die Besoldung der Pfarrer, aber auch zur Linderung von Armut und als Rücklagen für Notzeiten; Wegfall des kleinen Viehzehnts; Abschaffung der Leibeigenschaft; Wiederherstellung der alten Rechte in Feld, Wald und Flur, wie die Freigabe der Jagd und Fischerei und die Rückgabe der Nutzung des Waldes an die Gemeinde; Reduzierung der Frondienste auf das frühere Maß; Aufhebung bestehender Lasten, zum Beispiel des Fortfalls der Erbschaftsabgabe im »Todfall«. Alles in allem war dies ein maßvolles Programm, mit einem konservativen Grundzug. Dabei berief man sich auf das in der Bibel geschriebene göttliche Recht – insonderheit auf die evangelische Freiheit – und vertraute deshalb auch auf Luther als Schiedsrichter.

Aber noch ehe Luther im April 1525 mit seiner »Ermahnung zum Frieden auf die »Zwölf Artikel« der Bauernschaft in Schwaben« antwortete, war der Aufruhr der Bauern in Süddeutschland bereits im Gange. Der Ausbruch erfolgte spontan, fast plötzlich, ohne gemeinsame ausdrückliche Verabredung. Wahrscheinlich hat diese Plötzlichkeit und Spontaneität der Massenerhebung am zutreffendsten immer noch Leopold von Ranke erklärt:»Sobald in einem und demselben Augenblick die konstituierten Mächte irre werden, schwanken, sich anfeinden und *gleichzeitig* Meinungen die Herrschaft erlangen, die sich dem Bestehenden in seinem Wesen entgegensetzen, dann treten die großen Gefahren ein.«

Oben: Feldzeichen der Bauern: Bundschuh an einem Spieß, anonyme Zeichnung, um 1490.

Von Südwestdeutschland ausgehend, breitete sich der Aufstand der Bauern wie ein Flächenbrand aus und wurde zu einer großen Volksbewegung. Dabei schloß sich auch teilweise in den Städten das unruhige Proletariat den revoltierenden Bauern an. Der »Bauernkrieg« bildete kein zusammenhängendes Kriegsgeschehen, schon gar nicht mit taktischer Planung und unter einheitlicher Führung, sondern bestand in lokalen Einzelaktionen. Es gab insgesamt vier Aufstandszentren: Südwestdeutschland, Franken, Österreich und Thüringen mit Sachsen. Wie stets, wenn Zorn und Haß sich lange aufgestaut haben, brachen die Bauern mit blindwütiger Gewalt los. Schlösser und Burgen wurden gebrochen, Stifte und Klöster geplündert und gebrandschatzt, Adlige gefangengenommen und hingerichtet, Priester, Mönche und Nonnen ermordet oder geschändet. In Weinsberg wurde Graf Ludwig von Helfenstein mit seiner Mannschaft von den aufständischen Bauern durch die Spieße gejagt. Ein böser Vers lief um: »Martinus hat geraten, / man soll die Pfaffen braten, / die Mönche unterschüren, / die Nonn'n ins Freihaus führen. Kyrioleis!« Die Revanche der Herren fiel nicht weniger grausam aus; am grausamsten verfuhr der Führer des Schwäbischen Bundes, Georg Truchseß von Waldburg, mit den Bauern, weshalb er der »Bauernjörg« genannt wurde.

Immer radikaler wurden die Forderungen der aufständischen Bauern. Die maßvollen »Zwölf Artikel« der schwäbischen Bauernschaft waren längst vergessen und hatten sich in wilde anarchistische Manifeste verwandelt. Vollends apokalyptische Färbung erhielt der Bauernaufstand in Thüringen durch die agitatorische Predigt des Thomas Müntzer. Sein Kampfruf lautete, dem der Landsknechte ähnlich:»Dran, dran, dran! Laßt euch nicht erbarmen! Dran, dran, dieweil das Feuer heiß ist! Lasset euer Schwert nicht kalt werden! Lasset's nicht lahm werden! Schmiedet Pinkepank auf dem Amboß Nimrods…« Er unterzeichnete als Thomas Müntzer »mit dem Hammer« oder »mit dem Schwert Gideons« und ließ eine lange, weiße Fahne anfertigen, mit einem Regenbogen darin, als Zeichen des ewigen

Der Bundtschu
Diß biechlein sagt von dem bösen fürnemen der Bundtschuher/wye es sich angefengt geendet vnd aus kumen ist.

Pamphilus Gengenbach
Nyt me yetzundt ist mein beger
Ob yenen aíner vom bundtschu wer
Dem da für kem dieß schlecht gedicht
Bit ich er wels verachten nicht
So kumpt er nit yn solche not
Als mancher yetz ist bliben todt
Vngehorsam gou vngestrofft nit lot

Unten links: »Der Bundschuh«, Titel der Schrift von Pamphilus Gengenbach, 1514.

Unten rechts: Aufständischer Bauer, Holzschnitt aus Murner *Von dem großen lutherischen Narren,* 1522.

Bundes Gottes:»Alle, die zu dem Bunde stehen wollen, sollen darunter treten.«
Zum Beginn des Bauernaufstands hatten sich die Fürsten ratlos gezeigt und mit dem Widerstand zunächst gezögert, der Resignation nahe. Kurfürst Friedrich von Sachsen fragte sich, auf dem Sterbebett liegend, ob man dem gemeinen Mann nicht vielleicht Unrecht getan habe und deshalb mit seinem Sieg rechnen müsse; sein Thronfolger, Herzog Johann, erwog sogar den Verzicht auf seine fürstliche Macht. Aber dann vereinten sich die Fürsten doch zum gemeinsamen Widerstand. Zur Hilfe kamen ihnen dabei die aus Italien heimkehrenden Landsknechte, die, vom Kaiser nicht mehr entlohnt, nach neuer Arbeit suchten. Sie sollten sie finden.
Am 15. Mai 1525 wurden die Bauern bei Frankenhausen in Thüringen vernichtend geschlagen, wobei es sich eher als um eine Schlacht um eine Massenhinrichtung handelte. Auf seiten der Fürsten soll es nur fünf Tote gegeben haben gegenüber 5 000 niedergemetzelten Bauern; nur 600 wurden gefangengenommen.

Die grundtlichen vnnd rech
ten haupt Artickel aller
baurſchafft vnnd hinderſeſſen
der Geiſtlichen vnd Welt-
lichen oberkeyten vonn
welchen ſye ſich be
ſchwert vermei-
nen.

Rechts oben: Titelseite der »Zwölf Artikel der Bauern«, wahrscheinlich Ulmer Druck von 1525.
Rechts: Revolutionäre Bauern, zeitgenössischer Holzschnitt.

Dann erfolgte das furchtbare Strafgericht der Fürsten über die Bauern. Die Soldaten wurden zu Henkern. Ihre Greuel und Verwüstungen waren noch schlimmer als zuvor die der Bauernhaufen; sie verstanden ihr blutiges Handwerk eben besser. Zurück blieb ein Leichenfeld. Insgesamt hat es im Bauernkrieg über 100000 Tote gegeben.
Martin Luther geriet durch den Bauernkrieg ins Zwielicht. Die Bauern beriefen sich zunächst auf die von ihm verkündete evangelische Freiheit, die altgläubigen Fürsten verdächtigten ihn dagegen der Bundesgenossenschaft mit dem Bundschuh, hinterher bezichtigten ihn die Bauern wiederum des Verrats. Dabei ist Luthers Haltung von Anfang an eindeutig gewesen – gegen den Aufstand. Am schonungslosesten hat er sich gegen die Bauern gestellt in seiner Flugschrift »Wider die räuberischen und mörderischen Rotten der Bauern«.

Links oben: Plünderung des Klosters Weißenau bei Ravensburg in Oberschwaben, kolorierte Federzeichnung in der *Chronik des Bauernkrieges* von Jakob Murner, 1525.
Links unten: Herr inmitten gewalttätiger Bauern, Holzschnitt des Petrarca-Meisters.
Oben: Bauern hängen einen Ablaßkrämer, Federzeichnung von Niklaus Manuel Deutsch, 1525.
Rechts: Kaiserliche Söldnertruppen, Zeichnung von Albrecht Dürer um 1520 (Cabinet des Estampes, Paris).

Links: Von Landsknechten überfallene Bauern, Holzschnitt von H.S. Beham.

Links unten: Die Rache der fürstlichen Sieger im Bauernkrieg: Verurteilung, Folterung und Hinrichtung. Holzschnitt von Hans Burgkmair.

Wider die Mordisch
vnd Reubischen Rotten der
Bawren.

Psalm. vij.
Seyne tück werden jn selbs treffen/
Vnd seyn mutwill/ wirdt vber jn außgeen.
1 5 2 5.
Martinus Luther. Wittemberg.

Unten: Titelblatt von Martin Luthers Schrift *Wider die mörderischen und räuberischen Rotten der Bauern*, 1525.

Rechte Seite: Drei Auffassungen von Luther und den Bauern: 1. Freundlich: Luther, von Bauern begleitet, unterweist die Priester in der Bibel. 2. Feindlich (katholisch): Luther im Harnisch ist dabei, den Bauernschuh anzuziehen. 3. Titel einer Schrift, die Luther Doppelzüngigkeit den Bauern gegenüber vorwirft.

Den buntschuch schmieren.
Wie der luther den buntschůch schmiert/ das er den
einfaltigen menschen angenem bleib.
ICh wolt mein heer gern wol versehen
Das vnß kein mangel möcht beschehen

Luther.
Pauer.

Der eigentliche Bauernkrieg hat insgesamt nur ein gutes Vierteljahr gedauert, vom Februar/März bis zum Mai 1525. Die größte soziale Revolution in Deutschland war zugleich die kürzeste und erfolgloseste. Innerhalb von drei Monaten sind die Hoffnungen nicht nur auf eine Besserung der sozialen Lage des Bauernstandes, sondern auch auf eine umfassende Reform der Gesellschaft und eine Einigung der Nation untergegangen. Was blieb, war das Gedächtnis an einen blutigen Zirkel von Schuld, Verhängnis und Tragik – ein notwendiges Scheitern.

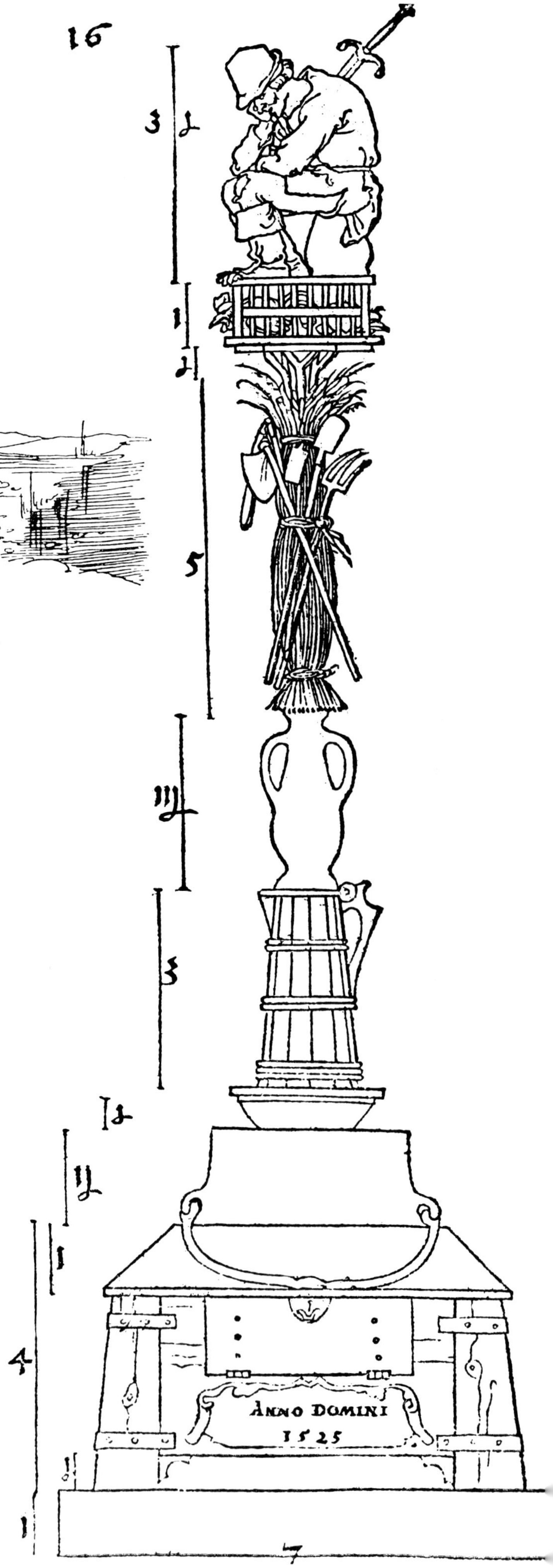

Oben: Weinende Bäuerin, Zeichnung von Albrecht Dürer.
Rechts: Entwurf zu einer Gedächtnissäule, Zeichnung von Albrecht Dürer.

Mit dem Ende des Bauernkrieges ging nicht auch das »Schwärmertum«, das den sozialen Aufstand religiös motiviert hatte, zu Ende, sondern lebte vor allem in der Täuferbewegung fort. Diese fand ihre Anhänger vornehmlich in den sozial niederen, ungebildeten Schichten der Bevölkerung. Sie verbreitete sich weithin im Verborgenen, von Mund zu Mund, durch Laienprediger, jedoch mit so großem Erfolg, daß mancherorts die Kirchen leer zu werden begannen.

Von Anfang an gab es im Täufertum auf Grund desselben Anspruchs, den Geist zu besitzen und ein wahrhaft christliches Leben gemäß der Bibel zu führen, zwei verschiedene Richtungen, sozusagen eine »milde« und eine »wilde«. Die »Milden« begnügten sich mit der Verwirklichung der Bergpredigt in ihren privaten, teilweise kommunistischen Lebensgemeinschaften; sie lebten friedfertig in der Stille. Die »Wilden« hingegen wollten die Bibel auch zur Grundlage aller öffentlichen Ordnung machen und probten deshalb hier und da den Aufstand. Dabei läßt sich keine genaue Trennungslinie zwischen beiden Richtungen ziehen. Die Friedfertigen befanden sich fraglos in der Überzahl, aber unter dem Druck der furchtbaren Verfolgungen von seiten der Kirche und des Staates wurden auch einige von ihnen in die Revolution hineingetrieben.

Melchior Hoffman von Strasburg.

IM Jahr 1528/ist Melchior Hoffman von Strasburg gohn Embden in Friesland khummen/vnnd alda ein hauffen leut versamblet/ etwan bey 300 personen so mannen vnnd weibern/alda er den Wiedertauff bey verlust der sehlen säligkeit gelehrnet hatt. Er war der erst so den Wiedertauff im Niderlandt gebracht / er war auch ein wander wollberedt mann/vnnd subtyles verstants/ er tauffete alles was zu ihm kham/ er ist auß der weissagung eines alten Frießen/nach Strasburg gezogk/der ihme prophetirte/daß er alda ein halb jahr solte gefangen ligen/vnd darnach ledig auß der gefencknuß khummend/ daß wahre Evangelyum predigen vber die gantsche weltt mit seine Discipulen/ er werde von seine Discipulen gehalten vor den grossen Prophet Elias / er war auch ein philer des Munsterischen Reichs/er ist nach Strasburg gezogk/begerte mitt die Prediger zu disputiren offentlich fur yeder man/ welches durch den ehrsamen Raht zu gelassen/vnd einen tag zu disputiren angestelt / den 11 Jenner 1532/ alda ihm durch die kirchen Dienern seine fähler krafftig wiederlegt ist worden. Aber als er sich nit liß vber reden/aber sich hooch berumbt/traumen vnd gesichten furgeben/ist er als ein vnbedacht mensch inde gefencknuß gelegt worden/ wah vber er sich sehr erfreuwt hatt/lobte Gott/zog seine schu auß/wurff sein hût im lufft/schwûr bey Gott / daß er nichts anderst dann wasser vnd brot wolt essen/biß daß er mit den finger solte zeigen der ihme gesant hatt. Es stunden viel auff welche prophetirten/ nach dem Melchior ein halb jahr gefangen sein solte/wurd darnach wieder auß gehen mit 144000 Propheten vnd Lehrern/welche macht wurden haben/das erdreich mitt den Bann zu schlagen/ vnnd niemand werdt ihnen mögen wiederstehen. Es war ein Prophetissen genant Ursula/die sagte das diesen Melchior wehre Elias/vnd Cornelis Polterman den Enoch/ vnnd Strasburg daß neuw Jerusalem / vnnd hatt gesehen in ein grosse Saal viel Schwestern vnd Brûderen bey ein ander sitzen/vnd dar kham ein zarter Jungling in weisse kleidern/ mitt ein gulden drinckgschir inder hantt darinne ein starckhen tranck/vnd rings vmb gehend/presentirte ein yeden / aber niemandt vermöcht den selbigen/vmb der stercke willen/aber Cornelis Polterman tranck ihn sauber auß. Melchior inde gefencknuß liggend schrieb mitt brieffen/man solte nach dem exempel Esdre vnd Agai/ den tauff zwey jahr lassen beruhen/ vnnd in geheim lehren/biß Gott einen andern Sirus erweckte/mit noch viel andre traumen vnd gesichte/die sie in solcher wurde hielten als Gottes wohrt/aber sie seind alle vergangen/vnd Melchior ist inder gfencknuß gestorben zu Strasburg.

Rechts oben: Darstellung eines Täufer-Predigers aus der Wittenberger Bibel von 1534.
Rechts: Bildnis von Melchior Hoffmann.

Die bekanntesten Führer der Täuferbewegung waren: Balthasar Hubmaier, ehemals Pfarrer in Waldshut, 1528 in Wien verbrannt; Johann Denk, Rektor der Sebaldusschule in Nürnberg, 1525 ausgewiesen, 1527 in Basel an der Pest gestorben; Ludwig Hätzer, ehemals Kaplan in Zürich, vor allem in Süddeutschland wirkend, 1529 wegen Ehebruchs in Konstanz enthauptet; Hans Hut, Volksprediger in Franken, 1527 bei einem von ihm selbst verursachten Gefängnisbrand in Augsburg umgekommen; Jakob Huter in Tirol, 1536 in Innsbruck hingerichtet; Melchior Hoffmann, Kürschner aus Schwäbisch-Hall, durch Nord- und Osteuropa wandernd, 1543 im Gefängnis in Straßburg gestorben; David Joris, der sich für den Messias hielt und nach abenteuerlichem, gefahrvollen Wirken, sich als strengen Zwinglianer ausgebend, unter dem Pseudonym Johann von Brügge in Basel lebte (gestorben 1556).

Oben links: Bildnis von David Joris, nach »Grouwelen der voornamster Hooftketteren«, 1607.
Oben Mitte: Balthazar Hubmaier, Kupferstich von Christoffel Sichem.
Oben rechts: Ludwig Haetzer, Kupferstich von Christoffel Sichem.
Unten: Hans Hut, Kupferstich von Christoffel Sichem.

Zum Fanal des revolutionären Täufertums wurde die Errichtung des Wiedertäuferreiches in Münster (1534/35). Aus den Niederlanden waren die »Propheten« Jan Bockelson, ein Schneider aus Leiden, und Jan Matthys, ein Bäckermeister aus Haarlem, in die Stadt gekommen und dort durch Predigt und mit Gewalt zur Herrschaft gelangt. Zum Bürgermeister wurde der Tuchmacher Bernt Knipperdolling gewählt. Die siegreichen Revolutionäre gaben der Stadt – auf der Grundlage der Bibel – eine christlich-demokratische Ordnung, die sich aber immer mehr zu einer kommunistischen entwickelte und schließlich zur völligen Anarchie entartete. Nicht nur aller Besitz sollte gemeinsam sein, selbst die Frauen sollten geteilt werden. Gütergemeinschaft und Vielehe wurden ebenso zum Zwang wie die Wiedertaufe. Wer nicht mitmachte, mußte sterben.

Die Ordnung der Widerteuffer zů Münster.
Item was sich daselbs nebenzů verloffen hatt/ vonn der zeytt an / alls die Statt Belegert ist wordenn.

Oben: Münster in Westfalen. Prospekt nach Sebastian Münsters Kosmographie, 1588.
Rechts: Die Ordnung der Wiedertäufer zu Münster. Holzschnitt, 1535.

Als der Bischof von Münster, Franz von Waldeck, die Stadt zu belagern begann, verkehrte sich die Herrschaft der Wiedertäufer immer mehr in blutigen Terror. Nachdem Jan Matthys im Kampf gefallen war, errichteten die Fanatiker das »Königreich Zion«; Jan von Leiden regierte als König auf »Davids Stuhl« in »Gottes allerchristlichster, höchster Stadt«. Je aussichtsloser die Lage der eingeschlossenen Stadt wurde und je grausamer der Hunger in ihren Mauern wütete, desto brutaler wurde der Druck der Herrscher auf die Untertanen, während sie selbst nur noch üppiger prunkten und praßten und immer wildere Blut- und Sexorgien feierten.
Um der Schreckensherrschaft in Münster ein Ende zu bereiten, hatten sich alt- und neugläubige Fürsten zu einer Koalition vereint. Ihren Söldnertruppen gelang es, freilich auch nur durch Verrat, die Stadt am 25. Juni 1535 zu erobern. Die Bestrafung von seiten der Fürsten fiel nicht weniger grausam aus als zuvor die Herrschaft der Revolutionäre.

Die Anführer wurden lebendig ergriffen, halb oder ganz zu Tode gefoltert und sodann in Käfigen am Turm der Lambertikirche aufgehängt. Dort sind die leeren Käfige heute noch zu sehen.

Oben links: Bildnis von Bernt Knipperdolling, nach einem Kupferstich von Heinrich Aldegrever, 1536.

Oben rechts: Bildnis von Johann von Leiden, nach einem Kupferstich von Heinrich Aldegrever, 1536.

Links: Bildnis von Jan Matthys von Haarlem.

Rechts oben: Belagerung der Stadt Münster im Jahr 1534. Holzschnitt von Erhard Schön.

Rechts: Die Wiedertäuferkäfige am Turm der Lambertikirche in Münster in Westfalen.

Auf die Katastrophe des Wiedertäuferreiches in Münster folgte für die Täufer überall eine grausame Verfolgungszeit. Tausende von ihnen erlitten tapfer den Märtyrertod. Aber das Täufertum insgesamt wurde jetzt gemäßigt. Sein Führer war vor allem Menno Simons in Holland (1496–1561). Die nach ihm benannten »Mennoniten« wurden, nachdem auch sie zunächst verfolgt worden waren, schließlich geduldet und haben sich bis auf den heutigen Tag als Freikirche gehalten. Sie gehören zu den wenigen christlichen Gruppen, die an der Verweigerung des Kriegsdienstes stets unbeirrt festgehalten haben. Ihre wohltätigen Spenden haben manche Deutsche nach dem Zweiten Weltkrieg vor dem Hunger gerettet.

Links: Bildnis von Menno Simons.

Erasmus von Rotterdam ist am 11. Juli 1536 in Basel gestorben. Er der sich sein Leben lang vor dem Tod gefürchtet hatte, wünschte zuletzt das Ende seines Lebens herbei. Fünf Tage vor seinem Tode empfing er die Sterbesakramente, und am letzten Tag hörten die um sein Lager versammelten Freunde ihn unaufhörlich murmeln: »Domine, libera me! Domine, miserere mei!« Gestorben aber ist er, der Zeit seines Lebens nur Latein gesprochen und geschrieben hatte, mit den Worten seiner holländischen Muttersprache: »Lieve God.« Luther jedoch schimpfte ihm noch über das Grab hinaus nach: »Erasmus führte einen Lebenswandel ohne Gott, lebte in völliger Sicherheit und starb ebenso, ohne im Todeskampf einen Diener am Wort oder die Sakramente zu begehren. Daß er vielleicht im Todeskampf gerufen hätte: ›Du Sohn Gottes, erbarme dich meiner!‹ ist erdichtet.«

Links: Erasmus von Rotterdam auf dem Totenbett. Zeichnung eines unbekannten Meisters.

Zu den Humanisten, die sich zunächst Luther angeschlossen hatten, dann aber schließlich doch beim alten Glauben blieben, gehörte auch der Nürnberger Ratsherr Willibald Pirckheimer, ein Freund Albrecht Dürers. Er hatte, wie Lazarus Spengler, schon früh mit Luther sympathisiert, hatte auch eine Spottschrift auf Eck verfaßt und war deswegen, gleich Spengler, in die Bannandrohungsbulle hineingeraten. Jetzt kehrte er zur römischen Kirche zurück.

Rechts: Bildnis von Willibald Pirckheimer. Zeichnung von A. Dürer.

Auch Charitas Pirckheimer, die Äbtissin der Klarissen in Nürnberg, blieb von Anfang an beim alten Glauben. Sie schrieb gleich zu Beginn der Reformation: »Wir haben das alt und neu Testament ebenso wohl herinnen als ihr draußen, lesen es Tag und Nacht, im Chor, bei Tisch, lateinisch und deutsch, in der Gemeinde und eine jegliche besonders, wie sie will…
Aber sie sagen, es sei uns nie anders denn mit menschlichem Tand ausgelegt und gepredigt worden. Antwort ich: Bei dem Text des Heiligen Evangelii wollen wir bleiben und uns weder tot noch lebend davon lassen treiben. Aber sollen wir Glossen aufnehmen, will ich viel sicherlicher glauben den Glossen der lieben Heiligen, der von der heiligen christlichen Kirche bewährten Lehre, denn der Glosse eines fremden Verstandes, die gepredigt wird von denen, die auch nichts anderes denn Menschen sind und deren evangelische Früchte gar ungleich sind den Früchten und Tugenden der Heiligen, die sie verwerfen.«
Philipp Melanchthon zeigte durchaus Verständnis dafür. Als er überzeugt war, daß Charitas Pirckheimer und ihre Nonnen in der Tat nicht auf die Werke, sondern auf die Gnade vertrauten, meinte er, »dann möchten sie ebensowohl im Kloster selig werden wie in der Welt«.

Rechts: Bildnis von Charitas Pirckheimer (posthumes Porträt).

Bildnis von Sebastian Franck, nach einem Kupferstich von A. Luppius.

Der originellste Kopf auf dem »linken Flügel« der Reformation, im Grunde jenseits aller Richtungen und Schulen, war Sebastian Franck (1499–1542/43) – ein echter Spiritualist und darum ein krasser Individualist. Er hielt sich von Katholiken, Lutheranern, Zwinglianern und Wiedertäufern gleichermaßen fern. Entsprechend bunt sah sein Lebenslauf aus: In Donauwörth geboren, war er zunächst katholischer Priester im Bistum Augsburg, sodann lutherischer Prediger im Nürnbergischen und lebte schließlich seit 1528 als freier Schriftsteller in Nürnberg und Straßburg, war zwischendurch auch Seifensieder in Eßlingen und Buchdrucker in Ulm und starb schließlich in Basel. Für Sebastian Franck verband sich die Mystik nicht, wie für Thomas Müntzer, mit der Politik, sondern mit der Spekulation. Er vertraute nicht auf den Buchstaben der Bibel, sondern auf das »Wort Gottes«, das im Menschen selbst wirkt. Das befreite und befähigte ihn sowohl zu eigenwilligen Deutungen der kirchlichen Dogmen als auch zu neuen, eigenständigen Urteilen über den Lauf der Weltgeschichte. Alles in allem war er ein Christ, nicht nur zwischen den Kirchen, sondern ohne Kirche – und immer wieder der Kirche zum Trotz.

VI. Bündnisse und Parteiungen

Von Anfang an hat die Politik in den Gang der Reformation und damit auch in Luthers eigenen Lebensgang hineingespielt. Gleichzeitig aber hat umgekehrt auch die Religion so stark wie seitdem niemals wieder die Politik in Deutschland bestimmt.

Von Reichstag zu Reichstag

Auch nach dem Bauernkrieg bestand zur Hoffnung auf eine Reformation der ganzen Kirche noch eine Zeitlang guter Anlaß. Das Wort »lief« weiter durch Deutschland und weit auch über Deutschlands Grenzen hinaus. Aber wenn es »bleiben« sollte, dann bedurfte es dazu auch politischer Macht – und diese lag in den Händen des Kaisers und der Reichsstände. Und so wurden die *Reichstage* zu wichtigen Stationen der Reformationsgeschichte in Deutschland.

Es ging auf ihnen im Grunde immer um eine und dieselbe reichsrechtliche Frage: ob und auf welche Weise das Wormser Edikt, immerhin von einem Reichstag erlassen und darum geltendes Reichsrecht, durchgeführt werden sollte. Diese Rechtsfrage aber führte von selbst zur politischen Machtprobe, einmal der Stände untereinander, zum anderen zwischen den Ständen und dem Kaiser. Den weltpolitischen Hintergrund bildete dabei nach wie vor die Verstrickung Karls V. in seine politisch-militärischen Auseinandersetzungen mit Frankreich und dem Papst und, dadurch bedingt, seine jahrelange Abwesenheit von Deutschland.

Bereits ein Jahr nach Worms fand der nächste Reichstag in Nürnberg statt (1522). In Rom regierte seit Anfang des Jahres ein neuer Papst, Hadrian VI., anders als sein Vorgänger Leo X. kein Renaissancefürst und Kunstmäzen, sondern ein frommer Asket und Gelehrter. Er war überzeugt von der Notwendigkeit einer Reform der Kirche, aber ein ebenso entschlossener Gegner der Reformation Martin Luthers. Darum ließ er auf dem Reichstag in Nürnberg seinen Nuntius zwar ein Schuldbekenntnis der Kirche ablegen, aber zugleich auch die strikte Durchsetzung des Wormser Edikts fordern. Die versammelten Reichsstände bestanden jedoch weiterhin auf ihren Beschwerden gegen Rom und lehnten die Durchführung des Wormser Edikts mit der Begründung ab, daß dies zu Unruhen des »gemeinen Mannes« führen könne. Statt dessen forderten sie bereits für das nächste Jahr ein allgemeines Konzil auf deutschem Boden, auf dem neben den Prälaten auch weltliche Herren Sitz und Stimme haben sollten, um gemeinsam zu beraten, was in »göttlichen, evangelischen und anderen gemeinnützigen Sachen« zu tun sei. Dies bedeutete, daß nicht mehr die Kirche allein das höchste Richteramt in der Christenheit innehaben sollte!

Der nächste Reichstag, zwei Jahre darauf, fand wiederum in Nürnberg statt (1524) und wiederholte im wesentlichen auch nur die Beschlüsse des vorangegangenen: Jeder Stand sollte das Wormser Edikt »so viel als möglich« durchführen – worin sich zum erstenmal das künftige »Cuius regio, eius religio« andeutete, das heißt die Ausübung der Religion jeweils entsprechend der Herrschaftsregion. Diesmal wurde nicht nur allgemein ein Konzil gefordert, sondern die Einberufung einer Nationalversammlung bereits für das nächste Jahr nach Speyer. Aber das verbot der Kaiser von Madrid aus.

Wiederum zwei Jahre später, 1526, fand ein Reichstag in Speyer statt. Obwohl die altgläubigen Stände sich wie stets in der Überzahl befanden, blieben die lutherisch gesinnten Sieger. Man beschloß einen Kompromiß: Bis zum allgemeinen Konzil sollte in Sachen des Wormser Edikts jeder Stand sich so verhalten, wie er es gegen Gott und Kaiserliche Majestät zu verantworten sich getraute. Damit gab der Speyerer Reichstagsabschied der Reformation weiteren Spielraum: Die lutherisch gesinnten Fürsten und Reichsstädte konnten jetzt darangehen, die kirchlichen Verhältnisse innerhalb ihrer Territorien in ihrem Sinne zu ordnen, die altgläubigen freilich auch, in ihren Gebieten die Reformation gemäß dem Wormser Edikt zu unterdrücken.

Begünstigt wurde die Ausbreitung der Reformation noch dadurch, daß gerade während des Speyerer Reichstags der Papst einen politischen Stellungswechsel vollzog und sich erneut einem Bündnis gegen den Kaiser anschloß. Hadrian VI. war bereits nach kaum einjährigem Pontifikat gestorben und auf ihn Klemens VII. gefolgt, wiederum ein Sproß aus dem Hause Medici, dem die Politik über die Religion ging. Welch eine Verkehrung: Während der Kaiser fest zur römischen Kirche hielt und sich für die Durchsetzung des Wormser Edikts stark machte, fiel der Papst ihm politisch in den Rücken und stärkte dadurch indirekt den Fortgang der Reformation in Deutschland. Drei Jahre lang konnte sich die Reformation jetzt fast ungehindert ausbreiten und kirchlich wie politisch festigen, vor allem in den norddeutschen Territorien und süddeutschen Reichsstädten.

Spätestens mit dem Beschluß des Speyerer Reichstags, daß jeder Stand es mit der Durchführung des Wormser Edikts gemäß seiner Verantwortung vor Gott und dem Kaiser halten sollte, kam das »konfessionelle« Prinzip in Sicht und damit zugleich die Verbindung zwischen religiöser Konfession und politischem Territorium. Das führte von selbst zu konfessionell-politischen *Bündnissen und Parteiungen*.

Begonnen hatten damit bereits die altgläubigen Stände sogleich nach dem Nürnberger Reichstag von 1524. Unter dem Einfluß des päpstlichen Nuntius Campeggi hatten sich in Regensburg Erzherzog Ferdinand, die bayerischen Herzöge und süddeutsche Bischöfe zu einem Sonderbund zusammengeschlossen, mit dem gemeinsamen Vorsatz, in ihren Gebieten das Wormser Edikt strikt durchzuführen, was sie dann auch taten. Entsprechend schlossen sich ein Jahr darauf auch in Norddeutschland altgläubige Stände, darunter Herzog Georg von Sachsen, Kurfürst Joachim I. von Brandenburg und Albrecht von Mainz, in Dessau zu einem Bund zusammen, auch sie mit dem Ziel, »die verdammte lutherische Sekte auszurotten«. Als Reaktion darauf verbündeten sich wiederum Landgraf Philipp von Hessen und Kurfürst Johann von Sachsen 1526 im »Torgauer Bund«. Ihm traten bald weitere evangelische Stände in Norddeutschland bei.

Dies alles waren vorerst nur lockere Koalitionen, noch kaum konfessionelle oder politische Parteien zu nennen. Wie stark das religiöse Bekenntnis die Bündnispolitik bestimmte, zeigte sich vor allem auf seiten der Lutheraner, wo die verschiedene Auffassung vom Abendmahl zu einem entscheidenden politischen Faktor wurde.

Der Streit um das Abendmahl

Der Abendmahlsstreit bildet die schwerste innerprotestantische theologische Kontroverse. Auf seinem Höhepunkt, gleich am Anfang, dauerte er fünf Jahre, von 1524 bis 1529, flammte später aber immer wieder auf und ist bis auf diesen Tag noch nicht endgültig geschlichtet. Für heutige Zeitgenossen, auch für die meisten evangelischen Christen, sind die damaligen theologischen Auseinandersetzungen nur noch schwer verständlich: eine Mischung von verbalen Beleidigungen, theologischen Übertreibungen, scholastischer Akrobatik, echter Frömmigkeit und metaphysischem Tiefsinn.

Es genügt, durch das Gestrüpp der konträren Stellungnahmen mit ihren vielfach verschlungenen Argumenten und Gegenargumenten einen Durchhau zu schlagen und die beiden gegensätzlichen Grundpositionen einander gegenüberzustellen.

Begonnen haben den Streit die Verfechter der »symbolischen« und damit »vergeistigten« Auffassung des Abendmahls – sie waren schließlich auch die Neuerer. Karlstadt trat auf ihrer Seite als erster hervor. Er deutete die Einsetzungsworte »Das ist mein Leib« so, daß Jesus damit auf seine Person und nicht auf Brot und Wein gezeigt habe. Daraus schloß er, daß Leib und Blut Christi in den Abendmahlselementen nicht real präsent seien, Brot und Wein vielmehr nur dazu dienten, im Abendmahl das »Gedächtnis Christi« zu feiern. Mit dieser Auffassung machte Karlstadt, aus Kursachsen ausgewiesen, in Süddeutschland Eindruck.

In seine Fußstapfen aber trat bald ein Anderer, Einflußreicherer, der Schweizer Huldrych Zwingli, Leutpriester am Großmünster in Zürich und Reformator der deutschsprachigen Schweiz. Ihm, der vom Humanismus, besonders durch Erasmus geprägt war, daher Zeit seines Lebens die Helle des Verstandes liebte und deshalb auch stets auf theologische Verständigkeit und politische Verständigung drang, hatte das Wunder der Wandlung und damit die Realpräsenz Christi in den Abendmahlselementen schon immer Schwierigkeiten bereitet.

Die Lösung seiner Probleme fand er in einer Schrift des niederländischen Humanisten Honius. Nach ihm heißt »Das *ist* (est) mein Leib« so viel wie »Das *bedeutet* (significat) meinen Leib« – und so gelangt Zwingli zu seiner symbolischen Deutung des Abendmahls: Die Elemente Brot und Wein sind nur »Zeichen«, und auch das »Essen des Fleisches« ist nur bildhaft zu verstehen; damit wird das Abendmahl insgesamt zu einer Feier des gemeinsamen Gedächtnisses und Bekenntnisses, ein »Fahneneid«, wobei Christus freilich im Geist der Feiernden gegenwärtig ist. Den oberdeutschen Theologen Ökolampad, Butzer und Capito gefiel Zwinglis Abendmahlslehre, und so schlossen sie sich ihr an.

Die Gegenposition zu Zwingli vertrat am schroffsten Luther selbst. Er hatte zu keinem Zeitpunkt seines Lebens an die Realpräsenz Christi im Altarsakrament gerührt. Jetzt aber, als Zwingli sie bestreitet, versteift er sich geradezu auf sie und erscheint fast Arm in Arm mit den Papisten gegen die Zwinglianer. Es kommt in den Jahren 1527/28 zu einer scharfen literarischen Auseinandersetzung zwischen den beiden Reformatoren, wobei keiner dem anderen etwas nachgibt. Darin ging es nicht nur um das Einzelproblem der Realpräsenz Christi im Abendmahl; vielmehr wurde eine ganze Reihe theologischer Probleme aufgerührt und auf dieses eine konzentriert – ähnlich wie heute bei der Auseinandersetzung um die Interkommunion zwischen Katholiken und Protestanten.

Kaum jemals hat Luther seine Gegner ärger beschimpft und zugleich Tieferes über Gott gedacht und ausgesagt als in seinen Abendmahlsschriften. Schier Unerträgliches steht hier unmittelbar neben tief Ergreifendem und höchst Bedenkenswertem. Will man Luthers Verhalten verstehen und ihm gerecht zu werden suchen, so muß man nach den Motiven fragen, die ihn zu seiner unnachgiebigen Haltung gegen Zwingli bewogen haben. Es sind vor allem drei, wobei sich jeweils Theologisches mit Persönlichem mischt:

1. Das entscheidende Motiv bildet, wie stets bei Luther, die Frage der Heilsgewißheit, sein Verlangen nach Vergewisserung der Vergebung und nach Trost für sein Gewissen. Nur ein »Gedächtnismahl« reicht ihm dafür nicht aus; es muß eine Gabe Gottes sein, unabhängig von jeder menschlichen Handlung und Stimmung – das von Christus selbst seinem Testament angehängte Siegel, »sein eigen, wahrhaftig Fleisch und Blut in Brot und Wein«.

2. Luther kommt am Wortlaut des Bibeltextes nicht vorbei – »der Text ist zu gewaltig.« Es steht geschrieben: »Das ist mein Leib« – das muß man hinnehmen. Daran hat auch die Vernunft nichts zu deuteln. Das verlangt nicht nur Luthers Schriftverständnis, sondern auch seine Auffassung vom Wesen der Sprache: »Die natürliche Sprache ist Frau Kaiserin, die geht über alle spitzfindige Dichtung. Von der muß man nicht weichen, sonst bleibt

kein Buchstabe der Schrift vor den geistlichen Gauklern… Die Worte stehen da!«
3. Dem Argument Zwinglis, daß Christus nicht »zur Rechten Gottes« sitzen und gleichzeitig sich in den Elementen auf dem Altar befinden könne, hält Luther entgegen:»Nein, Geselle, wo du mir Gott hinsetzest, da mußt du mir die Menschheit mit hinsetzen; sie lassen sich nicht sondern und voneinander trennen. Es ist eine Person worden und scheidet die Menschheit nicht von sich, wie Meister Hans seinen Rock auszieht und von sich legt, wenn er schlafen geht.« An der Einheit der beiden Naturen, der menschlichen und der göttlichen, in der Person Christi hängt Luthers christologisches Interesse. Uns Heutige dünkt auch dies immer noch reichlich metaphysisch und deshalb dunkel – aber damit hat Luther die altkirchliche Zweinaturenlehre wenigstens ansatzweise zu überwinden begonnen. Sie gänzlich aufzugeben und über Christi Person »geschichtlich« zu denken, dazu war es wohl noch nicht an der Zeit.

Die Auseinandersetzung mit Zwinglis scheinbar räumlicher Gottesvorstellung treibt Luther zu Aussagen über Gottes Sein, die so großartig sind, daß sie einen die Enge des Abendmahlstreits vergessen lassen und an Nikolaus von Kues' theologische Weiträumigkeit erinnern. »Die göttliche Gewalt mag und kann nicht also beschlossen und abgemessen sein, denn sie ist unbegreiflich und unermeßlich, außer und über alles, das da ist und sein kann. Wiederum muß sie an allen Orten wesentlich und gegenwärtig sein, auch in dem geringsten Baumblatt.« Gott ist »ein übernatürlich, unerforschlich Wesen, das zugleich in einem jeglichen Körnlein ganz und gar und dennoch in allen und über allen und außer allen Kreaturen ist. Darum bedarf es keines Umzäunens hier… Nichts ist so klein, Gott ist noch kleiner. Nichts ist so groß, Gott ist noch größer. Nichts ist so kurz, Gott ist noch kürzer. Nichts ist so lang, Gott ist noch länger. Nichts ist so schmal, Gott ist noch schmaler und so fort an. Es ist ein unaussprechlich Wesen über und außer allem, was man nennen und denken mag.«

Es wird nicht von ungefähr gewesen sein, daß Luther gerade während des Abendmahlstreits erneut schwere Anfechtungen und körperliche Leiden überfielen. Im Juli 1527 kommt es bei ihm zu einer seelischen und leiblichen Krise. Er wird von Sündenängsten überfallen wie einst im Kloster, und Bugenhagen muß ihn in der Beichte trösten. Das befreit Luther zwar vorübergehend von seiner Seelenangst, aber sein erschöpfter Körper scheint nicht mehr mitmachen zu wollen. Er bricht zusammen und fällt in eine tiefe Ohnmacht – sein Ende scheint nahe zu sein. Aber der Anfall geht vorüber: Christus hat wieder einmal über Satan gesiegt – die Anfechtungen jedoch bleiben.

Luther spürt immer mehr, daß er, was er einst in Gottes Namen angefangen hat, nicht mehr allein in der Hand hat, wie andere daran immer mehr teilnehmen und es ihm teilweise aus den Händen nehmen. Zwar bleibt er der geistige Ratgeber der Reformation, aber die Täter werden jetzt vornehmlich die Fürsten und Städte und deren juristische Räte.

»Protestanten«

Die drei günstigen Jahre für die Ausbreitung und Festigung der Reformation gehen 1529 zu Ende. Karl V. hatte sich im Kampf gegen den Papst und Frankreich in Italien behaupten können. Auch begannen im Reich die Altgläubigen insgesamt sich ihres Glaubens und die geistlichen Fürsten sich ihrer Macht wieder bewußter zu werden. Das bekamen die evangelischen Stände auf dem *Reichstag in Speyer 1529* empfindlich zu spüren. Auf ihm wurde der Beschluß des ersten Speyerer Reichstags aufgehoben: In den altgläubigen Ländern sollte das Wormser Edikt weiter durchgeführt, der neue Glaube also auch künftig nicht geduldet werden; in den evangelischen Gebieten dagegen sollte es beim gegenwärtigen Stand der Dinge bleiben und bis zum Konzil keine weitere Neuerung eingeführt werden, den Altgläubigen jedoch die Messe gestattet sein. Ausgenommen von jeglicher Duldung blieben alle »Sakramentierer«, Zwinglianer ebenso wie Taufgesinnte. Mit diesem Reichstagsbeschluß war die Reformation gestoppt.

Deshalb »protestierte« am 19. April in aller Form die Minderheit der evangelischen Stände, insgesamt fünf Fürsten und vierzehn oberdeutsche Städte: Sie fühlten sich an den neuen Reichstagsbeschluß nicht gebunden, »da in Sachen Gottes Ehr' und unser Seelen Seligkeit belangend ein jeglicher für sich selbst vor Gott stehen und Rechenschaft geben muß«. Von dieser »Protestation« her erhielten die Anhänger der Reformation fortan den Namen *»Protestanten«*. Seitdem gilt nicht nur in Glaubenssachen, sondern allgemein die Idee, daß die Mehrheit eine Minderheit nicht einfach majorisieren dürfe.

Für die Protestanten wird die Lage jetzt bedrängend. Nachdem der Kaiser politisch den Rücken frei hat, ist er entschlossen, das Wormser Edikt im Reich durchzusetzen und der Reformation Luthers ein Ende zu bereiten. Angesichts dieser Bedrohung gewinnt die protestantische Bündnispolitik neu aktuelle Bedeutung. Ihre politischen Köpfe und treibenden Kräfte sind vor allem Landgraf Philipp von Hessen und der Schweizer Zwingli. Ihnen schwebt eine umfassende antihabsburgische Koalition vor, unter Einschluß Dänemarks, Frankreichs und Venedigs. Dazu aber müssen sich zuerst einmal die Protestanten im Norden und Süden Deutschlands politisch einigen – und das geht nicht ohne gemeinsame theologische Bekenntnisgrundlage. Eben da aber steht die strittige Abendmahlslehre im Wege. Und so kommt es auf Einladung Philipps von Hessen zum *Religionsgespräch in Marburg*. Hier trifft sich vom 1. bis 4. Oktober 1529 die protestantische Prominenz. Das Ziel ist, über die theologische Einigung zur politischen zu gelangen. Doch dieses Ziel wird nicht erreicht.

Man begegnet einander freundlich, man erkennt auch

gegenseitig besser die Argumente des anderen, aber es gelingt nicht, die Gegensätze auszuräumen. Luther beharrt unbeirrt auf seinem Standpunkt, schreibt zur Bekräftigung die Worte »Hoc est corpus meum« (Das ist mein Leib) mit Kreide unter der Samtdecke auf den Tisch und hebt im entscheidenden Augenblick die Decke auf. Zwingli zeigt sich entgegenkommender: »Es sind keine Leute auf Erden, mit denen ich lieber wollte eins sein als mit den Wittenbergern.« Aber auch er kann es sich nicht leisten nachzugeben, wenn er nicht sein politisches Prestige in der Heimat einbüßen will. Als Ergebnis bleiben die 15 »Marburger Artikel«; in 14 ist man sich einig, im 15., der vom Abendmahl handelt, stellt man gleichzeitig das Übereinstimmende und das Trennende fest. So geht man auseinander, nicht geschieden, aber auch nicht vereint. Zwingli hat beim Abschied Tränen in den Augen.

Es verhält sich in der Tat so, wie Luther es zu Butzer ausgedrückt hat: »Ihr habt einen anderen Geist als wir.« Zum Beweis braucht man nur zwei Aussagen einander gegenüberzustellen. Luther sagte in Marburg: »Würde Gott mir befehlen, Mist zu essen, so würde ich es tun in der klaren Erkenntnis, daß dies für mich heilsam ist. Der Knecht soll nicht über den Willen des Herrn nachgrübeln. Man muß die Augen schließen.« Zwingli hielt dies für »recht kindisch« und setzte dem entgegen: »Was Gott gebietet, gebietet er zum Guten und zum Heil. Gott ist wahrhaftig und Licht, er führt nicht in Finsternis.« Treffender läßt sich die unterschiedliche geistige Herkunft beider Reformatoren kaum ausdrücken.

Erst im Frühjahr, auf dem Speyerer Reichstag, hatten die Anhänger der Reformation den gemeinsamen Namen »Protestanten« erhalten; und bereits im Herbst, seit dem Marburger Religionsgespräch, begannen sich zum erstenmal zwei unterschiedliche Konfessionen innerhalb des Protestantismus abzuzeichnen. Nicht einmal nach dem Ausscheiden des Schweizers Zwingli gelang den Protestanten in Deutschland ein gemeinsames politisches Bündnis. Wittenberg und die oberdeutschen Städte konnten sich politisch nicht einigen, weil die zwischen ihnen stehenden theologischen Unterschiede beiden Seiten unüberwindlich erschienen. Damit ist Ende 1529 die protestantische Bündnispolitik vorerst gescheitert.

Eine der Ursachen dafür hieß Martin Luther. Im Unterschied zum aktiven Zwingli, für den Religion und Politik fast ineinanderliefen, verhielt Luther sich politisch passiv. Die Politik war nie seine Welt – er ließ es »dahingehen«.

Die nächste große Bewährungsprobe stand den Protestanten bereits unmittelbar bevor; Luther war an ihr nur noch mittelbar beteiligt.

Der Reichstag zu Augsburg / Luther auf der Coburg

Noch von Italien aus hatte Karl V. einen neuen *Reichstag nach Augsburg* ausgeschrieben. Die kaiserliche Einladung klang freundlich und friedlich: Es gelte, »die Zwietracht hinzulegen, vergangene Irrsal unserm Heiland zu ergeben und eines jeden Gutdünken, Opinion und Meinung in Liebe zu hören, zu verstehen, zu erwägen und zu *einer* christlichen Wahrheit zu bringen.« Das Echo auf das Ausschreiben war auf alt- wie auf neugläubiger Seite gleich hoffnungsvoll und entsprechend stark auch der Besuch des Reichstags. Seit Worms war es das erste Mal, daß der Kaiser selbst wieder einen Reichstag besuchte. Da Luther sich in der Reichsacht befand, konnte er nicht zusammen mit den anderen Wittenberger Theologen am Reichstag teilnehmen. Er blieb auf der Veste Coburg zurück, dem südlichsten und damit Augsburg am nächsten gelegenen geeigneten Domizil für den Gebannten auf kursächsischem Gebiet.

Luthers Aufenthalt auf der *Veste Coburg* erinnert in vielem an seine Zeit auf der Wartburg. Er fühlte sich einsam, bisweilen völlig abgeschnitten. Auch stellten sich wieder körperliche Beschwerden ein: Ohrensausen, starke Kopfschmerzen und ein Steinleiden. Zudem schien das Alter sich anzukündigen:»Es wills nicht mehr tun, sehe ich wohl, die Jahre treten herzu. Mein Kaput (Kopf) ist ein Kapitelchen geworden, wird aber weitermachen und ein Paragraph, am Ende ein Sätzchen werden.« In all dem vermutete Luther auch jetzt wieder die Angriffe des Satans auf ihn.

Und auch dies erinnert an die Wartburgzeit: Luther klagt sich der Mattigkeit und Faulheit an und vollbringt dabei in Wahrheit eine unerhörte Arbeitsleistung. Die reichste literarische Frucht dieser noch einmal schöpferischen Periode in Luthers Leben bilden seine Briefe von der Coburg. Sie zählen zu seinen schönsten Briefen überhaupt und zugleich zu seinen tiefsten Glaubenszeugnissen. Am überzeugendsten ist Luther immer dann, wenn er nicht für die Sache des Glaubens allgemein streitet, sondern persönlich und unmittelbar seinen eigenen Glauben ausspricht. Es ist schon bewegend, wie derselbe Mann seinem vierjährigen Sohn Hänschen das Paradies als einen schönen, lustigen Garten zum Spielen ausmalt, um ihm Lust zum Frommsein zu machen, und gleichzeitig dem kurfürstlichen Kanzler Dr. Brück Gottes mächtiges Himmelsgewölbe vor Augen stellt, um ihn in seinem Glauben zu stärken: »Ich habe neulich zwei Wunder gesehen: das erste, da ich zum Fenster hinaus die Sterne am Himmel sah und das ganze schöne Gewölbe Gottes, und sah doch nirgendwo Pfeiler, darauf der Meister solch Gewölbe gesetzt hatte; dennoch fiel der Himmel nicht ein, und stehet auch solch Gewölbe noch fest... Das andere: Ich sah auch große, dicke Wolken über uns schweben, mit solcher Last, daß sie möchten einem großen Meer zu vergleichen sein, und sah doch keinen Boden, darauf sie ruhten oder fußten, auch keine Kufen, darin sie gefaßt gewesen wären. Dennoch fielen sie nicht auf uns, sondern grüßten uns mit seinem sauren Angesicht und flohen davon. Als sie vorüber waren, leuchteten beide hervor, der Boden und unser Dach – der Regenbogen, der sie gehalten hatte.« An die Wand seines Arbeitszimmers hatte Luther in lateinischer Sprache einen Vers aus dem 118. Psalm, seinem Lieblingspsalm, dem er auf der Coburg auch eine Auslegung gewidmet hat, geschrieben:»Ich werde nicht sterben, sondern leben und des Herrn Werke verkündigen.« Dieser Psalmvers gibt am treffendsten Luthers Einstellung zum Reichstag in Augsburg wieder: Er versprach sich nicht viel von den dortigen Ausgleichsversuchen der Politiker und Theologen, sondern setzte sein Vertrauen nach wie vor allein auf die heimliche Kraft des Wortes Christi. Gleichwohl nahm er natürlich an allem, was in Augsburg geschah und wovon er durch Briefe, Boten und Besucher Nachricht erhielt, lebhaft Anteil und stärkte den Seinen mächtig den Rücken.

In Augsburg war jetzt vor allem Melanchthon der theologische Wortführer der Protestanten. Da der Kaiser »eines jeden Gutdünken, Opinion und Meinung« zu hören wünschte, hatten die Wittenberger Theologen im Auftrag des Kurfürsten entsprechende Artikel verfaßt und zum Reichstag mitgebracht. Sie bezogen sich vornehmlich auf die kirchlichen Mißstände und deren Besserung und hatten die Lehrfragen weithin bewußt ausgespart. Johann Eck dagegen hatte auf Geheiß der bayerischen Herzöge in »404 Artikeln« Luthers theologische Irrtümer zusammengestellt. Dadurch war nun auch die protestantische Seite genötigt, sich ausdrücklich den strittigen Glaubens- und Lehrfragen zu stellen. Und so ist schließlich durch eine Reihe von Ein- und Umarbeitungen von Melanchthons Hand die »Confessio Augustana« entstanden. Als der Kurfürst ihre erste Fassung Luther zur Prüfung übersandte, gab dieser sein berühmtes Urteil ab:»Ich habe Magister Philippens Apologie überlesen, die gefällt mir fast (gar) wohl, und weiß nichts dran zu bessern noch zu ändern. Würde sich auch nicht schicken; denn ich so sanft und leise nicht treten kann. Christus, unser Herr, helfe, daß sie viel und große Frucht schaffe, wie wir hoffen und bitten!«

Aber als Luther danach von Melanchthons weiteren Überarbeitungen trotz ständigen Nachfragens nichts mehr hörte, war er so erzürnt, daß er schließlich jeden brieflichen Kontakt mit den Augsburgern abbrach. Er zeigte sich jedoch alsbald versöhnt und sogar hoch erfreut, als er von der öffentlichen Verlesung des Bekenntnisses erfuhr: »Ich freue mich über die Maßen, bis zu dieser Stunde gelebt zu haben, in der Christus durch seine so zahlreichen Bekenner in einer so zahlreichen Versammlung öffentlich verkündigt worden ist mit einem so überaus herrlichen Bekenntnis.«

Die Verlesung des *»Augsburger Bekenntnisses«* vor der Reichsversammlung erinnert an den Reichstag in Worms. Aber wie einst in Worms folgten auch in Augsburg der schwierigere Teil der Verhandlungen und die endgültige Entscheidung erst nach dem großen öffentlichen Ereignis. Die Hauptlast hatte Melanchthon zu tragen – freilich ständig mit Luther als Mahner, Warner und Tröster im Rücken. Auf die »Confessio« der Evangelischen hatten die Katholiken ihrerseits mit der »Confutatio«, gleichfalls in einer öffentlichen Verlesung, geantwortet und auf diese »Widerlegung« Melanchthon wiederum seinerseits mit der »Apologie« der Confessio. Aber nicht nur in diesen öffentlichen Verlautbarungen, auch in den mündlichen Ausschußverhandlungen ging es ständig hin und her. Melanchthon war auf Ausgleich bedacht, nicht weil er ein ängstlicher Mensch war, sondern weil er sich ehrlich um die Einheit der Kirche sorgte und sich für sie verantwortlich fühlte. Er betonte den gemeinsamen Boden des überkommenen altkirchlichen Glaubens, auf dem die Evangelischen und die Katholiken miteinander stünden, und grenzte sich zugleich scharf gegen alle »Sakramentierer« ab. Um die Einheit der Kirche im ganzen zu erhalten, zeigte Melanchthon sich zu Konzessionen im einzelnen bereit, angeblich nur in Fragen der »Zeremonien«, in Wahrheit jedoch auch bis in Glaubensfragen hinein.

Dem widerstand Luther, indem er vor allem Melanchthons eigenen Glauben aus der Ferne zu stärken suchte: »Das Ende und der Ausgang der Sache martern dich, weil du sie nicht begreifen kannst. Aber wenn du sie begreifen könntest, wollte ich mit dieser Sache nichts zu schaffen haben, noch weniger ihr Urheber sein. Gott hat sie an einen allgemeinen Ort gestellt, den du weder in deiner Rhetorik noch in deiner Philosophie findest: der heißt Glaube.«

Luther selbst beharrte während aller Ausgleichsverhandlungen auf dem Standpunkt, den er von Anfang an, schon in seinen ersten Briefen an Melanchthon, nach Erhalt der Confessio und der Nachricht von ihrer öffentlichen Verlesung, eingenommen hatte: »Eure Apologie habe ich erhalten und wundere mich, was du meinst, wenn du fragst, worin und wieviel den Päpstlichen noch nachgegeben werden solle. Für meine Person ist in dieser Apologie mehr als genug nachgegeben; weisen sie sie zurück, so sehe ich nicht, worin ich noch weiter nachgeben könnte... Wenn Christus nicht mit uns ist, ich beschwöre dich, wo ist er dann in der ganzen Welt? Wenn wir nicht die Kirche oder ein Teil der Kirche sind, wo ist die Kirche dann? Wenn wir nicht das Wort Gottes haben, wer soll es dann haben?... Wenn wir fallen, so fällt Christus mit, das heißt der Regent der Welt. Und sei's drum, daß er fällt – ich will lieber mit Christus fallen als mit dem Kaiser stehen.«

Der Reichstag in Augsburg ging ähnlich zu Ende wie der in Worms. Die Ausschußverhandlungen brachten keinen Ausgleich in der Religionsfrage. Der Kaiser sah die »Confessio« der Evangelischen durch die »Confutatio« der Katholiken als widerlegt an und wies die »Apologie« Melanchthons zurück. Und so stand am Ende die Erneuerung des Wormser Edikts – dagegen wiederum erneuerten fünf Fürsten und vierzehn Städte ihren Protest von Speyer. Noch vor dem endgültigen Reichstagsabschied begannen einzelne Fürsten abzureisen, als erster der Landgraf von Hessen, ohne sich zu verabschieden, nach ihm auch der Kurfürst von Sachsen, beim Abschied vom Kaiser mit Tränen in den Augen. Luther hatte schon lange vorher zur Abreise gedrängt: »Immer wieder heim, immer heim!« Und später noch einmal:

»Brecht die Verhandlungen ab und kehrt zurück! Wird ein Krieg draus, so werde er draus, wir haben genug gebeten und getan.«
Der endgültige Reichstagsabschied wurde wieder, wie in Worms, vom Kaiser und der zurückgebliebenen altgläubigen Mehrheit beschlossen. Er erneuerte nachdrücklich das Wormser Edikt: Die Reformation sollte nicht nur auf ihren gegenwärtigen Stand begrenzt bleiben, sondern ganz und gar rückgängig gemacht werden. Der Termin zur Unterwerfung wurde auf den 15. April 1531 festgesetzt. Zur Durchführung dieses unversöhnlichen Reichstagsabschieds schlossen der Kaiser und die altgläubigen Stände eine Vereinigung. Damit schien ein »Konfessionskrieg« unvermeidlich zu werden. Allein, der Kaiser verläßt nach Beendigung des Reichstags bald wieder Deutschland und wird diesmal über zehn Jahre durch seine Weltpolitik vom Reich ferngehalten.

Der Schmalkaldische Bund: Religion und Politik
Nach dem Ausgang des Augsburger Reichstags mußten die evangelischen Fürsten und Städte mit einer gewaltsamen Durchführung der dort gefaßten Beschlüsse und angedrohten Maßnahmen rechnen. Aus diesem Grund schlossen sie sich 1531 zum *Bund von Schmalkalden* zusammen, mit dem Ziel des gegenseitigen Schutzes für den Fall, daß ein Mitglied unmittelbar oder mittelbar um des Evangeliums willen angegriffen würde. Die Führer waren Kurfürst Johann von Sachsen und Landgraf Philipp von Hessen, wobei der Sinn des Kurfürsten vornehmlich auf die Verteidigung des Evangeliums gerichtet war, während dem politisch aktiveren und auch impulsiveren Landgrafen nach wie vor ein großes, gegen die habsburgische Erbmonarchie gerichtetes Bündnis vorschwebte. Den Kern des Schmalkaldischen Bundes bildeten die norddeutschen protestantischen Territorien zusammen mit einigen Städten. Angesichts der drohenden Gefahr aber schlossen sich nun auch die oberdeutschen protestantischen Städte dem Bund an, welche ihrerseits wieder eine Brücke zur Schweiz bildeten.
Mochte es sich beim Schmalkaldischen Bund auch um ein Verteidigungsbündnis handeln, so schloß er im Bündnisfall doch einen möglichen Krieg gegen den Kaiser ein. Nur sehr allmählich gelang es daher den Juristen, Luthers theologische Bedenken gegen das Bündnis zu zerstreuen und ihn zur Zustimmung zu bewegen. Sie erreichten es mit der verfassungsrechtlichen Theorie, daß im Heiligen Römischen Reich deutscher Nation die Fürsten und freien Städte nicht Untertanen des Kaisers, sondern selbst »Obrigkeiten« seien, die ihrerseits den Kaiser wählten; verletzt der von ihnen gewählte Kaiser die Rechte der Stände beziehungsweise seine Pflichten, verfolgt er zum Beispiel das Evangelium in seinem Land, so ist der Widerstand gegen ihn ein erlaubtes Notrecht.
Für anderthalb Jahrzehnte wurde der Schmalkaldische Bund zum Träger des Protestantismus in Deutschland. Allmählich bekam der Kaiser seine wachsende Macht im Reich zu spüren, während er in seiner Außenpolitik gleichzeitig in neue Bedrängnisse geriet. Schon 1532 sah die weltpolitische Lage anders aus als zwei Jahre zuvor, zur Zeit des Augsburger Reichstags. Papst Klemens VII. tendierte wieder einmal zu Franz I. von Frankreich und half dadurch mit, die Stellung des Kaisers im Süden und Westen Europas neuerlich zu schwächen, zumal Frankreich sich mit den Türken verbündet hatte. Diese aber bedrohten gerade gefährlich die Ostflanke des Reiches; unter Suleiman II. hatten sie einen neuen Vorstoß begonnen und waren bereits tief in Ungarn eingedrungen. Um die Türkengefahr abzuwehren, waren Karl und sein Bruder Ferdinand auf die Hilfe der Protestanten angewiesen.
So sah der politische Hintergrund aus, vor dem es zur ersten offiziellen, wenn auch befristeten Duldung der Protestanten im Reich kam. Dies geschah im sogenannten *»Nürnberger Anstand«* von 1532. Katholiken wie Protestanten standen sich hier wie zwei Parteien gegenüber und handelten miteinander eine Art Waffenstillstand aus: Die Stände sollten einander »der Religion und des Glaubens halber nicht bekriegen oder berauben, bis zum nächsten, gemeinen, freien, christlichen Konzil«; die beim Reichskammergericht anhängigen Prozesse gegen die neugläubigen Stände sollten derweil zum größten Teil ruhen. Diese Abmachungen bedeuteten zwar keinen »Religionsfrieden«, aber wenigstens ein befristetes Stillhalteabkommen. Der Kaiser stimmte zu und erhielt dafür von den Ständen ein Heer von 80000 Mann zum Krieg gegen die Türken bewilligt.
Je stärker die Politik in den Vordergrund trat, desto mehr geriet Luthers Person in den Hintergrund. Nachdem er in der Frage des Widerstandsrechts gegen den Kaiser nachgegeben hatte, sah es fast so aus, als wollte er die Welt den Juristen überlassen und sich selbst nur noch auf seine Theologie zurückziehen: »Ich gebe meinen Rat als Theologe. Wenn aber die Juristen aus ihren Gesetzen beweisen können, daß es erlaubt ist (Widerstand gegen den Kaiser zu leisten), mögen sie meinetwegen ihre Gesetze gebrauchen; sie sollen dann selbst zusehen. Ich will nicht raten oder richten über das weltliche Gesetz, sondern bleibe in meiner Theologie, als ein Christ, der der Welt gestorben ist. Ich habe vergebens gepredigt, daß Gott uns helfen wird und Widerstand unnötig ist. Aber nicht alle können glauben. So laß ich sie machen, ich bin frei.«
Das klingt nach Müdigkeit. Aber eine gewisse Ermüdung hatte damals alle ergriffen, was auch zum Abschluß des »Nürnberger Anstands« beigetragen haben mochte. Verständlich – denn schließlich kann man sich nicht ständig »im Aufbruch« befinden. Im folgenden Jahrzehnt fielen der Reformation noch große Territorien zu –, aber zugleich mit der territorialen Ausweitung der Reformation wuchs auch ihre territoriale Verkirchlichung.

Martin Luther im Jahre 1532, kolor. Aquarell auf Pergament von Lucas Cranach d. Ä.

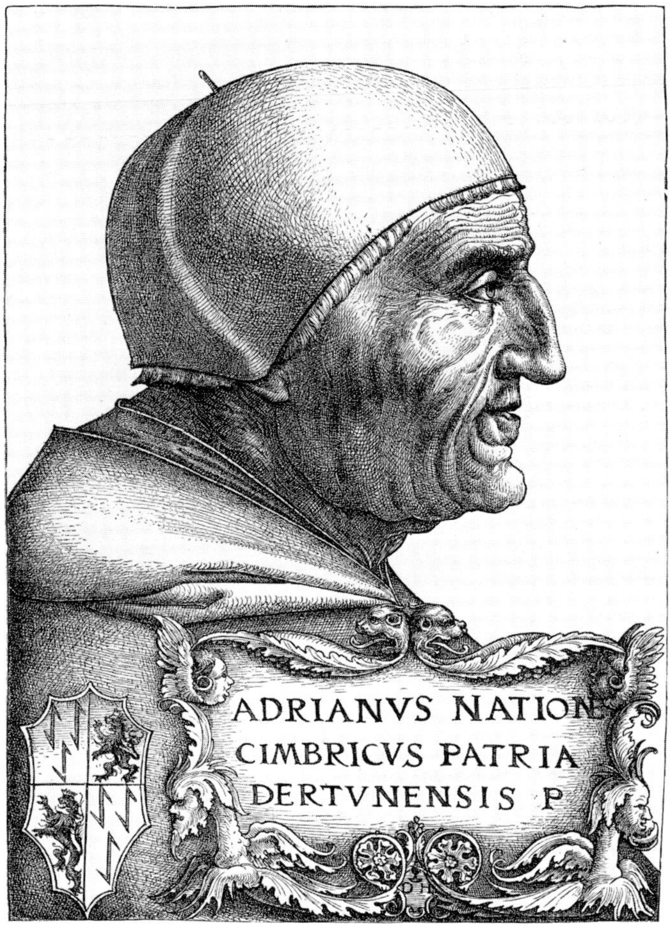

Die »Renaissance-Päpste« hatten sich zwar für die Wiederherstellung des Kirchenstaates eingesetzt, sich jedoch gegen eine Reform der Kirche gewehrt. Das wurde zum erstenmal anders unter Hadrian VI. (1522–23). Als Niederländer war er durch den Geist der Brüder vom gemeinsamen Leben beeinflußt und daher ein frommer Mann, als Mitglied der Fakultät von Löwen aber zugleich ein Verfechter strenger Rechtgläubigkeit.
Erzieher Karls V. und kaiserlicher Statthalter sowie Inquisitor in Spanien, brachte er von dorther als erster den späteren gegenreformatorischen Geist nach Rom mit. Schon sein Einzug, barfuß und ohne jede Prunkentfaltung, mußte den Römern wie ein Programm erscheinen. Dem entsprach auch seine erste Konsistorialrede und mehr noch das Schuldbekenntnis, das er 1522 dem in Nürnberg tagenden Reichstag übermitteln ließ. Aber Hadrian VI. sollte nur ein knappes Jahr regieren. Er war für 450 Jahre der letzte Nicht-Italiener auf dem Stuhl Petri und zugleich der erste Gegenreformator. Der katholische Kirchenhistoriker Joseph Lortz schreibt von ihm:»Das Schuldbekenntnis Hadrians VI. ist der eigentliche Beginn der katholischen Reform in Deutschland.«

Oben links: Papst Hadrian VI., nach einer Radierung von Daniel Hopfer.

Nach der kurzen Unterbrechung durch Hadrian VI. setzte sich in seinem Nachfolger Klemens VII. (1523–34) die Reihe der Renaissancepäpste fort. Ein illegitimer Medici, Vetter Leos X., war er wieder ein ausgesprochen »politischer« Papst, freilich von einwandfreiem Lebenswandel und bei genauer Einhaltung seiner kirchenamtlichen Pflichten. Mehr als die Theologie interessierte ihn die Diplomatie, und mehr als an einer Reinigung des Hauses Gottes war ihm am Aufstieg des Hauses Medici gelegen. Bei seiner Wahl galt er als kaisertreu; dann aber schwankte er wie ein Rohr im Winde zwischen Karl V. und Franz I. von Frankreich hin und her – gerade wie seine Hauspolitik es ihm zu gebieten schien. Ranke hat sein Pontifikat als das verhängnisvollste in der Geschichte des Papsttums bezeichnet. War Hadrian VI. der erste, freilich erfolglose Gegenreformator auf dem Papstthron gewesen, so könnte man Klemens VII. als den eifrigsten, wenn auch unfreiwilligen Förderer der Reformation bezeichnen.

Oben rechts: Papst Klemens VII., Gemälde von Cosimo Bronzino.

Entscheidend für den Fortgang der Reformation in Deutschland war die Haltung der Landesfürsten und freien Reichsstädte. Die beiden wichtigsten Territorien bildeten von Anfang an das Kurfürstentum Sachsen und bald darauf auch die Landgrafschaft Hessen. Ohne die »Schirmherrschaft« Kurfürst Friedrichs des Weisen von Sachsen wäre Luthers Sache

wahrscheinlich verloren gewesen. Mochte man bei Friedrich dem Weisen noch fragen können, aus welchen Motiven er seine schützende Hand über Luther gehalten hat, unbestritten ist, daß seine beiden Nachfolger zu Luthers Lebzeiten – Johann der Beständige und Johann Friedrich der Großmütige – aus innerster Überzeugung der Reformation angehangen und sie nicht nur in ihrem eigenen Land durchgeführt, sondern auch im Reich vertreten haben. Sie bildeten »das fürstliche Hauptfundament der deutschen Reformation« (J. Lortz).

Johann der Beständige (1525–32) war kein so politisch wacher Kopf wie sein Bruder Friedrich der Weise, aber ein ebenso frommer Mann und ein Luther treu ergebener Landesherr. Sein Ehrenname »der Beständige« wendet seine geistige Langsamkeit zum Guten. Luther hat an seiner Bahre wie ein Kind geweint. In seiner Leichenpredigt hob er als einziges Datum aus dem Leben Johanns sein Auftreten auf dem Reichstag zu Augsburg (1530) hervor: »Da hat unser lieber Kurfürst Christi Tod und Auferstehung vor der ganzen Welt öffentlich bekannt.«

Johann Friedrich der Großmütige (1532–47; gestorben 1554) war temperamentvoller, bisweilen bis zum Jähzorn, herrschte auch absoluter und zeigte bei der Säkularisierung des Kirchengutes wenig Skrupel. Trotzdem vergleicht Luther ihn wegen seiner herrscherlichen Sorge um die Kirche mit König David: »Wir sitzen unter seinem Schutz hier wie in einem Rosengarten.« Sein Ende war glücklos, aber seine religiöse Widerstandskraft dadurch nicht gebrochen. Nach der Niederlage des Schmalkaldischen Bundes in der Schlacht bei Mühlberg (1547) verlor er, der Ernestiner, die sächsische Kurwürde an den Albertiner Moritz von Sachsen und geriet sogar für Jahre in Gefangenschaft.

Was alle drei sächsischen Kurfürsten miteinander verband, war ihr kolossaler Leibesumfang.

Oben links: Dose mit Brustbild des Kurfürsten Friedrich des Weisen von Sachsen (Nußbaumholz, Porträt aus Birnbaumholz). Der Meister der Dosenköpfe wird neuerdings mit Hans Daucher (1486–1538) identifiziert.

Oben rechts: Kurfürst Johann der Beständige von Sachsen. Holzschnitt von Lucas Cranach d. Ä.

Mitte: Kurfürst Johann Friedrich der Großmütige von Sachsen. Nach einem Kupferstich von Georg Pencz, 1543.

Von ganz anderem Schlag als alle drei sächsischen Kurfürsten war Landgraf Philipp von Hessen (1504–67). Vertraten jene im Protestantismus die »Defensive«, so er die »Offensive«. Unter den protestantischen Fürsten seiner Generation war er fraglos der politisch regsamste, ein kühner und weitblickender, aber auch ein unruhiger und ungestümer Kopf. In seiner Politik spiegelt sich etwas wider von seiner Jagdleidenschaft. Ständig witterte er neue Pläne und Ziele. Obwohl er nur eine kleine Hausmacht besaß, versuchte er sich in europäischer Großraumpolitik. Dabei störten ihn nicht, wie etwa die Wittenberger, theologische Unterschiede – die Politik hatte bei ihm den Vorrang vor der Religion. Er war ebenso bereit, mit Zwingli ein Bündnis einzugehen wie gegenüber Wiedertäufern und Sakramentierern Nachsicht walten zu lassen.

Am Ende ist er gescheitert durch seine Bigamie mit dem Hoffräulein Margarete von der Saale. Sie hatte verheerende politische Folgen für den Protestantismus. Auch Philipp verlor nach dem Schmalkaldischen Krieg seine Freiheit. An ihm hat Karl V. fast noch unkaiserlicher gehandelt als an dem sächsischen Kurfürsten. Jahrelang wurde er von Kerker zu Kerker geschleppt – das hat den einst so kühnen Mann zermürbt. Alles in allem war es ein Leben voll Leidenschaft, Phantasie, Schuld und Tragik.

Links oben: Philipp I., Landgraf von Hessen. Gemälde von Hans Krell.

Der erste geistliche Fürst, der sich der Reformation anschloß, war der Hochmeister des Deutschen Ordens, Markgraf Albrecht von Brandenburg. 1525 wandelte er das Ordensland Preußen auf Luthers Rat in ein weltliches Herzogtum um.

Links: Albrecht von Brandenburg-Ansbach, erster Herzog von Preußen ab 1525.

Neben den deutschen Territorialstaaten und auch einigen Städten wie Magdeburg und Bremen waren vor allem die süddeutschen, genauer, die südwestdeutschen Städte die ersten Träger der Reformation. Unter ihnen ragten wiederum besonders Straßburg und Nürnberg mit ihrem politisch bedeutenden Bürgermeister oder Stadtschreiber hervor.
In Straßburg war es der »Stättmeister« Jakob Sturm (1489–1553), der das Prädikat eines »Staatsmanns« verdiente. Er war durch den Humanismus geprägt, daher auch theologisch hochgebildet, aber eben darum auch frei gegenüber aller theologischen Bevormundung. Immer aufs neue versuchte er, eine Brücke zwischen den Wittenbergern im Norden und den oberdeutschen Städten sowie der Schweiz im Süden zu schlagen. Durch ihn wurde Straßburg zu einem Asyl der Verfolgten und Ketzer. Ein zeitgenössisches Gedicht preist ihn zu Recht:»Er pflanzt' die Religion, stiftet' Schulen und ward ihr Patron.«
Auch der Nürnberger Stadtschreiber (Syndikus) Lazarus Spengler hat auf die Politik – und das bedeutete damals immer zugleich Religionspolitik – seiner Vaterstadt großen Einfluß geübt. Wie Jakob Sturm gelangte er vom Humanismus zur Reformation. Bereits 1519 verfaßte er die erste deutsche Verteidigungsschrift für Luther. In dieser »Schutzrede« schreibt er über sich selbst:»Das weiß ich unzweifelig, daß mir, der sich für keinen Hochvernünftigen, Gelehrten und Geschickten hält, mein Leben lang keine Lehre und Predigt so stark in meine Vernunft gegangen ist, hab auch von keinem mehr begreifen mögen, das sich meines Verstandes christlicher Ordnung also vergleicht, als Luthers und seiner Nachfolger Lehre und Unterweisung.« Johann Eck hatte seinen Namen deswegen in die von ihm aus Rom mitgebrachte Bannandrohungsbulle eingesetzt. 1526 hat Lazarus Spengler kräftig an der Einführung der Reformation in Nürnberg mitgewirkt und seine Stadt auch fernerhin bei allen wichtigen Gelegenheiten vertreten. Er stand, zumal was das Verhältnis zur Obrigkeit betrifft, den Wittenbergern näher als den Oberdeutschen. Alle Welt rühmte seine schlichte Geradheit und Aufrichtigkeit.

Oben links: Jakob Sturm von Sturmeck, Holzschnitt von T. Stimmer, um 1555.
Oben rechts: Lazarus Spengler, »vörderster Ratschreiber zu Nürnberg«.

Die »Räte« des Kaisers, der Fürsten und der Städte spielten in der Geschichte der deutschen Reformation eine wichtige Rolle. Sie repräsentierten, vor allem in den Territorialstaaten, die neu aufgekommene, juristisch geschulte Beamtenschaft, die die Fäden der Politik praktisch in der Hand hielten – Männer wie die kursächsischen Kanzler Hans von der Planitz, Gregor von Brück und Christian Beier, der hessische Kanzler Johann Feige, der herzoglich-sächsische Rat Cäsar Pflug, der Kanzler der bayerischen Herzöge, Leonhard von Eck, und viele andere.
Luther hatte zu den Juristen ein zwiespältiges Verhältnis. Auf der einen Seite mißtraute er ihnen und ihren Argumenten von ganzem Herzen, auf der anderen aber galten sie ihm neben den Theologen als die Hüter der Ordnung:»Wir Theologen und Juristen müssen bleiben oder sollen allesamt mit uns untergehen, das wird mir nicht fehlen. Wo die Theologen wenden, da wendet Gottes Wort und bleiben eitel Heiden, ja eitel Teufel. Wo die Juristen wenden, da wendet das Recht samt dem Frieden, und bleibt eitel Raub, Mord, Frevel und Gewalt, ja eitel wilde Tiere.«

Oben: Gregor von Brück (lat. Pontanus), kursächsischer Kanzler (1485–1557), zeitgenössischer Holzschnitt.

Unten: Leonhard von Eck (1480–1550), bayerischer Kanzler unter Herzog Wilhelm IV., Kupferstich von Barthel Beham.

Ein zweiter, selbständiger Typus evangelischen Christentums entstand durch Huldrych Zwingli (1484–1531) in der deutschen Schweiz mit Zürich als Mittelpunkt. Zwingli war seiner ganzen Herkunft nach – sowohl von Natur aus wie von seiner Bildung her – von völlig anderer Wesens- und Lebensart als Martin Luther. Er war Humanist und ist es sein Leben lang geblieben, auch als er zur Theologie gelangte, ja selbst noch, als er unter Luthers theologischen Einfluß geriet. G. Ritter hat die elementaren Gegensätze zwischen den beiden Reformatoren treffend so beschrieben: »Der Schweizer stand gegen den Norddeutschen, der Weltpriester gegen den Mönch, der geborene Kirchenpolitiker gegen den rein religiösen Propheten, der Sohn der Renaissance gegen den Urheber der deutschen Reformation.«

Zwinglis wichtigste Lebensdaten sind: Am 1. Januar 1484 zu Wildhaus in der Grafschaft Toggenburg geboren, besuchte er in Basel und Bern die Schule, studierte in Wien und Basel, wo er Erasmus begegnete, war von 1506 bis 1516 Pfarrer in Glarus, begleitete zwischendurch als Feldprediger die Schweizer Truppen auf den Kriegszügen in Italien, wurde 1516 Leutpriester (Prediger) in dem Wallfahrtsort Mariä Einsiedeln und war schließlich seit Ende 1518 Leutpriester am Großmünster in Zürich. Hier hat er in raschem Tempo die Reformation eingeführt, in der Bilderfrage weit radikaler als Luther, wobei sich für ihn von Anfang an Religion und Politik miteinander mischten. Christengemeinde und Bürgergemeinde bildeten für ihn keine Gegensätze; ihre Ordnungen gingen wie von selbst ineinander über. Zwinglis theologischer und politischer Einfluß griff weit über Zürich hinaus, in der Schweiz vor allem nach Bern und Basel, in Deutschland nach Straßburg und anderen oberdeutschen Städten.

Die bedeutendsten von Zwingli beeinflußten Theologen waren Johann Ökolampad, Martin Butzer und Wolfgang Capito. Ökolampad war der Reformator von Basel; Butzer und Capito reformierten Straßburg.

Oben links: Ulrich Zwingli, nach einem Gemälde von Hans Asper (1499–1571).

Oben rechts: Martin Butzer, zeitgenössischer Stich.

Mitte: Wolfgang Capito (gen. Fabricius), Straßburger Reformator (1478–1541).

Straßburg bildete das Bindeglied zwischen den Zwinglianern in der Schweiz und den Lutheranern in Wittenberg. Damit fiel Butzer und Capito von selbst eine Vermittlerrolle zu. Vor allem Martin Butzer, ehemaliger Dominikaner und von Luther bereits bei der Heidelberger Disputation (1518) begeistert, war auf Grund seiner Begabung der geborene Vermittler, ein ebenso gescheiter Theologe wie vielgewandter Diplomat. Er war nicht nur ein Vertrauter Zwinglis und des Landgrafen von Hessen, sondern später auch ein Freund Calvins. Seine Vermittlertätigkeit erstreckte sich bis England, wo er 1551 auch gestorben ist. Bei ihrer Begegnung in Marburg begrüßte Luther ihn lächelnd mit erhobenem Finger: »Du bist ein Schlingel.«

Der Hauptstreit zwischen den Schweizern und Oberdeutschen einerseits und den Wittenbergern andererseits ging um die Abendmahlslehre. Zwingli und die oberdeutschen Theologen vertraten eine symbolische Auffassung vom Abendmahl: Brot und Wein *bedeuten* Leib und Blut Christi; Luther hingegen bestand fest auf der Realpräsenz: Brot und Wein *sind* Leib und Blut Christi. Die Streitschriften gingen hin und her; es fehlte nicht an persönlichen Beleidigungen, wie es der Theologen Art ist.

Der theologische Abendmahlsstreit bildete das schwerste Hindernis für die politischen Bündnisbestrebungen der protestantischen Stände. Vor allem Landgraf Philipp von Hessen war an einem starken Bündnis gele-

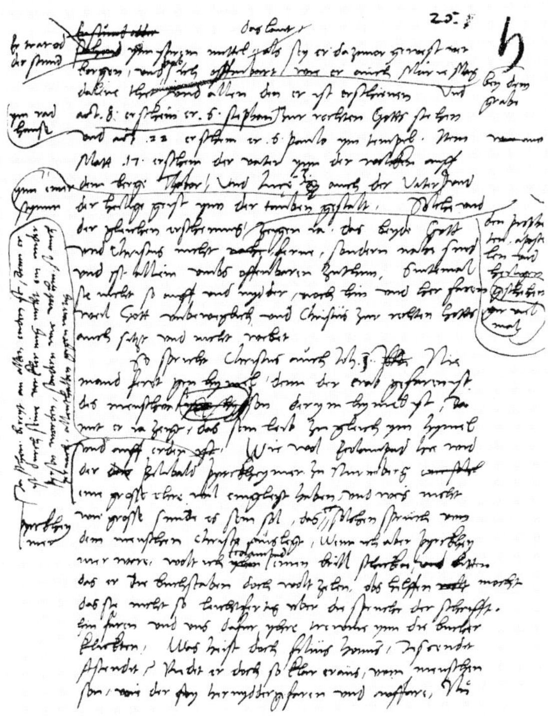

Er trat odder stund ynn yhrem mittel das laut, als sey er da zuuor gewest verborgen, vnd hab sich offenbart, wie er auch Marie Magdalene thet bey dem grabe vnd allen den er ist erschienen Vnd act. 8. erschein er .s. stephan ym radhause zur rechten Gotts stehen vnd act. 22 erschein er .s. Paulo ym tempel. Item Matt. 17. erschein der vater ynn der wolcken auff dem Berge Thabor, Vnd Luce .3. auch der Vater ynn einer stymm vnd der heilige geist ynn der tauben gestalt, Solche vnd der gleichen erscheinung, den Propheten, apostelen vnd heiligen gar vielmal geschehen zeigen ia, das beyde Gott vnd Christus nicht ferne, sondern nahe sind vnd ist allein vmbs offenbaren zuthun, Sintemal sie nicht so auff vnd nydder, noch hin vnd her faren weil Gott vnbeweglich vnd Christus zur rechten Gotts auch sitzt vnd nicht webet

So spricht Christus auch Joh. 3. Niemand feret gen hymel, denn der erab gefaren ist. des menschen son der ym hymel ist, Damit er ia zeigt, das sein leib zugleich ym hymel vnd auff erden, ia schon bereyt an allen enden ist, Denn er ist durch seine verklerung nicht ein ander Person worden, sondern wie vorhin, so auch hernach, allenthalben gegenwertig Wiewol Ecolampad hie widder Bilibald Pyrckheymer zu Nurmberg eine grosse ehre wil eingelegt haben, vnd weis nicht wie grosse sunde es sein sol, das Pyrckheymer solchen spruch von dem menschen Christo auslegt, Wenn ich aber Pyrckheymer were, wolt ich Ecolampad einen brill schicken, vnd bitten das er die buchstaben doch wolt zelen, obs helffen mocht das sie nicht so leichtfertig vber die spruche der schrifft hin furen vnd vns dafur yhre trewme ynn die bucher klickten, Was heist doch filius hominis, Descendit Ascendit? Redet er doch so klar eraus, vom menschen son, wie der sey hernyddergefaren vnd auffare, Nu . . . .

gen. Darum kam es auf sein Betreiben zum Religionsgespräch in Marburg, wo er nicht nur residierte, sondern 1527 auch die erste evangelische Universität begründet hatte. Das Gespräch fand vom 1. bis 4. Oktober 1529 auf dem Marburger Schloß statt. Alle großen theologischen Namen waren versammelt, wie die Unterschriften unter dem Protokoll beweisen: Joannes Oecolampadius – Huldrychus Zwinglius – Martinus Bucerius – Caspar Hedio – Martinus Luther – Justus Jonas – Philippus Melanchthon – Andreas Osiander – Stephanus Agricola – Joannes Brentius.

Es kam in Marburg jedoch zu keiner Einigung zwischen den Theologen über die Abendmahlsfrage. Und so scheiterten dann auch die politischen Bündnisbestrebungen. Zwei Jahre später, fast auf den Tag genau – am 11. Oktober 1531 – fiel Zwingli zusammen mit acht Züricher Prädikanten in der Schlacht bei Kappel. Sein Leichnam wurde gevierteilt und hinterher verbrannt – die beiden Strafen für einen Hochverräter und einen Ketzer. Luther sah in Zwinglis Tod ein Gottesgericht, nicht anders als einst beim Tode Thomas Müntzers. Ökolampad starb wenige Wochen nach seinem Freunde Zwingli.

Die Reformation der Schweiz war mit der Niederlage Zürichs gegen die fünf katholischen Orte nicht beendet, blieb aber fortan auf das Gebiet der deutschen Schweiz beschränkt. Die oberdeutschen Städte suchten und fanden jetzt den Anschluß an die Wittenberger. Wiederum war es Martin Butzer, der sich besonders um die Einigung bemühte. Zu diesem Zweck besuchte er Luther bereits auf der Coburg.

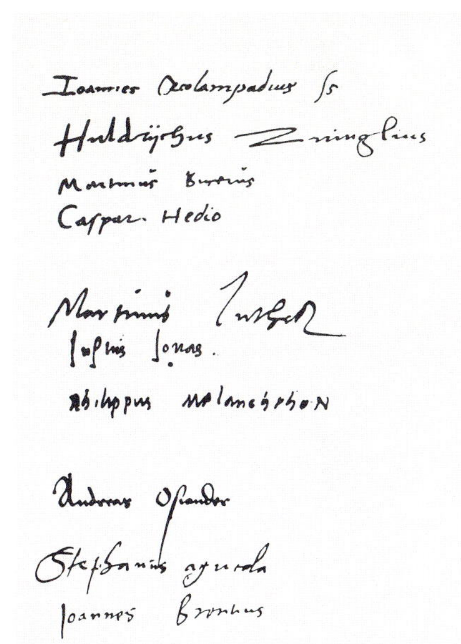

Linke Seite oben: Johannes Ökolampad (1482–1531), eigentl. Heußgen oder Hüßgen, Reformator in Weinsberg und Basel. Kupferstich von Hans Holbein.

Linke Seite unten: Luthers Handschrift in einer Seite aus dem Druckmanuskript der im Jahr 1527 herausgegebenen Schrift: »Daß diese Worte Christi ›Das ist mein Leib‹ ect. noch feststehen, wider die Schwarmgeister« (daneben der Text-Wortlaut).

Ganz oben: Ansicht des Schlosses von Marburg an der Lahn, in dem 1527 das Religionsgespräch stattfand.

Oben: Die Unterschriften unter dem Protokoll des Marburger Religionsgesprächs.

Eine baldige sowohl theologische als auch politische Einigung war für die Protestanten um so dringlicher geworden, als ihnen eine neue Bewährungsprobe bevorstand. Karl V. hatte im Sommer 1529 im »Damenfrieden« von Cambrai mit Franz I. von Frankreich und in Barcelona mit Papst Klemens VII. Frieden geschlossen. Bei einem Treffen mit dem Papst in Bologna im Februar 1530 hatte er sich von diesem zum Kaiser krönen lassen – es war die letzte Krönung eines deutschen Kaisers durch den Papst. Damit war Karl der Verwirklichung seiner Idee

einer christlichen Universalmonarchie ein gutes Stück nähergekommen. Nun galt es vor allem noch zwei Probleme zu lösen: im Reich selbst die Religionsfrage und an seiner Ostgrenze die Türkengefahr. Beides hing miteinander zusammen. Um die Türkengefahr gründlich bannen zu können, brauchte der Kaiser Truppen und Geld – und dazu bedurfte er wie stets der Zustimmung der Reichsstände. Diese aber würde er ohne eine Einigung in der Religionsfrage kaum erlangen. Darum schrieb er noch von Bologna einen Reichstag nach Augsburg aus, auf dem beide Fragen behandelt werden sollten. Freilich blieb ihm, wie er damals noch nicht wissen konnte, nur wenig Zeit. Denn schon zwei Jahre später sollte Klemens VII. sich bereits wieder Frankreich zuwenden, welches seinerseits mit den Türken verbunden war.

Links oben: Kaiser Karl V. und Papst Klemens VII., Fresko von Giorgio Vasari im Palazzo Vecchio in Florenz.
Links: Szene aus der Zeit der Türkenkriege im 16. Jahrhundert, zeitgenössischer Holzschnitt.

Oben: Belagerung von Wien im Jahre 1529 durch die Türken, Holzschnitt von Nicolaus Meldemann (in Nürnberg tätig von 1529–1532).

Als Geächteter konnte Luther nicht mit der Wittenberger Delegation zum Reichstag in Augsburg reisen, sondern mußte auf der Veste Coburg zurückbleiben. Fast ein halbes Jahr hat dort sein Aufenthalt gedauert, von Mitte April bis Anfang Oktober 1530.
Bei einer Ankunft auf der Veste hatte er sich drei Ziele gesteckt: Er wollte die Psalmen auslegen, mit der Übersetzung der alttestamentlichen Propheten fortfahren – und die Fabeln des Äsop ins Deutsche übersetzen. Zwar bringt er von alldem kaum etwas zustande, verfaßt dafür aber an die fünfzehn Schriften und schreibt im Durchschnitt täglich vier Briefe. So ist die Zeit auf der Coburg noch einmal eine besonders schöpferische Periode in Luthers Leben.

Gleich zu Beginn verfaßte Luther seine »Vermahnung an die Geistlichen, versammelt auf dem Reichstag zu Augsburg« – seine »Augustana«, wie man sie genannt hat, eine leidenschaftliche Streitschrift, in der er noch einmal in einer Art Rundumschlag die römischen Mißstände geißelte und das Recht der Reformation begründete. Weit wichtiger aber war das seelsorgerliche Geleit, das er den in Augsburg versammelten Protestanten, voran natürlich den Theologen, durch seine bisweilen täglichen Briefe gab.

Links: Die Lutherstube in der Steinernen Kemenate auf der Coburg.
Unten: Die Veste Coburg. Ausschnitt aus dem Epitaph des Michael Meinburg von Lucas Cranach d. Ä.

Oben: Die Verlesung der »Augsburger Konfession«. Gemälde von Georg Balthasar Sand.

Am 25. Juni 1530 fand die Verlesung des »Augsburger Bekenntnisses« vor der Reichsversammlung durch den kursächsischen Kanzler, Dr. Christian Beier, in deutscher Sprache statt. Anschließend wurden beide Exemplare, das deutsche und das lateinische, dem Kaiser überreicht. Unterschrieben war die »Confessio Augustana« vom Kurfürsten von Sachsen, dem Markgrafen von Brandenburg, den Herzögen von Lüneburg, dem Fürsten von Anhalt, den Städten Nürnberg und Reutlingen und vom Landgrafen von Hessen.

Die vier oberdeutschen Städte Straßburg, Konstanz, Memmingen und Lindau konnten wegen der Formulierung der Abendmahlslehre ihre Unterschrift nicht unter das von Melanchthon verfaßte Bekenntnis setzen, was dieser auch von sich aus nicht gewünscht hatte. Sie legten stattdessen ihr eigenes Bekenntnis, die »Confessio Tetrapolitana«, vor, die jedoch nicht öffentlich vor allen Reichsständen, sondern nur im Ausschuß verlesen wurde. Schließlich hatte auch Zwingli noch sein eigenes Bekenntnis, die »Fidei ratio ad Carolum imperatorem«, eingereicht.

So gab es in Augsburg insgesamt drei protestantische Bekenntnisse! Dennoch hat der katholische Reformationshistoriker Joseph Lortz recht, wenn er schreibt:»Das Wesen des Neuen lag nicht im dogmatischen Abweichen in einem oder in zehn oder in zwanzig Einzelartikeln. Das Wesen des Neuen lag in einer *neuen Art des Glaubens.* Blieb sie gewahrt, blieb das Neue gewahrt. Mochte man sonst noch so weit zur Kirche zurückgehen oder umgekehrt sich noch radikaler von ihr trennen. Das heißt, hier liegt das Geheimnis der Einheit des doch so wesentlich aufgespaltenen Protestantismus; hier offenbart sich die verhältnismäßige Bedeutungslosigkeit der innerprotestantischen Aufspaltungen.«

Der Augsburger Reichstag hatte nicht die in der Ausschreibung in Aussicht gestellte friedliche Lösung der Religionsfrage gebracht. Im Gegenteil, der Kaiser und die altgläubigen Stände zeigten sich entschlossen, das Wormser Edikt jetzt sogar möglichenfalls mit Gewalt durchzusetzen und der Reformation ein Ende zu bereiten. Angesichts dieser Drohung kamen die Anhänger des Augsburger Bekenntnisses mitten im Winter, um die Jahreswende 1530/31, in dem zwischen Kursachsen und Hessen gelegenen thüringischen Grenzstädtchen Schmalkalden zusammen, um über ein gemeinsames Verteidigungsbündnis zu verhandeln. Es waren Kursachsen, Hessen, Braunschweig-Lüneburg und -Grubenhagen, der Fürst von Anhalt, zwei Grafen von Mansfeld sowie die nord-

Rechts: Tordurchfahrt zum Schloß Wilhelmsburg im Schmalkalden.

deutschen Städte Magdeburg, Bremen und Lübeck. Sie bildeten den »Kern des Widerstandes« (Ranke), aus dem im nächsten Jahr, unter Beitritt Straßburgs und mehrerer süddeutscher Städte, der Bund von Schmalkalden erwuchs. 1532 gab er sich seine endgültige Verfassung, mit eigenem Kriegsrat und sogar einer Kriegskasse.

Im Laufe der nächsten Jahre traten immer mehr Territorien und Städte – das katholische Bayern sogar schon 1531 – dem Schmalkaldischen Bund bei, so daß er zu einer Macht im Reich wurde. Er hielt recht und schlecht fünfzehn Jahre, gerade so lange, wie Luther noch lebte.

Oben: Das sogenannte »Liebesmahl« des Schmalkaldener Bundes im Jahr 1531 auf der Wilhelmsburg in Schmalkalden.

VII.
Kirche, Haus und Schule

Mochte für Luther die Reformation auch allein Gottes Werk sein und darum nicht eine Sache menschlicher Macht und Vernunft, sondern allein des Glaubens und Vertrauens, so wußte natürlich auch Luther, daß Gott in der Geschichte zwar handelt, aber nicht zaubert – und er handelt durch konkret-geschichtliche Mittel, durch Menschen aus Fleisch und Blut und durch irdische Instanzen und Institutionen. Für die Ausbreitung der Reformation war das Mittel in Luthers Augen vor allem die Verkündigung des Wortes auf den Kanzeln und Kathedern, in den Kirchen, Universitäten und Schulen.

Reformatorischer Alltag

Um ihres engen Mit-, ja Ineinanders willen könnte man Kirche, Haus und Schule als die »irdische Trinität« des protestantischen Territorialstaates bezeichnen, wie sich dieser im Lauf der Reformationszeit allmählich herausgebildet hat. Die geistliche Grundlage dieser Dreifaltigkeit bildet die Bibel, ihre weltliche Stütze der Staat, wobei sich die weltliche Gewalt freilich bisweilen so kräftig in die geistliche einmischt, daß von einem »unterschiedenen Beieinander« der zwei Reiche kaum noch die Rede sein kann.

Diese Entwicklung war zwar nicht von Anfang an vorgesehen, aber sie hat sich, einfach aus der faktischen Notwendigkeit heraus, sehr bald ergeben. Wer symbolische Akte in der Geschichte liebt, mag in diesem Fall als Datum Luthers Eheschließung wählen. Daß Martin Luther die ehemalige Nonne Katharina von Bora unmittelbar nach dem Bauernkrieg, unter dem Eindruck einer allseitig sich auflösenden Ordnung, heiratete, mutet wie ein demonstrativer Akt an: Der »Ausnahmezustand« war vorüber, sowohl der Eigenwuchs der Reformation als auch ihr Wildwuchs – jetzt sollte dem Außerordentlichen Einhalt geboten und eine gute, dauerhafte Ordnung errichtet werden.

Es ist dies jener Übergang, der sich in der Geschichte der Kirche stets nach einem spontanen Ausbruch des Geistes zu vollziehen pflegt, den Max Weber »Veralltäglichung des Charismas« genannt hat, da aus dem Feiertag Alltag, aus der Ausnahme Gewohnheit, aus dem Überschwang Gepflogenheit wird und die heroischen Ideale des Anfangs verblassen oder sich in alltägliche Pflichten verwandeln. Mit Luthers Eheschließung meldet sich an, was neben den konfessionell-politischen Bündnis- und Parteibildungen zum hauptsächlichen Inhalt der nächsten beiden Jahrzehnte werden sollte: die institutionell-rechtliche Organisation der Reformation in der Dreiheit von Kirche, Haus und Schule – mit Hilfe der christlichen Obrigkeit. Für Luther bedeutete das zugleich die Einschränkung seines Wirkens und Lebens vornehmlich auf Kursachsen und auf sein Domizil in Wittenberg, das Schwarze Kloster.

Nach einem Ausspruch Ignaz von Döllingers konnte Luther wohl einen neuen Glauben, nicht aber eine neue Kirche schaffen. Mag diese Behauptung auch übertrieben sein, so trifft sie doch etwas Richtiges. Wie viele andere, die groß im Glauben beziehungsweise in der Theologie waren, erwies auch Luther sich als schwach in der Organisation. Er zählt zu jenen »Inspiratoren«, die dem Geist oder dem Wort zutrauen, daß diese sich von selbst durchsetzen, auch ohne organisatorische Nachhilfe. Die »Veralltäglichung des Charismas« bildet für sie ein Problem, aber sie ist nicht ihre Aufgabe. Weil Luther bei der Begründung der Reformation im wahrsten Sinne des Wortes »radikal« vorgegangen war, das heißt dem System an die Wurzel gegriffen hatte, konnte er sich jetzt, bei der Durchführung der Begründung, kompromißbereit zeigen. Was die Verfassung der Kirche betrifft, war Luther kein Programmatiker, sondern ein Pragmatiker, freilich nicht ohne feste Grundsätze. Wie er keine päpstliche Monarchie haben wollte, so auch keine protestantische Theokratie:»Darum ist uns not, daß wir auf der rechten Mittelstraßen bleiben.« Aber gerade der »Mittelweg« pflegt kein bequemer Weg zu sein, weil er stets neue konkrete Entscheidungen, oft im Kleinen, ja bis ins Kleinliche hinein, verlangt und deshalb fortwährend Enttäuschungen mit sich bringt.

Zunächst muß hier noch einmal daran erinnert werden, daß Luther keine neue Kirche gründen, sondern nur die vorhandene »nach Gottes Wort« reformieren wollte –, darum brauchte er auf die Frage einer eigenen Kirchenverfassung keinen eigenen Gedanken zu verwenden. Auch stand ihm sein eigener Sinn nicht danach. Wenn Luther an die Kirche dachte, dann hatte er als erstes immer die »Gemeinde« vor Augen, und diese vornehmlich nicht als eine äußere Rechts-, sondern als eine innere Gesinnungsgemeinschaft, als einen Bruderbund. Er konnte sogar von »zwei Kirchen« sprechen:»Die erste, die natürlich, gründlich und wahrhaftig ist, wollen wir heißen eine geistliche, innerliche Christenheit, die andere, die gemacht und äußerlich ist, wollen wir heißen eine leibliche, äußerliche Christenheit.« Dabei dachte Luther freilich niemals daran, die innere, unsichtbare Kirche von der äußeren, sichtbaren zu scheiden. Aber eben damit war auch das entscheidende Organisationsproblem gegeben: wie sich eine innere, unsichtbare Gemeinschaft, die nicht von dieser Welt ist, in dieser Welt sichtbar und äußerlich darstellen sollte.

Im ersten Überschwang der Reformation, beseelt von dem Gedanken des allgemeinen Priestertums aller Getauften, hatte Luther gemeint, den Gemeinden ihre Ordnung selbst überlassen zu können:»Eine christliche Versammlung oder Gemeinde haben Recht oder Macht, alle Lehre zu urteilen oder Lehrer zu berufen, ein- und abzusetzen aus Grund und Ursach der Schrift.« (1523) Wenig später trug Luther sich sogar mit dem Gedanken an eine Sammlung derer, »welche mit Ernst Christen sein wollen«. Diese Kerngemeinde sollte jedoch keine für sich abgesonderte Sekte bilden, sondern innerhalb des umfassenden Kirchenkörpers bleiben und unter den »Scheinchristen« gleich wie ein Salz wirken. Daß Luther nie daran gedacht hat, zwei verschiedene Kirchengemeinschaften nebeneinander bestehen zu lassen, sozusagen eine »elitäre« und eine »vulgäre«, beweist allein schon die Tatsache, daß er sein Leben lang an der Kindertaufe festgehalten hat. Die Kirche ist für ihn allzeit eine »gemischte Gesellschaft« gewesen.

Die Hoffnungen, die Luther am Anfang auf die Gemeinden gesetzt hatte, gar sein Ideal einer Sammlung ernster Christen hatten sich alsbald als illusionär erwiesen: »Ich habe noch nicht die Leute und Personen dazu; ebenso sehe ich auch nicht viele, die danach verlangen.« Die Gemeinden zeigten sich zu schwach, um die Träger einer neuen Kirchenorganisation zu werden, und der Bauernkrieg hatte gezeigt, wohin christliche Freiheit führen konnte. Seitdem hegte Luther ein tiefes Mißtrauen gegen den »Herrn Omnes«, und statt mit dem »Pöbel« hielt er es – trotz seiner Bedenken gegen die Fürsten – lieber mit ihrer Macht. Er war auf sie auch angewiesen.

Es ging um die Frage der rechtlichen Nachfolgeschaft gegenüber der alten Kirche – angefangen vom einzelnen Kirchengebäude über die Pfarrstellen, Klöster, Stifte, Abteien bis hin zu den Bistümern, ja schließlich bis hinauf zum Papst, und in dem allen natürlich auch um das Kirchengut, vor allem jedoch um die geistliche Autorität: wer jetzt in der Kirche das Sagen haben sollte. Bisher waren die Bischöfe die entscheidenden Träger aller Autorität in der Kirche gewesen, und Luther selbst hätte gern an der bischöflichen Verfassung festgehalten. Weil aber die Bischöfe in Deutschland sich insgesamt der Reformation versagten, entstand die Frage, wer nunmehr an ihrer Stelle die Autorität in der Kirche übernehmen sollte. Nach Lage der Dinge kam da nur die weltliche Obrigkeit in Frage. Und so führte der Weg von der »Gemeindereformation« zur »Fürstenreformation«. Es begann die Zeit des landesherrlichen Kirchenregiments.

Die Entstehung des Landeskirchentums: von der Gemeindereformation zur Fürstenreformation

Schon vor der Reformation hatte sich ein »Landeskirchentum« herauszubilden begonnen. Es beruhte auf der Überzeugung, daß der Landesherr nicht nur für das irdische Wohl seiner Untertanen zu sorgen habe, sondern auch für ihr Seelenheil mitverantwortlich sei. Versagten die kirchlichen Instanzen, dann hatte der Landesherr einzugreifen, um das Leben der Kirche zu erhalten und es zu bessern. Auf Grund dieses »Notrechts« hatten die Landesherren bereits vor der Reformation Kirchen und Klöster in ihren Territorien reformiert.

An diese Entwicklung knüpfte Luther an, als er sich an seinen Landesherrn, Kurfürst Johann, wandte mit der Bitte, die Neuordnung der Kirche in seine Hand zu nehmen: »Seine Kurfürstliche Gnaden möchten doch aus christlicher Liebe – denn als weltliche Obrigkeit sind sie nicht dazu verpflichtet – um Gottes willen, dem Evangelium zuliebe und den elenden Christen in Seiner Kurfürstlichen Gnaden Landen zu Nutz und Heil gnädig einige tüchtige Personen zu diesem Amt auffordern und einsetzen.« Der Landesherr sollte mithin als »Notbischof« fungieren und damit einen christlichen »Liebesdienst« ausüben, gleichsam privat, als »hervorragendstes Glied der Gemeinde« – so lautete die Theorie. In der Praxis aber wurde sogleich eine fürstliche Standespflicht daraus und auch das Kirchenregiment ein Ausfluß des weltlichen obrigkeitlichen Amtes.

Das *landesherrliche Kirchenregiment* begann mit der umfassenden Kirchen- und Schulvisitation in Kursachsen (1526–30). Zunächst galt es überhaupt erst einmal einen Überblick über den Stand der Dinge zu gewinnen: über die Zustände in den Gemeinden, über die Predigt und Amtsführung der Pfarrer, ihren sittlichen Lebenswandel und geistigen Bildungsstand, über den Verbleib des Kirchenguts und die finanzielle Situation in den Pfarrhäusern, über das Schulwesen und die Armenpflege – kurzum, wie weit die Reformation überhaupt gediehen war. Die Berichte, die die Visitatoren heimbrachten, klangen erschütternd. Die Zustände erschienen fast schlimmer noch als vorher: Manche Pfarrer kannten nicht einmal das Glaubensbekenntnis und das Vaterunser, viele lebten mit ihren Köchinnen im Konkubinat, andere wieder amtierten auf beiderlei Weise, hielten hier evangelische Predigten und dort katholische Messen; die wirtschaftliche Not in vielen Pfarrhäusern war erschreckend, weil die Gemeinden nicht für den Unterhalt aufkommen mochten; das Schulwesen lag darnieder, die Sitten waren verwildert und die Glaubensinhalte weithin unbekannt. Eine gründliche Neuordnung der kirchlichen Verhältnisse tat dringend not.

Zu diesem Zweck erließ Kurfürst Johann 1527 eine »Instruktion« für die Visitatoren. Melanchthon verfaßte entsprechende lateinische »Visitationsartikel« und einen deutschen »Unterricht der Visitatoren«, wozu Luther seinerseits eine »Vorrede« schrieb. Kommissionen, jeweils aus Theologen und Juristen gebildet, bereisten in den nächsten Jahren das Land und visitierten, Bezirk um Bezirk, das ganze Kurfürstentum. Sie waren mit besonderen Vollmachten ausgestattet; sie hatten im Auftrag des Kurfürsten keineswegs nur Verwaltungsangelegenheiten zu ordnen, sondern ebenso auch über Glaubens- und Lehrfragen zu entscheiden. Pfarrer wurden examiniert und entsprechend ein- beziehungsweise abgesetzt, von ihren Köchinnen getrennt oder mit ihnen verehelicht; das Kirchengut wurde vor dem Zugriff des Adels geschützt und durch eine geordnete Pfründenverwaltung für ein festes Einkommen der Pfarrer gesorgt. Aber auch der Glaube verdächtiger Prediger und Gemeindeglieder wurde geprüft – die kurfürstliche Instruktion sprach hier

ausdrücklich von »Inquisition« –, und wer sich dabei als Sektierer erwies, mußte das Land verlassen, falls er nicht zum Widerruf bereit war. Neuberufene Geistliche hatten sich vor ihrer Ordination einem Lehrverhör zu unterziehen und wurden danach im Namen des Kurfürsten ordiniert. Um das Erreichte dauerhaft zu sichern, wurde neben den von Fall zu Fall bestellten Visitatoren das ständige Amt der »Superattendenten« (Superintendenten) geschaffen, deren Aufgabe, wie der Titel besagt, vornehmlich in der Aufsicht über die Lehre und den Lebenswandel der Pfarrer bestand. Dazu wurde schließlich noch ein »Konsistorium« eingerichtet, das, aus Theologen und Juristen zusammengesetzt, über Ehefragen, Disziplinarfälle und Streitigkeiten zwischen Pfarrern und Gemeinden zu urteilen hatte. So steht am Ende die kursächsische Landeskirche da, an ihrer Spitze der weltliche Landesherr, in der alltäglichen Praxis freilich oft nur die Juristen seiner fürstlichen Kanzlei.
Was in Kursachsen geschah, wurde zum Modell für andere Territorien. Man hat über diese institutionelle Verfestigung der Reformation zu einem Bündel von kleinen und kleinsten Landeskirchen und die damit verbundene religiöse Lähmung des Protestantismus viel geklagt – und das mit vollem Recht. Aber damals wenigstens hat es nach Lage der Dinge kaum einen anderen Weg gegeben, wenn die von Luther entfachte – in ihren Anfängen vielfältig motivierte, teilweise auch stark enthusiastische – Bewegung zu einer dauerhaften geschichtlichen Wirkung gelangen sollte. Luther selbst hat sich gegen die Entwicklung zum landesherrlichen Kirchenregiment nicht gesträubt, sondern ist den Weg bewußt mitgegangen, freilich unter täglichem Seufzen. Die von ihm eingeschlagene »Mittelstraße« wurde zu einem Zick-Zack-Kurs mit vielen Widersprüchen und unter ständiger Vermischung der beiden Reiche, des weltlichen und des geistlichen Regiments, wobei das weltliche am Ende den Sieg behielt, den Geist jedoch nur zu dämpfen, nicht endgültig auszulöschen vermochte.
Einerseits war Luther bereit, die Angelegenheiten der Kirche voll und ganz in die Hände seines Landesherrn zu legen:»Wir wollen hierin unseres gnädigsten Herrn Hilfe und Rat nicht ungesucht lassen, denn obwohl Seiner Gnaden nicht befohlen ist, zu lehren und geistlich zu regieren, so ist sie doch schuldig, als weltliche Obrigkeit zu einträchtiger Lehre und Glauben anzuhalten!«
Andererseits aber suchte Luther nach wie vor die Unterscheidung zwischen den zwei Reichen durchzuhalten und wehrte sich immer wieder gegen die Eingriffe des weltlichen Regiments in das geistliche. Schon bei einem geringen Anlaß konnte er mächtig aufbrausen:»Wenn es so werden will, daß die Höfe in der Kirche herrschen wollen nach Gefallen, wird die Zukunft schlimmer sein als die Vergangenheit. Unterm Papsttum hat der Teufel die Kirche in die Politik gezogen, jetzt will er die Politiker in die Kirche mischen. Sie mögen selbst Pastoren werden, predigen, taufen, Kranke trösten und das ganze Kirchenamt versehen – oder sie sollen aufhören, die Berufe zu verquicken, sollen ihren Hof besorgen und die Kirchen denen überlassen, die dazu berufen sind und Gott Rechenschaft darüber geben müssen! Geschieden wollen wir das Kirchenamt vom Hofamt haben – oder uns von beiden scheiden!«
Am Ende aber steht doch die Preisgabe der Kirche an die Staatsgewalt. Derselbe Luther, der einst das allgemeine Priestertum aller Gläubigen verkündet und deshalb der Gemeinde das Recht und die Macht zugestanden hat, »alle Lehre zu urteilen und Lehrer zu berufen, ein- und abzusetzen aus Grund und Ursach der Schrift«, erbittert sich jetzt:»Viel weniger ists zu leiden, daß ein Laie sich unberufen des Predigens unterwinde in seiner Pfarrkirche. Wir sollens bleiben lassen bei den geordneten Ämtern und Propheten. Lehren sie nicht recht, was geht es dich an? Hast du doch nicht Rechenschaft dafür zu geben! Welch ein fein Muster sollte mir das werden, wenn jeder Macht hätte, dem Pfarrer in die Rede zu fallen und sich mit ihm zu schelten! Da sollte der Teufel Prediger sein an meiner Statt. Paulus befiehlt der Gemeinde, sich zu bessern und nicht die Lehre und das Predigtamt. Die Propheten reden, und die Gemeinde höret zu.«
Das Motiv für solche gleichzeitige Verrechtlichung des Glaubens und Entmündigung der Gläubigen ist Luthers Angst vor jeder Unordnung und Schwärmerei; dies wird deutlich, wenn er anläßlich des Streits um einen Pfarrer in Zwickau an seinen Kurfürsten schreibt:»Eure Gnaden mögen wohl bedenken: Wo es sollt einreißen, daß man einen Prediger setzen und entsetzen sollte wider den Pfarrer, so möchten sie heut oder morgen einen Müntzer oder Karlstadt setzen, je nach dem sie dem Pfarrer geneigt oder ungeneigt sind.«
Sucht man in diesem widerspruchsvollen Hin und Her nach einer ungefähren Generallinie in Luthers Verhalten, wird man vielleicht so viel sagen können: Luther zeigt grundsätzlich Vertrauen zur obersten Spitze der weltlichen Herrschaft, zum Landesherrn, aber er wittert Verdacht und ist voll Mißtrauen und Ärger gegen die Beamten, die Juristen und Edelleute, wenn sie sich, sei es von Amts wegen oder aus Eigennutz, in kirchliche Angelegenheiten einmischen – und das war weithin das tägliche Brot. Und wiederum macht Luther einen Unterschied zwischen den einzelnen Landesherren: Ist ein Fürst zum Beistand für das Evangelium – natürlich nur in Luthers Sinn – bereit, so darf man seine Hilfe annehmen; stellt sich ein Fürst dem Evangelium hingegen in den Weg – natürlich wiederum nur nach Luthers Meinung –, so muß man sich ihm widersetzen.

Das geistliche Fundament der Gemeinde

So unsicher und schwankend Luthers Haltung war, wenn es sich um Fragen der äußeren Ordnung handelte, so intuitiv sicher und entschieden waren sein theologisches Urteil und sein praktischer Zugriff, sobald er sich vor geistliche Aufgaben gestellt sah. Dies gilt auch für seine Mitwirkung am Neubau der Kirche. Sein Hauptbei-

trag bezog sich deshalb hier vor allem auf den Gottesdienst und den Unterricht – und das bedeutete konkret vier Dinge: Gottesdienstordnung, Gesangbuch, Katechismus und Bibel.
Am 29. Oktober 1525 wurde in der Wittenberger Stadtkirche zum erstenmal eine »Deutsche Messe« gefeiert. Im Jahr darauf gab Luther die neue *Gottesdienstordnung* mit einer Vorrede heraus. Im wesentlichen hatte er sich dabei an das alte römische Formular gehalten, nur daß die Messe jetzt in deutscher Sprache gefeiert wurde und im Meßkanon der Opfergedanke fortgefallen war. Alles in allem wurde die Messe zum Gemeindegottesdienst.
Unauflöslich war mit dem evangelischen Gottesdienst von Anfang an das *Lied* verbunden. Bereits 1524 erschien das erste Gesangbuch mit 24 Liedern. Ihm folgten im Laufe der nächsten Jahre viele andere mit immer mehr Liedern. Dabei war Luther vielfach selbst ihr Dichter und Komponist, sei es, daß er neue Texte und Melodien schuf oder alte Vorlagen und biblische Texte bearbeitete beziehungsweise erweiterte oder umdichtete. Ohne das Lied ist die Ausbreitung der Reformation gar nicht vorstellbar.
Daß das Lied in der Reformation eine so große Rolle spielte, hing natürlich auch mit Luthers eigener Liebe zur Musik zusammen. In seinen Briefen und Tischreden hat Luther die Musik immer wieder gepriesen als eine vorzügliche Gabe Gottes, als eine Verwandlerin der menschlichen Herzen und als die beste Trösterin in seinen eigenen Traurigkeiten:»Die Musica ist eine Gabe und Geschenk Gottes. Sie vertreibt auch den Teufel und macht die Leute fröhlich; man vergißt dabei alles Zorns, Unkeuschheit, Hoffart und anderer Laster. Ich gebe nach der Theologia der Musica den nächsten Platz und höchste Ehre« – »Von der Musik ist zu sagen, daß nach dem heiligen Wort Gottes nichts so hoch zu rühmen ist, weil sie aller Bewegung des menschlichen Herzens mächtig und gewaltig ist... Der Heilige Geist ehrt selbst diese edle Kunst als seines eigenen Amtes Werkzeug, wie er bezeugt, daß der böse Geist von Saul wich, wenn David die Harfe spielte.«
Drang durch das Lied das Evangelium in die Herzen der Menschen, so sollte es durch den Unterricht in ihre Köpfe gebracht werden. Unter dem Eindruck der erschreckenden Unwissenheit und Rohheit der Geistlichen und eines entsprechend verwahrlosten Lebens in den Gemeinden, wie die kursächsische Kirchen- und Schulvisitation sie zutage gefördert hatte, verfaßte Luther 1529 seine beiden *Katechismen.* Der »Große Katechismus« war für die Pfarrer und Lehrer als Anleitung für den Unterricht, aber nicht minder auch für ihre eigene Bildung bestimmt, der »Kleine« für die Kinder und Hausväter zum Auswendiglernen und Abfragen, aber auch für die häusliche Andacht. Luther selbst bekennt, daß er, obwohl ein »alter Doktor«, den Katechismus noch oft gelesen und gebetet habe.
Hinter der Idee der Katechismen steht die Einsicht, daß der Glaube nicht einfach senkrecht vom Himmel fällt, sondern der Überlieferung bedarf, und das heißt des Einübens, Lernens und Wissens, gleich wie auch ein Handwerksmann sein Handwerk lernen muß. Dabei wird bereits der religiös in sich geschlossene Territorialstaat von Luther als selbstverständlich vorausgesetzt:»Wer in einer Stadt wohnen will, der soll das Stadtrecht wissen und halten, das er genießen will – er glaube oder sei im Herzen für sich ein Schalk oder Bube.« Wer zu solchem Lernen nicht bereit ist, den soll der Fürst aus der Stadt jagen.

Der protestantische Territorialstaat
Damit kommt die Bedeutung der *Schule* für die Reformation in Sicht. Wie wichtig sie in Luthers Augen war, zeigt die Tatsache, daß er sich mehrfach darüber geäußert hat, mindestens dreimal ausführlich: in seiner Schrift »An den christlichen Adel« (1520), in seinem Aufruf »An die Ratsherrn aller Städte deutschen Landes, daß sie christliche Schulen aufrichten und halten sollen« (1524) und schließlich in seiner »Predigt, daß man Kinder zur Schule halten solle« (1530).
Immer wieder hat Luther seine »lieben Deutschen« aufgerufen, den göttlichen Kairos nicht zu versäumen, anfangs zuversichtlich mahnend, bald immer düsterer warnend, am eindringlichsten wohl, weil am ausdrucksstärksten in seiner Schrift »An die Ratsherrn aller Städte deutschen Landes«: »Liebe Deutsche, kauft, derweil der Markt vor der Tür ist; sammelt ein, derweil es scheint und gut Wetter ist; braucht Gottes Gnade und Wort, derweil es da ist! Denn das sollt ihr wissen: Gottes Wort und Gnade ist ein fahrender Platzregen, der nicht wiederkommt, wo er einmal gewesen ist. Er ist bei den Juden gewesen; aber hin ist hin, sie haben nun nichts. Paulus brachte ihn nach Griechenland. Hin ist hin; nun haben sie den Türken. Rom und das lateinische Land haben ihn auch gehabt; hin ist hin, sie haben nun den Papst. Und ihr Deutschen dürft nicht denken, daß ihr ihn ewig haben werdet. Denn der Undank und die Verachtung wird ihn nicht lassen bleiben. Drum greif zu und halt zu, wer greifen und halten kann! Faule Hände müssen ein böses Jahr haben.«
Der Grund für Luthers großes Interesse an der Schule war, daß die Verbreitung des Evangeliums als Voraussetzung eine gründliche Bibelkenntnis verlangte; der Anlaß, daß durch die Säkularisierung der Stifte und Klöster das Schulwesen seine wichtigste finanzielle Grundlage eingebüßt hatte, wodurch besonders die Kinder armer Eltern betroffen waren – die Fürsten erwiesen sich wahrlich nicht immer gerade als die treuesten Treuhänder des ihnen zugefallenen Kirchengutes.
In Luthers Beschreibung der Aufgaben des christlichen Schulwesens spiegelt sich noch einmal deutlich seine Zwei-Reiche-Lehre wider: Die Schule hat vornehmlich den Auftrag, den Nachwuchs für beide Reiche, für den Dienst in der Kirche und im Staat, heranzubilden, und das hieß für Luther in erster Linie, für tüchtige Theologen und Juristen zu sorgen.

Was den geistlichen Stand betrifft, als da sind »Pfarrer, Prediger oder Schulmeister«, so zeigt sich hier von ihren ersten Anfängen her die enge Verbindung der Reformation mit dem Humanismus. Indem Luther die Schriftauslegung in die Mitte aller Theologie rückt, erhalten die von den Humanisten wiederentdeckten alten Sprachen entscheidende Bedeutung für das Theologiestudium. Ihre gründliche Kenntnis und Pflege erschien Luther, wenigstens für das Predigtamt, unerläßlich: »So lieb uns das Evangelium ist, so hart laßt uns über den Sprachen halten ... Die Sprachen sind die Scheide, darin dies Messer des Geistes steckt ... Darum ist's gewiß: Wo nicht die Sprachen bleiben, da muß zuletzt das Evangelium untergehen.«

Aus Luthers eifrigem Werben für einen ausreichenden und gründlich vorgebildeten Pfarrerstand spricht eine geradezu endzeitliche Sorge. Er sieht einen bedrohlichen Pfarrermangel heraufkommen, und er erkennt die »Undankbarkeit« des deutschen Volkes gegenüber dem neu aufgegangenen Licht des Evangeliums. Eben deshalb warnt er seine »lieben Deutschen« immer wieder vor der Vernachlässigung der Schulen und damit vor einer Verachtung des Predigtamtes und sagt ihnen die Auflösung aller Ordnung, ja den endgültigen geschichtlichen Untergang voraus: »O Deutschland, Deutschland, daß du die Zeit deiner Heimsuchung nicht erkennst! Wie wird dir's zuletzt gehen?«

Das führt von selbst hinüber zur anderen Aufgabe der Schule, die mit der ersten eng zusammenhängt: »Es muß doch weltlich Regiment bleiben!« Für Luther verlangt dies vor allem die Heranbildung von Juristen: »So sind nun die Juristen und Gelehrten in diesem weltlichen Reich die Personen, so solch Recht und dadurch das weltliche Reich erhalten. Und gleichwie ein frommer Theologe und rechtschaffener Prediger in Christi Reich Gottes Engel, ein Heiland, Prophet, Priester, Hausknecht und Lehrer heißt, also möcht man einen frommen Juristen und einen treuen Gelehrten im weltlichen Reich des Kaisers wohl Prophet, Priester, Engel und Heiland heißen.« Was die Begabung betrifft, stellt Luther die Juristen sogar über die Theologen: »Es bedarf wohl in diesem Stande geschickterer Leute denn im Predigtamt, so daß es hier nötig sein will, die besten Knaben dazu anzuhalten. Denn im Predigtamt tuts Christus fast ganz durch seinen Geist. Aber im weltlichen Reich muß man aus der Vernunft handeln ...«

Vom Lobpreis des Juristenstandes lenkt Luther wiederum hinüber zur Würdigung des Predigtamtes: »Denn ein Prediger bestätigt, stärkt und hilft erhalten alle Obrigkeit, allen zeitlichen Frieden, steuert den Aufrührern, lehret Gehorsam, Sitte, Zucht und Ehre, unterrichtet das Vateramt, Mutteramt, Kinderamt, Knechtsamt, und in Summa alle weltlichen Ämter und Stände.« Mag sich dies Vokabular heute auch reichlich vergangen anhören, so rückt uns Luther in der Sache doch sogleich näher, wenn er fortfährt: »Der zeitliche Friede, der das größte Gut auf Erden ist, darin auch alle andern zeitlichen Güter begriffen sind, ist eigentlich eine Frucht des rechten Predigtamts. Denn so dasselbige gehet, bleibt der Krieg, Hader und Blutvergießen wohl nach; wo es aber nicht recht gehet, da ists auch nicht Wunder, daß da Krieg sei oder jedenfalls stete Unruhe, Lust und Willen, zu Kriegen und Blut zu vergießen.« Geradezu überraschend aktuell aber klingt es, wenn Luther auf die politische Verantwortung für die kommenden Generationen hinweist: »So ists auch eine menschliche Bosheit, wenn man nicht weiter denkt denn so: Wir wollen jetzt regieren, was gehts uns an, wie es denen gehen werde, die nach uns kommen? ... Laßt uns einmal auch die Vernunft brauchen, damit durch uns die Welt gebessert werde!«

Im Vergleich zu den Theologen und Juristen kommen in Luthers Beschreibung der Bildungsziele der Schule alle anderen Berufe nur kurz weg. Zumal den heute fast alles beherrschenden ökonomischen Aspekt hat Luther noch kaum oder eher nur kritisch im Auge. Nicht eine gut funktionierende Wirtschaft, sondern das feste Band zwischen Theologen und Juristen bildet für ihn die Grundlage und beste Garantie allen gedeihlichen Zusammenlebens: »Denn der Kaufmann soll mir nicht lange Kaufmann sein, wo die Predigt und Rechte dahinfallen – das weiß ich fürwahr.«

Lief die mittelalterliche Kirche Gefahr, dem Kultus einseitig den Vorzug zu geben, so drohte der protestantischen Kirche umgekehrt die Gefahr einer »Verschulung«. Dazu trug auch die Vorrangstellung der Predigt bei, zumal sie zunehmend lehrhaften Charakter annahm. Die Folge war eine gleichzeitige »Verbalisierung« und »Intellektualisierung« des kirchlichen Lebens. Aus Luthers vertrauensvoller Beteuerung »Das Wort tut's!« wurde der Verlaß darauf, daß es die Rede tue – und so wird in der evangelischen Kirche, fast bis auf den heutigen Tag, geredet, geredet, geredet ...

Die Dreiheit von Kirche, Haus und Schule und dazu ihre enge Nachbarschaft zu Rathaus, Polizei und Schloß lassen den aufkommenden protestantischen Territorialstaat als einen patriarchalischen christlichen Erziehungsstaat erscheinen. Die Aufgabe des »Landesvaters« an seiner Spitze ist es, zugleich für die irdische Wohlfahrt und das ewige Heil seiner Untertanen zu sorgen. Ruhe und Ordnung in Staat und Kirche sind die erste Bürger- und Christenpflicht. Luther selbst hat diesen »Ring wider den Teufel« so geschildert: »Das erste ist das Haushalten; daraus kommen die Leute. Das zweite ist das Stadt-Regieren, das heißt Land und Leute, Fürsten und Herren, was wir die weltliche Obrigkeit heißen. Sodann kommt das dritte, Gottes eigenes Haus und Stadt, das ist die Kirche, die muß aus dem Hause die Personen, von der Stadt Schutz und Schirm haben. Das sind die drei Hierarchien, die von Gott geordnet sind.«

Am anschaulichsten hat Luther sein Idealbild des christlichen Staates in einem »Trostbrief« beschrieben, den er seinem Landesherren von der Coburg aus nach Augsburg auf den Reichstag geschickt hat. Darin malt er ihm ein Bild vom Leben in seinem eigenen Herzogtum vor Augen: Es ist »ein schönes Paradies, desgleichen in der Welt nicht ist«. Über dieses Paradies hat Gott den Kurfürsten zum »Gärtner und Pfleger« gesetzt. Er sorgt dafür, daß in Kursachsen »ein großes Teil des Himmelreiches Christi durch das heilsam Wort ohn' Unterlaß erbauet« wird. Die Pfarrer lehren »treulich und rein« das Evangelium und helfen so »schönen Fried« halten. Die Jugend wächst mit dem Katechismus und der Schrift auf, so daß »jetzt junge Knäblein und Mägdlein mehr beten, glauben und reden können von Gott, von Christus, denn vorher und jetzt noch alle Stifte, Klöster und Schulen«. Dazu sorgt der Kurfürst »mit einem friedsamen Herzen« für Recht, Ordnung und Ruhe im Lande und nähret alle wie ein Vater mit dem täglichen Brot. Der Dank der Untertanen für diese Fürsorge ist ihr »treu herzlich Gebet« für den Landesvater. So begeht das ganze Land einen ständigen »Gottesdienst«.

Was Luther in diesem Brief beschreibt, ist der typische deutsche Territorialstaat, wie er sich in der Reformationszeit, auf katholischer Seite nicht viel anders als auf protestantischer, herausgebildet hat, und wie er, immer mehr zum absoluten Fürstenstaat sich wandelnd, innerhalb der deutschen Kleinstaatenwelt bis weit in die Neuzeit hinein fortbestanden hat.

Ehe und Hauswesen

Das war die Welt, in der Martin Luther die letzten beiden Jahrzehnte seines Lebens verbracht und in der sich auch seine eigene *Häuslichkeit* abgespielt hat.

Als Luther am 13. Juni 1525 die ehemalige Nonne Katharina von Bora heiratete, dachte er nicht daran, das vielgerühmte protestantische Pfarrhaus zu begründen und damit den bekannten wichtigen Beitrag zur deutschen Kulturgeschichte zu leisten. Seine Motive waren anderer Art. Luther selbst schreibt in der Einladung an die Mansfelder Räte zu seiner Hochzeitsfeier: »Wohlan, weil sie denn toll und töricht sind, will ich mich auch schicken, daß ich vor meinem Ende in dem von Gott erschaffenen Stande gefunden werde und nichts von meinem vorigen papistischen Leben an mir behalte, so viel ich kann.«

Angesichts des unseligen Ausgangs des Bauernkrieges und seinen eigenen Märtyrertod vor Augen, wollte Luther, »dem Teufel zum Trotz«, inmitten aller Unordnung ringsum eine Zelle der Ordnung aufrichten und damit öffentlich ein Bekenntnis zum Fortgang von Gottes guter Schöpfung ablegen, wozu auch gehörte, daß er seinem Vater den Wunsch nach Nachkommenschaft erfüllen wollte. Er mag sich auch für sich selbst nach Geborgenheit gesehnt haben, denn er lebte allein und schlecht versorgt in dem verlassenen Kloster. Und schließlich – nehmt alles nur in allem – war Luther ein Mann. Er hat sich selbst jedenfalls nicht gescheut, sich zu den Freuden der ehelichen Liebe zu bekennen.

Luthers Eheschließung mit Katharina von Bora war gewiß keine Liebesheirat. Eher mag am Anfang Mitleid mit der inzwischen 26jährigen einstigen Nonne bestanden haben, die 1523, zusammen mit acht Gefährtinnen, unter Beihilfe Luthers heimlich aus dem Kloster Nimbschen geflohen und von ihnen als einzige unverheiratet übriggeblieben war. Er sei nicht leidenschaftlich in sie verliebt, aber er habe seine Frau lieb, schreibt Luther zum Beginn. Und daraus ist eine gute Ehe geworden – wenigstens im Sinne der damaligen Zeit.

Oft hat Luther in seinen Briefen und Tischreden seine Ehe gepriesen, wobei sich in seinem Lob nüchterner, häuslicher Sinn und warme, liebevolle Herzlichkeit mischen: »Gott hat es gut mit mir gemeint, daß er mir eine solche Frau gegeben hat, die für das Hauswesen sorgt, so daß ich nicht gezwungen bin, auch dies noch auf mich zu nehmen« – »Ich wollt meine Käthe nicht um Frankreich und um Venedig dazu hergeben, zum ersten darum, daß Gott sie mir geschenkt und mich ihr gegeben hat; zweitens, daß ich oft erfahre, daß andere Frauen mehr Fehler haben als meine Käthe, obschon auch sie etliche hat...« – »Ich habe ein treues Weib. Sie verderbt mir's nicht. Ach, die Ehe ist ja kein natürlich Ding, sondern ein Gottesgeschenk, das allersüßeste, ja keuscheste Leben, über allem Zölibat.«

Diese persönlichen Zeugnisse spiegeln etwas wider von Luthers grundsätzlicher Stellung zur Ehe. Er hat das mittelalterliche Ideal der Jungfräulichkeit verworfen und den Ehe- und Hausstand bewußt darübergestellt. Gewiß war es eine patriarchalische Auffassung von der Ehe, die Luther vertrat und zusammen mit seiner Frau in ihrem Haushalt im Schwarzen Kloster vorlebte. Was die beiden Ehegatten vornehmlich miteinander verband, waren die gemeinsame Aufzucht der Kinder, die häusliche Wirtschaftsgemeinschaft und die gegenseitige leibliche und seelische Fürsorge. Im »Haus« wiederholte sich nur im kleinen die auf Gesetz und Gehorsam beruhende weltliche Obrigkeit. Der »Hausvater« war im Grunde das verkleinerte Abbild des »Landesvaters«; wie dieser im Staat, so hatte er im Hause das Regiment zu führen. Aber es war alles in allem ein liebevoller Patriarchalismus.

So wurden Kursachsen und Wittenberg, ja zuletzt das Schwarze Kloster Luthers Welt – es war eine kleine Welt. Natürlich gab es von hier nach wie vor reichlich Verbindungen nach draußen, in alle Richtungen. Besucher kamen aus der Nähe und aus der Ferne, und viele Briefe gingen hinaus. Aber bei Luther in Wittenberg liefen nicht so wie bald bei Calvin in Genf, dem Zentrum der westeuropäischen Reformationsgeschichte, die Fäden des Geschehens zusammen. Luther lebte je länger desto mehr abseits des von ihm in Gang gesetzten großen Weltgeschehens.

Martin Luther und seine Frau Katharina, geb. von Bora. Gemälde von Lucas Cranach d. Ä.

Luther hat zwar keine neue Kirche gründen wollen, aber durch seine neue Auslegung des Evangeliums ist wie von selbst eine neue Kirche entstanden. Der Unterschied zwischen dem altgläubigen und dem neugläubigen Kirchenverständnis läßt sich kaum deutlicher ausdrücken als durch die Gegenüberstellung dieser beiden Bilder.
Auf Raffaels Fresko »La Disputà del Sacramento« steht im Mittelpunkt ein prunkvoller Altar mit der Hostie. Darüber wölbt sich prächtig der Himmelsstaat, die dreieinige Gottheit, umgeben von der Jungfrau Maria, den Patriarchen, Propheten, Aposteln und Heiligen. Um den Altar herum scharen sich auf der Erde vor allem die Päpste, Kardinäle, Bischöfe und Theologen – aber keine Gemeinde. Es ist die Kirche als rechtlich-sakramentale Heilsanstalt, die uns hier sichtbar entgegentritt. Die Erlösung der Menschheit wird vornehmlich vermittelt durch das Altarsakrament, und dies wiederum wird verwaltet von einer vielfach gestuften amtlichen Hierarchie.
Ganz anders dagegen das Altarbild von Lucas Cranach: Hier steht Luther als Prediger auf der Kanzel und weist mit der Hand auf den gekreuzigten Christus hin; vor ihm sitzt die zuhörende Gemeinde. Damit hat Cranach zugleich das Zentrum von Luthers ganzer Theologie, die paulinische Rechtfertigungslehre, ins Bild gefaßt, so daß man es mühelos mit den Worten des Apostels Paulus beschreiben könnte: »Gott versöhnte in Christus die Welt mit ihm selber und hat unter uns aufgerichtet das Wort von der Versöhnung. So sind wir nun Botschafter an Christi Statt: Lasset euch versöhnen mit Gott!« (2. Korinther 5, 19f.)

Links: »La Disputà«, Fresko von Raffael (Vatikan, Musei Vaticani, Stanza della Segnatura).
Unten: Luther predigt. Teilstück des Flügelaltars von Lucas Cranach d. Ä. in der Stadtkirche zu Wittenberg.

Der Neubau der evangelischen Kirche erfolgte in der Gestalt von Landeskirchen, für die die kursächsische weithin das Vorbild abgab. Die rechtliche Organisationsform bildete das landesherrliche Kirchenregiment, und so wurden die Theologen und Juristen, oft im Streit miteinander, zu den beiden entscheidenden Ständen im evangelischen Kirchentum.
Martin Luther wandelte sich dabei vom »Reformator« zum »Kirchenvater«, so daß ein Teil der neuen Landeskirchen sich sogar nach seinem Namen nannte, was er sich auch, entgegen früheren heftigen Protesten, allmählich gefallen ließ. Aber die Reformation der Kirche war keineswegs allein sein Werk. Luther war, wie auf diesem Bild symbolisch dargestellt, umgeben von einer Reihe bedeutender Theologen, die freilich keineswegs nur als bloße »Mitarbeiter« fungierten, sondern durchaus auch selbständig dachten und handelten.

Oben: Martin Luther mit anderen Reformatoren (v. r.: Melanchthon, Cruziger, Jonas, Bugenhagen, Spalatin und Forster, Erasmus). Ausschnitt aus einem Epitaph in der St. Blasiikirche in Nordhausen. Gemälde von Lucas Cranach d. J., 1558.

Neben Luther gewann Philipp Melanchthon immer größere selbständige Bedeutung. In seiner Hand lag vornehmlich die Leitung der kursächsischen Kirchen- und Schulvisitation, die zur Entstehung einer Landeskirche und damit des evangelischen Landeskirchentums überhaupt führte. Auf dem Reichstag zu Augsburg war er der theologische Wortführer der Protestanten, während Luther auf der Coburg weilte. Und schließlich war Melanchthon auch am intensivsten an jenen Religionsgesprächen in Hagenau, Worms und Regensburg beteiligt, die noch einmal eine Union zwischen den Alt- und Neugläubigen zu erreichen suchten. Bei alldem ging es nicht ohne theologische Differenzen zwischen ihm und Luther ab.
Rechts: Melanchthon (1497–1560), ein Kind taufend. Ausschnitt aus dem linken Flügel des Altars von Lucas Cranach d. Ä., Wittenberg, Stadtkirche.

Der bedeutendste kirchliche Organisator der Reformation wurde Johann Bugenhagen, aus Wollin in Pommern stammend, daher »Dr. Pomeranus« genannt. Er war ursprünglich Prämonstratenser gewesen. Als er Luthers Schrift »Von der babylonischen Gefangenschaft der Kirche« gelesen hatte, warf er das Buch zunächst empört auf den Boden, las es aber dann immer wieder und erklärte schließlich: »Die ganze Welt ist blind gewesen« – und wurde zu einer der Säulen der Reformation. Er war seit 1523 Stadtpfarrer in Wittenberg und wurde 1535 auch Mitglied der theologischen Fakultät. Aber als »Reformator« war er viel unterwegs. Er hat das Kirchenwesen in fast ganz Norddeutschland geordnet: in Braunschweig, Hamburg, Lübeck, Pommern, Schleswig-Holstein, Hildesheim, Wolfenbüttel und auch in Dänemark. Im Unterschied zu Luther war Bugenhagen ein energischer, knochiger, starker, unsensibler Mann. Aber gerade dadurch wurde er für Luther auch zu einem festen persönlichen Halt. Er war sein Beichtvater und Tröster – ähnlich wie einst Staupitz – bis an sein Lebensende und hat ihm schließlich auch die Leichenrede in Wittenberg gehalten.
Oben: Bildnis von Johann Bugenhagen (1485–1558). Gemälde von Lucas Cranach d. J.

Justus Jonas (1493–1555), zunächst Jurist und dann auch Theologe, Luthers Studienfreund schon in Erfurt und einer seiner Reisebegleiter zum Reichstag in Worms, gehörte in Wittenberg zum engsten Kreis um den Reformator. 1521 wurde er Propst an der Schloßkirche und Professor an der Universität. Von ihm, dem Juristen und Theologen, stammte der Plan der Errichtung eines Konsistoriums (1539). 1541 ging Jonas nach Halle und wirkte dort als Reformator.
Jonas hat Luther auch auf seine letzte Reise nach Mansfeld begleitet, weilte bei ihm an seinem Sterbebett und hielt ihm in Eisleben die Leichenpredigt. Später geriet er in Streit mit Herzog Moritz von Sachsen und verlor dadurch seine angesehene Stellung.
Mitte: Bildnis von Justus Jonas, zeitgenössischer Holzschnitt.

Einer der treuesten, aber auch starrsinnigsten »Lutheraner« der ersten Stunde war Nikolaus von Amsdorf. Er war bereits Professor an der Universität in Wittenberg, als Luther dorthin kam. Und bald wurde er einer der eifrigsten Verfechter der neuen Theologie des Paulus und Augustin gegen die Scholastik. Von 1524 bis 1542 war er Superintendent in Magdeburg und wurde dann der erste evangelische Bischof in Naumburg. Seine Einführung erfolgte mit großem Zeremoniell – Luther predigte dabei vor 5000 Menschen –, aber sein neues Amt gefiel ihm wenig. Einerseits beschwerte ihn der höfische Aufwand, der von ihm erwartet wurde, andererseits bekam er

viel amtlichen Ärger. 1550 ging er nach Eisenach und ist 1565 gestorben. Nach Luthers Tod griff er heftig in die theologischen Lehrstreitigkeiten um die reine Lehre des Reformators ein, ein streitbarer und starrer »Gnesiolutheraner« gegen alle den »echten« Luther angeblich oder tatsächlich verfälschenden »Melanchthonianer«.
Oben: Bildnis von Nikolaus von Amsdorf (1483–1565), Holzschnitt eines unbekannten Meisters.

Ein alter hitzköpfiger Gefährte Luthers schon aus den ersten Tagen war auch Johann Agricola, nach seinem Geburtsort auch Eisleben genannt. Er gab 1518 Luthers Vaterunser-Auslegung heraus und nahm im Jahr darauf an der Leipziger Disputation teil. Aus Eisleben in Unfrieden geschieden, kam er 1537 nach Wittenberg, wo Luther ihn mit

seiner Familie in seinem Hause aufnahm. Dort aber ging ihre Freundschaft durch den »Antinomistenstreit« (1537–40) bald in die Brüche. Agricola mußte Kursachsen schließlich verlassen und wurde Hofprediger Kurfürst Joachims II. von Brandenburg in Berlin.

Links: Johann Agricola (1494–1566), zeitgenössischer Holzschnitt.

Neben den führenden Köpfen im kursächsischen Stammland der Reformation gab es in den anderen Territorien und den Reichsstädten eine ganze Reihe bedeutender, eigenständiger Theologen, die dort die Reformation einführten: außer Martin Butzer, Wolfgang Capito und Johannes Ökolampad Männer wie Johannes Brenz in Schwäbisch-Hall, Erhard Schnepf, gleichfalls in Württemberg, Andreas Osiander in Nürnberg, Ambrosius Blarer in Konstanz, Lindau, Memmingen und Ulm und manche andere mehr.

Johannes Brenz reformierte zunächst Schwäbisch-Hall, gab dort den ersten evangelischen Katechismus heraus und wurde nach der Rückkehr Herzog Ulrichs zum Luther treu ergebenen Reformator Württembergs.

Andreas Osiander brach der Reformation durch seine Predigt in Nürnberg Bahn, ging später nach Preußen und geriet dort in die überall nach Luthers Tod ausbrechenden theologischen Streitigkeiten um die reine lutherische Lehre.

Oben links: Ansicht der Stadtkirche St. Marien in Wittenberg.

Oben rechts: Johannes Brenz (1499–1570), Württembergs Reformator. Kupferstich von Johann Theodor de Bry.

Oben: Bildnis des Andreas Osiander (1498–1552). Radierung von Balthasar Jenichen.

Predigt, Lied und Unterricht bildeten die drei Hauptelemente bei der Verbreitung und Einwurzelung der Reformation im Volk. Entsprechend bestand Luthers Mitarbeit am Neubau der Kirche, abgesehen von seinen insgesamt fast 3000 überlieferten Predigten, vornehmlich in vier Beiträgen: in der unter dem Titel »Deutsche Messe und Ordnung des

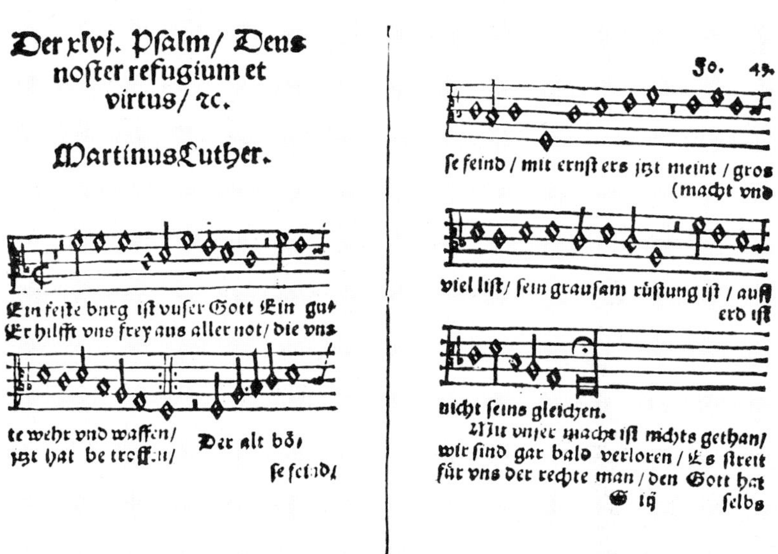

Gottesdienstes« erschienenen neuen Gottesdienstordnung (1526), in seinen zahlreichen neu- oder umgedichteten Liedern (erstes evangelisches Wittenberger Gesangbuch, 1524), in dem »Großen« und »Kleinen Katechismus« (1529) und in der Beendigung der Bibelübersetzung und ihren fortlaufenden Überarbeitungen.

Am häufigsten hat Luther auf der Kanzel der Stadtkirche in Wittenberg gestanden. Was der evangelische Gottesdienst beinhaltet, hat er am prägnantesten in seiner Predigt bei der Einweihung der Schloßkapelle in Torgau (1544), dem ersten evangelischen Kirchenneubau, ausgedrückt: »Gott redet zu uns durch sein heiliges Wort, und wir antworten ihm mit Gebet und Lobgesang.« – Gepredigt wurde damals in Wittenberg täglich, am Sonntag sogar dreimal; neben den Predigten über die Perikopen gab es auch Reihen- und Katechismuspredigten.

Links: Blick in die Schloßkapelle in Torgau.

In seiner Vorrede zum »Geistlichen Gesangbüchlein« von 1524 schreibt Martin Luther: »Daß geistliche Lieder singen gut und Gott angenehm sei, ist, denke ich, keinem Christen verborgen... Demnach habe ich auch, zusammen mit einigen andern, zum guten Anfang, und um denen, die es besser können, einen Anstoß zu geben, etliche geistliche Lieder zusammengestellt, um das heilige Evangelium, das jetzt von Gottes Gnaden wieder aufgegangen ist, zu verbreiten und in Schwung zu bringen... Auch bin ich nicht der Meinung, als sollten durchs Evangelium alle Künste zu Boden geschlagen werden und vergehen, wie etliche Übergeistliche vorgeben; sondern ich wollte gern alle Künste, besonders die Musik, im Dienste dessen sehen, der sie gegeben und geschaffen hat.«

Daß das Lied in der Geschichte der Reformation eine so große Rolle spielte, hing auch mit Luthers eigener Liebe zur Musik zusammen:

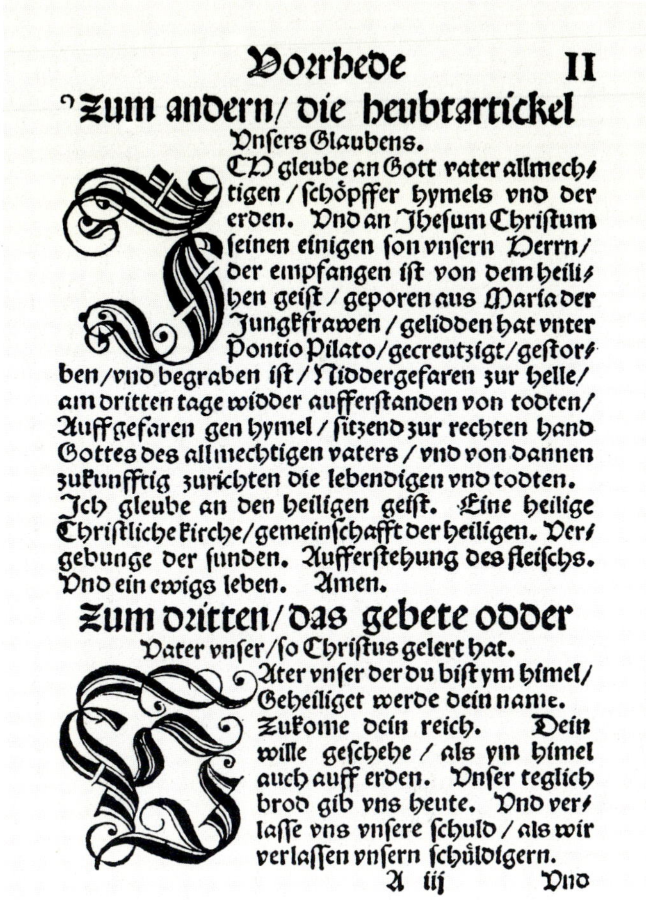
Vorrhede II

Zum andern/ die heubtartickel
Unsers Glaubens.
ICH gleube an Gott vater allmech-
tigen/ schöpffer hymels vnd der
erden. Vnd an Jhesum Christum
seinen einigen son vnsern Herrn/
der empfangen ist von dem heili-
gen geist/ geporen aus Maria der
Jungkfrawen/ gelidden hat vnter
Pontio Pilato/ gecreutzigt/ gestor-
ben/ vnd begraben ist/ Niddergefaren zur helle/
am dritten tage widder aufferstanden von todten/
Auffgefaren gen hymel/ sitzend zur rechten hand
Gottes des allmechtigen vaters/ vnd von dannen
zukunfftig zurichten die lebendigen vnd todten.
Ich gleube an den heiligen geist. Eine heilige
Christliche kirche/ gemeinschafft der heiligen. Ver-
gebunge der sunden. Aufferstehung des fleischs.
Vnd ein ewigs leben. Amen.

Zum dritten/ das gebete odder
Vater vnser/ so Christus gelert hat.
VAter vnser der du bist ym himel/
Geheiliget werde dein name.
Zukome dein reich. Dein
wille geschehe/ als ym himel
auch auff erden. Vnser teglich
brod gib vns heute. Vnd ver-
lasse vns vnsere schuld/ als wir
verlassen vnsern schüldigern.
A iij Vnd

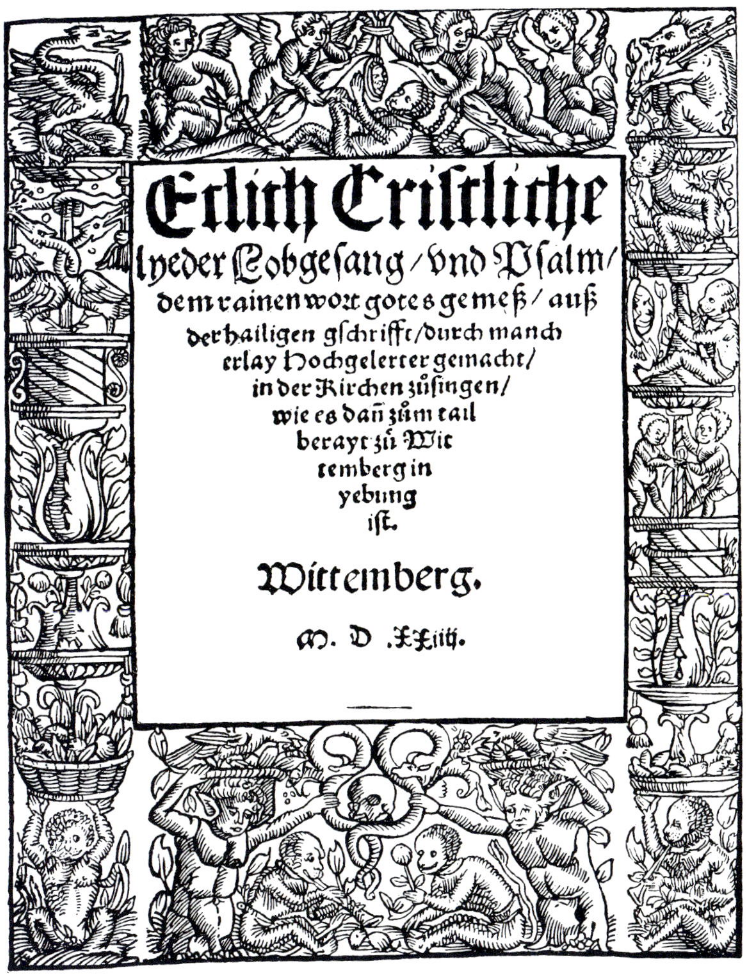

»Mein Herz wallt auf und fließt über beim Hören der Musik, die mich so oft erfrischt und von schweren Ängsten befreit hat.« Ein Jesuit meinte, Luthers Lieder hätten mehr Menschen zu Ketzern gemacht als seine Predigten.

Linke Seite unten: Eine Seite aus dem sogenannten »Klugschen Gesangbuch«, Ausgabe 1533, das Luthers berühmtes Kirchenlied »Ein feste Burg ist unser Gott« enthält.
Oben links und rechts: Titelblatt und erste Seite der ersten Ausgabe von Luthers »Deutschem Katechismus«, Wittenberg, 1529.
Links: Titelblatt des ersten wittenbergischen evangelischen Gesangbüchleins.

Die Vorrangstellung der Predigt nebst dem Katechismusunterricht hat, auch wenn man mit Bildern arbeitete, für die evangelische Kirche die dreifache Gefahr der »Verschulung«, der Intellektualisierung« und der »Moralisierung« mit sich gebracht. Luther selbst fordert in seiner Schrift »Von den Konziliis und Kirchen« (1539): »Die Schule muß das Nächste bei der Kirche sein; denn in ihnen läßt man junge Prediger und Pfarrer heranwachsen. Das Nächste bei der Schule ist sodann des Bürgers Haus, aus dem man die Schüler kriegen muß, dann das Rathaus und Schloß, welche die Bürger schützen müssen, damit sie Kinder für die Schulen zeugen und die Schulen Kinder zu Pfarrern erziehen und sodann die Pfarrer wiederum Kirchen und Gotteskinder – es seien nun Bürger, Fürsten oder Kaiser – machen können. Gott aber muß der Oberste und Nächste sein, daß er diesen Ring oder Kreislauf wider den Teufel erhalte und alles tue in allen Ständen, ja in allen Kreaturen.« Auf diese Weise wird der protestantische Territorialstaat zum patriarchalischen christlichen Erziehungsstaat.

Linke Seite unten: Vier Holzschnitte zum Vaterunser von Lucas Cranach d. Ä., 1527.

Rechts: Der Glaube der alten und der neuen Kirche. Flugblatt der Protestanten gegen die Katholiken. Holzschnitt (aus zwei Stücken zusammengesetzt) von dem Monogrammisten H (um 1500–1545).

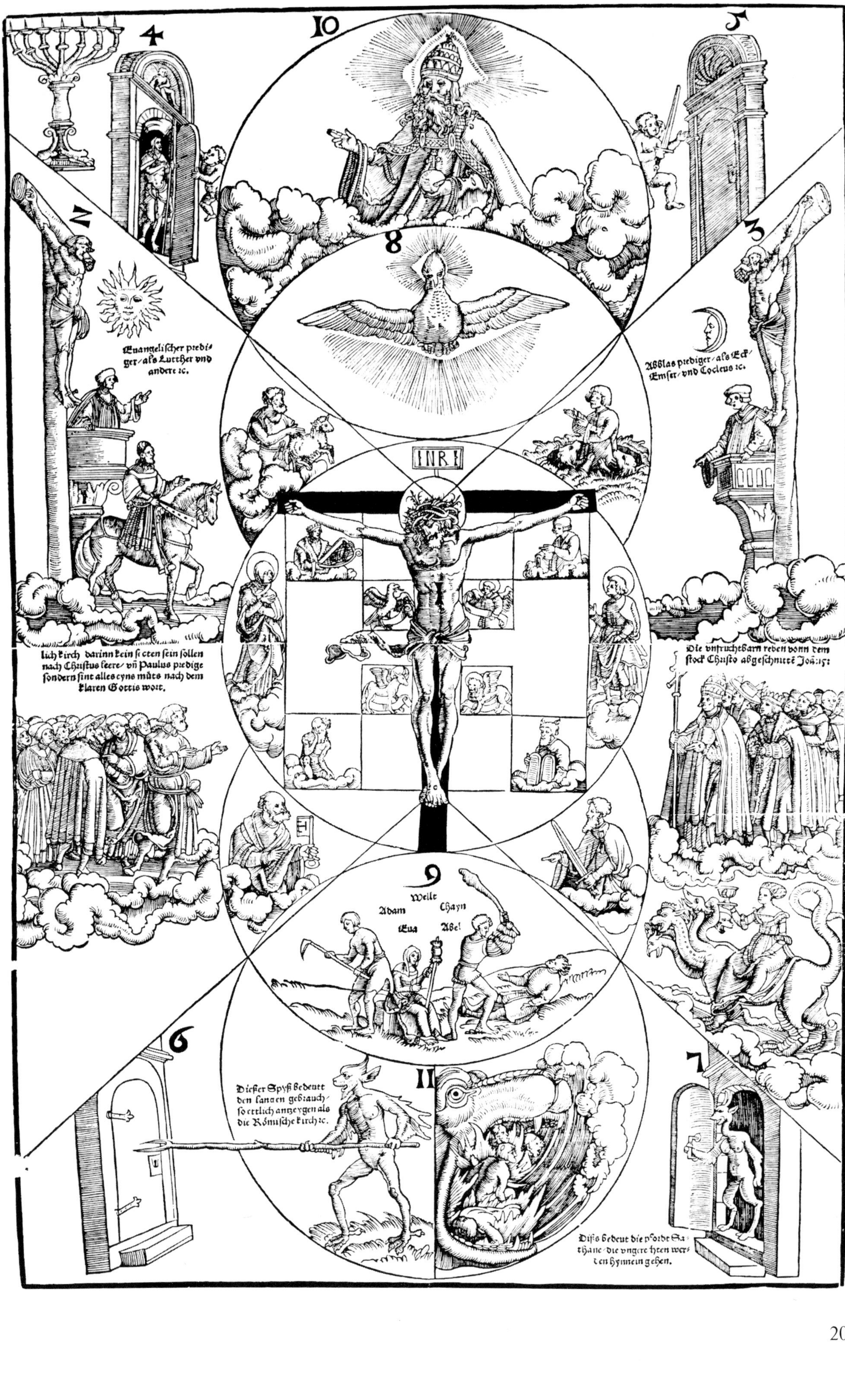
10
4
5
2
8
3
Euangelischer predi-
ger/als Lutther vnd
andere ꝛc.
Abblas prediger/als Eck/
Emser/vnd Cocleus ꝛc.
INRI
lich kirch darinn kein secten sein sollen
nach Christus leere/ vñ Paulus predige
sondern sint alles eyns müts nach dem
klaren Gottis wort.
Die vnfruchtbarn reben vonn dem
stock Christo abgeschnittē Joā:15:
9
Wellt
Adam
Chayn
Eua
Abel
6
11
7
Dießer Spyß bedeut
den sangen gebrauch/
so etlich antzeygen als
die Römische kirch ꝛc.
Diß bedeut die pfordt Sa-
thane/die vngerechten wer-
den hynnein gehen.

Nach seiner Heirat mit Katharina von Bora wohnte Luther mit seiner Familie in Wittenberg weiterhin im »Schwarzen Kloster«, (Augustiner-Eremiten-Kloster), das ihm der Kurfürst anläßlich seiner Hochzeit zum Geschenk gemacht hatte. Im Laufe der Jahre wurde durch mancherlei Umbauten unter Käthes Aufsicht aus dem verwohnten Kloster eine behagliche Wohnstatt, ja mit Gärten und Ställen fast ein Anwesen. Dazu hatte Käthe Luther in der Nähe von Borna das kleine Gut Zulsdorf erworben, das zur Versorgung des Wittenberger Haushalts einen willkommenen Beitrag leistete. Luther bezog zwar ein für seine Zeit gutes Professorengehalt, erhielt auch mancherlei Naturalien vom kurfürstlichen Hof, aber da er für seine Veröffentlichungen nie ein Honorar annahm und zudem ein freigebiger Mann war, der auch das Letzte wegzuschenken bereit war, ging es im »Schwarzen Kloster« wenn auch nicht knapp, so doch nicht gerade üppig zu. Alles in allem

galt es eine große Wirtschaft zu führen. Bei Tisch saßen bisweilen bis zu 25 Personen, neben den eigenen Kindern und Waisenkindern aus der Verwandtschaft in Pension genommene Studenten, dazu häufig durchreisende Gäste.
Am Mittagstisch unterhielt sich Luther gern mit den Studenten und Gästen, während man abends oft im Familienkreis musizierte. Einige der »Tischgesellen« pflegten Luthers »Tischreden« mitzuschreiben – über 6500 Eintragungen sind uns überliefert. Es gibt kaum ein Thema, das in ihnen nicht vorkommt – vom Tiefsten bis zum Alltäglichsten. Eine große Rolle spielt in diesen Gesprächen immer wieder die Bibel; daneben liebte Luther es, Sprichwörter zu zitieren und Geschichten zu erzählen; praktische Alltagsweisheit mischt sich mit Banalem.
Alles in allem bilden die Tischreden eine wichtige Quelle für unsere Kenntnis vom persönlichen Leben und Charakter Luthers, wenn auch gerade die autobiographischen Passagen kritisch verwendet sein wollen, weil sich für Luther in der Erinnerung manches verschoben hat.

Links: Das Katharinenportal der Lutherhalle in Wittenberg. Dieses 1540 auf Veranlassung (Überlieferung) von Katharina von Bora geschaffene spätgotische Portal wurde im selben Jahr eingebaut.
Links unten: Luther bei Tisch. Zeitgenössischer Holzschnitt.
Unten: Blick in das Wohnzimmer im Lutherhaus in Wittenberg.

Das Ehepaar Luther hatte insgesamt sechs Kinder, drei Söhne und drei Töchter: Hans (7.6.1526), Elisabeth (10.12.1527), Magdalene (17. 12. 1529), Martin (9.10.1531), Paulus (28.1.1533), Margarethe (17. 12. 1534). Hans studierte Jura und wurde Kanzleirat am herzoglichen Hof in Weimar; Paulus wurde Mediziner und Hofarzt, nacheinander an den Höfen von Gotha, Brandenburg und schließlich Dresden; Martin studierte Theologie, blieb aber ohne Amt und starb bereits mit 34 Jahren. Von den drei Töchtern überlebte nur eine bis zur Ehe. Elisabeth starb schon nach acht Monaten. Besonders hart getroffen war Luther durch den Tod seines dreizehnjährigen Lenchens; es starb in seinen Armen, und Luther sank an ihrem Sterbebett weinend nieder.

Links: Dieses Bildnis eines Mädchens von Lucas Cranach d. Ä. aus dem Jahr 1520 soll Luthers Tochter Magdalena darstellen.

Katharina von Bora stammte aus einem verarmten meißnischen Adelsgeschlecht. Sie wurde am 29. Januar 1499 im Sächsischen geboren und schon als Kind in das Zisterzienserinnen-Kloster Nimbschen bei Grimma gegeben, weniger um des Glaubens als um der Versorgung willen. Sie war eine resolute, tätige, auch mundfertige Frau, schon in der Frühe vor 5 Uhr auf und den ganzen Tag auf den Beinen, um ihren großen Haushalt samt dem Gütlein fest in der Hand zu halten und sich auch noch fürsorglich um ihren von immer mehr Krankheiten geplagten Ehemann zu kümmern. Luther ließ sich ihre Herrschaft gern gefallen. Er nannte sie seine »Domina« und schreibt einmal über sie: »Mein Herr Käthe läßt dich grüßen. Sie fährt, bestellt das Feld, sie weidet und kauft Kühe und so weiter. Zwischenhinein hat sie angefangen, die Bibel zu lesen. Ich habe ihr 50 Gulden versprochen, wenn sie bis Ostern fertig ist.«
Nach Luthers Tod hat Käthe keine leichten Jahre gehabt, sondern allerlei Zurücksetzung erfahren müssen. Auf der Flucht mit ihren Kindern vor der Pest im Winter 1552 ist sie so hart vom Wagen gestürzt, daß sie an den Folgen des Unfalls starb, 53 Jahre alt.

Links: Grabstein von Katharina Luther, geb. von Bora, in der Stadtkirche von Torgau.

Oben: Gegenreformatorisches Spottbild auf Luther mit seinen Schriften und seinen Theologen sowie seinem »Ketherle« (Katharina).

Lucas Cranach (1472–1553) ist zum Maler der Reformation geworden. Zunächst Hofmaler Friedrichs des Weisen, stellte er seine Kunst bald in den Dienst der Reformation, nicht ohne gut daran zu verdienen. Aus seiner Werkstatt wurde fast eine Vervielfältigungsanstalt, nicht nur für Luther-Porträts, sondern für die Bildpropaganda der Reformation überhaupt. Neben seiner Malerwerkstatt unterhielt Cranach eine Druckerei sowie eine Apotheke mit Weinausschank. Durch alle diese Erwerbsquellen wurde er zu einem reichen Mann und führte ein großes Haus. Katharina von Bora fand nach ihrer Flucht aus dem Kloster bei ihm und seiner Frau die erste Aufnahme und Anleitung in der Haushaltsführung. Als Kurfürst Johann Friedrich von Karl V. nach der Schlacht bei Mühlberg, zum Tode verurteilt, in die Gefangenschaft geführt wurde, ist Lucas Cranach seinem Landesherrn freiwillig gefolgt. Mit 81 Jahren ist er in Weimar gestorben.

Links: Porträt Lucas Cranachs d. Ä. von Albrecht Dürer.

VIII.
Der Ausgang

Während in den ersten zehn Jahren die Geschichte der Reformation mit dem Leben und Wirken Luthers fast identisch war, gingen im letzten Lebensjahrzehnt die Biographie des Reformators und der Gang der Reformationsgeschichte fast nebeneinander her, bisweilen sogar auseinander.

Der halbe Sieg

Für den Zeitgenossen muß das Geschehen jener Jahre schwer durchschaubar gewesen sein. Noch im Rückblick erscheint das Jahrzehnt zwischen 1535 und 1545 auffällig uneinheitlich durch das gleichzeitige Nebeneinander widersprüchlicher Ereignisse: Auf der einen Seite politische, ja schon erste militärische Auseinandersetzungen und auf der anderen Seite immer noch theologische Ausgleichsverhandlungen; vor Augen liegend die scheinbar unaufhaltsame Ausbreitung der Reformation, verborgen sich ankündigend aber zugleich schon der bevorstehende Rückschlag des Protestantismus.

Johann Eck klagte 1537: »Wir fangen an, wenige zu werden«, und 1539 erklärte Cochläus die Lage der Kirche für trostlos. In der Tat schien der Siegeszug der Reformation durch Deutschland nicht aufzuhalten zu sein. Nicht nur der Norden, auch ein großer Teil des Südens und selbst der Nordwesten schlossen sich ihr an oder neigten ihr wenigstens zu. Im Norden und in der Mitte bildeten die beiden Sachsen, Hessen, Kurbrandenburg, Braunschweig-Lüneburg und Braunschweig-Wolfenbüttel, Schleswig-Holstein, Pommern, Mecklenburg und Preußen, dazu zahlreiche kleinere Territorien und so wichtige Städte wie Magdeburg, Hamburg, Bremen, Halle und Hildesheim sowie die Bistümer Naumburg, Merseburg und Meißen schon ein fast geschlossenes protestantisches Gebiet. Im Süden entstand ein ähnliches einheitliches protestantisches Gebilde: Außer den schon früheren evangelischen Reichsstädten schlossen sich Württemberg und die Pfalz der Reformation an, und überdies bildete sich von Genf aus unter der Führung Calvins ein weiteres, vor allem nach Westeuropa hineinwirkendes Zentrum der Reformation heraus. Im Nordwesten schließlich erwogen der Herzog von Kleve und, wichtiger noch, der Erzbischof von Köln, Hermann von Wied, sowie der Bischof von Münster, Minden und Osnabrück, Franz von Waldeck, den Übertritt zur Reformation. Das hätte wiederum einen geschlossenen protestantischen Block ergeben. Für einen Augenblick spielte sogar Albrecht von Mainz mit dem Gedanken, sein Erzbistum zu säkularisieren. Ganz Deutschland – außer Bayern und den habsburgischen Erblanden – schien evangelisch werden zu wollen.

Mit der Ausbreitung der Reformation wuchs zugleich die politische Macht des Schmalkaldischen Bundes. Er erlebte seine Glanzzeit. 1535 wurde das Bündnis um zehn Jahre verlängert. In der »Wittenberger Konkordie« erhielt der Bund 1536 auch eine einigermaßen einheitliche religiöse Bekenntnisgrundlage. Man einigte sich in einer vor allem zwischen den unermüdlichen Vermittlern Melanchthon und Butzer ausgehandelten Formel über die Abendmahlslehre, der auch Luther schließlich zustimmte.

Für den Kaiser und die altgläubigen Stände wurde die Lage bedrohlich. Deshalb schloß ein Teil der katholischen Fürsten 1538 eine Defensivliga auf elf Jahre – den »Nürnberger Bund«. Aber, durch Frankreich und die Türken außenpolitisch gebunden, konnte sich der Kaiser noch keinen Krieg im Reich leisten. Und so willigte er in den »Frankfurter Anstand« (1539). Darin wurde der gegenwärtige Besitzstand der Reformation, wenigstens vorerst für 15 Monate, rechtlich anerkannt.

Letzte Ausgleichsversuche

Hand in Hand mit den Bestrebungen, die Religionsfrage auf politischem Wege, und sei es womöglich mit militärischer Gewalt, zu lösen, gingen weiterhin, teilweise sogar verstärkt, die Versuche, den konfessionellen politischen Zwiespalt vielleicht doch noch durch einen theologischen Vergleich zu schlichten. Als das nächstliegende Heilmittel galt da immer noch ein *allgemeines Konzil*. Schon einmal, 1414–1418 in Konstanz, war es einem auf deutschem Boden abgehaltenen Konzil gelungen, ein Schisma der Kirche zu überwinden. Die Erinnerung daran hatte seitdem immer wieder die Hoffnung auf eine Reform der Kirche durch ein allgemeines Konzil geweckt, und diese Hoffnung hatte sich das ganze 15. und 16. Jahrhundert durchgehalten. Auch Luther hatte gleich zu Beginn seines Auftretens an ein allgemeines Konzil appelliert, und fast alle Reichstage hatten ihre Beschlüsse immer nur »vorläufig« gefaßt – bis zur Entscheidung über die dringend notwendige Kirchenreform auf dem demnächst abzuhaltenden Konzil.

Bislang aber war die Kirchenversammlung nicht zustande gekommen. Vor allem die Päpste hatten ihre Einberufung immer wieder hinausgezögert, weil sie durch ein Konzil eine Beschränkung ihrer zentralen kurialen Gewalt befürchteten. Aber auch die protestantischen Stände zeigten sich, seitdem sie die Reformation in ihrem Territorium selbst in die Hand genommen hatten, an einem allgemeinen Konzil immer weniger interessiert. Zumal war Luther selbst nicht bereit, die Entscheidung über die Wahrheit des Evangeliums einem Konzil anheimzustellen und sich dessen Urteil zu unterwerfen. Der einzige wirklich ernsthafte Anwalt des Konzils war der Kaiser; denn er wünschte ebenso entschieden eine Reform der Kirche, wie er der Reformation Martin Luthers abhold war.

Auf die Dauer konnten sich die Päpste gegen das nicht nur vom Kaiser gewünschte, sondern auch von ihnen selbst zugesagte und von vielen Gläubigen nach wie vor erwartete Konzil nicht mehr sträuben. Und so nahm denn der Nachfolger Klemens' VII., Papst Paul III. (1534–49), den Konzilsgedanken schließlich ernsthafter auf als seine Vorgänger. Er entsandte Kardinal Vergerio als Nuntius zu entsprechenden Sondierungsverhandlungen nach Deutschland.
Dieser besuchte auf seiner Reise 1535 auch Wittenberg und lud Luther zu sich auf das kurfürstliche Schloß ein. Es war das erste Mal, daß Luther seit seinem Verhör durch Cajetan in Augsburg wieder einem päpstlichen Gesandten persönlich begegnete. Aber welch ein Unterschied zur damaligen Situation! Luther trat, begleitet von Bugenhagen, gegenüber dem römischen Nuntius betont selbstbewußt und sicher auf; er hatte sich sogar, wie es sonst nicht seine Art war, besonders vornehm dafür gekleidet. Fast schienen die Rollen von einst vertauscht und aus dem Verhörten der Verhörer geworden zu sein. Damals fielen von Luthers Seite gegenüber Vergerio die überlegenen Worte: »Wir brauchen kein Konzil, aber eure armen Leute brauchen es; denn ihr wißt nicht, was ihr glaubet.« Obwohl er von dem geplanten Konzil nichts hielt, es zumal für die Evangelischen als unnötig erachtete, erklärte Luther sich jedoch bereit zu kommen, wo auch immer es stattfinde.
Der neue Papst schrieb das Konzil im Sommer 1536 auf den 23. Mai 1537 nach Mantua aus – also nicht an einen deutschen Ort, wie die Reichsstände es immer gefordert hatten. Die Ausschreibung nötigte die Protestanten zur Stellungnahme. Kurfürst Johann Friedrich beauftragte Luther, für die nächste Schmalkaldener Bundesversammlung, auf der die Konzilsfrage behandelt werden sollte, noch einmal die Artikel des evangelischen Glaubens darzustellen: worin nachzugeben sei und worin nicht. So entstanden Luthers *»Schmalkaldische Artikel«*. Sie tragen unverkennbar Luthers Denkart und Handschrift. Im Unterschied zu Melanchthons »Augsburger Bekenntnis« sind sie eindeutig, bestimmt und unnachgiebig und schließen jede Versöhnung mit der römischen Papstkirche aus. Ihre Mitte bildete die Rechtfertigung des Sünders allein durch den Glauben um Christi willen; von hier aus werden alle anderen Stücke der christlichen Lehre und des kirchlichen Lebens beurteilt:»Auf diesem Artikel stehet alles, das wir wider den Papst, Teufel und Welt lehren und leben. Darum müssen wir dessen gar gewiß sein und nicht zweifeln. Sonst ist's alles verloren, und behalten Papst und Teufel und alles wider uns Sieg und Recht.« Damit wird die Rechtfertigungslehre zu dem Artikel, mit dem die Kirche steht und fällt. Es wirkt fast wie ein Testament, wenn Luther am Schluß erklärt:»Dies sind die Artikel, darauf ich stehen muß und stehen will bis in meinen Tod, ob Gott will, und weiß darin nichts zu ändern noch nachzugeben. Will aber jemand etwas nachgeben, das tue er auf sein Gewissen.«
Zur Bundesversammlung nach Schmalkalden im Februar 1537 fuhr Luther mit, konnte aber kaum daran teilnehmen, weil er schwer erkrankte. Der Stein wurde diesmal lebensgefährlich. Luther war zum Sterben bereit und wurde auf seinen Wunsch nach Wittenberg zurückgebracht. Da kommt unterwegs durch die Stöße des Wagens auf der holprigen Straße die Blase wieder in Gang. Zu Hause angelangt, ist Luther geheilt, wenn auch noch sehr geschwächt.
In Schmalkalden tagte unterdessen die Bundesversammlung. Melanchthon legte einen lateinischen Traktat über die Gewalt und den Primat des Papsttums vor, in dem das Papsttum auf Grund des Evangeliums als widergöttlich abgelehnt wird. Nicht Luthers Artikel, die für das Konzil bestimmt waren, sondern die Augsburger Konfession samt Apologie sowie Melanchthons Papsttraktat werden zu den Bekenntnissen des Schmalkaldischen Bundes. Die Teilnahme an dem ausgeschriebenen Konzil wird von den Verbündeten abgelehnt – damit ist der Bruch mit der römischen Kirche vollkommen. Aber auch von seiten des Papstes wird das Konzil vorläufig wieder abgesagt.
Anstelle des vertagten Konzils wurden Unionsverhandlungen geführt. Beide Religionsparteien hatten ein ungefähres kirchenpolitisches Gleichgewicht erlangt, und es war, als könnten sich beide Seiten einen endgültigen Bruch immer noch nicht vorstellen. So kam es zu den *»Religionsgesprächen«* der vierziger Jahre. Sie waren ein Ausdruck der Hoffnung wider alle Hoffnung, es möchte durch theologische Gespräche vielleicht doch noch ein kirchlicher oder politischer Vergleich gelingen. Selbst die Kurie war für Vermittlung und schlug jetzt einen mittleren Weg ein – des zum Zeichen entsandte sie zwei der Kardinäle, die auf Reform und Ausgleich bedacht waren, Contarini und Morone, zu den Gesprächen nach Deutschland. Auf protestantischer Seite wurden die Verhandlungen von Melanchthon und Butzer geführt, die sich beide schon bei vielen Gelegenheiten als Vermittler bewährt, bei manchen dadurch freilich auch verdächtig gemacht hatten. Alles in allem waren die aktiven Teilnehmer an den Religionsgesprächen von erasmianischem Geist geprägt. Luther versprach sich nichts von den Unionsverhandlungen und nahm darum gar nicht erst an ihnen teil. Er sollte Recht behalten.
Insgesamt wurden vier Gespräche geführt: Eine Art Vorgespräch in Leipzig (1539), ein erstes erfolgloses Colloquium in Hagenau (1540) und sodann die beiden ausführlicheren und länger dauernden Gespräche in Worms und anschließend in Regensburg (1541). In Regensburg schien sogar ein Durchbruch gelingen zu wollen: Man fand einen mühsamen Vergleich selbst über die Rechtfertigungslehre. Eine Gesandtschaft überbrachte Luther das Ergebnis, um die Zustimmung des Wittenberger »Papstes« zu gewinnen. Dieser aber lehnte strikt ab, genauso wie der Papst in Rom. Ein fünftes Gespräch, 1546 in Regensburg begonnen – gerade zu der Zeit, als Luther starb –, kam gar nicht erst richtig in Gang. Es war vom

Kaiser auch nicht mehr ernst gemeint, sondern diente ihm nur noch zur Verschleierung seiner kriegerischen Absichten. So ist auch der letzte Versuch, die Kluft zu überbrücken und die Kirchenspaltung zu verhindern, gescheitert. Jetzt blieb nur noch die machtpolitische Auseinandersetzung – und das bedeutete letztlich Krieg.

Stillstand

Während die Reformation noch kräftig im Fortschreiten begriffen war, setzte gleichzeitig bereits der politische Rückschlag des Protestantismus ein und kündete sich damit zugleich unvermeidlich der Stillstand der Reformation an. Der entscheidende Wendepunkt läßt sich genau datieren: Es war das am 13. Juni 1541 in Regensburg zwischen Kaiser Karl V. und Landgraf Philipp von Hessen abgeschlossene Separatabkommen. Daß ausgerechnet das politisch aktivste Mitglied des Schmalkaldischen Bundes und der leidenschaftlichste Gegner Habsburgs sich mit dem Kaiser verständigte, lag in ebendemselben impulsiven Temperament begründet, mit dem der Landgraf seine Politik betrieb. Es ist eines jener Beispiele dafür, wie persönliche Leidenschaft die politische Vernunft zu verderben vermag – aber auch dafür, welchen Schaden Theologen mit ihren Ratschlägen in der Politik anrichten können.

»Buhlschaften« gehörten damals fast zum Stande der hohen Herren. Selbst Kurfürst Friedrich der Weise hatte zwei uneheliche Kinder, und von Karl V. gab es, da der Kaiser viel herumkam, deren mancherorts in Europa. Philipp von Hessen aber sollte über eine Liebesaffäre stolpern, gerade weil er es nicht bei einer bloßen Affäre belassen wollte oder konnte. Der Landgraf war, wie ebenfalls manche seines Standes, mit einer ungeliebten Frau verheiratet, einer Tochter Herzog Georgs von Sachsen, mit der er trotzdem zehn Kinder hatte. Er hatte es bisher schon mit der ehelichen Treue nicht allzu genau genommen. Jetzt aber war er in ein Hoffräulein, Margarete von der Saale, verliebt und wollte von ihr nicht lassen. Die Mutter des Fräuleins drängte jedoch auf eine legitime Verbindung unter ausdrücklicher Zustimmung theologischer Autoritäten, und die Landgräfin erklärte sich mit dieser Lösung einverstanden, vorausgesetzt, daß ihr Mann sie auch weiterhin als seine Ehefrau halte. Bigamie aber galt damals als ein Kriminalverbrechen – und so war guter Rat teuer.

Durch Vermittlung des mit ihm befreundeten, allzeit geschickten Martin Butzer wandte sich der Landgraf sogleich an die höchste theologische Instanz nach Wittenberg, an Luther und Melanchthon. Er schilderte ihnen, übertrieben, seine schweren Gewissensnöte, stellte ihnen seine aussichtslose Lage vor Augen, drohte aber auch bereits mit einer eventuellen Annäherung an den Kaiser. Luther, wie stets beeindruckt, wenn er von einem angefochtenen Gewissen hörte, gab dem Landgrafen am 10. Dezember 1539 zusammen mit Melanchthon den unseligen »Beichtrat«, mit der geliebten Hofdame insgeheim eine zweite Ehe einzugehen. Schon früher hatte er theoretisch an einigen Stellen seiner Schriften und praktisch im Falle Heinrichs VIII. von England eine zweite Ehe notfalls für erlaubt gehalten. Zur Bedingung für seinen Dispens machte Luther die unbedingte Geheimhaltung der Angelegenheit. Eben dies aber war eine Illusion, zumal der Landgraf selbst es nicht allzu genau damit nahm. Die Trauung der Nebenehe fand am 5. März 1540 in Rotenburg bei Fulda in Anwesenheit von Melanchthon und Butzer statt und blieb natürlich nicht geheim. Und so wurde aus der »Doppelehe« des Landgrafen ein öffentlicher Skandal.

Wieder wandte sich der Landgraf in seiner Bedrängnis an Luther und Melanchthon um Rat und drohte, um sich zu retten, sogar, dem von ihnen unterschriebenen Beichtrat zu veröffentlichen. Melanchthon wurde darüber ernstlich krank; Luther aber blieb fest. Er bestand, was seinen Beichtrat betraf, auf der hartnäckigen Ableugnung und riet dem Landgrafen, um seine Doppelehe geheim zu halten, notfalls zu einer »guten, starken Lüge«. Doch Philipp zog es vor, um sein Leben und Land zu retten, sich mit dem Kaiser zu verständigen.

Um Luthers verfehltes Verhalten in der ganzen Angelegenheit zu verstehen, wenn auch gewiß nicht zu entschuldigen, muß man ein Dreifaches bedenken:

1. Luther war vom Landgrafen und auch von Butzer falsch unterrichtet, wenn nicht gar hintergangen worden und war in seiner Vertrauensseligkeit ihren Täuschungen aufgesessen.
2. Luther stand mit seiner Ansicht, daß in bestimmten Notfällen Bigamie erlaubt sei, nicht allein – Cajetan hatte Heinrich VIII. von England seinerzeit den gleichen Rat erteilt. Dabei verweist Luther unter anderem mit geradezu biblizistischer Naivität darauf, daß auch die Patriarchen im Alten Testament mehrere Frauen gleichzeitig gehabt hätten.
3. Luther zeigt sich noch an die mittelalterliche Beichtlehre und -praxis gebunden, die die unbedingte Wahrung des Beichtgeheimnisses verlangte und eher zu einer »Nutzlüge« als zum Bruch des Beichtsiegels riet.

Alles in allem aber wirkt es doch wie eine Ironie der Geschichte, daß ausgerechnet Luther, der sich sonst von aller Politik fern- und die Reformation von ihr reinzuhalten trachtete, durch seinen Beichtrat ungewollt in den Strom der Politik geriet und sogar an der politischen Niederlage des Protestantismus und dem Stillstand der Reformation mitschuldig wurde.

Im Regensburger Separatabkommen mußte Landgraf Philipp von Hessen sich verpflichten, im Schmalkaldischen Bund fortan die Interessen des Kaisers zu berücksichtigen, alle ausländischen Verbindungen abzubrechen und den Kaiser in seinen Ansprüchen auf Geldern sowie in seinen Kriegsplänen gegen Frankreich zu unterstützen. Dafür erhielt er die gewünschte Amnestie durch Stillschweigen. Aber eben darum bezeichnet dieser Vertrag auch den entscheidenden Wendepunkt in der machtpolitischen Auseinandersetzung des Kaisers mit den Protestanten. Nicht, daß die Doppelehe des hessischen

Landgrafen allein den Anlaß und Grund für das schließliche Ende des Schmalkaldischen Bundes bedeutet hätte! Karl V. war zur Niederwerfung des Protestantismus ohnehin längst entschlossen. Durch sein moralisches Versagen aber hat der Landgraf dem Kaiser die politische Gelegenheit dazu gegeben.

Karl V., in seinem Handeln sonst eher zögernd, bereitete die Schlußabrechnung mit dem Protestantismus jetzt mit einer geradezu bewundernswert konsequenten politischen und militärischen Strategie vor. Zug um Zug betrieb er, die politischen Eigeninteressen der protestantischen Fürsten klug ausnutzend, die Stärkung seiner eigenen Machtstellung und die Schwächung des Schmalkaldischen Bundes. Als erster trat Herzog Moritz von Sachsen dem Bündnis seines Schwiegervaters Philipp von Hessen mit dem Kaiser bei. Allein auf die Ausweitung seiner politischen Macht bedacht – und das hieß: vor allem auf die Erlangung der sächsischen Kurwürde erpicht –, war Moritz die Religion völlig gleichgültig; darum ließ er auch nach seinem Austritt aus dem Schmalkaldischen Bund die Reformation im Herzogtum Sachsen unbehelligt weiter bestehen. Außer Moritz von Sachsen gelang es dem Kaiser, auch noch weitere protestantische Fürsten auf seine Seite zu ziehen, unter ihnen als mächtigsten den Kurfürsten von Brandenburg. So begann die Macht des Schmalkaldischen Bundes langsam zu zerbröckeln.

Die Schwäche des Bundes offenbarte sich, als er im Klevischen Krieg um Geldern beiseite stand. Karl V. war 1543 endgültig in Deutschland erschienen, diesmal auf zwölf Jahre bis zu seinem Regierungsverzicht. Von den Schmalkaldenern im Stich gelassen, wurde Wilhelm von Kleve von Karl in einem raschen Feldzug niedergeworfen und zum Verzicht sowohl auf Geldern als auch auf die geplante Einführung der Reformation in seinem Herzogtum gezwungen. Diese Machtverschiebung wirkte sich wiederum folgenschwer auf die in Aussicht stehende Reformation Nordwestdeutschlands aus. Das Erzstift Köln blieb fortan ebenso endgültig katholisch wie die Bistümer Minden, Münster und Osnabrück.

Während Karl V., zum Krieg entschlossen, bereits nach allen Seiten hin durch Bündnisse und Absprachen die Vorbereitungen dazu traf, suchte er zugleich durch eine friedliche Religionspolitik seine wahren Absichten zu verschleiern. Auf den Reichstagen machte er den Protestanten bislang nicht für möglich gehaltene, den Altgläubigen verheimlichte Zugeständnisse – bis hin zur Erlaubnis der evangelischen Predigt auch in altkirchlichen Gebieten und der rechtlichen Anerkennung aller bisherigen Säkularisierungen. Auch außenpolitisch, gegen Frankreich und die Türken, gelang es ihm, den Rücken freizubekommen. Schließlich gewann er noch den Papst dazu, das langerwartete Konzil auf den 15. März 1545 nach Trient, den äußersten Winkel des Reiches, einzuberufen. Die Schlußabrechnung mit dem Protestantismus konnte beginnen. Die Gegenreformation war bereits im Gange.

Der Kirchenvater

Martin Luther lebte in Wittenberg fernab von den Welthändeln. Natürlich blieb er von ihnen nicht unberührt, beteiligte sich auch noch gelegentlich daran mit Ratschlägen, Briefen oder sogar Schriften. Aber sein Leben ward dadurch nicht mehr bestimmt. Der *Alltag des »Kirchenvaters«* bestand im schlichten Tagwerk als Professor, Prediger und Hausvater, mit seinen täglichen Pflichten und dem dazugehörigen Ärger, mit Reibereien im eigenen Lager und Kleinkrieg mit den Hofbeamten. Nicht zu Unrecht hat Luther sich mit dem Kirchenvater Augustin verglichen, der als Bischof von Hippo Regius im Grunde auch nur ein Stadtpfarrer war, geistig aber weit darüber hinaus gewirkt hat, weiter als manche mächtigen Bischöfe und Konzile zusammen. Alles in allem sind Luthers letzte Lebensjahre das Tagwerk eines großen, alten Mannes, der auf sein Lebenswerk zurückblickt und sich fragt, ja mit der Frage herumschlägt, was er in der Welt angerichtet hat – ob er ausgerichtet hat, wozu er einst in seinen jungen Jahren angetreten war.

Vom Beginn seiner akademischen Laufbahn an haben seine *Vorlesungen* eine zentrale Rolle in Luthers Leben gespielt, und fast bis zu seinem Ende hat er seine Verpflichtungen als Universitätsprofessor ernstgenommen. Er hat nicht nur, wenn irgend möglich, seine Vorlesungstätigkeit durchgehalten, sondern auch an den Disputationen der Studenten teilgenommen und ist zuletzt zehn Jahre lang ununterbrochen Dekan gewesen.

Es gibt kaum ein alttestamentliches oder neutestamentliches Buch, das Luther nicht in seinen Vorlesungen oder in Reihenpredigten ausgelegt hat. Unter den Kollegs nach 1530 ragen vor allem zwei hervor: die Vorlesung über den Galaterbrief von 1531, die 1535 nach einer Nachschrift herausgegeben wurde, und die große Genesisvorlesung, die zehn Jahre, von 1535 bis 1545, gedauert hat.

Der Galaterbrief lag Luther besonders am Herzen. Er bekannte von ihm: Er ist »meine Epistel, mit der ich mich verlobt habe; er ist meine Käthe von Bora.« Auch seine Vorlesung darüber rechnete er zu den wenigen seiner Werke, die nicht untergehen sollten. Und er hatte recht mit diesem Urteil. Denn Luthers Galaterkommentar zählt in der Tat zu seinen reichsten Werken; in ihm hat er noch einmal seine Rechtfertigungslehre in ihrer ganzen Fülle und Tiefe entfaltet, wobei sich Glaube und Theologie in einzigartiger Weise mischen.

Luthers große Vorlesung über das 1. Buch Mose (Genesis) ist wie ein riesiges Bergwerk mit vielen Stollen, voll der mannigfaltigsten Schätze, oder auch wie ein großes Becken, in dem sich die Gottes- und Welterfahrungen eines langen Glaubenslebens gesammelt haben. Als Luther die zehnjährige Vorlesung kurz nach seinem 62. Geburtstag schloß, sagte er:»Das ist nun die liebe Genesis. Unser Herrgott geb, daß man's nach mir besser mache. Ich bin schwach, ich kann nicht mehr.« Nach seinem Tode haben seine Schüler die Vorlesung endgültig herausgegeben – ein Werk von mehr als 3000 Seiten.

Eine noch dichtere Kontinuität als seine Kollegarbeit weist Luthers *Predigttätigkeit* auf. Von seiner Zeit als Klosterprediger bis wenige Tage vor seinem Tode sind an die 3000 Predigten von ihm erhalten. Manchmal predigte Luther in der Woche mehrmals, sogar bisweilen an einem Tage ein paarmal, nicht nur in Wittenberg, sondern auch ringsum im Land. Überdies hat er auch zu Hause im Kreis der Familie die Schrift ausgelegt, woraus dann die »Hauspostille« entstanden ist.

Zum neuen Alltag der Reformation gehörten auch die dogmatischen *Lehrstreitigkeiten* der Theologen untereinander. Eigentlich haben sie die Reformation schon von Anfang an begleitet. Jetzt aber stritten nicht nur etwa Schweizer Zwinglianer und Wittenberger Lutheraner, sondern in Wittenberg auch die Lutheraner selbst gegeneinander und griffen sogar Luther persönlich an. Am stärksten erregte der sogenannte »Antinomistenstreit« vier Jahre hindurch die Gemüter (1537–40). Es ging in ihm um das Verhältnis zwischen Gesetz und Evangelium; dabei mischten sich wie stets sachliche Argumente mit persönlichen Motiven. Johann Agricola, einer von Luthers engsten Freunden, aber nicht ohne Neid auf den Größeren und auf die eigene Profilierung bedacht, behauptete zuerst versteckt, sodann immer offener, daß das Evangelium allein die Buße bewirke und das Gesetz mithin überflüssig sei. Entsprechend teilt er der weltlichen Obrigkeit die Handhabung des Gesetzes zu und der Kirche allein die Predigt der Gnade. Dabei verstand er, nicht ungeschickt, den »jungen Luther« gegen den »alten« auszuspielen und sich so zum Anwalt des »echten« Luthertums zu erheben – was hier zum erstenmal geschah, bald aber zur Methode werden sollte.

Luther ist über Agricolas Angriff aufs höchste erregt, sachlich mehr noch als persönlich. Denn es handelt sich für ihn hierbei nicht um eine theologische Einzelfrage, vielmehr sieht er durch Agricolas Kritik das Ganze seiner Theologie in Frage gestellt, nämlich die unaufhebbare Spannung zwischen Gesetz und Evangelium und, daraus folgend, das unterschiedene Beieinander zwischen den beiden Reichen. Darum läßt er sich auch so tief und lange auf den Streit ein – in sechs Thesenreihen, drei Disputationen und der Schrift »Wider die Antinomer«. Was ihm einst Thomas Müntzer vorgeworfen hat, daß er nur den »halben, honigsüßen Christus« predige, das hält Luther jetzt Agricola entgegen: »Diese süßen Theologen pochen heute, da eine andere Zeit ist als unter dem Papsttum, auf die Gnade und wollen sie allein gepredigt wissen, denken nicht, daß sie es mit anderen zu tun haben, mit Sicheren, Rohen, Bösen, Räubern und Ungerechten, die weder Gott noch Menschen fürchten.«

Der Streit zieht sich hin. Agricola lenkt zunächst ein, greift Luther dann aber aufs neue an. Nicht nur die Universitätsbehörden werden hineingezogen, auch der Landesherr greift ein. Es kommt beinahe zum Prozeß. Gerade rechtzeitig noch wird Agricola als Hofprediger nach Brandenburg berufen.

Der Antinomistenstreit ist der erste der vielen künftigen Lehrstreitigkeiten um das theologische Erbe Luthers – nur daß diese später nicht immer so glimpflich ausgingen, sondern bisweilen sogar im Kerker endeten.

Auch seine *schriftstellerische Arbeit* setzte Luther bis nahe an seinen Tod fort, verständlicherweise nicht mehr so ununterbrochen schöpferisch wie früher und auch mehr in die Breite als in die Tiefe gehend. Vor allem wurde seine Polemik jetzt noch maßloser, zorniger, ja gehässiger und seine Ausdrucksweise entsprechend zügelloser, gröber und derber – bisweilen ist die Lektüre schier unerträglich. Obwohl Luther in Wittenberg von den großen Angelegenheiten ziemlich entfernt lebte, blieben seine Schriften »Gelegenheitsschriften«, jeweils veranlaßt durch einen konkreten Vorgang.

Die gründlichste und sachlichste, auch noch einigermaßen erträgliche Schrift aus den letzten Lebensjahren Luthers bildet sein Beitrag zur Debatte über das in Aussicht stehende Konzil vom Frühjahr 1539. Ihr Titel *»Von den Konziliis und Kirchen«* deutet nicht nur den Inhalt, sondern auch bereits die Tendenz an. Im Grunde ist es noch einmal eine ausführliche Zusammenfassung von Luthers lebenslanger theologischer Auseinandersetzung mit der Frage nach der wahren Autorität in der Kirche und damit nach der Vollmacht der drei Größen: Bibel, Papsttum und Konzil. Luthers Standpunkt ist unverändert derselbe geblieben, der von Anfang an zu seinem Bruch mit Rom geführt hatte: Das »Reichsrecht« in der Kirche hat nach wie vor allein die Heilige Schrift. Damit fällt nicht nur das Papsttum dahin, sondern auch die Befugnis der Konzile wird eingeschränkt. Aus der Bibel als dem »Hauptstück und hohen Hauptheiligtum« der Christenheit leitet Luther die sechs weiteren Kennzeichen der wahren Kirche ab: Taufe, Abendmahl, Schlüsselgewalt, Predigtamt, Gotteslob und Leiden. Wo diese insgesamt sieben Merkmale vorhanden sind, dort überall ist die wahre Kirche, und dort finden allzeit auch »kleine, doch ewige und nützliche Konzilien« statt. Damit wird die Autorität jedes Konzils so relativiert, daß auch die Frage nach der Bedeutung des vom Papst in Aussicht gestellten sich fast von selbst erledigt, ob es nun stattfinden wird oder nicht.

Von dem Gegensatz zwischen Gotteswort und Menschenlehre und damit zwischen der wahren Kirche Christi und der falschen Papstkirche handelt auch Luthers Schrift *»Wider Hans Worst«*. Den Anlaß dazu gab ein jahrelanger, literarisch geführter, Streit zwischen dem altgläubigen Herzog Heinrich von Braunschweig-Wolfenbüttel auf der einen Seite und Kurfürst Johann Friedrich von Sachsen sowie Landgraf Philipp von Hessen auf der anderen. Als Herzog Heinrich 1540 gegen die beiden Fürsten eine Schmähschrift veröffentlichen ließ, die die Protestanten allgemein der Ketzerei und des Aufruhrs bezichtigte und überdies die Behauptung enthielt, daß Luther seinen Landesherrn einen Hanswurst genannt habe, da griff dieser mit einem wüsten Pamphlet in den Streit ein, im Titel seine angebliche Bezeichnung

des Kurfürsten als »Hans Worst« an Herzog Heinrich zurückgebend. Entsprechend scharf fällt Luthers Erwiderung aus. Inhaltlich enthält die Schrift nichts Neues, ihr Stil aber übertrifft alles von Luther Gewohnte.
Gleich am Anfang geht es los: »Es hat der von Braunschweig zu Wolfenbüttel itzt abermals eine Lästerschrift lassen ausgehen, darin er an meines Gnädigsten Herrn, des Kurfürsten zu Sachsen, Ehre seinen Grind und Gnatz zu reiben vorgenommen, auch mich zweimal angetastet und gelocket.« Im Verlauf der Schrift bezeichnet Luther den Herzog dann als einen »groben Filz, Rülz und Tölpel«, als den »Esel aller Esel zu Wolfenbüttel« und nennt die römischen Kirchen »Hurenhäuser« oder »Teufelskirchen«, das Papsttum eine »Teufelshure«, den Papst gleichfalls wie den Herzog einen »Esel« und Johann Eck »Dr. Sau«.
Auf dem gleichen niedrigen geistigen Niveau bewegt sich Luthers letzte Kampfschrift gegen das Papsttum, dessen Titel bereits wieder den Inhalt verrät: *»Wider das Papsttum zu Rom, vom Teufel gestiftet«*. Der Papst hatte gegen den Speyerer Reichstagsabschied von 1544 Einspruch erhoben, weil der Kaiser darin den Protestanten größere Zugeständnisse gemacht und unter Umständen statt eines Konzils eine deutsche Nationalsynode in Aussicht gestellt hatte. Luther nahm dies zum Anlaß zu einer letzten, furchtbaren Abrechnung mit dem römischen Papsttum. Was die theologische Beweisführung betrifft, so werden nur die altbekannten Argumente wiederholt, so daß man sagen könnte: Aus Wittenberg über Rom nichts Neues. Am Ende bleibt nur der Eindruck einer einzigen haßerfüllten Beschimpfung.
Es wirkt fast symbolhaft, daß Luther sich gegen Ende seines Lebens noch einmal so scharf und ausführlich und leider auch so drastisch gegen das Papsttum gewandt hat. Im Papst zu Rom stellte sich für ihn von Anfang bis Ende, von den 95 Thesen gegen den Ablaß 1517 bis zu seiner letzten Kampfschrift 1545, der Abfall der römischen Kirche vom Evangelium dar, die Verkehrung des Christlichen in sein Gegenteil schlechthin. Was die Protestanten als Wiederentdeckung und neue Ausbreitung des Lichtes des Evangeliums durch Luther feierten, das mußte den Katholiken als ein fast dreißigjähriger Krieg Luthers gegen den Papst und die Kirche erscheinen. Heute haben wir zum Glück das Zweite über dem Ersten vergessen.

Die Judenschriften

Die gleiche maßlose Feindschaft wie aus Luthers letzter Kampfschrift gegen das Papsttum spricht auch aus seinen drei *Altersschriften gegen die Juden*.
Luther hat sich, wie seine Zeit überhaupt, sein Leben lang mit dem Judentum befaßt, in den 30er Jahren zunehmend leidenschaftlicher, wie auch die häufige Erwähnung des Themas in seinen Tischreden bezeugt. Dabei zeichnet sich ein deutlicher Wandel in seiner Haltung ab – vom verständnisvollen Werben bis zu einer völlig verständnislosen Bekämpfung. Das macht ein Vergleich zwischen seinen ersten und seinen letzten Judenschriften deutlich.
1523 in seiner Schrift »Daß Jesus ein geborener Jude sei« entschuldigt Luther noch die Unbußfertigkeit der Juden mit dem Verhalten der römischen Kirche gegen sie, die sie wie Hunde behandelt habe, so daß man sich nicht zu wundern brauche, wenn sie vom Christenglauben nichts wissen wollten. Das soll jetzt anders werden. Indem man die Mißbräuche der Papstkirche abstellt und den Juden zugleich die christliche Lehre mit Liebe und Verständnis nahebringt, erhofft Luther sich eine Bekehrung möglichst vieler Juden: »Wahrlich, da jetzt das güldene Licht des Evangeliums aufgeht und leuchtet, so ist die Hoffnung vorhanden, daß viele unter den Juden sich ernstlich und treulich bekehren und von Herzen zu Christus hingezogen werden.
Doch Luthers Hoffnung sollte sich nicht erfüllen. Eher schien das Gegenteil der Fall zu sein. Außer den üblichen Gerüchten über Judengreuel erhielt Luther mehr oder minder zuverlässige Nachrichten, daß in Mähren Christen zum Judentum verführt worden seien und die Papisten einen Juden angestiftet hätten, ihn zu ermorden. Und statt einige Rabbiner im Gespräch für den christlichen Glauben zu gewinnen, versuchten diese, Luther ihrerseits zum Judentum herüberzuziehen. Dieser Glaubenstrotz der Juden, daß sie an ihrem Glauben so unbeirrt festhielten, bewirkte einen Umschwung bei Luther: Fortan will er nicht mehr *mit* den Juden, sondern nur noch *gegen* die Juden reden.
Eben dies geschieht in Luthers drei Altersschriften. Von ihnen ist die erste die ausführlichste und zugleich die ärgste. Sie trägt den Titel *»Von den Juden und ihren Lügen«* (1543) und enthält das ganze traditionelle Anklageregister der Christen gegen die Juden: daß sie nach wie vor die Verheißungen Gottes für sich in Anspruch nehmen und sich als das auserwählte Volk dünken – daß sie die messianischen Weissagungen des Alten Testaments immer noch für unerfüllt halten – daß sie den wahren Messias verworfen und ermordet haben – daß sie Jesus, seine Mutter Maria und alle Christen in ihren Gottesdiensten und Schriften noch täglich schmähen – daß sie nach Geld gieren, Wucher treiben und alle anderen Völker aussaugen, daß sie trotz allem den über sie gekommenen Zorn Gottes nicht erkennen. Was zeigt dies alles anderes an, als daß die Juden des Teufels, ja selbst leibhaftige Teufel sind? »Darum, wo du einen rechten Juden siehst, magst du mit gutem Gewissen ein Kreuz für dich schlagen und frei und sicher sprechen: Da geht ein leibhaftiger Teufel.«
Jetzt denkt Luther nicht mehr daran, die Juden bekehren zu wollen – »denn das ist unmöglich«. Vielmehr lautet seine Weisung nunmehr: »Wir müssen mit Gebet und Furcht Gottes eine scharfe Barmherzigkeit üben.« Die Durchführung dieser »scharfen Barmherzigkeit« will Luther der christlichen Obrigkeit übertragen. Er selbst gibt ihr dafür folgende sieben konkrete Ratschläge:
»Erstens soll man ihre Synagogen oder Schulen mit

Feuer anstecken und, was nicht verbrennen will, mit Erde überhäufen und zuschütten, daß kein Mensch einen Stein oder eine Schlacke davon sehe ewiglich...
Zum andern soll man ihre Häuser desgleichen zerbrechen und zerstören. Dafür mag man sie etwa unter ein Dach oder in einen Stall tun, wie die Zigeuner...
Zum dritten soll man ihnen alle ihre Betbüchlein und Talmudisten nehmen...
Zum vierten soll man ihren Rabbinern bei Leib und Leben verbieten, hinfort zu lehren...
Fünftens soll man den Juden das Geleit und die freie Straße ganz aufheben...
Sechstens soll man ihnen den Wucher verbieten und ihnen alle Barschaft und Kleinodien an Silber und Gold nehmen und es zur Verwahrung beiseite legen...
Siebentens soll man den jungen, starken Juden und Jüdinnen Flegel, Axt, Karst, Spaten, Rocken, Spindel in die Hand geben und sie ihr Brot verdienen lassen im Schweiß der Nase...«.

Halten die Juden sich nicht an diese Maßnahmen oder nützen sie nichts, so soll man sie, wie schon andere Nationen es in ihrer »natürlichen Klugheit« getan haben, das von ihnen erworbene Gut mit ihnen gütlich teilen und sie sodann aus dem Lande jagen. Schon früher einmal, 1537, hatte Luther dem Kurfürsten in einem Gutachten den Rat gegeben, die Juden nach Palästina zu deportieren, falls sie unbedingt nach dem Gesetz des Mose leben wollten.

Mit rationalen Gründen läßt sich Luthers Haltung gegenüber den Juden überhaupt nicht erklären, aber auch nicht mit religiösen Motiven allein, etwa mit dem überkommenen christlichen Vorurteil gegen die Juden als die Christusmörder. Hier bricht ein wilder Haß hervor, der aus irrationalen, letztlich unerklärlichen Tiefen stammt, aus einem unauflöslichen Knäuel von Religion, Tradition, Nationalismus, Propaganda, Fremdenhaß und auch Rassismus. Noch in einer besonderen Kanzelvermahnung nach seiner letzten Predigt am 15. Februar 1546 in Eisleben, also drei Tage vor seinem Tode, hat Luther dazu aufgefordert, die Juden zu vertreiben. Zwar fährt er dann fort: »Wenn sie sich aber bekehren, ihren Wucher lassen und Christus annehmen, so wollen wir sie gerne als unsere Brüder halten« – aber man glaubt's ihm nicht so recht. Zwar ist die Behauptung, daß die Nationalsozialisten sich für ihre systematische Ausrottung des jüdischen Volkes auf Martin Luther berufen konnten, falsch – aber wir sollten keine Schutzbehauptung daraus machen, weder für Luther noch für die Christenheit insgesamt.

Alter und Tod

Im Stil seiner späten Kampfschriften spiegelt sich etwas von dem Gemütszustand wider, in dem Luther sich während seiner *letzten Lebensphase* befunden hat. Es ist wie eine »Verstimmung« der Seele, hervorgegangen durch ein Ungleichgewicht der Kräfte zwischen dem Mann und seiner Umgebung. Vielleicht hat Gerhard Ritter diesen Zustand am besten getroffen, wenn er, freilich auf die zweite Lebenshälfte Luthers insgesamt bezogen, schreibt: »Man wird in der Betrachtung dieser letzten Jahrzehnte die Empfindung nicht loswerden, daß hier eine große Seele in kleinen Verhältnissen sich an ihrer eigenen Glut verzehrt.« Die Folge dieses Mißverhältnisses war eine zunehmende Reizbarkeit und Verbitterung Luthers, die sich sowohl in gelegentlichen Zornausbrüchen als auch in müder Gleichgültigkeit äußern konnte. Alles in allem breitet sich über Luthers Leben zum Ende hin nicht die Heiterkeit des Alters, sondern eine allgemeine Verdüsterung.

Dazu haben auch seine vielen Krankheiten das Ihre beigetragen. Von Natur aus gesund, ist Luther mit seiner Gesundheit nie gut umgegangen. Und so hatten sich bald zu Beginn seiner zweiten Lebenshälfte immer neue Erkrankungen eingestellt, deren Zahl und Art sich mit zunehmendem Alter ständig mehrten: Schlafstörungen, Kopfschmerzen, Schwindelanfälle, Gicht, Verstopfung, Nierensteine, Herzkrämpfe und ein Ohrenklingen »wie alle Glocken von Halle, Leipzig, Erfurt und Wittenberg«. Um so erstaunlicher bleibt die fast unverminderte tägliche Arbeitsleistung Luthers – um so erstaunlicher aber auch, daß er es trotzdem auf 62 Lebensjahre gebracht hat, ein für seine Zeit hohes Alter.

Aber was Luther im Alter am stärksten beschwert und angefochten hat, ist die Frage nach der Wirkung seines Lebenswerkes, die enttäuschende Erkenntnis, wie weit die Verwirklichung der von ihm erstrebten Reformation der Kirche letztlich hinter dem ursprünglich gesteckten Ziel zurückgeblieben ist – der Zweifel, ob sich denn das Ganze schließlich überhaupt gelohnt hat. Luther ist in keinem Augenblick an der Wahrheit des von ihm verkündigten Evangeliums irre geworden, wohl aber an den Folgen und Früchten seiner Verkündigung.

Ihr negatives Ergebnis faßt sich für ihn in dem Ausdruck »Undankbarkeit« zusammen. Der »Platzregen« Gottes, der über Deutschland dahingegangen ist, droht ungenutzt weiterzuziehen, ja scheint bereits vorübergezogen zu sein. Und so mehren sich Luthers Klagen über die undankbaren Deutschen. Er stellt nach Art des Neuen Testaments ganze Lasterkataloge zusammen, in denen er die Sünden des Volkes aufzählt. Selbst in Wittenberg erscheint ihm die Verderbnis der Sitten so groß, daß er die Stadt am liebsten für immer verließe. Und tatsächlich droht er auch im Sommer 1545 von einer Reise nicht zurückkehren zu wollen, tut es aber schließlich doch, nachdem man Besserung gelobt hat.

Angesichts dieser bitteren Erfahrungen fragt Luther sich, ob er mit seiner Verkündigung des Evangeliums überhaupt recht getan habe. Dabei wechselt seine Stimmung, wie nicht anders zu erwarten, zwischen Enttäuschung und Zuversicht. Er kann sagen: »Hätte ich von Anfang an gewußt, was ich jetzt erfahren und gesehen habe, nämlich daß die Leute Gottes Wort so feind sind, so hätte ich fürwahr geschwiegen. Ich wäre nimmermehr so kühn gewesen, den Papst und schier alle Menschen

anzugreifen und zu erzürnen.« Dann aber kann er auch wieder feststellen: »Ich lasse kein trauriges Bild von unseren Kirchen zurück, sondern ein durch reine und lautere Lehre blühendes, das von Tag zu Tag noch durch vortreffliche und lautere Hirten besser wird.«
Aufs ganze jedoch ist eine Verhärtung bei Luther nicht zu übersehen: »Sollte ich jetzt das Evangelium anfangen zu predigen, ich wollte mich anders dreinschicken. Den geängsteten und blöden Gewissen wollte ich sonderlich Trost zusprechen. Den großen rohen Haufen aber wollte ich unter des Papstes Regiment lassen bleiben, sie bessern sich doch durchs Evangelium nicht, sondern mißbrauchen seine Freiheit. Darum soll ein Prediger nicht so ein einfältig Schaf sein wie ich, der in der erste (zuerst) nichts anders wußte, als die Welt wäre so fromm, daß sie zulaufen würde, sobald sie das Evangelium hörte, und es mit Freuden ergreifen. Wie schändlich ich aber betrogen bin, erfahre ich jetzt mit großen Schmerzen.«
Daß Luther schließlich Gottes Gericht über Deutschland erwartet, ist nicht erst eine »Alterserscheinung«. Derartige Voraussagen, verbunden mit der Warnung zur Umkehr, finden sich bei ihm schon früh – bereits seit der »Sünd zu Worms«, das heißt seit der Abweisung des Evangeliums durch die »Häupter« der Nation und damit durch die ganze Nation. Aber diese Prophezeiungen Luthers mehren und verstärken sich im Fortgang seines Lebens, bis schließlich aus der Warnung die Feststellung eines »Zu spät« wird und Luther von dem herandrängenden Unheil über Deutschland, wie die Propheten im Alten Testament, bereits im Perfekt spricht und die Weissagung sich so zur Totenklage wandelt: »Deutschland ist gewesen, und es wird niemals wieder sein, was es gewesen ist« – »Es wird ein solcher Jammer über Deutschland kommen, daß man sagen wird: Hier hat Deutschland gestanden.« Wenn Luther daran denkt, dann steigt in ihm der Wunsch auf, den Jammer, der über sein Vaterland kommen wird, nicht mehr mit ansehen zu müssen. Er möchte deshalb mit den Seinen sterben, bevor der Untergang vollends hereinbricht: »Ich bitte Gott um ein gnädiges Stündlein, daß er mich von hinnen nehme und nicht sehen lasse den Jammer, so über Deutschland gehen muß.«
So kommt es dahin, daß derselbe Luther, der sich einst vor nichts so sehr gefürchtet hat wie vor dem Jüngsten Gericht, sich gegen Ende seines Lebens immer mehr nach dem »lieben jüngsten Tag« sehnt: »Ich bin lebenssatt, ich bin müde, bin nichts mehr. So betet denn auch ernstlich, daß der Herr meine Seele hinnehme in Frieden. Möge Gott mir ein seliges Stündlein verleihen und mit seinem glorreichen Tage kommen, bald, nur bald, ach recht bald, Amen.«
Das erbetete letzte »gnädige Stündlein« ist für Luther, wie er es erhofft hatte, tatsächlich noch vor dem befürchteten Unglück Deutschlands gekommen. Ende Januar 1546 war er, begleitet von Justus Jonas und seinen Söhnen, nach Eisleben gereist, um dort die Erbstreitigkeiten zwischen den Mansfelder Grafen schlichten zu helfen. Es war eine mühevolle Reise gewesen, und mühsam gestalteten sich auch die Verhandlungen zwischen den streitenden Grafen.
Luther wurde in seiner Geburtsstadt gebührend gefeiert und schließlich gelang es auch, den gräflichen Erbstreit in einem Vertrag zu schlichten. Aber er selbst kann jetzt nicht mehr. Seine letzte Predigt am 15. Februar muß er abbrechen: »Ich bin zu schwach. Wir wollen's hierbei bleiben lassen.« Er muß sich zum Sterben legen. In der Nacht vom 17. auf den 18. Februar geht es mit ihm zu Ende. Er betet mehrmals den Psalmvers: »In deine Hände befehle ich meinen Geist; du hast mich erlöst, Herr, du treuer Gott.« (31,6) Justus Jonas ruft ihm im Beisein der um sein Sterbebett Versammelten ins Ohr: »Verehrter Vater, wollet Ihr auf Christum und die Lehre, die Ihr gepredigt, beständig bleiben?« Luther antwortet darauf mit einem leisen, aber deutlichen Ja. Kurz darauf, nach 2 Uhr in der Frühe, stirbt er.
Am Nachmittag des 19. Februar hielt Justus Jonas in Eisleben die Leichenpredigt; am Tag darauf wurde der Leichnam in einem feierlichen Zug, überall unter Teilnahme der Bevölkerung, nach Wittenberg überführt. Dort fand am 22. Februar in der Schloßkirche die Beisetzung statt. Bugenhagen hielt die Predigt, Melanchthon den Nachruf im Namen der Universität.
Nach Luthers Tod fand sich auf dem Tisch eine Notiz, die er zwei Tage zuvor geschrieben hatte. Dieser sogenannte »letzte Zettel« Luthers lautet: »Den Virgil mit seinen Bucolica und Georgica kann niemand verstehen, er sei denn fünf Jahre Hirte oder Bauer gewesen. Den Cicero in seinen Briefen – so stelle ich mir's vor – kann niemand verstehen, er habe denn zwanzig Jahre in einem hervorragenden Staatswesen zugebracht. Die Heilige Schrift meine niemand hinreichend verstanden zu haben, er habe denn hundert Jahre mit den Propheten die Gemeinden geleitet. Darum ist es ein Wunder um Johannes den Täufer, Christus und die Apostel. Du lege nicht die Hand an diese göttliche Aeneis, sondern beuge dich nieder und verehre ihre Fußspuren. Wir sind Bettler, das ist wahr.«
In diesem hingeworfenen kurzen Text faßt sich Luthers theologische Existenz zusammen: Um eine überlieferte Wahrheit zu verstehen, muß man sich im Leben auf sie einlassen. Luther hat sich mit seinem ganzen Leben auf die Bibel eingelassen wie nur irgend einer. Aber um die darin enthaltene Wahrheit Gottes zu erkennen, reicht auch ein ganzes, noch so langes Menschenleben nicht aus. Sie bleibt ein Geheimnis, das man höchstens nachbuchstabieren kann. Und auch dann kann man es nicht begreifen – »wir sind Bettler, das ist wahr«. Die Kehrseite dieser Wahrheit aber lautet, daß wir alles, was wir sind und haben, von Gott empfangen. Der von Luther allzeit so hochgeschätzte Apostel Paulus hat dies in die kurze Frage gefaßt: »Was hast du, daß du nicht empfangen hast?« Knapper und zugleich einfacher läßt sich die reformatorische Erkenntnis Luthers und damit sein ganzes Lebenswerk nicht beschreiben.

Martin Luther 1546, im Jahre seines Todes.

In Luthers letztem Lebensjahrzehnt, etwa zwischen 1535 und 1545, erhielt Deutschland ungefähr jene konfessionelle Gliederung, die es bis heute im wesentlichen behalten sollte. Der Norden wurde vorwiegend protestantisch, der Süden katholisch; der Südwesten und Südosten blieben konfessionell gemischt. Fast wäre auch der Nordwesten Deutschlands protestantisch geworden. Sowohl der Bischof von Minden-Münster-Osnabrück, Franz von Waldeck, als auch der Erzbischof von Köln, Hermann von Wied, neigten der Reformation zu. Dabei war der Kölner von beiden der Entschlossenere.
Hermann von Wied gehörte anfangs zu den Verfolgern der Reformation. Weit mehr ein Landesfürst als ein Bischof, ging es ihm auch mehr um die Säkularisierung seines Erzstiftes als um die Einführung des neuen Glaubens. Der Schmalkaldische Krieg bereitete den protestantischen Reformbestrebungen in den nordwestdeutschen Bistümern ein Ende. Hermann von Wied wurde gebannt und abgesetzt und starb 1552 in Wied als Protestant. Franz von Waldeck unterwarf sich und wurde ein halbherziger Vertreter der katholischen Reformbewegung.

Links oben: Hermann Graf von Wied (1477–1552), Kurfürst und Erzbischof von Köln und Bischof von Paderborn.
Links unten: Franz von Waldeck, Bischof von Münster.

Papst Paul III. (1534–1549) vertrat noch eine »Übergangshaltung« (J. Lortz). Von dem Borgia Alexander VI. zum Kardinal ernannt, steckte er einerseits noch tief in der weltlichen Gesinnung der Renaissance, wozu auch sein hemmungsloser Nepotismus zugunsten seiner Familie, der Farnese, sowie seine ständigen Rückfälle in die Politik gehörten. Andererseits konnte er sich dem neuen Reformwillen nicht mehr verschließen. So wurde er zu einem Reformpapst, ohne sich selbst zu wandeln. Durch vier Taten hat Paul III. zur Reform der katholischen Kirche, aber auch zum harten Kurs der Gegenreformation beigetragen: durch die Berufung der Reformkardinäle, die Bestätigung des Jesuitenordens (1540), die Zentralisierung der Inquisition für alle Länder in Rom (1542) und die Einberufung des Konzils nach Trient (1545–63).
Oben rechts: Papst Paul III., Gemälde von Tizian (1543).

Um für das künftige Konzil zu werben, entsandte Papst Paul III. den Bischof Pietro Paolo Vergerio (1497–1564) – selbst ein eifriger Vertreter des Konzilsgedankens – als Nuntius nach Deutschland. Er war vorher schon einmal im Auftrag Klemens' VII. in derselben Angelegenheit durch Deutschland gereist. Auf seiner zweiten Reise besuchte er auch Luther in Wittenberg. Er war von der Begegnung mit ihm enttäuscht und sandte einen entsprechenden zornigen Bericht nach Rom. In den 40er Jahren jedoch ist Vergerio selbst zur Reformation übergetreten. Er wurde exkommuniziert und trat als Rat in den Dienst Herzog Christophs von Württemberg. In der Tübinger Stiftskirche liegt er begraben.
Unten: Bildnis von Pietro Paolo Vergerio.

In Rom setzte sich Mitte der 30er Jahre an der Kurie eine Reformpartei durch, die ehrlich eine gründliche Erneuerung der Kirche anstrebte, aber zugleich ihre Einheit bewahrt wissen wollte und deshalb um eine Verständigung mit dem Luthertum bemüht war. Ihre Führer hießen unter anderem Gasparo Contarini, Giovanni Morone, Reginald Pole und Jakob Sadolet. Sie wurden, obwohl sie teilweise Laien waren, von Paul III. zu Kardinälen erhoben.
Die bedeutendste Gestalt unter ihnen war Gasparo Contarini, ein Laie aus vornehmem venezianischen Geschlecht. Er hatte Luthers Schriften gründlich studiert und war so wohlvorbereitet, um auf dem Regensburger Religionsgespräch (1541) an der Einigungsformel über die Rechtfertigungslehre mitzuwirken. Seine Zeitgenossen nannten ihn »den Einzigartigen«. Es gibt von ihm Äußerungen, die so evangelisch klingen, daß man darüber den konfessionellen Unterschied fast vergessen könnte.
Luther aber nannte jene Reformkardinäle nur »Lügner, verzweifelte Buben, die mit Fuchsschwänzen die Kirche reformieren«.

Oben links: Kardinal Gasparo Contarini, anoym. Kupferstich.
Oben rechts: Jakob Sadolet, Zeichnung eines unbekannten Meisters.
Rechts: Kardinal Reginald Pole, Kupferstich von de Larmessin.

Die Auseinandersetzung über das in Aussicht gestellte, vom Kaiser angestrebte, aber vom Papst immer wieder verschobene Konzil reizte Luther gegen Ende seines Lebens zu einem nochmaligen ausführlichen, freilich weithin unsachlichen und geradezu haßerfüllten Angriff auf das römische Papsttum. Er gipfelte in der Kampfschrift »Wider das Papsttum zu Rom, vom Teufel gestiftet« (1545). Der Titel spricht für sich. In dieser Schrift erreichte Luthers »Grobianismus« seinen nicht mehr überbietbaren Höhepunkt. Neben einer Anhäufung von wüsten Schmähungen findet sich darin auch der Vorschlag, dem Papst und seinen Kardinälen die Zunge aus dem Halse zu reißen und sie, wie die Siegel an den päpstlichen Bullen, der Reihe nach an den Galgen zu nageln – dann könnten sie ein Konzil unter sich am Galgen oder in der Hölle mit allen Teufeln halten. Auch die nationalen Töne fehlen nicht: Der Papst wird als Todfeind des Kaisers hingestellt. Verstärkt wurden die Verbalinjurien noch durch die beigefügten, von Luther selbst vorgeschlagenen, mit Versen versehenen, in Lucas Cranachs Werkstatt hergestellten Karikaturen. Zu Recht urteilt der katholische Kirchenhistoriker Joseph Lortz darüber:»Diese Bilder sind eine Schande in der Geschichte des Protestantismus, wie die Ehebrüche des als Nachfolger Christi amtierenden Alexander VI. eine solche in der Geschichte der katholischen Kirche sind. Es gibt nur eine Möglichkeit: von solcher Schande unzweideutig abzurücken.«

Rechts oben: Satirisches Flugblatt, 1545. Zeichnung von Lucas Cranach, Text von Martin Luther.
Links oben: Spottbild auf den Papst, der auf einem Schwein reitet. Holzschnitt von Lucas Cranach, 1545.
Links: Karikatur auf das Papsttum, Holzschnitt von Lucas Cranach, 1545.

Geburt und erste Erziehung des Papstes.

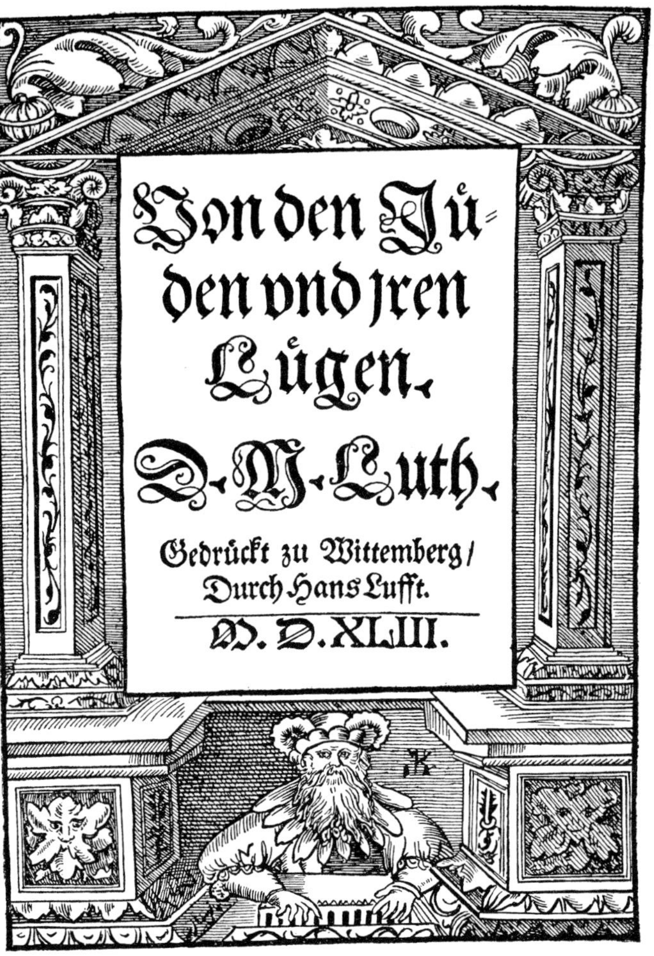

Links unten: Eine Seite aus der Kampfschrift *Abbildung des Papsttums,* 1545, Holzschnitt von Lucas Cranach, Text von Martin Luther.
Oben links: Titel von Luthers Schrift *Von den Juden und ihren Lügen.* Mit Holzschnittbordüren von Lucas Cranach. Wittenberg, 1543.
Oben rechts: Die Helden des Judentums: Josua, König David und Judas Makkabäus. Holzschnitt von Hans Burgkmair.

Ein anderes, mindestens so dunkles Kapitel aus Luthers letzten Lebensjahren bilden seine zügellosen, haßerfüllten Schriften gegen die Juden, vor allem das Pamphlet »Wider die Juden und ihre Lügen« (1543). Im ersten Aufschwung der Reformation hatte Luther gehofft, daß sich jetzt auch viele Juden zum Christentum bekehren würden. Aber als er sich dann in dieser Hoffnung getäuscht sah, schlug sein anfängliches Verständnis in wilden Haß um. Was er den Juden vorwarf, stammte im großen und ganzen aus dem traditionellen christlichen Repertoire: ihre Inanspruchnahme des Alten Testaments für sich, ihr Erwählungsbewußtsein, ihre Verwerfung und Ermordung des Gottessohnes, ihre Schmähung der Christen und Schändung des Altarsakraments, ihren Wucher und ihre Lebensweise, dazu die üblichen angeblichen Greueltaten. Der allgemeine Judenhaß nährte sich damals zwar vornehmlich, jedoch nicht allein aus religiösen Motiven, sondern auch aus wirtschaftlichen, nationalen und sogar schon unbewußt rassischen.
Liest man Luthers Ratschläge für die Behandlung der Juden – Verbrennung der Synagogen, Zerstörung ihrer Häuser, Wegnahme der gottesdienstlichen Schriften, Untersagung der Predigt, Aufhebung des freien Geleits, Verbot des Wuchers und Arbeitszwang für die jungen, starken Juden und Jüdinnen –, so wirken sie fast wie ein Aufruf zum staatlich gelenkten Pogrom. Dabei unterscheidet Luther – wie ein späterer Antisemitismus bisweilen zwischen »guten« und »schlechten« – zwischen bekehrungswilligen und unbußfertigen Juden. In alldem befand Luther sich zwar in voller Übereinstimmung mit seiner Zeit, aber das entschuldigt ihn nicht. Er hat in jedem Fall zur Erhöhung des Schuldkontos der Christen gegenüber den Juden beigetragen.

nerseits auf die Hilfe der deutschen Fürsten angewiesen. Und er erhielt sie sogar von protestantischer Seite – von Herzog Moritz von Sachsen, Kurfürst Joachim II. von Brandenburg, Markgraf Hans von Küstrin und noch anderen. Das bedeutete vollends den Sieg der Politik über die Religion.
Die entscheidende Figur in dem politischen Kräftespiel der nächsten Jahre war neben dem Kaiser der junge Herzog Moritz von Sachsen. Es klingt fast wie eine Prophezeiung, wenn Luther über ihn sagt:»Moritz wird ein böser Mensch werden und nicht Ruhe geben. Er wird noch den Kaiser ins Land führen und unseren Kurfürsten verraten und um seine Herrschaft bringen. Das werdet ihr erleben.« Genau so sollte es kommen. Moritz von Sachsen wurde zum wichtigsten Bundesgenossen des Kaisers im Reich – von den Protestanten wegen dieses Verrats als

Oben: Ausschnitt aus der »Kreuztragung Christi in Gent« von Hieronymus Bosch mit jüdischen Gesichtern als Karikatur, die das Böse darstellen.

Oben rechts: Durchstechung der Hostie durch die Juden zu Sternberg, Krs. Mecklenburg. Antisemit. Titelholzschnitt über die Legende von der Hostienschändung. Lübeck, M. Brandis, 1492.

Ohne Hilfe von außen, das heißt ohne die politische Macht Kaiser Karls V., eines Spaniers, und die religiöse Kraft des Ignatius von Loyola, gleichfalls eines Spaniers, wäre die protestantische Reformation nicht zum Stillstand gelangt und die katholische Restauration nicht in Gang gekommen.
Der Kaiser aber war bei der politisch-militärischen Niederwerfung des Protestantismus in Deutschland sei-

»Judas von Meißen« gebrandmarkt. Im Schmalkaldischen Krieg (1546–47) erlitten die Protestanten bei Mühlberg auf der Lochauer Heide am 24. April 1547 eine entscheidende Niederlage. Die Stadt Wittenberg fiel kampflos in die Hand des Kaisers. Kurfürst Johann Friedrich von Sachsen wurde gefangengenommen und als »gewesener Kurfürst« zum Tode verurteilt. In der Wittenberger Kapitulation erhielt Moritz die säch-

sische Kurwürde von den Ernestinern samt dem Kurkreis Wittenberg. Einen Monat darauf ergab sich auch Landgraf Philipp von Hessen dem Kaiser und wurde gleichfalls gefangengesetzt.
Kaiser Karl V. befand sich auf dem Höhepunkt seiner Macht. Kurz zuvor waren sowohl Franz I. von Frankreich als auch Heinrich VIII. von England gestorben. Von den Türken hatte sein Bruder Ferdinand einen Waffenstillstand auf fünf Jahre erwirkt. Der Protestantismus lag am Boden.
Aber da wendete sich wiederum durch einen neuen Parteiwechsel Moritz' von Sachsen das Blatt. Wie so häufig verstand Karl V. seinen Sieg nicht zu nutzen. Seine harte Haltung gegenüber den protestantischen Fürsten sowie die Nichteinhaltung seiner Zusagen an Moritz von Sachsen machte es diesem möglich – mit einem an Verrat grenzenden diplomatischen Geschick – ein Bündnis gegen den Kaiser zustandezubringen. Am Ende mußte Karl im Passauer Vertrag (1552) den Protestanten wiederum einen Stillstand bis zum nächsten Reichstag gewähren. Philipp von Hessen wurde freigelassen; Johann Friedrich von Sachsen hatte die Freiheit schon vorher erlangt. Moritz aber siegte und fiel im Jahr darauf in der Schlacht bei Sievershausen. Im Augsburger Religionsfrieden (1555) wurde das konfessionell-politische Gleichgewicht im Reich wiederhergestellt und blieb fortan bestehen.

Oben links: Joachim II. von Brandenburg, der 1539 die Reformation in Brandenburg eingeführt hat. Zeichnung von Lucas Cranach d. J., 1570.
Oben rechts: Bildnis des Kurfürsten Moritz von Sachsen. Holzschnitt von Lucas Cranach d. J.
Unten: Kriegsrat des Schmalkaldischen Bundes 1546. Holzschnitt aus dem Kriegsbuch des Reinhart der Elter Graue zu Solms, 1549.

Links: Kaiser Karl V. setzt mit seiner Armee über die Elbe bei Mühlberg, Kupferstich von Enea Vico, 1547.
Unten: Die Unterwerfung der protestantischen Stände und des Landgrafen Philipp von Hessen unter Karl V. nach der Schlacht von Mühlberg. Holzreliefs einer Folge von Szenen aus den Feldzügen Karls V.
Rechte Seite: Kaiser Karl V. in der Schlacht bei Mühlberg. Gemälde von Tizian.

Die katholischen Kontroverstheologen in Deutschland – Männer wie Eck, Cochläus, Murner, Witzel und Schatzgeyer – hatten keine zureichende Antwort auf Luthers Reformation zu geben vermocht. Sie hatten nicht erkannt, daß ihnen hier ein neues Gesamtverständnis des Christentums begegnete, welches aus einer großen religiösen Tiefe stammte, und antworteten darauf nur mit bloßer korrekter kirchlicher Lehre. Ihnen fehlte ein wirklich bedeutsamer religiöser Führer.
Dieser erstand der römischen Kirche in Ignatius von Loyola (1491–1556), dem Begründer des Jesuitenordens. Er wurde »der große Anti-Luther« (J. Lortz). Es will fast symbolhaft erscheinen, daß in demselben Jahr 1521, als Luther in Worms vor Kaiser und Reich seinen Glauben bekannte, Ignatius, als Offizier bei der Verteidigung von Pamplona gegen die Franzosen verwundet, seine religiöse Neugeburt erlebte. In seinen »Exercitia spiritualia« spiegelt sich der Weg wider, den er selbst gegangen ist und den fortan seine Ordensgenossen unter Leitung eines Seelenführers regelmäßig nachgehen sollten. Das Resultat war eine einzigartige Verbindung von mystischer Glut, praktischer Tatkraft und opferbereitem Missionswillen. Die päpstliche Bulle, mit der Paul III. die »Societas Jesu« 1540 bestätigte, beginnt mit den Worten »Regimini militantis ecclesiae« – und in der Tat sollte der römischen Kirche in ihrem Kampf gegen die Reformation hier eine schlagfertige Truppe entstehen, die sie zu einem neuen Triumph führte. Gleichsam einen ersten »Brückenkopf« gewannen die Jesuiten in Deutschland in der Kölner Kartause. Ihr gehörte Peter Canis aus Nymwegen (1511–1597) an. Er wurde der erste Jesuit in Deutschland, ein Mann von keiner großen Gelehrsamkeit, aber von tiefer religiöser Kraft und mit einem unermüdlichen Missionseifer. Bald entstanden überall in Deutschland Jesuitenkollegien, in denen die Jugend zu Glauben und Bildung im streng katholischen Sinn erzogen wurde. Hand in Hand mit dem Erziehungswesen ging eine intensive Seelsorgearbeit. Der Erfolg blieb nicht aus. Dem Jesuitenorden gelang es, schon scheinbar verlorene Gebiete für die katholische Kirche zurückzugewinnen.

Links oben: Ignatius von Loyola. Anonymer Kupferstich nach einem zeitgenössischen Bildnis.
Oben: Petrus Canisius (Peter Canis) der erste deutsche Jesuit. Stich von C. Griter.

Ein drittes Zentrum der Reformation neben Wittenberg und Zürich und wirkungsmächtiger als beide entstand in Genf. Sein Schöpfer war der Franzose Jean Cauvin, lateinisch Johann Calvin (1509–64). Eine Generation jünger als Luther, war er keineswegs ein Epigone, sondern, obwohl von Luther durchaus beeinflußt, ein selbständiger Denker von großer systematischer Kraft und formaler Klarheit. Ein Zeugnis dafür bietet seine »Institutio religionis Christianae« (Unterricht in der christlichen Religion).

Schon in Frankreich hatte Calvin sich der evangelischen Bewegung angeschlossen. 1536 kam er nach Genf, das ein Jahr zuvor den Katholizismus mit Gewalt abgeschafft hatte. Die Stadt sollte für ihn zum Schicksal werden und er für die Stadt.

Calvins alles beherrschender theologischer Gedanke ist die Selbstverherrlichung der Ehre Gottes, in deren Dienst sich der Mensch mit allen seinen Kräften zu stellen hat. In diesem Sinne begann er in Genf mit unerbittlicher Strenge einen christlichen Staat aufzurichten. 1555 hatte er nach schweren Kämpfen, in denen freilich viele auf der Strecke geblieben waren, sein Ziel erreicht. Es gelang ihm auch, die von Zürich aus reformierten Kirchen in der Schweiz mit der Genfer Kirche zu vereinen, so daß neben dem Luthertum ein neuer, der später sogenannte »reformierte« Kirchentypus entstand.

Genf mit Calvin an der Spitze wurde zu einer Macht in West- und teilweise sogar Osteuropa. Nicht Luther, sondern Calvin war der Gegenpol zum »Anti-Luther« Ignatius von Loyola; die durch ihn geprägten Kirchen zeigten in der Gegenreformation eine politisch aktivere Abwehrkraft als das politisch passivere Luthertum.

Bildnis von Johann Calvin. Nach einem Kupferstich von René Boivin (1530–1598).

Was die Protestanten angesichts der anhebenden Gegenreformation am nötigsten gehabt hätten, gerade daran mangelte es ihnen – an Einigkeit. So einträchtig, wie die evangelischen Theologen auf Cranachs Altarbild miteinander das Abendmahl feiern, ging es unter ihnen keineswegs zu. Noch zu Lebzeiten Luthers begannen die theologischen Lehrstreitigkeiten um die richtige Auslegung der Lehre des Reformators: der antinomistische, der interimistische oder adiaphoristische, der osiandrische, der majoristische, der synergistische und der Abendmahlsstreit. Meistens standen sich zwei Gruppen gegenüber: die strengen »Gnesioluthera-

Von Anfang an bildeten die Evangelischen eine Kirche, in der tiefe persönliche Frömmigkeit sich mit dogmatischem Lehrstreit vertrug. Der Glaube, der nach Luthers Überzeugung von jedem Leistungszwang befreit und zu allen guten Werken Lust macht, drohte selbst zu dem am schwersten zu leistenden Werk zu werden.

Martin Luther sollte dies alles – die militärische Niederlage des Protestantismus durch Karl V., die Ausbreitung der Gegenreformation mit Hilfe des Jesuitenordens und auch die rabiaten dogmatischen Streitigkeiten der Epigonen um seine eigene Lehre – nicht mehr miterleben. Er hatte sich bisweilen als den »Block, der Gott im Wege liegt«, bezeichnet, bevor das drohende Unheil über Deutschland hereinbrechen werde. Und diese Voraussage hat sich erfüllt. Luther ist in der Nacht vom 17. auf den 18. Februar 1546 in seinem Geburtsort Eisleben gestorben, wohin er gereist war, um einen Erbstreit zwischen den Mansfelder Grafen schlichten zu helfen. Vor seinem Ende hatte er zu seinem alten Freunde Justus Jonas, der ihn auf der Rei-

ner« oder »Martinianer« und die nachgiebigeren »Melanchthonianer« oder »Philippianer«. Einen besonderen Anlaß zu schweren Auseinandersetzungen gab das vom Reichstag erlassene »Augsburger Interim« (1548), das Moritz von Sachsen für sein Land im »Leipziger Interim« gemildert hatte. Darin wurden den Protestanten nur noch mehr oder weniger eigene Lehren und Bräuche zugestanden. Der Streit ging daher um die sogenannten »Adiaphora« (Mitteldinge), mithin um die Frage, welche katholischen Riten und Zeremonien beizubehalten man noch verantworten könne.

Links: »Das Abendmahl«. Epitaph von Lucas Cranach d. J. für Joachim von Anhalt, 1565.
Oben: Luthers Sterbehaus in Eisleben (Foto von 1917).
Rechts: Luther auf dem Totenbett. Zeichnung von Furttenagel.

Luthers Grabmal in der Schloßkirche zu Wittenberg.

se begleitete, geäußert, er werde wohl hier in Eisleben, wo er geboren und getauft sei, bleiben sollen.
Die Beisetzung fand am 22. Februar in Wittenberg in der Schloßkirche statt. Melanchthon hatte seine Mitteilung von Luthers Tod an die Studenten mit den Worten geschlossen: »Ach, dahingegangen ist der Wagenlenker und Wagen Israels«, und in seiner Rede bei der Beerdigung nannte er Luther einen »Vater« und reihte ihn unter die von Gott gesandten Propheten ein.
Ein Jahr darauf wurde die Stadt Wittenberg kampflos von den Truppen Karls V. eingenommen. Fanatische Gegner rieten, Luthers Grabmal zu zerstören, um die Erinnerung an ihn zu tilgen. Der Kaiser aber befahl, das Grab unangetastet zu lassen.

Nicht die Päpste, deren Amt es gewesen wäre, sondern Karl V. hat kraft seiner kaiserlichen Macht gegen die Reformation am entschlossensten Widerstand geleistet. Er war der eigentliche große Gegenspieler Martin Luthers. Sein Lebensziel war die Errichtung einer christlichen Universalmonarchie, mit einer gereinigten einheitlichen Kirche und mit dem römischen Kaiser neben dem Papst in Rom als dem zweiten Oberhaupt der Christenheit. Karl hat dieses Ziel nicht erreicht. Als er gescheitert war, zog er die Konsequenzen. Am Augsburger Reichstag, der 1555 den »ewigen Religionsfrieden« beschloß und damit die Spaltung der Kirche besiegelte, hat er bewußt nicht mehr teilgenommen. Durch einen Gesandten ließ er die Nachricht von seiner Abdankung zugunsten seines Bruders Ferdinand überbringen. Er zog sich in eine Villa gegenüber dem Kloster San Yuste bei Madrid zurück. Dort ist er 1558 gestorben. Noch in seiner letzten Lebenszeit hat er an Luther gedacht und bedauert, daß er ihn nicht hat verbrennen lassen.
Das letzte von Luther erhaltene Bild ist eine Zeichnung, die sein Famulus Reifenstein von ihm im Kolleg gemacht hat. Auch Luther hat sein Ziel, die Reformation der Kirche nach Gottes Wort, nicht erreicht. Dennoch ist wahr, was Melanchthon am Ende unter die Zeichnung geschrieben hat: »Et mortuus vivit« – obwohl er tot ist, lebt er.

Links: Martin Luther, gezeichnet von dem Famulus Reifenstein mit Melanchthons Beischrift zum Tode Luthers.
Oben: Kaiser Karl V. im Jahr 1555. Gemälde von Lucas Cranach d.J., Wartburg.

Lazarus Spengler hatte Luther ein Petschaft mit einem Wappen geschenkt. In seinem Dankbrief von der Coburg hatte Luther sogleich eine Deutung dieses Wappens – als ein »Merkzeichen meiner Theologie« – gegeben: »Das erst sollt ein Kreuz sein, schwarz im Herzen, das seine natürliche Farbe hätte, damit ich mir selbst Erinnerung gäbe, daß der Glaube an den Gekreuzigten uns selig macht. Denn so man von Herzen glaubt, wird man gerecht. Ob's nun wohl ein schwarz Kreuz ist – dennoch läßt es das Herz in seiner Farbe, verderbt die Natur nicht, das ist, es tötet nicht, sondern behält lebendig. Solch Herz aber soll mitten in einer weißen Rosen stehen, (um) anzuzeigen, daß der Glaube Freude, Trost und Friede gibt, kurz, in eine weiße, fröhliche Rosen setzt – nicht wie die Welt Fried und Freude gibt, darum soll die Rose weiß und nicht rot sein; denn weiße Farbe ist der Geister und aller Engel Farbe. Solche Rose stehet im himmelfarbenen Felde, daß solche Freude im Geist und Glauben ein Anfang ist der himmlischen Freude. Und um solch Feld einen gülden Ring, daß solch Seligkeit im Himmel ewig währet und kein Ende hat.«

Medaillon über der rechten Sitznische des Katharinenportals am Lutherhaus in Wittenberg mit dem Wappen Martin Luthers.

Ausblick

Vom Beginn der Reformation an hatte Luther davor gewarnt, das Evangelium mit Gewalt zu verbreiten oder es gewaltsam zu unterdrücken, und er hatte vorausgesagt, daß daraus Aufruhr und Krieg entstehen würden. Mit dieser Warnung und Voraussage sollte er recht behalten. Noch im Jahr seines Todes brach der Schmalkaldische Krieg aus (1546–47). Er endete mit der militärischen und politischen Niederlage des Protestantismus, und das bedeutete nicht nur einen Stillstand der Reformation, sondern ihren Rückgang durch Unterdrückung. Aber wie der Protestantismus durch eine bestimmte politische Machtkonstellation zu Boden geworfen wurde, so ist er wenige Jahre darauf, nur durch eine andere Konstellation derselben politischen Kräfte, wieder emporgekommen. Es hatte sich gezeigt, daß die Reformation längst geistig zu tief eingewurzelt war, als daß man sie noch auf die Dauer hätte unterdrücken können. Hinzu kam eine allseitige Erschöpfung der Kräfte; die Sehnsucht nach Frieden war allgemein.
So wurde am 25. September 1555 auf dem Reichstag zu Augsburg ein »Religionsfriede« geschlossen – und es klingt wie ein Aufatmen, fast wie ein Aufseufzen nach langem Druck und großer Gefahr, wenn es zu seiner Begründung heißt: um die im Reich durch die »spaltige Religion« entstandene »nachdenkliche Unsicherheit aufzuheben, der Stände und Untertanen Gemüter wiederum in Ruhe und Vertrauen gegen einander zu stellen, die Teutsche Nation, unser geliebt Vaterland vor endlicher Zertrennung und bevorstehendem Untergang zu verhüten«.
Im *»Augsburger Religionsfrieden«* wurde der erreichte konfessionell-politische Zustand im wesentlichen festgeschrieben. Die Landesherren erhielten das Recht, die »Religion« in ihrem Lande, ob »katholisch« oder »evangelisch«, zu bestimmen (»ius reformandi«), und die Untertanen hatten dem landesherrlichen Bekenntnis zu folgen oder durften auswandern (»Cuius regio, eius religio«). Die auf dem Augsburger Reichstag getroffenen Abmachungen waren provisorisch gedacht bis zu einem endgültigen Vergleich, der aber auch nur mit friedlichen Mitteln hergestellt werden sollte; andernfalls sollte es ein »ewig während Fried« sein.
Der Augsburger Religionsfriede war ein politischer Kompromiß, der trotz allem einer freieren Religionsausübung zugute kam – freilich auf Kosten der kirchlichen Einheit. Künftig gab es zwei »Religionen« in Deutschland, die sich gegenseitig bald dulden, bald bekriegen sollten. Damit war die Spaltung der Kirche besiegelt.
Dennoch wird man weder behaupten können, daß Martin Luther nur die Einheit der abendländischen Kirche zerstört habe, noch daß mit der Reformation die Neuzeit angebrochen sei. Zwar hat die von Luther beabsichtigte Reformation der Kirche – in einer unauflöslichen Verflechtung von Schuld und Tragik auf beiden Seiten – negativ die Spaltung der Kirche zur Folge gehabt. Positiv aber ist dadurch zugleich eine *neue Ausprägung des Christentums* entstanden, die dann auch die Welt rings um sich her jeweils in ihrer Weise geprägt hat.
In seiner »Weltchronik« schreibt Rudolf von Ems einmal den Satz: »Ein neues Zeitalter ist nichts anderes als ein neuer Gedanke Gottes.« Dies trifft auch auf die Kirchengeschichte zu. Bei jeder Erneuerung der Kirche wird das Evangelium Jesu nicht nur in seiner ursprünglichen Reinheit wiederhergestellt – das ist das produktive, aber falsche geschichtliche Selbstverständnis jeder Kirchenreform –, sondern es wird immer zugleich auch eine neue, so bislang noch nicht erkannte Seite an ihm erschlossen. Das Evangelium geht nicht gleichbleibend durch die Geschichte, sondern, indem es nicht einfach nur wiederholt, sondern ständig in die sich wandelnde geschichtliche Situation neu ausgelegt wird, entfaltet es sich und wächst.
So hat auch Martin Luther auf die entscheidende Herausforderung des ausgehenden Mittelalters, auf das Streben nach religiöser Reife und Mündigkeit und damit nach unmittelbarer Erfahrung Gottes und persönlicher Aneignung des Heils, jenseits des kultisch-hierarchischen Instanzenzuges der Kirche, mit einer neuen Auslegung des Evangeliums und einem entsprechenden neuen Kirchenverständnis geantwortet und so zugleich die christliche Religion auf eine neue Stufe ihrer Geschichte gehoben.
Zugleich aber hat Luther damit einen Anstoß auch zur *Erneuerung der römisch-katholischen Kirche* gegeben. »Die Evangelischen machen die Katholischen fromm«, hat der selber katholisch gebliebene Willibald Pirckheimer gesagt. Es ist nicht auszudenken, was es bedeutet haben würde, wenn Luther nicht durchgedrungen, sondern gleich zu Anfang als Ketzer zum Schweigen gebracht worden wäre. Das kann heute selbst ein katholischer Christ im Interesse seiner eigenen Kirche nicht wünschen.
Freilich mußte die Erneuerung der römisch-katholischen Kirche, weil sie eine Antwort auf die Herausforderung durch Luthers Reformation war, unvermeidlich in einem streng gegenreformatorischen Sinn erfolgen. Diese neue Sammlung und Selbstfindung der römisch-katholischen Kirche hat sich auf dem *Trienter Konzil* (1545–63) vollzogen. Sein Programm war latent durch die von der Reformation vorgegebene Thematik bestimmt. Daher ist es streng antihäretisch ausgefallen: Endlich sollte Schluß sein mit aller Ketzerei in der Kirche! Das Trienter Konzil wurde, nach dem Urteil des katholischen Kirchenhistorikers Joseph Lortz, deshalb »in einer großen Darstellung Verkörperung der lehr-

amtlichen Kirche und stärkster realer Gegensatz zum protestantischen Subjektivismus, im Endeffekt das päpstlichste aller bisherigen Konzilien, tatsächlich Vorstufe zum Vatikanum (1870!), das ohne diese Vorstufe nicht einmal gedacht werden kann«.
Zur »römischen« Prägung der katholischen Restauration hat auch die Tatsache beigetragen, daß ihre religiösen Kräfte vornehmlich aus dem Süden Europas, aus den Quellen romanischer, spanischer, wie italienischer Frömmigkeit stammten. Die religiösen Kraftquellen, aus denen dann die Gegenreformation schöpfte, standen schon vor dem Anbruch der Reformation selbst bereit.
Katholizismus und Protestantismus bilden mithin *zwei verschiedene Ausfaltungen des Christentums*. Ihrem Ursprung nach gründen sich beide auf die in der Bibel bezeugte christliche Offenbarung. Aber in ihrer historischen Ausprägung sind beide erst gleichzeitig, im Widerstreit miteinander, im 16. Jahrhundert entstanden. Was in der Geschichte des Christentums davor liegt an Glaube und Leben, an Theologie und Frömmigkeit, an Reichtum und Fülle, aber auch an Armut, Schuld und Versäumnis, gehört beiden Kirchen.
Eine Wiedervereinigung der beiden Kirchen steht nicht in Aussicht. Ich hielte sie auch nicht für wünschenswert. Denn sie würde keine Stärkung der Christenheit durch Konzentration, sondern eine Schwächung durch Zentralisation bedeuten – also eher eine Verarmung als eine Bereicherung des christlichen Erbes. Was der Christenheit nottut, ist keine Einheit im Sinne einer Vereinerleiung, sondern eine Einheit in lebendiger Vielfalt – Verträglichkeit statt Verträge.
Wie Luther durch die Reformation nicht die Einheit der Kirche leichtsinnig zerbrochen hat, so hat er mit ihr auch nicht die Neuzeit bewußt heraufgeführt. Er ist kein Vorkämpfer für die moderne Geistesfreiheit gewesen, die damals von der Renaissance in Italien ihren Ausgang nahm. Es ist deshalb falsch, eine durchgehende Entwicklungslinie von der Renaissance über die Reformation zur Aufklärung zu ziehen und dabei womöglich gleichzeitig noch die katholische Restauration als eine hemmende konservative Kraft entweder zu preisen oder zu verleumden. Sicher hat Luther Kräfte entbunden, die dann, anders als von ihm beabsichtigt, in der Aufklärung zur Wirkung gelangt sind. Aber wenn das entscheidende Kennzeichen der neuzeitlichen Aufklärung zwar nicht der »große Abfall von Gott«, wohl aber eine Kehre der gesamten Lebensrichtung vom Jenseits zum Diesseits ist, dann hat Luther mit der Reformation bestimmt nicht in diese neue Richtung gewiesen. Er sieht die Welt, auch wenn er sie aus der Klerikalisierung befreit und ihr ihre Profanität zurückgegeben hat, nach wie vor, ja sogar neu aus dem Blickwinkel Gottes.
Was Luther einmal von sich persönlich gesagt hat, er sei wie ein »Block«, der dem Deutschland drohenden Verhängnis im Wege liege und es aufhalte, das gilt auch für die Stellung der Reformation im Gang der deutschen Geistesgeschichte insgesamt: Wie ein gewaltiger Block schieben sich protestantische Reformation und katholische Restauration noch einmal hemmend, wenn auch selbst im Widerstreit miteinander, in den Strom der mit der Renaissance beginnenden Emanzipation des Menschen und Säkularisierung der Welt hinein. Aber es gelingt ihnen nur, diesen Strom aufzuhalten, nicht ihn endgültig anzuhalten, wohl aber starke religiöse Kräfte durch ihn hindurchzutragen. Im Zuge der neuzeitlichen Aufklärung hat sich schließlich doch der »Auszug des Menschen aus seiner selbstverschuldeten Unmündigkeit« (Kant) vollzogen und ist die Welt aus einer Welt Gottes zu einer Welt des Menschen geworden – zur »cité des hommes« –, freilich damit nicht auch schon zu einer menschlichen Welt.
Heute sehen sich beide, Katholiken wie Protestanten, gemeinsam der Tatsache gegenüber, daß der Versuch einer christlichen Kultur gescheitert und statt dessen eine weltliche Kultur entstanden ist. Über diese »Säkularisierung« pflegen beide mit Recht zu klagen. Aber indem die Neuzeit die Illusion einer sogenannten »christlichen Welt« zerstört hat, macht sie der Christenheit zugleich die Bahn frei für eine neue Möglichkeit, die Wirklichkeit Gottes inmitten der Wirklichkeit der Welt zu bezeugen – nicht in müder gegenseitiger Toleranz, sondern im gemeinsamen Wettstreit um die Wahrheit, in der Solidarität der leidenden und kämpfenden Menschheit auf menschliche Weise und im vereinten Kampf gegen alle menschenmordenden Götter.
Längst ist aus dem einstigen politischen Kompromiß zwischen den Konfessionen ein theologischer, ja religiöser *Dialog* geworden. Darüber haben sich die ehemaligen Trennungslinien zu verwischen begonnen. Sie laufen nicht mehr an den einzelnen Kirchen und Konfessionen entlang, sondern gehen, sich überkreuzend, mitten durch sie hindurch. Es gibt Protestanten, die die Bibel als einen »papierenen Papst« betrachten und sie wortwörtlich nehmen, und umgekehrt Katholiken, die die Entscheidungen des kirchlichen Lehramts nicht Wort für Wort mehr für unfehlbar halten. Und wiederum gibt es Protestanten, die mit Thomas von Aquino meinen, daß die Gnade die Natur nicht aufhebe, sondern sie zur Vollendung bringe, und Katholiken, die wie Luther auf die »Gnade allein« setzen und sie mit Augustin für unwiderstehlich halten.
Aber gerade in der Konfrontation mit dem »Anderen« ist beiden Seiten auch klarer geworden, was das »Eigene« ist. Die entscheidende Mauer zwischen den beiden Kirchen bleibt das unterschiedliche Kirchen- und Amtsverständnis – unüberwindlicher als ehemals die Mauer der Rechtfertigungslehre. Von der katholischen Kirche die Aufhebung dieser Mauer erwarten hieße, von ihr die Aufgabe ihres Selbstverständnisses, ihre Selbstaufgabe als sakramentale Heils- und Rechtsanstalt verlangen. Das bedeutet aber dann, daß Katholiken und Protestanten den theologischen Dialog nur über die römische Mauer des Kirchen- und Amtsbegriffs hinweg führen können. Mit diesem Dialog verhält es sich nicht anders

als mit einem Dialog sonst: Man verliert durch ihn nicht seine Identität, aber man geht verändert, sowohl verwundet als auch bereichert, auf jeden Fall mit einem klareren Profil aus ihm hervor.
Was immer Protestanten und Katholiken einander zu sagen haben, das haben sie sich in jedem Fall nicht mit dem Rücken zur Welt, sondern »angesichts der Welt« zu sagen. Die Welt ist immer dabei, wenn unter Christen von Gott die Rede ist – oder es ist eben nicht von Gott die Rede, wenigstens nicht von dem Gott, den Jesus von Nazareth als seinen »Vater« offenbart hat, dessen Göttlichkeit sich daher gerade in seiner Zuwendung zu den Menschen in der Welt ausdrückt. Darum können auch Rom und Genf beziehungsweise Wittenberg und Rom nur so miteinander reden, daß sie dabei, symbolisch gesprochen, das Schicksal Ninives oder Babylons mitbedenken.
Wichtiger als die Einheit der Kirche bleibt die Frage nach der Wahrheit Gottes und nach den Nöten der Welt. Wenn die Kirchen wirklich von der Wahrheit Gottes ergriffen sind und sich entsprechend für die Nöte der Zeitgenossen interessieren, dann brauchen sie sich um ihre kirchliche Einheit keine spezielle Sorge zu machen. Angesichts von so viel Angst und Streit in der Welt sollte die Christenheit sich durch die Erkenntnis ermutigen lassen, daß Gott in jedem Falle größer und das Leben der Menschen wichtiger ist als aller Kirchenstreit um den richtigen Glauben.
Wenn die Christenheit seit den Tagen der Alten Kirche betet: »Es vergehe die Welt, und es komme Dein Reich!«, dann bittet sie damit indirekt auch um das Vergehen der Kirchen. Am Ende aller Religionsgeschichte steht nicht der Sieg des Christentums, schon gar nicht der Katholiken oder der Protestanten, sondern das Reich Gottes, in das alle Religionen und Kirchen eingehen werden. Bis dahin geht der »Lebenslauf Gottes« in der Weltgeschichte weiter und in ihm auch die Geschichte des Christentums. Darum: Es vergehe die Kirche – und es komme Dein Reich!

Anhang

Synchronoptische Zeittafel zur Biographie Luthers und zur Geschichte der Reformation →

Luther		Reformation		Politik	
		1328–1384	John Wiclif		
		1369–1415	Jan Hus		
		1401–1464	Nikolaus von Kues		
		1452–1498	Girolamo Savonarola	**1435**	Friede zwischen Dänemark und der Hanse
		1484–1531	Huldreych Zwingli		
1483	10. November in Eisleben geboren 11. November getauft	**1486–1543**	Johann Eck		
1484	Übersiedlung der Familie nach Mansfeld; dort erster Schulbesuch	**1489–1525**	Thomas Müntzer		
		1491–1556	Ignatius von Loyola		
1497	Schulbesuch in Magdeburg	**1497–1560**	Philipp Melanchthon		
1498	Schulbesuch in Eisenach				
1501	Immatrikulation an der artistischen Fakultät in Erfurt				
1502	Baccalaureus artium			**1503**	Das Königliche Neapel fällt an das Haus Aragonien
1505	Magister artium Beginn des Jurastudiums 2. Juli: Gelöbnis im Gewitter bei Stötternheim, Mönch zu werden 17. Juli: Eintritt in das Augustinereremiten-Kloster in Erfurt	**1505**	Ulrich von Hutten verläßt das Kloster		
1507	Priesterweihe und erste Messe	**1507**	Ausschreibung des Ablasses für den Neubau der Peterskirche in Rom durch Julius II.		
1508	Versetzung nach Wittenberg			**1508**	Maximilian nimmt als erster deutscher König den Titel »Erwählter römischer Kaiser« an Liga von Cambrai gegen Venedig zwischen Maximilian, Ludwig XII. und Ferdinand dem Katholischen gegründet
1509	Promotion zum baccalaureus theol. Rückversetzung nach Erfurt	**1509–1564**	Johann Calvin		
1510/11	Romreise				
1511	Endgültige Übersiedlung nach Wittenberg				
1512	Promotion zum Doktor der Theologie Übernahme der Bibelprofessur	**1512–1517**	V. Laterankonzil	**1512**	Auf dem Reichstag zu Köln wird das Reich ohne Böhmen und Schweiz in zehn Landfriedenskreise eingeteilt

Kultur		Päpste		Weltliche Herrscher	
1407–1457	Laurentius Valla (Enthüllung der »Konstantinischen Schenkung als Fälschung«)				
1455–1522	Johann Reuchlin				
1466–1536	Erasmus von Rotterdam				
				1486–1525	Kurfürst Friedrich der Weise von Sachsen
1469–1527	Niccolo Macchiavelli				
1471–1528	Albrecht Dürer			**1493–1519**	Kaiser Maximilian I.
		1492–1503	Alexander VI. (Borgia)		
1472–1553	Lucas Cranach d.Ä.			**1499–1535**	Kurfürst Joachim I. von Brandenburg
1473–1543	Nikolaus Kopernikus			**1500–1539**	Herzog Georg von Sachsen
1488–1523	Ulrich von Hutten				
1492	Entdeckung Amerikas durch Kolumbus				
1494	Sebastians Brants »Narrenschiff«				
1498	Albrecht Dürer »Apokalypse«				
1502	Gründung der Universität Wittenberg	**1503–1513**	Julius II. (Rovere)		
1509	Erasmus »Lob der Torheit«	**1505**	Julius II. beruft Michelangelo nach Rom und erteilt ihm den Auftrag zum Juliusgrab Julius II. unterwirft Perugia und Bologna		
		1508	Julius II. tritt der Liga von Cambrai bei		
1510	Predigtsammlung »Der Seelen Paradies« von Geiler von Kaisersberg Peter von Henlein baut erste Taschenuhr	**1509**	Papst Julius II. verbündet sich mit Ludwig XII. gegen Venedig	**1509–1547**	Heinrich VIII. von England
1511–1514	Reuchlin-Streit mit den Kölner Dominikanern um die jüdischen Bücher				
		1512	Julius II. gründet die Heilige Liga zur Vertreibung der Franzosen aus Italien		
1511	Matthias Grünewald »Isenheimer Altar«				

Luther		Reformation		Politik	
1513/14	Psalmenvorlesung			**1513**	»Bundschuh«-Verschwörung unter Jos Fritz im Breisgau
1515	Leitung der Studien im Kloster und Distriktsvikar	**1514**	Die Fugger sichern sich den Vertrieb des Ablasses in Deutschland	**1514**	Herzog Ulrich von Württemberg schlägt die Bauernerhebung des »Armen Konrad« nieder
1515/16	Römerbriefvorlesung	**1515**	Ausschreibung des »Peterablasses« durch Leo X.	**1515**	Schlacht bei Marignano: Franz I. schlägt die Schweizer und besetzt danach Mailand
1516	Galaterbriefvorlesung				
1517/18	Hebräerbriefvorlesung			**1516**	»Ewiger Frieden« der Schweizer mit Franz I. von Frankreich
1517	31. Oktober: 95 Thesen gegen den Ablaß	**1517**	Das Laterankonzil endet ohne Reformprogramm (16.3.)		
1518	April: Heidelberger Disputation Juni: Einleitung des Prozeß gegen Luther in Rom 12.–14. Oktober: Verhör vor Cajetan in Augsburg Appellation an den Papst und ein allgemeines Konzil				
1519	4.–6. Januar: Unterredung mit Karl von Miltitz in Altenburg 4.–14. Juli: Disputation mit Johann Eck in Leipzig			**1519**	Wahl Karls I. von Spanien zum Kaiser Karl V. (28.6.) »Bundschuh«-Aufstand im Schwarzwald
1520	Mai: »Sermon von den guten Werken« 15. Juni: Bannandrohungsbulle »Exsurge Domine« August: »An den christl. Adel deutscher Nation« Oktober: »Von der babylonischen Gefangenschaft der Kirche« November: »Von der Freiheit eines Christenmenschen« 10. Dezember: Verbrennung der Bannandrohungsbulle und des kanonischen Rechts vor dem Elstertor in Wittenberg			**1520**	Kaiserkrönung Karls V. in Aachen (23. 10.) Christian II. von Dänemark fällt in Schweden ein; ein Jahr später erheben sich die Schweden unter Gustav Wasa gegen die Dänen
1521	3. Januar: Bannbulle »Decet Romanum Pontificem« 17.–18. April: Luther vor dem Reichstag in Worms: anschl. auf die Wartburg	**1521**	Reichstag in Worms. Wormser Edikt	**1521–1529** **1521–1525**	Karl V. in Spanien Erster Krieg Karls V. mit Franz I. von Frankreich

Kultur		Päpste		Weltliche Herrscher	
1514	Albrecht Dürer »Melancholia« und »Hieronymus im Gehäuse«	**1513–1521**	Leo X. (Medici)	**1514–1545**	Albrecht von Brandenburg, Erzbischof und Kurfürst von Mainz
1515–1517	»Dunkelmännerbriefe« (ab 1517 mit Beteiligung Ulrich von Huttens)			**1515–1547**	Franz I. von Frankreich
1516	Erste kritische Ausgabe des griechischen Neuen Testaments durch Erasmus (1519: zweite Ausgabe mit Anmerkungen)	**1516**	Leo X. und Franz I. schließen in Bologna ein Konkordat		
1516	Thomas Morus veröffentlicht »Utopia«			**1518–1567**	Landgraf Philipp von Hessen (unter Vormundschaft seiner Mutter 1509–1518)
1519	Fugger gründet Armensiedlung »Fuggerei« in Augsburg »Sebaldusgrab« von Peter Fischer in Nürnberg			**1519–1556**	Kaiser Karl V.
				1520–1566	Sultan Suleiman II., der Prächtige oder der Große
1521	Bilderstürmerbewegung unter Andreas Karlstadt in Wittenberg				

Luther		Reformation		Politik	
1521–1522	Luther als »Junker Jörg« auf der Wartburg (4. Mai 1521–1. März 1522) Übersetzung des Neuen Testaments begonnen »Magnificat« 3.–4. Dezember: Zwischenbesuch in Wittenberg				
1522	1.–6. März: Rückkehr nach Wittenberg »Eine treue Vermahnung zu allen Christen, sich zu hüten vor Aufruhr und Empörung« 9.–16. März: Invokavitpredigten September: deutsche Übersetzung des Neuen Testaments mit Vorreden veröffentlicht (»Septemberbibel«) »Von den Mönchsgelübden«	**1522**	Kirchentumult in Wittenberg Reichstag in Nürnberg	**1522–1523**	Sickingens Zug gegen Trier
		1522	Im Verlauf der Jahre 1522 bis 1526 werden Kursachsen, Hessen, Ansbach-Bayreuth, Anhalt, Preußen, Zweibrücken und mehrere Reichsstädte evangelisch		
1523	»Von weltlicher Obrigkeit, wie weit man ihr Gehorsam schuldig sei« »Formula Missae« (Ordnung des Gottesdienstes)	**1523**	Tod Ulrich von Huttens	**1523**	Gustav Wasa wird König von Schweden Bündnis zwischen Karl V., Heinrich VIII., Erzherzog Ferdinand, Hadrian VI., Venedig, Mailand, Florenz, Genua, Siena und Luca gegen Franz I.
1524	»An die Ratsherren aller Städte deutschen Landes, daß sie christl. Schulen aufrichten und halten sollen« »Von Kaufhandlung und Wucher« Erstes evangelisches Gesangbüchlein	**1524**	Reichstag in Nürnberg Regensburger Bündnis altgläubiger Stände Süddeutschlands zwecks Durchsetzung des Wormser Ediktes	**1524–1525**	Bauernkriege in Deutschland
1525	»Wider die himmlischen Propheten« 19. April: »Ermahnung zum Frieden auf die 12 Artikel der Bauernschaft in Schwaben« 5. Mai: »Wider die räuberischen und mörderischen Rotten der Bauern« 13. Juni: Eheschließung mit der ehemaligen Nonne Katharina von Bora Juli: »Ein Sendbrief von	**1525**	15. Mai: Schlacht bei Frankenhausen, Gefangennahme und Tod von Thomas Müntzer Dessauer Bündnis altgläubiger Fürsten Mittel- und Norddeutschlands gegen die evangelische Lehre Kirchenordnung Zwinglis für Zürich	**1525**	Schlacht von Pavia (24.2.), Gefangennahme Franz' I.

Kultur	Päpste	Weltliche Herrscher
1522 Thomas Murners »Von dem großen Lutherischen Narren«	**1522–1523** Hadrian VI. (Niederländer)	
	1523 Hadrian VI. läßt von Chieregati auf dem Reichstag in Nürnberg ein Schuldbekenntnis verlesen	
1523 Hans Sachs »Die Wittenbergische Nachtigall« Holzschnittfolge »Totentanz« von Hans Holbein d.J.	**1523–1534** Klemens VII. (Medici)	
1524 Erasmus »Diatribe de libero arbitrio«		
1525 Hans Holbein d.J. malt »Madonna des Bürgermeisters Meyer«		**1525–1532** Kurfürst Johann von Sachsen

Luther		Reformation		Politik	
1525	dem harten Büchlein wider die Bauern« »Deutsche Messe« »Der servo arbitrio« (»Vom unfreien Willen«) – Bruch mit Erasmus				
1526	»Ob Kriegsleute auch in seligem Stande sein können«	1526	Gothaer Bündnis (»Torgauer Bund«) zwischen Kursachsen und Hessen zum Schutz der evangelischen Lehre Reichstag in Speyer	1526	Friede von Madrid, Heilige Liga von Cognac gegen Karl V. unter Teilnahme des Papstes (22.5.) Vorstoß der Türken nach Ungarn (Mohácz 29.8.)
1527	»Daß diese Worte: Das ist mein Leib, noch feststehen, wider die Schwarmgeister« Körperlicher und seelischer Zusammenbruch Luthers	1526–1530	Kursächsische Kirchen- und Schulvisitation	1527	»Sacco di Roma«: Kaiserliche Landsknechtstruppen plündern und morden in Rom (6.–15.5.)
1528	Vorrede zu Melanchthons »Unterricht der Visitatoren an die Pfarrherren im Kurfürstentum Sachsen«			1527–1529	Zweiter Krieg Karls V. mit Franz I.
1529	Großer und Kleiner Katechismus 1.–4. Oktober: Marburger Religionsgespräch »Vom Kriege wider die Türken« »Heerpredigt wider den Türken«	1529	Protestaktion der evangelischen Stände auf dem Reichstag zu Speyer »Verständnis« zwischen Kursachsen, Hessen und oberdeutschen Städten Schwabacher Konvent zwischen Brandenburg-Ansbach und Kursachsen Lutherischer Konvent in Schmalkalden	1529	»Damenfriede« von Cambrai (3.8.) Belagerung Wiens durch die Türken (September)
1530	16. April–13. Oktober: Luther auf der Veste Coburg »Vermahnung an die Geistlichen, versammelt auf dem Reichstag zu Augsburg« »Sendbrief vom Dolmetschen« »Das schöne Confitemini« (Auslegung des 118. Psalms) »Eine Predigt, daß man Kinder zur Schule halten solle«	1530	Reichstag in Augsburg 25. Juni: Übergabe der Augsburgischen Konfession	1530	Krönung Karls V. in Bologna (24.2.) durch Klemens VII.
		1530/31	Begründung des Schmalkaldischen Bundes (27.2.)		
1531	»Warnung an seine lieben Deutschen«	1531	Tod Zwinglis in der Schlacht bei Kappel	1531	Gründung des Schmalkaldischen Bundes (27.2.) Schlacht bei Kappel (11.10.)
		1532	»Nürnberger Anstand« (Religionsfrieden)		
		1533	Protestantische Kirchenordnung für Brandenburg-Ansbach und Nürnberg	1532–1540	Karl V. außerhalb Deutschlands

Kultur		Päpste		Weltliche Herrscher	
1526	Englische und schwedische Übersetzung des Neuen Testaments durch William Tyndale und Olous Petri Albrecht Dürer malt »Vier Apostel«				
1527	Gründung der Universität Marburg durch Philipp von Hessen				
1528	Erster Teil der Sprichwörtersammlung von Johannes Agricola				
1529	Ulrich von Huttens »Arminius«				
1530	Franz I. stiftet das Collège de France zum Studium der antiken und biblischen Sprachen Lucas Cranach d.Ä. malt »Urteil des Paris«	1530	Die Krönung Karls V. durch Klemens VII. in Bologna ist die letzte Kaiserkrönung durch einen Papst		
				1531	Karl V. läßt seinen Bruder Ferdinand in Köln zum römischen König wählen
1532	Sebastian Francks »Chronika. Zeitbuch und Geschichtsbibel«			1532–1547	Kurfürst Johann Friedrich von Sachsen (gest. 1554)

Luther		Reformation		Politik	
1534	Vollendung der Bibelübersetzung: »Die ganze Heilige Schrift Deutsch«	**1534–1535**	»Königreich Christi« der Wiedertäufer in Münster	**1534**	Trennung der Kirche Englands von Rom (»Suprematsakte«)
1535	Beginn der Genesisvorlesung	**1534**	Einführung der Reformation in Württemberg und Pommern		
		1536	Calvins »Institutio religionis Christianae« »Wittenberger Konkordie« Einführung der lutherischen Lehre in Dänemark	**1536–1538**	Dritter Krieg Karls V. mit Franz I.
1537	»Schmalkaldische Artikel«	**1537**	Einberufung des Konzils nach Mantua Ablehnung durch den Konvent zu Schmalkalden	**1537**	Krieg der Türken gegen Venedig (bis 1540)
				1538	Nürnberger Bund katholischer Reichsstände (10.6.)
1539	»Von den Konziliis und Kirchen« »Beichtrat« an Landgraf Philipp von Hessen betr. seiner Doppelehe	**1539**	Einführung der Reformation in Sachsen und Brandenburg Verlegung des Konzils		
		1540	Religionsgespräch in Hagenau	**1540**	Edikt Franz' I. von Fontainebleau zur systematischen Verfolgung der Protestanten
1541	»Wider Hans Worst«	**1541**	Religionsgespräche in Worms und Regensburg Calvin führt in Genf reformierte Kirchenordnung ein	**1541**	Separatabkommen Philipps von Hessen mit Karl V.
1543	»Von den Juden und ihren Lügen«				
				1542–1544	Vierter Krieg zwischen Franz I. und Karl V.
1545	»Wider das Papsttum zu Rom, vom Teufel gestiftet« Genesisvorlesung beendet Gesamtausgabe der lateinischen Schriften Luthers	**1545–1563**	Konzil von Trient		
		1546	Zweites Religionsgespräch in Regensburg		
		1546–1547	Schmalkaldischer Krieg 24. April 1547: Schlacht bei Mühlberg	**1543**	Klevischer Krieg. Eingliederung Gelderns in die Niederlande
1546	18. Februar: Tod in Eisleben 22. Februar: Beisetzung in Wittenberg	**1548**	Augsburger und Leipziger Interim	**1544**	Friede von Crépy (18.9.) zwischen Karl V. und Franz I. Waffenstillstand mit den Türken (auf 18 Monate)
		1555	25. September: Augsburger Religionsfriede	**1552**	Abfall Moritz' von Sachsens vom Kaiser: Passauer Vertrag (2.8.)

Kultur		Päpste		Weltliche Herrscher	
1534	Francois Rabelais' »Gargantua«	**1534–1549**	Paul III. (Farnese)		
				1535–1571	Kurfürst Joachim II. von Brandenburg
1536	Paracelsus' »Große Wundarzney«				
1538	Johannes Sturm gründet das protestantische Gymnasium in Straßburg	**1538**	Bündnis zwischen Papst Paul III., Kaiser Karl V. und Venedig gegen die Türken		
1539	Menno Simons' »Fundament-boek des Christelijken leers«				
		1540	Bestätigung des Jesuitenordens durch Papst Paul III. (27.9.)	**1539–1541**	Herzog Heinrich von Sachsen, der Fromme
1541	Sebastian Francks »Sammlung deutscher Sprichwörter«				
		1542	Papst Paul III. reorganisiert die römische Inquisition (Sanctum Officium)	**1541–1553**	Herzog Moritz von Sachsen (seit 1548 Kurfürst)
1543	Nikolaus Kopernikus veröffentlicht das Hauptwerk über sein heliozentrisches Weltbild (De revolutionibus orbim coelestium libri VI)				
1544	Erster protestantischer Kirchenbau: Kapelle im Schloß Hartenfels in Torgau Sebastian Münster »Cosmographia universalis« Gründung der Universität Königsberg				
1550	Bartolomé de Las Casas »Historia General de las Indias«	**1550–1555**	Julius III. (del Monte)		
1554	Europakarte von Gerhard Mercator (1:4 360000)				
				1556	Abdankung Karls V. (16.1.; 12.9.)
1555	Sleidan »De statu religionis« (wichtigstes Geschichtswerk der Zeit)	**1555–1559**	Paul IV. (Caraffa)	**1556–1564**	Kaiser Ferdinand I. (seit 1531 deutscher König)

DAS REICH KARLS V.
VOR DER
REFORMATION
KGR.
SCHWEDEN
KGR.
DÄNEMARK
OSTSEE
NORDSEE
Hzt.
Holstein
Hamburg
Hzt.
Mecklenburg
Ebt.
Bremen
Lüneburg
Kft.
Brandenburg
Danzig
Weichsel
Königsberg
Deutscher
Orden
Hzt.
Masowien
KGR. POLEN
Bt.
Rhein
Hzt.
Braunschweig
Bt.
Magdeburg
Münster
Hzt.
Brabant
Flandern
Paderborn
Weser
Oder
Elbe
Bt.
Lüttich
Köln
Lgf.
Hessen
Wettinische
Lande
Görlitz
Breslau
Hzt.
Luxemburg
Gf.
Nassau
Hzt.
Schlesien
Bt.
Mainz
Worms
Würzburg
Bamberg
Prag
KGR.
BÖHMEN
Metz
Hzt.
Lothringen
Speyer
Nürnberg
Mgf.
Mähren
Straßburg
Gf.
Württemberg
Hzt. Bayern
Donau
Augsburg
München
Wien
KGR. UNGARN
Hzt.
Burgund
Freigft.
Burgund
Basel
Salzburg
Ehzt. Österreich
Ebt.
Hzt.
Steiermark
Gft.
Tirol
Hzt. Kärnten
Trient
Hzt. Krain
Drau
Hzt.
Savoyen
Mailand
REPUBLIK VENEDIG
Hzt.
Mailand
Venedig
Rhône
Save
Florenz
KIRCHENSTAAT
ADRIA
KGR.
BOSNIEN
KORSIKA
Rom
SARDINIEN

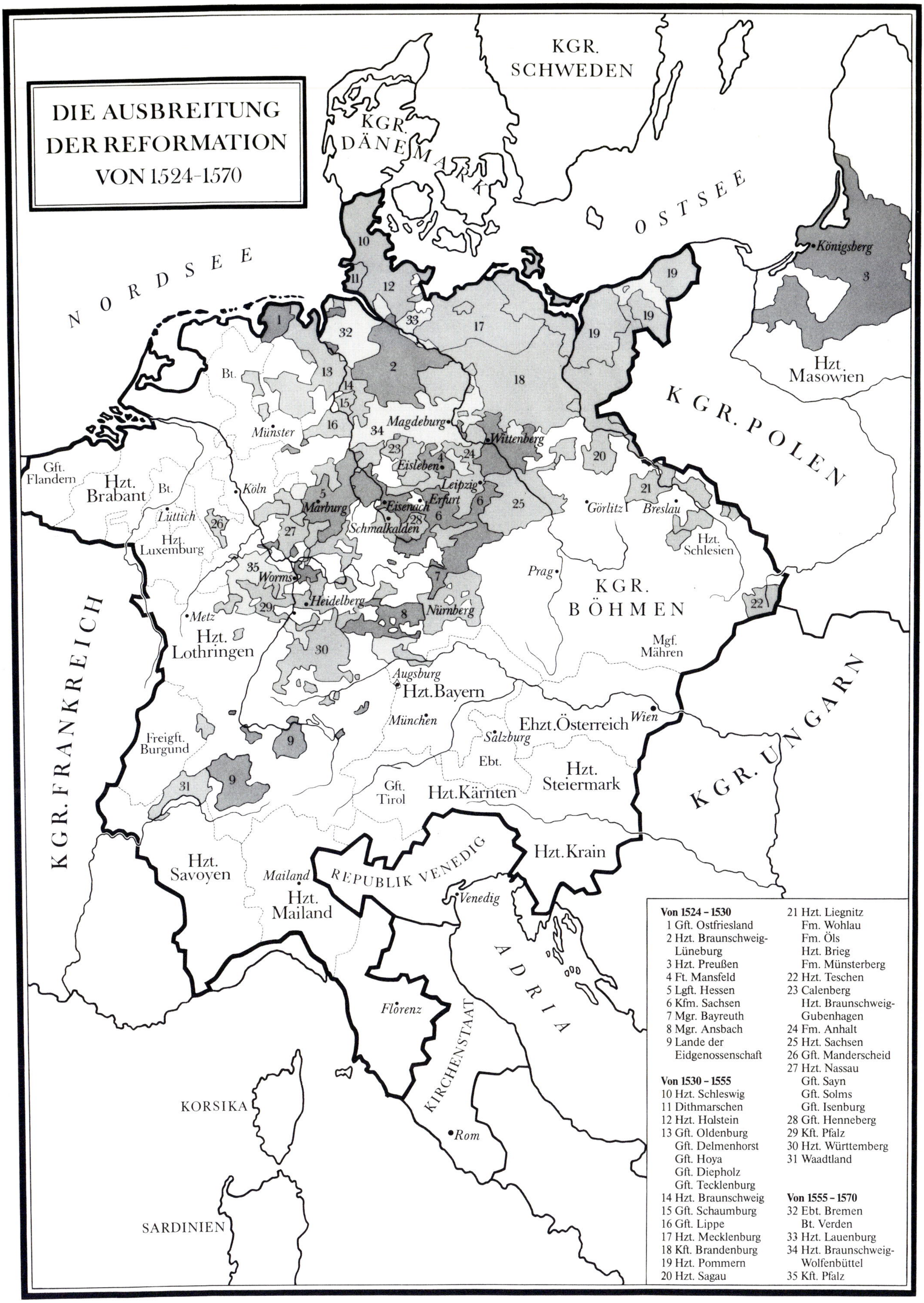
DIE AUSBREITUNG
DER REFORMATION
VON 1524-1570
KGR. SCHWEDEN
KGR. DÄNEMARK
OSTSEE
NORDSEE
Königsberg
Hzt. Masowien
KGR. POLEN
Bt.
Münster
Magdeburg
Wittenberg
Eisleben
Leipzig
Erfurt
Eisenach
Marburg
Schmalkalden
Gft. Flandern
Hzt. Brabant
Bt.
Köln
Lüttich
Hzt. Luxemburg
Görlitz
Breslau
Hzt. Schlesien
Prag
KGR. BÖHMEN
Worms
Heidelberg
Nürnberg
Metz
Hzt. Lothringen
Mgf. Mähren
KGR. FRANKREICH
Augsburg
Hzt. Bayern
München
Wien
Ehzt. Österreich
Salzburg
Ebt.
KGR. UNGARN
Freigft. Burgund
Gft. Tirol
Hzt. Kärnten
Hzt. Steiermark
Hzt. Krain
Hzt. Savoyen
Mailand
Hzt. Mailand
REPUBLIK VENEDIG
Venedig
ADRIA
Florenz
KIRCHENSTAAT
Rom
KORSIKA
SARDINIEN
Von 1524 - 1530
1 Gft. Ostfriesland
2 Hzt. Braunschweig-Lüneburg
3 Hzt. Preußen
4 Ft. Mansfeld
5 Lgft. Hessen
6 Kfm. Sachsen
7 Mgr. Bayreuth
8 Mgr. Ansbach
9 Lande der Eidgenossenschaft
Von 1530 - 1555
10 Hzt. Schleswig
11 Dithmarschen
12 Hzt. Holstein
13 Gft. Oldenburg
Gft. Delmenhorst
Gft. Hoya
Gft. Diepholz
Gft. Tecklenburg
14 Hzt. Braunschweig
15 Gft. Schaumburg
16 Gft. Lippe
17 Hzt. Mecklenburg
18 Kft. Brandenburg
19 Hzt. Pommern
20 Hzt. Sagau
21 Hzt. Liegnitz
Fm. Wohlau
Fm. Öls
Hzt. Brieg
Fm. Münsterberg
22 Hzt. Teschen
23 Calenberg
Hzt. Braunschweig-Gubenhagen
24 Fm. Anhalt
25 Hzt. Sachsen
26 Gft. Manderscheid
27 Hzt. Nassau
Gft. Sayn
Gft. Solms
Gft. Isenburg
28 Gft. Henneberg
29 Kft. Pfalz
30 Hzt. Württemberg
31 Waadtland
Von 1555 - 1570
32 Ebt. Bremen
Bt. Verden
33 Hzt. Lauenburg
34 Hzt. Braunschweig-Wolfenbüttel
35 Kft. Pfalz

Bibliographie

A) *Ausgaben der Werke Luthers*

Weimarer Ausgabe, erscheint seit 1883
4 Reihen: Schriften - Briefwechsel - Tischreden - Deutsche Bibel

Erlanger Ausgabe
Deutsche Schriften: 1826–57; 2. Auflage 1862–85
Lateinische Schriften: 1829–86; 2. Auflage 1865–73

Clemensche oder Bonner Studienausgabe, 1. Aufl. 1912–33; seit 1963 8 Bde.

Münchener Lutherausgabe, 1. Aufl. 1914 ff; 3. Aufl. 1948–65 (6 Bde. und 7 Ergänzungsbände)

Luther Deutsch, hrsg. von Kurt Aland (1957–74); 10 Bde.

Calwer Lutherausgabe. Neuausgabe 1964–68; 12 Bde.

Martin Luther Studienausgabe, erscheint seit 1979 in der DDR

Martin Luther Studienausgabe. Neuausgabe, Insel-Verlag, Frankfurt/M., ab 1982

B) *Zur Geschichte der Reformation*

Willy Andreas, Deutschland vor der Reformation. Eine Zeitenwende, 6. Aufl. Stuttgart (1959)

Heinrich Bornkamm, Das Jahrhundert der Reformation. Gestalten und Kräfte. Göttingen (1961)

Karl Brandi, Die deutsche Reformation. Leipzig (1941)

Karl Brandi, Deutsche Reformation und Gegenreformation, 2 Bde. 5. Aufl. Stuttgart (1979)

Karl Brandi, Kaiser Karl V., 7. Aufl. Stuttgart (1979)

Willi Durant, Das Zeitalter der Reformation. München (1978)

Richard Friedenthal, Ketzer und Rebell. Jan Hus und das Jahrhundert der Revolutionskriege. München (1972)

J. Huizinga, Herbst des Mittelalters, 6. Aufl. Stuttgart (1952)

Paul Joachimsen, Die Reformation als Epoche der deutschen Geschichte. München (1951)

Joseph Lortz, Die Reformation in Deutschland, 2 Bde. 2. Aufl. Freiburg (1941)

B. Moeller, Deutschland im Zeitalter der Reformation. Göttingen (1977)

Heiko A. Oberman, Spätscholastik und Reformation. Bd. 1: Der Herbst der mittelalterlichen Theologie. Zürich (1965)

Heiko A. Oberman, Werden und Wertung der Reformation. Vom Wegestreit zum Glaubenskampf, 2. Aufl. Tübingen (1979)

Leopold von Ranke, Deutsche Geschichte im Zeitalter der Reformation, 1. Aufl. 1839–1847. In der Gesamtausgabe der Deutschen Akademie. 6 Bde. München (1925/26)

Gerhard Ritter, Die Neugestaltung Europas im 16. Jahrhundert. Die kirchlichen und staatlichen Wandlungen im Zeitalter der Reformation und der Glaubenskämpfe. Berlin (1950)

Stephan Skalweit, Reich und Reformation. Berlin (1967)

Robert Stupperich, Die Reformation in Deutschland; in: dtv 3202. München (1972)

C) *Zur Biographie Luthers*

Roland H. Bainton, Martin Luther, 7. Aufl. Göttingen (1980)

Heinrich Boehmer, Der junge Luther, 6. Aufl. Stuttgart (1971), hrsg. von Heinrich Bornkamm

Heinrich Bornkamm, Thesen und Thesenanschlag Luthers. Geschehen und Bedeutung. Berlin (1967)

Heinrich Bornkamm, Martin Luther in der Mitte seines Lebens. Das Jahrzehnt zwischen dem Wormser und dem Augsburger Reichstag. Göttingen (1979)

Martin Brecht, Martin Luther. Sein Weg zur Reformation 1483–1521. Stuttgart (1981)

Erik H. Erikson, Der junge Mann Luther. Eine psychoanalytische und historische Studie. München (1964)

Heinrich Fausel, D. Martin Luther. Sein Werden und Wirken im Spiegel eigener Zeugnisse. Stuttgart (1955)

Richard Friedenthal, Luther. Sein Leben und seine Zeit. München (1967)

Erwin Iserloh, Luther zwischen Reform und Reformation. Der Thesenanschlag fand nicht statt; in: Kath. Leben und Kirchenreform im Zeitalter der Glaubensspaltung, 3. Aufl. Münster (1968)

J. Köstlin – G. Kawerau, Martin Luther. Sein Leben und seine Schriften, 2 Bde., 5. Aufl. Berlin (1903)

Ernst Kroker, Katharina von Bora, Martin Luthers Frau. Ein Lebens- und Charakterbild, 12. Aufl. Berlin-Ost (1972)

Franz Lau, Luther; in: Sammlung Göschen, Bd. 1187. Berlin (1959)

Hanns Lilje, Martin Luther. Eine Bildmonographie. Hamburg (1964)

Bernhard Lohse, Martin Luther. Eine Einführung in sein Leben und sein Werk. München (1981)

Karl August Meissinger, Der katholische Luther. München (1952)

Daniel Olivier, Der Fall Luther. Geschichte einer Verurteilung 1517–21. Stuttgart (1972)

Gerhard Ritter, Luther. Gestalt und Tat, 6. Aufl. München (1949)

Otto Scheel, Martin Luther, 2 Bde., 3.–4. Aufl. Tübingen (1921–30)

Rudolf Thiel, Luther. 2 Bde. Berlin (1933)

Oskar Thulin, Martin Luther. Sein Leben in Bildern und Zeitdokumenten. München/Berlin (o. J.)

Hans Volz, Martin Luthers Thesenanschlag und dessen Vorgeschichte. Weimar (1959)

D) *Zu Luthers Theologie*

Paul Althaus, Die Theologie Martin Luthers, 4. Aufl. Gütersloh (1975)

Paul Althaus, Die Ethik Martin Luthers. Gütersloh (1965)

Heinrich Bornkamm, Luthers Lehre von den zwei Reichen im Zusammenhang seiner Theologie, 3. Aufl. Gütersloh (1969)

Harald Diem, Luthers Lehre von den zwei Reichen. München (1938)

Hermann Diem, Luthers Predigt in den zwei Reichen. München (1947)

Ulrich Duchrow, Christenheit und Weltverantwortung. Traditionsgeschichte und systematische Struktur der Zweireichelehre. Stuttgart (1970)

Gerhard Ebeling, Luther. Einführung in sein Denken. Tübingen (1964)

Friedrich Gogarten, Luthers Theologie. Tübingen (1967)

Theodosius Harnack, Luthers Theologie mit besonderer Beziehung auf seine Versöhnungs- und Erlösungslehre, 2 Bde., 1862–86. Neudruck München (1927)

Johannes Heckel, Lex charitatis. Eine juristische Untersuchung über das Recht in der Theologie Martin Luthers, 2. Aufl. Köln/Darmstadt (1973)

Rudolf Hermann, Luthers Theologie. Göttingen (1967)

Emanuel Hirsch, Luthers deutsche Bibel. Weimar (1928)

Emanuel Hirsch, Lutherstudien, 2 Bde. Gütersloh (1954)

Karl Holl, Gesammelte Aufsätze zur Kirchengeschichte; Bd. 1: Luther, 7. Aufl. Tübingen (1948)

Erwin Iserloh, Geschichte und Theologie der Reformation im Grundriß. Paderborn (1980)

Hans Joachim Iwand, Luthers Theologie. München (1974)

Hans Joachim Iwand, Rechtfertigungslehre und Christusglaube. Eine Untersuchung zur Systematik der Rechtfertigungslehre Luthers in ihren Anfängen. Leipzig (1930). Neudruck Darmstadt (1961)

Julius Köstlin, Luthers Theologie in ihrer geschichtlichen Entwicklung und ihren inneren Zusammenhängen, 2 Bde. Neudruck Darmstadt (1968)

Hermann Kunst, Evangelischer Glaube und politische Verantwortung. Martin Luther als politischer Berater seiner Landesherrn und seine Teilnahme an den Fragen des öffentlichen Lebens. Stuttgart (1976)

Franz Lau, »Äußerliche Ordnung« und »Weltlich Ding« in Luthers Theologie. Göttingen (1933)

Franz Lau, Luthers Lehre von den beiden Reichen, 2. Aufl. Berlin (1953)

Wilhelm Link, Das Ringen Luthers um die Freiheit der Theologie von der Philosophie. München (1940)

Walther von Loewenich. Luthers Theologia crucis, 3. Aufl. München (1939)

Georg Merz, Glaube und Politik im Handeln Luthers. München (1933)

Harmannus Obendiek, Der Teufel bei Martin Luther. Berlin (1931)

Erich Seeberg, Luthers Theologie. Motive und Ideen.
Bd. 1: Die Gottesanschauung. Göttingen (1929);
Bd. 2: Christus. Wirklichkeit und Urbild. Stuttgart (1937)

Erich Seeberg, Luthers Theologie in ihren Grundzügen. Stuttgart (1940). Neudruck 1950

Reinhold Seeberg, Lehrbuch der Dogmengeschichte. Bd. IV, 1, 4. Aufl. Leipzig (1933). Neudruck Darmstadt (1953)

Gustav Törnvall, Geistliches und weltliches Regiment bei Luther. München (1947)

Erich Vogelsang, Die Anfänge von Luthers Christologie nach der ersten Psalmenvorlesung. Berlin/Leipzig (1929)

Johannes von Walter, Die Theologie Luthers. Gütersloh (1940)

Philip S. Watson, Um Gottes Gottheit. Eine Einführung in Luthers Theologie, 2. Aufl. Berlin (1967)

Ernst Wolf, Königsherrschaft Christi und lutherische Zwei-Reiche-Lehre; in: Peregrinatio II. München (1965)

E) *Zur geschichtlichen Wirkung Luthers und der Reformation*

Heinrich Bornkamm, Luthers geistige Welt. Gütersloh (1953)

Heinrich Bornkamm, Luther. Gestalt und Wirkung. Gütersloh (1975)

Heinrich Bornkamm, Luther im Spiegel der deutschen Geistesgeschichte, 2. Aufl. Göttingen (1970)

Werner Elert, Morphologie des Luthertums, 2. Bde. München (1931–53)

Walther von Loewenich, Luther und der Neuprotestantismus. Witten (1963)

Gerhard Ritter, Die Weltwirkung der Reformation, 3. Aufl. München (1969)

Horst Stephan, Luther in den Wandlungen seiner Kirche, 2. Aufl. Berlin (1951)

Ernst Walter Zeeden, Martin Luther und die Reformation im Urteil des deutschen Luthertums, 2 Bde. Freiburg (1950–52)

Register

Kursiv gesetzte Seitenzahlen verweisen auf Porträtdarstellungen

L

M

S

T

U

V

W

Z

Quellennachweis der veröffentlichten Bilder und Dokumente

Archiv für Kunst und Geschichte, Wilfried Göpel, Berlin: 21 unten links, 175 oben links, 176 oben, 218 unten rechts, 226 oben links.

Archiv Gerstenberg, Frankfurt am Main: 71 oben.

Bibliotheque National et Universitaire, Straßburg: 177 Mitte.

Bildarchiv Alexander Koch, München: *Farbe:* 28, 72, 73, 225.

Bildarchiv Foto Marburg, Marburg: 36, 179 oben.

Bildarchiv Jürgens, Köln: 17, 21 unten rechts, 44 rechts, 47 unten rechts, 61, 63, 64, 65, 66(2), 67, 68, 71 unten, 74, 85, 88 oben links, 89 unten, 90(2), 95(2), 100(2), 115, 121(2), 125(2), 126 oben links, 129(2), 130, 141, 154 unten, 155(3), 159 unten, 161 oben, 171, 185, 186, 193(2), 196, 197, 198 oben links, 199 oben links, 200(2), 204, 205, 206, 207, 208 unten, 221 oben rechts, 228(2), 230, 231 oben. – *Farbe:* 22, 60(2), 62, 93, 120/1, 127, 146, 174, 194/5, 229, 232.

Bildarchiv Jürgens, Köln/Fotothek Dresden: 118 oben, 119 oben links.

Bildarchiv der Österreichischen Nationalbibliothek, Wien: 224 oben.

Bildarchiv Preußischer Kulturbesitz, Berlin: 31 unten, 117 oben rechts, 122, 124 unten, 142 oben, 162 oben, 198 Mitte, 218 oben rechts, 223 oben links, 231 unten. – *Farbe:* 41.

Erzabtei St. Peter, Salzburg/Foto Oskar Anrather: 70.

Germanisches Nationalmuseum, Nürnberg: 143 unten.

Holle Bildarchiv, Baden-Baden: 33. – *Farbe:* 38, 39.

Kunsthistorisches Museum, Wien: 32 oben, 173 oben links, 224 unten.

Kunstsammlungen der Veste Coburg, Coburg: 30, 173 Mitte, 182/3, 208 oben. – *Farbe:* 184.

Landespolizeischule Niedersachsen, Schloß Bad Iburg: 218 unten links.

Librarien Chatsworth, Bakewell: 88 oben rechts.

Scala, Florenz: 172 oben rechts. – *Farbe:* 23, 180 oben, 194.

Staatliche Graphische Sammlung, München: 158(3), 163 oben, 219 unten.

Staatliche Kunsthalle, Karlsruhe: 92.

Stadtarchiv Nürnberg, Porträtsammlung Löffelholz: 163 unten.

Stadtarchiv Würzburg: 31 oben.

Stadtbibliothek Stadt Nürnberg: 175 oben rechts.

Stadtbildstelle Augsburg: 94.

Steuerlein, H./Stolz, G., Nürnberg: 37.

Süddeutscher Verlag, Bilderdienst, München: 27, 95 unten, 154 unten.

Teylers Museum, Haarlem: 162 unten.

Ullstein Bilderdienst, Berlin: 174 unten.

Westfälisches Amt für Denkmalpflege, Münster: 161 unten.

Westfälisches Landesmuseum, Münster: 157 unten, 160 Mitte.

Alle restlichen Bildvorlagen stammen aus dem Archiv des Verlages.